Nouveau découpage régional

www.lienmini.fr/magnard-hg1-101

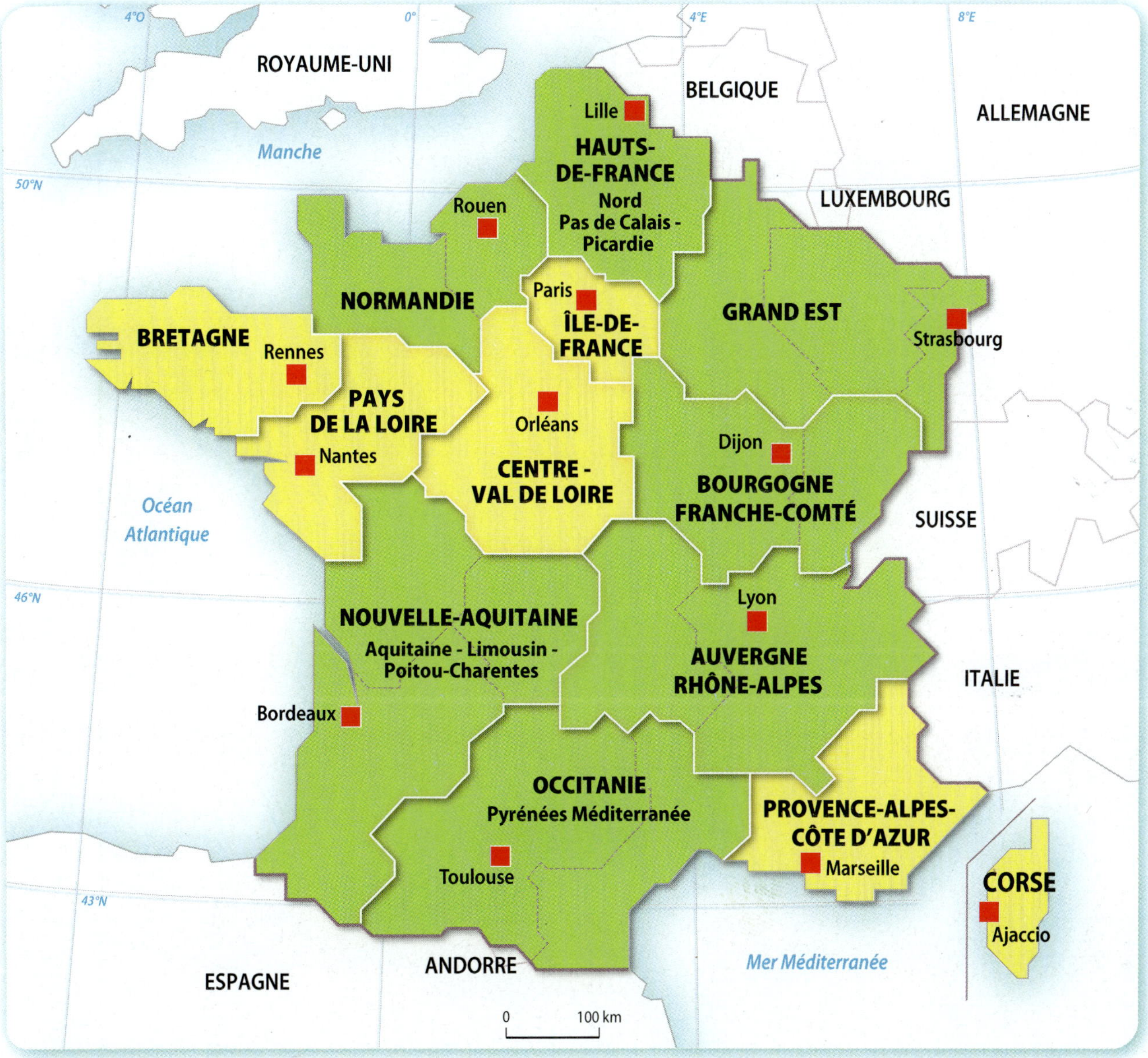

1. Région

- Inchangée
- Nouvelle

2. Capitale de Région

- Ville confirmée ou favorite

ISBN 978-2-210-10558-4

HISTOIRE GÉOGRAPHIE

1re STMG

Coordination

Vincent DOUMERC
Lycée Ozenne, Toulouse

Auteurs

Mickaël BERTRAND
Lycée Anna Judic, Semur-en-Auxois

Guillaume BOULOC
Collège Honoré de Balzac, Albi

Christophe CAILLEAUX
Lycée Jean-Marc Boivin, Chevigny-Saint-Sauveur

Vincent DOUMERC
Lycée Ozenne, Toulouse

Pascale GOI
Lycée Saint-Sernin, Toulouse

Alain GRUAT
Lycée Lapérouse, Albi

Isabelle NAVARIN
Collège Honoré de Balzac, Albi

Jean-François NAVARIN
Lycée des Métiers Toulouse-Lautrec, Albi

Muriel PICHON-ZUNIC
Lycée Saint-Sernin, Toulouse

MAGNARD

www.magnard.fr

SOMMAIRE

HISTOIRE

THÈME 1

THÈME 2

Guerres et paix, 1914-1945 48

THÈME 3

Diffusion et mutations du modèle industriel 88

SOMMAIRE

GÉOGRAPHIE

THÈME 4

Les territoires européens

REPÈRES

QUESTION OBLIGATOIRE

SUJETS D'ÉTUDE AU CHOIX

THÈME 5

La France : population, mobilités et territoires 168

REPÈRES

QUESTION OBLIGATOIRE

Les hommes et leurs territoires

SUJETS D'ÉTUDE AU CHOIX

THÈME 6

La France : dynamiques de localisation des activités 208

REPÈRES

QUESTION OBLIGATOIRE

Des espaces productifs en mutation

SUJETS D'ÉTUDE AU CHOIX

Histoire

La France en République (1880-1945)

1

Célébration du 14 Juillet à la place de la Bastille, en 1880 (lithographie, musée Carnavalet, Paris).

En 1880, le 14 juillet a été institué comme fête nationale en souvenir de la fête de la Fédération du 14 juillet 1790. Cette fête est à la fois un symbole républicain et une célébration du nouveau régime, dont un des objectifs est d'effacer le traumatisme de l'humiliante défaite de 1870 contre la Prusse.

La France en République (1880-1945)

Le suffrage universel, peinture d'Alfred Bramtot, 1891, mairie des Lilas.

1870-1880

Salle de classe en France, en 1900.

1880-1914

1870-1940 IIIe République

1894-1906 Affaire Dreyfus

- **1870** Chute du Second Empire
- **1875** Lois constitutionnelles de la IIIe République
- **1880** 14 juillet, fête nationale
- **1884** Loi sur la liberté syndicale
- **1894** Condamnation d'Alfred Dreyfus
- **190** Loi de séparati des Églis et de l'É

1870-1880 Les débuts fragiles de la IIIe République

- À la chute du Second Empire, la République s'impose difficilement dans une France à majorité monarchiste. Les lois constitutionnelles de 1875 consacrent le régime républicain.
- Pour ancrer la République dans les esprits, différents symboles sont adoptés : le suffrage universel masculin, Marianne, le 14 juillet, le drapeau tricolore.
- Née dans la tourmente, cette République reste aujourd'hui la plus durable de l'histoire de France (1870-1940).

1880-1914 L'enracinement de la IIIe République

- Les années 1880 permettent la consolidation de l'idéal républicain. Les lois sociales et les avancées dans le monde du travail se succèdent.
- Mais le régime reste fragile et de multiples crises viennent ébranler sa stabilité. La plus violente, l'affaire Dreyfus, révèle l'antisémitisme d'une partie du pays.
- Soucieuse de la laïcisation de la société, la République radicale adopte la loi de séparation des Églises et de l'État.

Monument aux morts
de la ville de Béziers.

1914-1936

Couverture dela revue *Regards*,
n°185, 29 juillet 1937.

1936-1945

1870-1940 IIIᵉ République

1914-1918 Première Guerre mondiale

1940-1944 État français et Résistance

1934 Émeute du 6 février

1936 Victoire du Front populaire

1940 10 juillet : pleins pouvoirs à Pétain

1944 GPRF

1914-1936 Une République victorieuse

- La République affronte le premier conflit mondial de l'histoire. L'Union sacrée gomme les divergences politiques.
- 1918 voit le retour à la France des provinces perdues (Alsace, Lorraine) et la victoire de la République. Les monuments aux morts symbolisent le sacrifice d'une génération.
- Mais le début des années 1930 voit la montée de mouvements antirépublicains, influencés par les succès de Mussolini et de Hitler.

1936-1945 De la IIIᵉ République à la IVᵉ République

- En 1936, l'union des forces de gauche, le Front populaire, suscite un grand espoir dans la classe ouvrière (semaine de 40 heures, congés payés).
- Mais la guerre éclate et les Allemands entrent en France. En 1940, Pétain, appelé au pouvoir, se lance dans la collaboration et met fin à la République.
- La Résistance s'unit autour des idéaux de la République, qui est restaurée à la Libération (Gouvernement provisoire de la République française, GPRF).

Dossier 1 La mise en place d'une République parlementaire

Entre les années 1880 et 1914, les Républicains mettent en place un régime parlementaire fondé sur les valeurs héritées de la Révolution française et les grands principes énoncés dans la Déclaration des droits de l'homme et du citoyen de 1789. Ils stabilisent le régime politique dans les pratiques politiques et les lois. Jusqu'à la Seconde Guerre mondiale, les revendications sociales vont améliorer progressivement les conditions de vie de la population.

➥ **Comment le régime parlementaire s'impose-t-il en France durant la IIIe République ?**

1 Une séance à la Chambre des députés, le 18 juillet 1907

La chambre des députés détient le pouvoir législatif. C'est est un lieu où les opinions politiques se confrontent et s'expriment. Ici Georges Clemenceau (1), un républicain membre du parti radical, certainement le parti le plus influent de la vie politique au début du siècle, et chef de gouvernement, répond à Jean Jaurès (2), député socialiste.

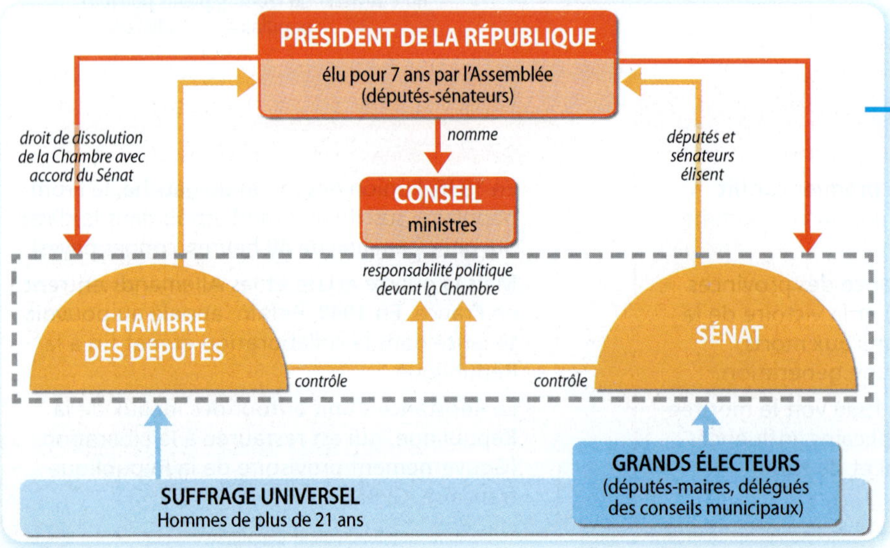

2 Les institutions de la IIIe République

Proclamée lors de la défaite de la France face à l'Allemagne (guerre de 1870), la République s'établit d'abord contre l'Empire et la Monarchie. Elle s'incarne dans des institutions et un fonctionnement parlementaires. Le régime de Vichy y met fin en 1940.

3 Les lois sur les libertés publiques (extraits)

Les réunions publiques (loi du 30 juin 1881)

Art. 1 – Les réunions publiques sont libres. Elles peuvent avoir lieu sans autorisation préalable.

La presse (loi du 29 juillet 1881)

Art. 1 – L'imprimerie et la librairie sont libres [...]

Art. 5 – Tout journal ou écrit ou périodique peut être publié sans autorisation préalable et sans dépôt de cautionnement. [...]

La création de syndicats professionnels (loi du 21 mars 1884)

Art. 2 – Les syndicats ou associations professionnelles, même de plus de vingt personnes, exerçant la même profession, des métiers similaires, ou des professions connexes concourant à l'établissement de produits déterminés, pourront se constituer librement sans l'autorisation du gouvernement.

Art 3 – Les syndicats professionnels ont exclusivement pour objet l'étude et la défense des intérêts économiques, industriels, commerciaux et agricoles.

Timbre dessiné par Jean-Paul Cousin pour commémorer le centenaire de la loi de 1901.

La liberté d'association (loi du 1er juillet 1901)

Art 1 – L'association est la convention par laquelle deux ou plusieurs personnes mettent en commun de façon permanente leurs connaissances ou leur activité dans un but autre que de partager des bénéfices [...].

Art. 2 – Les associations de personnes pourront se former librement sans autorisation ni déclaration préalable [...].

4 Le congé dominical, une loi votée sous la pression populaire

Appel à la manifestation de la CGT, syndicat ouvrier créé en 1895.

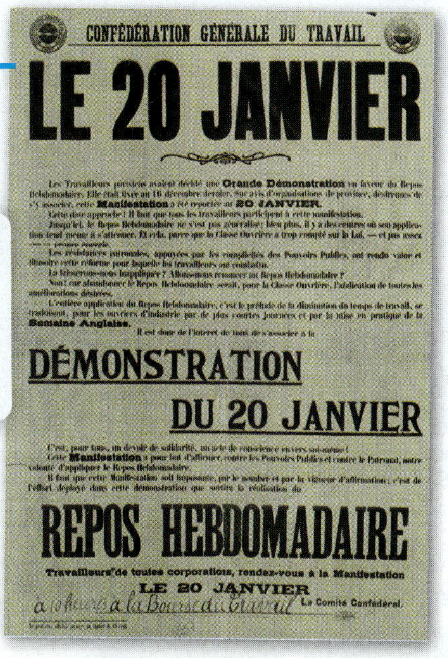

REPÈRES SUR LE DROIT DU TRAVAIL

- **1892 :** Réglementation du travail des femmes et des enfants.
- **1898 :** Protection sociale contre les accidents du travail.
- **1906 :** Repos hebdomadaire.
- **1919 :** Durée du travail quotidien limitée à 8 heures.
- **1936 :** Semaine de 40 heures (Front populaire).

Notions

- **République parlementaire** : Régime dans lequel le Parlement détient le pouvoir législatif et contrôle le pouvoir exécutif.

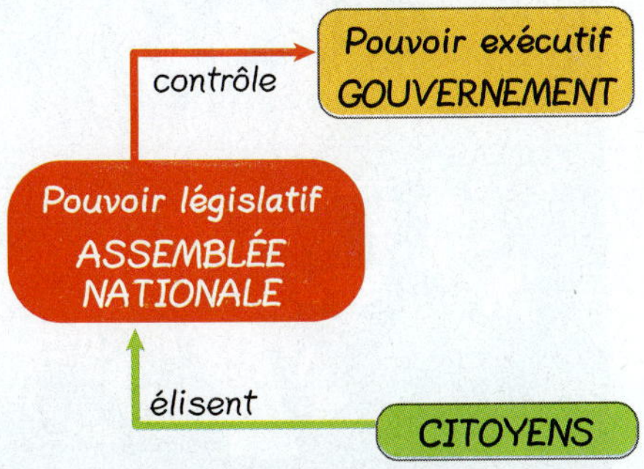

- **Radicalisme** : Mouvement politique majeur à la fin du XIXe siècle. Il se caractérise par son attachement à la République parlementaire et sa méfiance envers le poids de l'Église catholique dans la société française. Il défend la laïcité, l'instruction, les libertés et la propriété privée.

Questions

1. Quel rôle la chambre des députés et le gouvernement ont-ils ? (doc. 1, 2). Comment la IIIe république a-t-elle permis l'éclosion d'une vie politique structurée ? (doc. 1)
2. Quelles grandes libertés la République affirme-t-elle ? Pourquoi parle-t-on de libertés fondamentales ? (doc. 3)
3. Quel rôle les luttes sociales ont-elles dans l'amélioration des conditions de vie des populations ? Qui les conduit ? (doc. 4)

QUESTION BAC

À l'aide des documents, répondez à la question : « Qu'est-ce qu'un régime parlementaire ? »

cours p. 20

Dossier 2 Édifier la nation dans le cadre de la République française

Les Républicains veulent consolider l'attachement des Français à la nation et au régime républicain. Ils favorisent la promotion de symboles républicains largement hérités de la Révolution française et mettent en place des lois qui unifient le territoire national. Par ailleurs, la « mission civilisatrice » sert de prétexte à la construction d'un vaste empire colonial.

➥ **Comment la République cherche-t-elle à rassembler les Français autour de la nation ?**

1 Le 14 juillet 1880, la nation française autour des drapeaux

Jean-Baptiste Detaille (1848-1912), *Remise de ses nouveaux drapeaux et étendards à l'armée française sur l'hippodrome de Longchamp, le 14 juillet 1880*, 1880-1881 (4,89 m x 2,61 m), Paris, musée de l'Armée. Le 14 Juillet est devenu fête nationale en 1880. C'est une fête républicaine destinée à ancrer les valeurs de la République qui s'inscrivent dans la mémoire collective.

2 Les symboles de la République

◀ Buste créé en 1882 par Paul Lecreux pour la mairie d'Avignon. Le buste de Marianne est présent dans toutes les mairies et bâtiments officiels de France.

Carte postale de 1914 éditée au début de la guerre de 1914-1918. ▶

3 Deux lois fondatrices de la République

a. Loi de 1889 sur la nationalité française

Sont français :

1. Tout individu né d'un Français en France ou à l'étranger [...]
2. Tout individu né en France de parents inconnus ou dont la nationalité est inconnue ;
3. Tout individu né en France d'un étranger qui lui-même y est né ;
4. Tout individu né en France d'un étranger et qui, à l'époque de sa majorité est domicilié en France.

b. Loi de 1905 sur le service militaire

Titre 1.

Article 1. Tout Français doit le service militaire personnel.

2. Le service militaire est égal pour tous. Hors le cas d'incapacité physique, il ne comporte aucune dispense. [...]
3. Nul n'est admis dans les troupes françaises s'il n'est Français ou naturalisé. [...]
7. Nul n'est admis dans une administration de l'État, ou ne peut être investi de fonctions publiques, même électives, s'il ne justifie pas avoir satisfait aux obligations imposées par la présente loi.

4 La glorification de l'entreprise coloniale française

Henri Gervex, *Distribution des récompenses à l'Exposition universelle de 1889*, 1897, (9,82 m x 6,15 m), Musée national du château de Versailles.

L'Exposition universelle de 1889 commémore le centenaire de la Révolution française mais affirme aussi le régime républicain et l'essor industriel (palais de l'industrie). Les années 1880 sont également des années d'expansion coloniale : 3 000 exposants coloniaux sont présents à cette exposition.

Notion

Nation : En France, l'idée moderne de Nation se propage avec la Révolution française : elle sous-tend l'idée que cette communauté, qui partage une histoire et une culture communes, exerce une souveraineté sur un territoire et organise l'expression politique de ce territoire.

DES HABITANTS

↓

- Une histoire et une culture communes
- Un territoire
- Des symboles
- Des valeurs communes
- Un gouvernement
- Des droits politiques

↓

UNE NATION

Questions

1. Comment la nation et la République sont-elles célébrées à travers les deux tableaux ? (doc. 1, 4)
2. Pourquoi les lois de 1889 et 1905 sont-elles fondatrices de la République ? (doc. 2)
3. Quels sont les symboles de la nation et de la République française ? Quelle est leur signification ? Leur origine ? (doc. 1, 2, 4)

QUESTION BAC

À l'aide des documents, montrez quelles ont été les grandes étapes de la construction de la Nation.

cours p. 20

Dossier 3 Une République laïque

En 1905, les Républicains votent la loi de séparation des Églises et de l'État. Il s'agit alors d'accélérer la laïcisation de la société en plaçant la religion dans une sphère strictement privée, tout en garantissant la liberté de conscience et de culte pour chaque citoyen. Cependant, cette loi entraîne des résistances et des oppositions. Celles-ci s'aplanissent au fil des années.

➥ **Comment la laïcité est-elle devenue un principe et une loi au cœur de la République française ?**

1 L'école au cœur de la laïcité

La laïcité à l'école : l'instituteur dispense un enseignement général, l'instruction religieuse se fait en dehors de l'école.

2 Du principe de laïcité à la loi scolaire de 1882

Le principe :

La laïcité, Messieurs, [...] peut être envisagée à deux points de vue différents.

Il y a d'abord la laïcité des programmes, ou la suppression de l'enseignement religieux dans l'école publique.

Il y a, d'autre part, la laïcité du personnel, qui consiste à remettre les écoles publiques, dans leur ensemble, aux mains d'instituteurs laïques.

Intervention de Paul Bert à la Chambre des députés en qualité de rapporteur du projet de loi, 4 décembre 1880.

La loi :

Les écoles primaires publiques vaqueront un jour par semaine, en outre du dimanche, afin de permettre aux parents de faire donner, s'ils le désirent, à leurs enfants, l'instruction religieuse en dehors des édifices scolaires.

L'enseignement religieux est facultatif dans les écoles privées.

Article 2 de la loi du 28 mars 1882 portant sur l'organisation de l'enseignement primaire.

3 La loi de séparation des Églises et de l'État, 1905

Loi du 9 septembre 1905

Article 1. La République assure la liberté de conscience. Elle garantit le libre exercice des cultes sous les seules restrictions édictées ci-après dans l'intérêt de l'ordre public.

Article 2. La République ne reconnaît, ne salarie ni ne subventionne aucun culte. En conséquence, à partir du 1er janvier qui suivra la promulgation de la présente loi, seront supprimés du budget de l'État, des départements et des communes toutes dépenses relatives à l'exercice des cultes. [...]

Article 3. [...] Dès la promulgation de la présente loi, il sera procédé par les agents de l'administration des Domaines à l'inventaire descriptif et estimatif :
– des biens mobiliers et immobiliers des établissements religieux ;
– des biens de l'État, des départements et des communes dont les établissements ont la jouissance. [...]

Article 13. Les édifices servant à l'exercice public d'un culte ainsi que les objets mobiliers les garnissant seront laissés gratuitement à la disposition des établissements publics du culte, puis des associations appelées à les remplacer.

Caricature. Lithographie anonyme, 1904, ville de Castres, musée Jean Jaurès.
Émile Combes, à l'origine de la loi de 1905, s'apprête à trancher les liens entre la République et le Vatican.

Le Petit Journal illustré, 18 mars 1906. Les inventaires donnent parfois lieu à des violences.

4 La réconciliation avec les catholiques pendant la Première Guerre mondiale

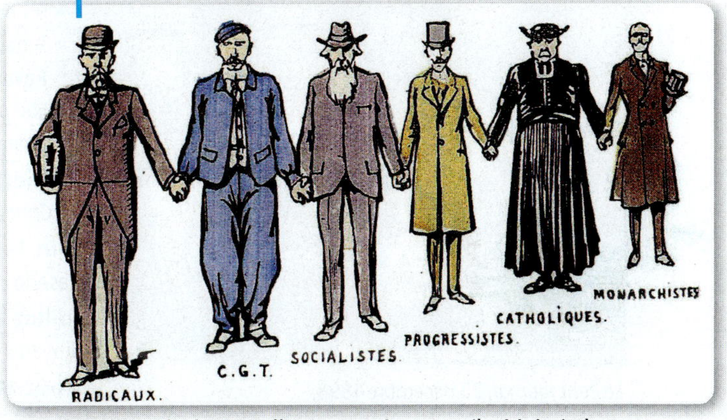

Carte postale de 1916 : l'Union sacrée a contribué à éteindre le conflit religieux dans la société française.

Notion

Laïcité : Principe selon lequel l'État reste neutre en matière religieuse tout en protégeant la liberté de conscience.

LAÏCITÉ
Loi de séparation des Églises et de l'État (1905)

- Protection de la liberté de conscience individuelle
- Fin des subventions publiques aux cultes
- Neutralité religieuse (exercice du pouvoir, administration, enseignement public...)

Questions

1. Quel est le rôle de l'école dans la laïcisation de la société ? (doc. 1, 2)
2. Pourquoi la séparation des Églises et de l'État est-elle un héritage de la philosophie des Lumières ? (doc. 2, 3)
3. Comment la place des catholiques évolue-t-elle au sein de la République ? (doc. 3, 4, 5)

QUESTION BAC

À l'aide des documents, déterminez comment la laïcisation de la société a constitué un objectif politique majeur de la IIIe République.

cours p. 21

Dossier 4 Les contestations de la République

De 1880 à la Seconde Guerre mondiale, la République et les fondements de la démocratie se trouvent violemment contestés. À la fin du XIXe siècle elle rencontre l'opposition des groupes anarchistes, puis celle des mouvements liés à l'extrême droite, rejetant la modernité ou antiparlementaires. Dans l'ensemble, la République résiste, mais certaines périodes et notamment les guerres mettent à mal les pratiques démocratiques. Le régime de Vichy met fin à la République en 1940.

➡ **Comment la République a-t-elle réagi et résisté face aux multiples attaques qu'elle a connues ?**

1 Les attentats anarchistes et les réponses de la démocratie (1892-1894)

a. L'attentat contre l'Assemblée nationale du 9 décembre 1893

Le Petit Journal, 23 décembre 1893.

b. Les attentats anarchistes des années 1892-1894

Mars 1892 : Attentat dans les immeubles de deux magistrats ayant condamné des anarchistes pour des heurts avec la police en 1891. Arrestation de Ravachol, auteur des attentats.

Avril 1892 : Procès de Ravachol. → *Condamné aux travaux forcés à perpétuité.*

Juin 1892 : 2e procès de Ravachol pour des meurtres antérieurs aux attentats. → *Condamné à mort et guillotiné.*

Décembre 1893 :

- Loi réprimant la « provocation ou l'apologie » des anarchistes.
- 9 décembre : Vaillant jette une bombe à la Chambre pour venger Ravachol.
- Loi punissant des travaux forcés tout membre ou sympathisant anarchiste.

Février 1894 : Procès de Vaillant. → *Condamné à mort et guillotiné.*

Juin 1894 : Assassinat de Sadi Carnot, Président de la République, par Caserio.

Juillet 1894 : Loi interdisant toute forme de propagande favorable aux anarchistes.

Août 1894 : Procès de Caserio. → *Condamné à mort et guillotiné.*

N° 11599. — Trente-troisième année — CINQ CENTIMES — Lundi 9 Août 1915

LE PETIT COMTOIS

JOURNAL RÉPUBLICAIN DÉMOCRATIQUE QUOTIDIEN

RÉDACTION ET ADMINISTRATION — BESANÇON — 20, Rue Gambetta, 20 — BESANÇON

OPINIONS — LES CLÉRICAUX COMBATTENT... LA RÉPUBLIQUE

LA GUERRE EUROPÉENNE

Vifs engagements en Argonne et dans les Vosges, où les Allemands prononcent sans succès plusieurs attaques contre nos positions du Linge. — Soissons est bombardé.

Sur le front italien, lutte obstinée sur le plateau du Carso. — Les Autrichiens tentent vainement d'incendier les chantiers de Monfalcone.

Le repliement de l'armée russe, sur ses nouvelles positions, continue en bon ordre. — Nos alliés repoussent une violente attaque à Ossowietz.

Au Jour le Jour

L'ÉVACUATION DE KOVNO

La Tactique des Allemands

Sur le Théâtre Oriental

Autour de la Guerre

Article censuré

2 La censure de la presse pendant la Première Guerre mondiale

Le Petit Comtois, « Journal républicain démocratique quotidien », août 1915.

3 Le programme de la Ligue[1] d'Action française à travers le serment du ligueur

Français de naissance et de cœur, de raison et de volonté, je remplirai tous les devoirs d'un patriote conscient.
Je m'engage à combattre tout régime républicain. La République en France est le règne de l'étranger. L'esprit républicain désorganise la défense nationale et favorise des influences religieuses directement hostiles au catholicisme traditionnel. Il faut rendre à la France un régime qui soit français. […]
Je m'associe à l'œuvre de restauration monarchique. Je m'engage à la servir par tous les moyens.

Cité dans Jacques Prévotat, *L'Action française*, PUF, coll. « Que sais-je ? », 2004.

1. Groupe politique monarchiste et antirépublicain.

4 L'abrogation de la République parlementaire par le maréchal Pétain, juillet 1940

Nous, maréchal de France, chef de l'État français,
Vu la loi constitutionnelle du 10 juillet 1940,
Décrétons :

Article PREMIER

1. Le chef de l'État français a la plénitude du pouvoir gouvernemental, il nomme et révoque les ministres et secrétaires d'État, qui ne sont responsables que devant lui.
2. Il exerce le pouvoir législatif, en conseil des ministres […].
3. Il promulgue les lois et assure leur exécution.
4. Il nomme à tous les emplois civils et militaires pour lesquels la loi n'a pas prévu d'autre mode de désignation.
5. Il dispose de la force armée.
6. Il a le droit de grâce et d'amnistie.
7. Les envoyés et ambassadeurs des puissances étrangères sont accrédités auprès de lui. Il négocie et ratifie les traités.
8. Il peut déclarer l'état de siège dans une ou plusieurs portions du territoire.
9. Il ne peut déclarer la guerre sans l'assentiment préalable des Assemblées législatives.

Article 2 Sont abrogées toutes dispositions des lois constitutionnelles des 24 février 1875, 25 février 1875 et 16 juillet 1875, incompatibles avec le présent acte.

Acte constitutionnel n° 2 du 11 juillet 1940.

Notion

Démocratie : Régime politique qui repose sur la souveraineté du peuple (en grec, *demos*). La démocratie libérale garantit les libertés individuelles fondamentales et le pluralisme politique définis par la Constitution.

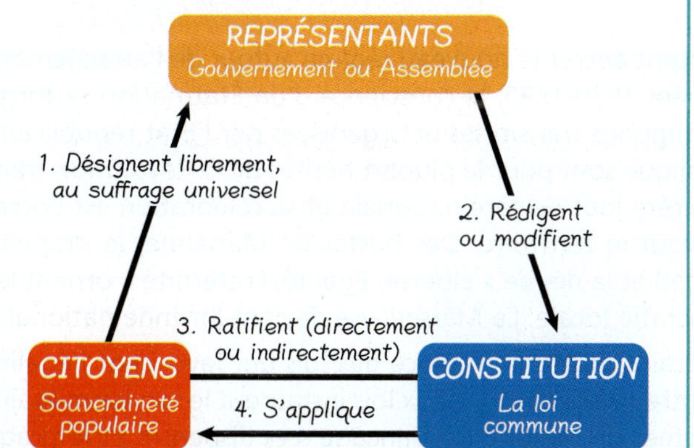

5 La défense de la République

Le 6 février 1934, une manifestation antiparlementaire de partis de droite et d'extrême-droite et d'anciens combattants ébranle la République. Le grand rassemblement des partis de gauche du 14 juillet 1935 place de la Bastille est destiné à défendre la République.

Questions

1. Quelles menaces les attentats terroristes de la fin du XIXe siècle et le 6 février 1934 font-ils peser sur la République ? Comment la République y répond-elle ? (doc. 1, 5)
2. Quelles sont les caractéristiques du serment de la Ligue d'Action française ? (doc. 3)
3. Quels effets les périodes de guerre ont-elles sur la République ? Quelles atteintes y a-t-il contre la République lors des deux guerres ? (doc. 2 et 4).

QUESTION BAC

À l'aide des documents, montrez comment entre 1880 et 1940, la République est confrontée à de nombreuses remises en cause.

cours p. 21

Cours Moments et actes fondateurs (1880-1945)

Notions

- République parlementaire p. 13

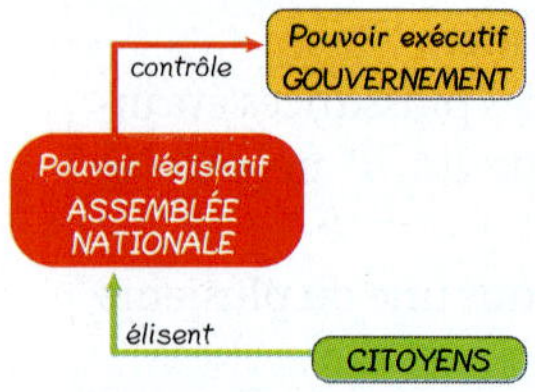

- Radicalisme p. 13

Vocabulaire

- Vote de confiance
- Libertés fondamentales

* Voir lexique p. 248

Dossier

1 La mise en place d'une République parlementaire

• Entre 1875 et 1880, la France se dote d'institutions républicaines et met en place une République parlementaire. Les principes de la séparation des pouvoirs législatif et exécutif et de la souveraineté populaire sont transcrits dans la pratique politique. La chambre des députés est au centre de la vie politique française : c'est elle qui détient le pouvoir législatif et exerce son contrôle sur le pouvoir exécutif. Les députés, élus au suffrage universel masculin (hommes âgés de plus de 21 ans), discutent et votent les lois. Avec les sénateurs, ils élisent le président de la République pour sept ans. Enfin, le président du Conseil (chef du gouvernement) et son gouvernement doivent obtenir un vote de confiance* de la chambre des députés.

• La vie parlementaire s'organise autour des partis politiques qui, selon leurs alliances, font et défont les gouvernements. Le parti radical, créé en 1901 avec la loi sur la liberté d'association est au cœur de la vie politique de la IIIe République. Le radicalisme, ardent défenseur de la laïcité, cherche à concilier la défense de la propriété privée et une certaine justice sociale. Georges Clemenceau est l'une de ses grandes figures.

• Les grandes lois sur les libertés fondamentales* reprennent les grands principes hérités de la Révolution française : liberté de réunion et de la presse (1881), liberté d'association professionnelle (légalisation des syndicats, 1884), liberté d'association (1901). Les Français acquièrent d'autres droits politiques (élection des maires au suffrage universel en 1882, droit de vote des femmes en 1944), et sociaux (congés payés en 1936, sécurité sociale en 1945).

Notion

- Nation p. 15

Dossier

2 Édifier la nation dans le cadre de la République française

• Les Républicains souhaitent ancrer le nouveau régime autour de l'attachement à la nation. Dans les années 1880-1890, la conscience d'un État-nation se forge autour de références communes transmises et organisées par l'État républicain. Les symboles de la République sont pour la plupart hérités de la Révolution française. Le 14 juillet est décrété jour de fête nationale et sa célébration est l'occasion de cérémonies sur tout le territoire. Des bustes de Marianne, le drapeau tricolore (drapeau national) et la devise « Liberté, Égalité, Fraternité » ornent les mairies, lieux de la démocratie locale. La *Marseillaise* devient l'hymne national.

• Par ailleurs, les Républicains mettent en place des lois qui favorisent l'égalité des citoyens entre eux. Entre 1889 et 1905, deux lois instaurent le service militaire pour tous les jeunes hommes de nationalité française. Les dispenses et le tirage au sort sont supprimés, le citoyen devient ainsi le défenseur de la patrie dans la droite ligne de la mémoire révolutionnaire. Les lois Jules Ferry (1881-1882) rendent l'école gratuite, obligatoire et laïque. Elle doit former les futurs citoyens. L'école enseigne les fondements de matières générales, mais aussi l'histoire et la géographie de la France. Enfin, l'accès à la citoyenneté pour les enfants d'étrangers nés en France est favorisé par la loi de 1889.

• La colonisation est menée aussi au nom de la République et de la Nation comme une « mission civilisatrice ». Cependant, la grande majorité des peuples colonisés n'a pas accès aux mêmes droits que les Français. En métropole, la colonisation est perçue comme un aspect de la grandeur française et assez rarement remise en cause par les Français avant les années 1930.

Dossier

3 Une République laïque

• Les Républicains souhaitent assurer la liberté de conscience et de culte (héritage des Lumières et de la Révolution française) tout en limitant l'influence de l'Église catholique, réputée peu favorable au régime républicain. Ils font voter dès les années 1880-1890 une série de lois qui accélèrent la laïcisation* de la société : autorisation du divorce (1884), suppression des prières précédant l'ouverture des sessions parlementaires, retrait progressif des crucifix des tribunaux et des hôpitaux.

• L'école devient avec la loi de 1882 un pilier essentiel de la laïcité. Les programmes sont laïcisés : la religion n'est plus enseignée, l'instruction morale et civique remplace la morale religieuse. Avec la loi de 1886, les religieux n'ont plus le droit d'enseigner dans les écoles publiques. Cependant, les écoles privées confessionnelles demeurent.

• La loi de 1905, dite loi de séparation des Églises et de l'État, accélère la laïcisation de la société. L'État affirme la neutralité face aux religions mais se fait le garant de la liberté de conscience et de culte. La loi prévoit la création d'associations cultuelles* pour subvenir aux frais et à l'entretien des religieux et des bâtiments de culte. Une partie des catholiques et leur hiérarchie s'opposent d'abord à la loi : les relations sont suspendues entre la France et le Vatican, les inventaires* des biens de l'Église donnent parfois lieu à des violences. Peu à peu, les relations entre les catholiques et la République s'apaisent. L'Union sacrée* de 1914 réintègre totalement les catholiques dans la nation. Les minorités juives et protestantes s'accommodent mieux de la loi.

Notion

Laïcité p. 17

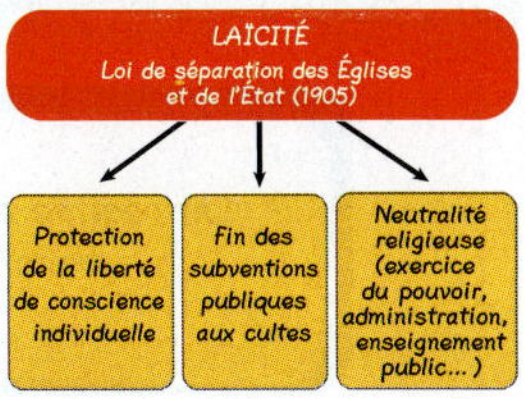

Vocabulaire

- Laïcisation
- Associations cultuelles
- Inventaire des biens de l'Église
- Union sacrée

* Voir lexique p. 248

Dossier

4 Les contestations de la République

• La République et la démocratie sont remises en cause par des mouvements de nature diverse et par certains événements. Entre 1892 et 1894, la France subit une vague d'attentats anarchistes contre les institutions. Le Président Sadi Carnot est assassiné en juillet 1894. Une série de lois est votée dans l'urgence entre 1893 et 1894: l'apologie de l'anarchisme* et les associations anarchistes sont interdites. La dernière loi soulève le plus de critiques à l'intérieur même de l'Assemblée nationale car elle interdit, sans distinction, toute forme de propagande pour les anarchistes. Les députés se posent alors la question du tiraillement entre le respect de la liberté d'opinion et le respect par tous de la légalité.

• La question de la liberté de la presse se pose à nouveau pendant la guerre : la censure des journaux est durement appliquée. Cependant, ces limitations sont levées à la fin de la guerre. Par ailleurs pendant cette période, les institutions représentatives ont continué à fonctionner.

• Les scandales politico-financiers, les crises économiques et sociales nourrissent un rejet de la démocratie et du régime républicain. Des courants nationalistes antiparlementaires, souvent xénophobes et antisémites, s'en emparent. Si le mouvement boulangiste* est éphémère, l'Affaire Dreyfus secoue durablement la France. La victoire des dreyfusards conforte les idéaux démocratiques. Pendant l'entre-deux-guerres, une crise violente secoue le pays et les courants et idéaux antidémocratiques se manifestent avec plus de force. Les ligues* antiparlementaires manifestent le 6 février 1934, sans pour autant renverser le régime.

• L'arrivée au pouvoir en 1940 du maréchal Pétain, porté par la défaite, consacre pour un temps la victoire des antidémocrates, des xénophobes et des antisémites. La République et la démocratie sont rétablies à la Libération en 1944 autour d'un gouvernement issu de la Résistance.

Notion

Démocratie p. 19

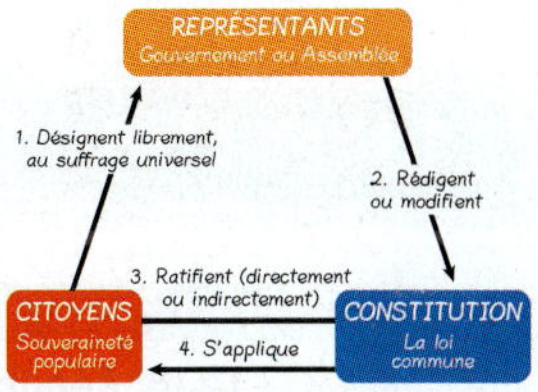

Vocabulaire

- Anarchisme
- Mouvement boulangiste
- Ligue

* Voir lexique p. 248

BAC **Réviser** la question obligatoire

Moments et actes fondateurs (1880-1945)

www.lienmini.fr/magnard-hg1-301

Schéma-bilan

Un régime aux racines historiques profondes : 1792, 1848

Un régime qui naît dans la défaite et les troubles politiques

LA IIIe REPUBLIQUE

SE FONDE SUR :

- **Des principes** : démocratie, séparation des pouvoirs, libertés fondamentales, laïcité...
- **Des symboles républicains** : drapeau tricolore, *Marseillaise*, devise...
- **Des lois sociales marquantes** : journée de 8 heures, congés payés...

EST FRAGILISÉE PAR :

- **Des mouvements politiques** : monarchistes, anarchistes, ligues d'extrême-droite...
- **Des crises économiques**, dont celle des années 1930.
- **Des problèmes géopolitiques** : deux guerres mondiales, la montée des régimes autoritaires...

Idées clés

Une mise en place difficile

- La IIIe République se met en place après la défaite de 1870 contre la Prusse.
- Le régime est contesté par une grande partie de la population à majorité monarchiste.
- La République est définitivement adoptée en 1875.

Un régime qui s'installe

- La République est parlementaire. Elle se fonde sur la démocratie, l'égalité, la séparation des pouvoirs, le suffrage universel masculin.
- Elle s'appuie sur des symboles forts : un drapeau, une fête nationale, une devise, un hymne...
- Elle se structure autour de partis politiques importants dont le parti radical, véritable pivot de la vie politique au début du xxe siècle.

Un régime qui modernise la France

- De multiples lois aux répercussions lointaines sont adoptées par la IIIe République.
- Sur l'école : les lois Ferry de 1881-1882 instaurent l'école primaire obligatoire, gratuite, laïque.
- Sur la laïcité : la loi de 1905 ancre la laïcité dans le fonctionnement républicain français.
- Sur les droits sociaux : dans les années 1880 (libertés syndicales), 1900 (droit d'association), 1910 (journée de 8 heures) ou 1930 (congés payés), la IIIe République modifie les conditions de vie des Français.

Un régime contesté

- La République n'a pas fait l'unanimité durant toute la période 1880-1939.
- Les mouvements anarchistes, les ligues d'extrême-droite contestent et combattent ce régime.
- La défaite de 1940 provoque la disparition de ce régime qui sera rétabli en 1940.

SUJET

Répondre aux cinq questions suivantes.

Questions

1. **Citez trois personnages politiques important de la période 1880-1914.**

Aide *Faire référence à des personnages dont les actions ont été concrétisées par des lois majeures. Donner le nom de personnages sur l'ensemble de la période 1880-1914.*

2. **Justifiez l'affirmation suivante : « Les libertés fondamentales garantissent la démocratie. »**

Aide *Définir les termes puis expliquer le lien entre eux en étudiant comment l'un interagit avec l'autre.*

3. **À partir du schéma de la notion, rédigez la définition du terme de laïcité.**

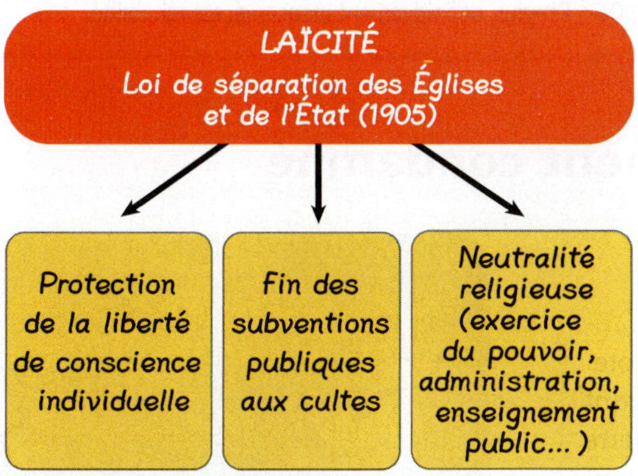

Aide *Ne pas oublier de citer les lois qui sont à l'origine de la laïcisation de la société française.*

4. **Quelle place le parti radical occupe-t-il dans l'affirmation de la République entre 1880 et 1914 ?**

Aide *Expliquer ce qu'est le parti radical. Connaître des personnages majeurs ayant appartenu à cette formation politique. Citer des lois qui ont été portées par ce parti. Montrer comment ces actions ont contribué à affermir le sentiment républicain en France.*

5. **Sur la frise jointe datez et placez les événements suivants :**

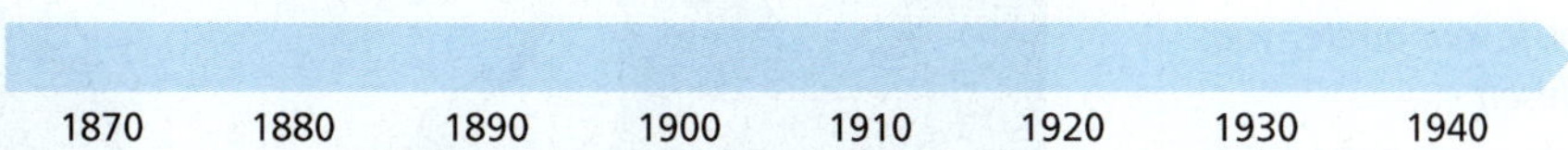

- **La loi de séparation des Églises et de l'État.**
- **La chute du Second Empire.**
- **L'arrivée au pouvoir du Front populaire.**
- **Le 14 juillet devient fête nationale.**
- **Le début de l'affaire Dreyfus.**
- **L'instauration du repos hebdomadaire généralisé.**

Compétences à mobiliser

- Citer des acteurs.
- Justifier une affirmation en proposant des arguments.
- Proposer une définition pour une notion.
- Construire une réponse organisée.
- Compléter une frise chronologique.

Sujet d'étude 1

L'affaire Dreyfus

INTRODUCTION

En 1894, le capitaine Alfred Dreyfus est condamné pour espionnage au profit de l'Allemagne. Ce fait passe presque inaperçu et ne devient « l'Affaire » que quand quelques personnes, convaincues de son innocence, militent pour la révision du procès, entaché d'irrégularités et marqué par l'antisémitisme. Les Français se divisent alors entre « dreyfusards » et « antidreyfusards » qui refusent d'accepter l'innocence de Dreyfus. « L'Affaire » bouleverse la vie politique française.

REPÈRES CLÉS

1894 : Un « bordereau » prouvant l'existence d'un espion payé par l'Allemagne est découvert.
➥ Alfred Dreyfus, officier de confession juive, est condamné à la dégradation et à la déportation.

1896 : La famille de Dreyfus se mobilise pour prouver son innocence.
➥ Découverte du vrai coupable par le colonel Picquart : le commandant Esterhazy.

1897 : Premières campagnes pour la révision du procès (rôle de George Clemenceau).

Janvier 1898 : Acquittement d'Esterhazy par le tribunal militaire. Picquart écarté de l'armée.
➥ Émile Zola dénonce l'injustice dans « J'accuse » (paru dans *L'Aurore*).

1899 : 2e procès de Dreyfus, à nouveau condamné.
➥ Grâce accordée à Dreyfus par le président de la République.

1906 : Dreyfus, définitivement innocenté, est réhabilité.

A Un capitaine injustement condamné

1 La « preuve » qui accable le capitaine Dreyfus

Le samedi 13 octobre 1894, je reçus une note de service m'invitant à me rendre le lundi suivant à neuf heures du matin au ministère de la Guerre pour l'inspection générale. Je fus surpris de ne trouver aucun de mes camarades, les officiers étant toujours convoqués par groupe à l'Inspection générale. Le commandant du Paty[1] vint à moi et me dit d'une voix étranglée : « *Le général va venir. En l'attendant, comme j'ai une lettre à écrire et que j'ai mal au doigt, voulez-vous l'écrire pour moi ?* » Je m'assis à une petite table toute préparée, le commandant du Paty assis à côté et tout prêt de moi, suivant ma main de l'œil. Aussitôt la dictée terminée, le commandant du Paty se leva et, posant la main sur moi, s'écria d'une voix tonnante : « *Au nom de la loi, je vous arrête ; vous êtes accusé du crime de haute trahison* ».

Alfred Dreyfus, *Cinq années de ma vie (1894-1899)*, La Découverte, éd. 2006.

1. Nommé responsable de l'enquête par les autorités militaires.

2 Un contexte d'antisémitisme

Dessin de Royer paru dans *Le Journal illustré*, 6 janvier 1895.

Allégorie de la dégradation militaire de Dreyfus.
1 la République 2 L'armée 3 Le Juif cupide
4 Le traître Judas

3 Un procès bâclé

Compte-rendu du procès de 1894 envoyé par Martin Freystätter à Joseph Reinach en 1900

Le capitaine Martin Freystätter fut juge au Conseil de guerre de 1894 qui avait condamné Dreyfus. Il est le seul des juges à devenir dreyfusard. Joseph Reinach, député, journaliste, est l'une des principales figures du mouvement dreyfusard. Maître Demange est avec Fernand Labori l'un des avocats du capitaine Dreyfus.

Le 19 décembre 1894, à l'ouverture de la première séance, maître Demange tenta [...] d'obtenir des débats publics. Mais le colonel Maurel l'arrêta et le huis clos fut décidé à l'unanimité, en raison des intentions attribuées à la défense.

Le vague de l'acte d'accusation me frappa : le mobile du crime ne m'apparaissait pas, les perquisitions étaient restées infructueuses et trois seulement des cinq experts attribuaient la lettre missive à Dreyfus.

[...] Les débats n'avaient éclairci aucun des points laissés dans l'ombre par l'acte d'accusation.

On ne connaissait ni les mobiles du crime ni les facilités données à Dreyfus pour ses voyages en Alsace. »

Rochefort le 6 juillet 1900, Freystätter.

4 La déportation de Dreyfus

Le Petit Journal illustré, 27 septembre 1896.
Dreyfus a été déporté à l'île du Diable, en Guyane, d'avril 1895 à juin 1899.

5 L'Affaire éclate

Cinq Centimes
L'AURORE
Littéraire, Artistique, Sociale
J'Accuse...!
LETTRE AU PRÉSIDENT DE LA RÉPUBLIQUE
Par ÉMILE ZOLA
LETTRE
A M. FÉLIX FAURE
Président de la République

J'accuse le lieutenant-colonel du Paty de Clam d'avoir été l'ouvrier diabolique de l'erreur judiciaire, en inconscient, je veux le croire, et d'avoir ensuite défendu son œuvre néfaste, depuis trois ans, par les machinations les plus saugrenues et les plus coupables. [...]

J'accuse le général Billot[1] d'avoir eu entre les mains les preuves certaines de l'innocence de Dreyfus et de les avoir étouffées [...] dans un but politique et pour sauver l'état-major compromis.

J'accuse le général de Boisdeffre[2] et le général Gonse[2] de s'être rendus complices du même crime, l'un sans doute par passion cléricale, l'autre peut-être par cet esprit de corps qui fait des bureaux de la Guerre l'arche sainte, inattaquable.

[...] J'accuse enfin le premier Conseil de Guerre d'avoir violé le droit, en condamnant un accusé sur une pièce restée secrète, et j'accuse le second Conseil de Guerre d'avoir couvert cette illégalité, par ordre, en commettant à son tour le crime juridique d'acquitter sciemment un coupable.

[...] Je n'ai qu'une passion, celle de la lumière, au nom de l'humanité qui a tant souffert et qui a droit au bonheur. Ma protestation enflammée n'est que le cri de mon âme. Qu'on ose donc me traduire en cour d'assises et que l'enquête ait lieu au grand jour ! J'attends.

Émile Zola, extrait de la lettre ouverte à Félix Faure, président de la République, *L'Aurore* (journal de George Clemenceau), 13 janvier 1898.

1. Ministre de la Guerre.
2. Respectivement chef et sous-chef d'état-major.

Questions

1. Citez les « preuves » qui condamnent le capitaine Dreyfus. Expliquez pourquoi on peut parler d'un procès expéditif et sans preuve réelle à l'encontre du capitaine. (doc. 1, 3)
2. Expliquez pourquoi on peut parler d'une vision antisémite à propos de cette affiche. (doc. 2)
3. Relevez les arguments de Zola pour la défense de Dreyfus. (doc. 5)

SUJET BAC

À partir des doc. 3 et 5 expliquez comment le procès de Dreyfus est devenu l'Affaire Dreyfus.

B Une France divisée

UN DINER EN FAMILLE

– Surtout ! ne parlons pas de l'affaire Dreyfus !

… Ils en ont parlé…

6 L'affaire Dreyfus et les divisions de la société française

Dessin de presse de Caran d'Ache paru dans *Le Figaro*, 14 février 1898.

7 La presse, l'affirmation d'un nouveau pouvoir

Charles Péguy relate la distribution du journal le jour de la publication de l'article de Zola.

Il y eut un sursaut. La bataille pouvait recommencer. Toute la journée dans Paris les camelots à la voix éraillée crièrent *L'Aurore*, coururent avec *L'Aurore*, en gros paquets sous le bras, distribuèrent *L'Aurore* aux acheteurs, empressés. Ce beau nom de journal, rebelle aux enrouements, planait comme une clameur sur la fiévreuse activité des rues. Le choc donné fut si extraordinaire que Paris faillit se retourner.

Charles Péguy, *Cahiers de la Quinzaine*, 4 décembre 1902.

8 Des écrivains et des intellectuels dreyfusards et antidreyfusards

a. Les dreyfusards

Les soussignés, frappés des irrégularités commises dans le procès Dreyfus de 1894, et du mystère qui entoure le procès du commandant Esterhazy, persuadés d'autre part que la nation tout entière est intéressée au maintien des garanties légales, seule protection des citoyens dans un pays libre, étonnés des perquisitions faites chez le lieutenant-colonel Picquart et des perquisitions non moins illégales attribuées à ce dernier officier, émus des procédés d'information judiciaire employés par l'autorité militaire, demandent à la Chambre de maintenir les garanties légales des citoyens contre l'arbitraire.

Octave Mirbeau *et alii*, *L'Aurore*, 16 janvier 1898.

b. Les antidreyfusards

Ai-je besoin de rappeler les faits, et la mémoire n'en est-elle pas encore trop présente ? Il s'agissait de savoir si le premier venu, sans preuves ni commencements de preuves, a le droit d'insulter grossièrement la justice, et en même temps l'armée, dans la personne de ceux qui la dirigent, et qui ne sont pas toute l'armée, mais qui en sont la principale partie, puisqu'ils en sont l'élément permanent. Cependant, sur cette question si simple, l'opinion a semblé se partager en deux. […] Et comment tant d'intellectuels, ainsi qu'ils s'intitulent, se sont-ils trouvés, dans toute cette affaire, du côté qu'il n'eût pas fallu ? »

Ferdinand Brunetière, « Après le procès », *Revue des Deux mondes*, mars 1898.

9 La création de ligues dreyfusardes et antidreyfusardes

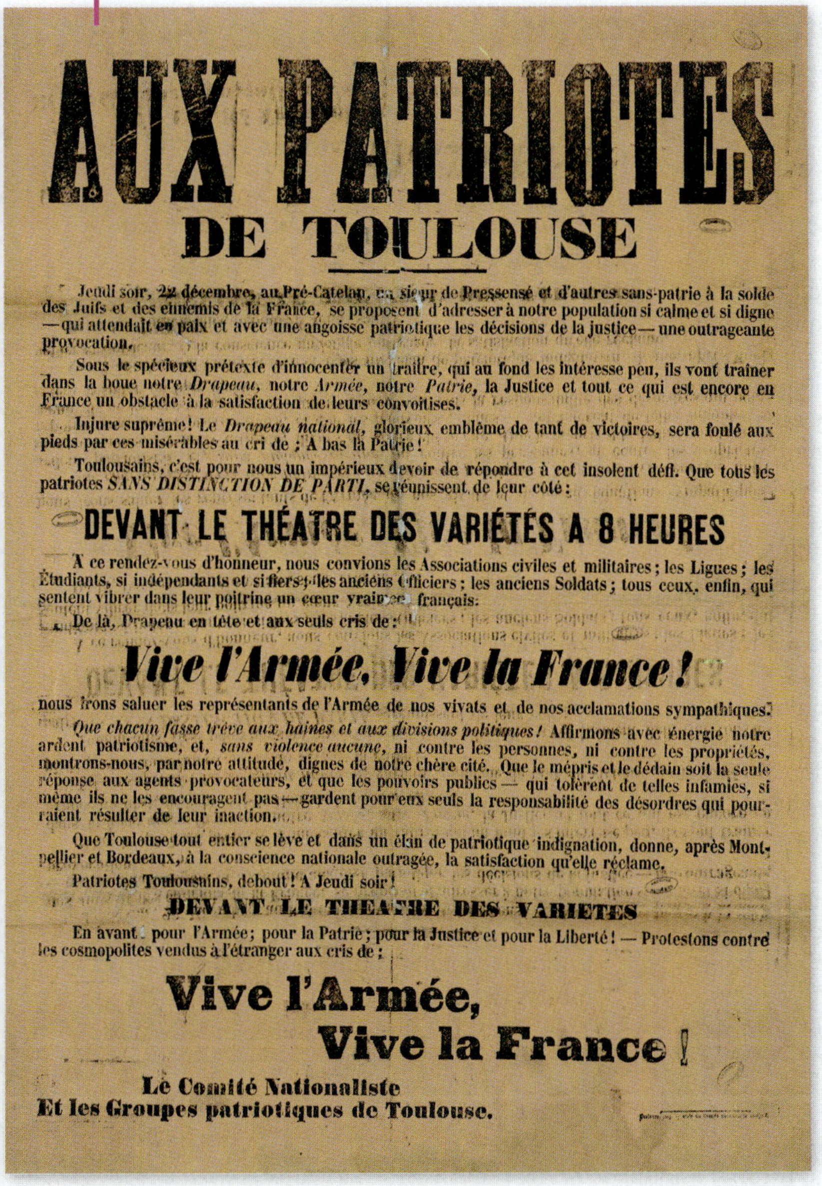

AUX PATRIOTES
DE TOULOUSE

Jeudi soir, 22 décembre, au Pré-Catelan, un sieur de Pressensé et d'autres sans-patrie à la solde des Juifs et des ennemis de la France, se proposent d'adresser à notre population si calme et si digne — qui attendait en paix et avec une angoisse patriotique les décisions de la justice — une outrageante provocation.

Sous le spécieux prétexte d'innocenter un traître, qui au fond les intéresse peu, ils vont traîner dans la boue notre *Drapeau*, notre *Armée*, notre *Patrie*, la Justice et tout ce qui est encore en France un obstacle à la satisfaction de leurs convoitises.

Injure suprême! Le *Drapeau national*, glorieux emblème de tant de victoires, sera foulé aux pieds par ces misérables au cri de ; A bas la Patrie!

Toulousains, c'est pour nous un impérieux devoir de répondre à cet insolent défi. Que tous les patriotes *SANS DISTINCTION DE PARTI*, se réunissent de leur côté :

DEVANT LE THÉATRE DES VARIÉTÉS A 8 HEURES

A ce rendez-vous d'honneur, nous convions les Associations civiles et militaires ; les Ligues ; les Étudiants, si indépendants et si fiers ; les anciens Officiers ; les anciens Soldats ; tous ceux, enfin, qui sentent vibrer dans leur poitrine un cœur vraiment français :

De là, Drapeau en tête et aux seuls cris de :

Vive l'Armée, Vive la France !

nous irons saluer les représentants de l'Armée de nos vivats et de nos acclamations sympathiques.

Que chacun fasse trêve aux haines et aux divisions politiques ! Affirmons avec énergie notre ardent patriotisme, et, *sans violence aucune*, ni contre les personnes, ni contre les propriétés, montrons-nous, par notre attitude, dignes de notre chère cité. Que le mépris et le dédain soit la seule réponse aux agents provocateurs, et que les pouvoirs publics — qui tolèrent de telles infamies, si même ils ne les encouragent pas — gardent pour eux seuls la responsabilité des désordres qui pourraient résulter de leur inaction.

Que Toulouse tout entier se lève et dans un élan de patriotique indignation, donne, après Montpellier et Bordeaux, à la conscience nationale outragée, la satisfaction qu'elle réclame.

Patriotes Toulousains, debout ! A Jeudi soir !

DEVANT LE THEATRE DES VARIETES

En avant pour l'Armée ; pour la Patrie ; pour la Justice et pour la Liberté ! — Protestons contre les cosmopolites vendus à l'étranger aux cris de ;

Vive l'Armée,
Vive la France !

Le Comité Nationaliste
Et les Groupes patriotiques de Toulouse.

GRANDE SALLE DU PRÉ-CATELAN

Jeudi 22 Décembre 1898, à 8 h. 1/2 du soir

GRANDE CONFÉRENCE
Publique et Contradictoire

L'AFFAIRE
Dreyfus & Picquart
L'Antisémitisme et les Lois Scélérates

ORATEURS :
MM. De PRESSENSÉ
OCTAVE MIRBEAU
PIERRE QUILLARD

Prix des places : Loges (5 entrées comprises), 6 fr. ; Fauteuils, 0 fr. 75 ; Premières : 0 fr. 50 ; Secondes : 0 fr. 30.

On peut prendre des billets à l'avance, sans augmentation de prix, chez Mme Addé (kiosque de journaux de la Comédie), angle avenue Lafayette.

À gauche : appel « *à tous ceux qui sentent vibrer dans leur poitrine un cœur vraiment français* », émanant du Comité nationaliste et des groupes patriotiques de Toulouse, adversaires de Dreyfus et antisémites.

À droite : Francis de Pressensé est membre de la ligue* des Droits de l'homme, créée pour la défense de Dreyfus et celle des libertés essentielles de la personne. Les « lois scélérates » sont des mesures d'exception restreignant les libertés individuelles prises en 1894 (voir doc. 1 p. 18).

10 Des manifestations antisémites soutiennent les antidreyfusards

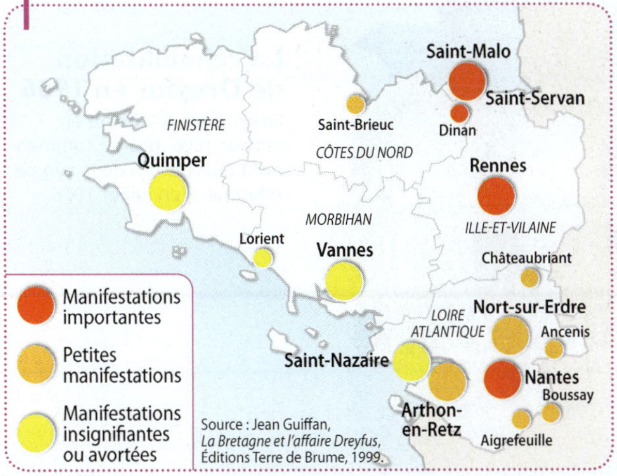

Source : Jean Guiffan, *La Bretagne et l'affaire Dreyfus*, Éditions Terre de Brume, 1999.

Questions

1. Relevez les arguments des deux écrivains. (doc. 8)
2. Précisez quel est le rôle de la presse dans l'affaire Dreyfus. (doc. 6, 7)
3. Relevez les arguments du comité nationaliste. Mettez en regard ces arguments et la carte et expliquez quelles conclusions vous en tirez ? (doc. 9,10)

SUJET BAC

À partir des doc. 6 et 9 expliquez comment l'affaire Dreyfus divise les Français.

C L'affaire Dreyfus et la consolidation des valeurs républicaines

11 Les valeurs défendues par les antidreyfusards

Maurice Barrès (1862-1923) est un écrivain et un homme politique français nationaliste.

La mise en liberté du traître Dreyfus serait après tout un fait minime, mais si Dreyfus est plus qu'un traître, s'il est un symbole, c'est une autre affaire : c'est l'affaire Dreyfus ! Halte-là ! Le triomphe du camp qui soutient Dreyfus-symbole installerait décidément au pouvoir les hommes qui poursuivent la transformation de la France selon leur esprit propre. Et moi je veux conserver la France.

[...] On peut, selon le cœur qu'on a, apprécier ou déprécier l'armée, la juridiction militaire, les luttes de race. Mais il ne s'agit pas de votre cœur ; il s'agit de la France et ces questions doivent être traitées par rapport à l'intérêt de la France.

Il ne faut pas supprimer l'armée, parce qu'une milice ne suffirait point, je vous prie de le croire, en Lorraine.

Il ne faut point supprimer la juridiction militaire parce que certaines fautes insignifiantes chez le civil deviennent par leurs conséquences très graves chez le militaire.

Il ne faut point se plaindre du mouvement antisémite dans l'instant où l'on constate la puissance énorme de la nationalité juive qui menace de « chambardement » l'État français.

Maurice Barrès, *Le Journal*, 4 octobre 1898.

12 Les valeurs défendues par les dreyfusards

Jean Jaurès (1859-1914) est un député républicain.

Ce jour-là, nous aurons le droit de nous dresser, nous socialistes, contre tous les dirigeants qui depuis des années nous combattent au nom des principes de la Révolution française. *« Qu'avez-vous fait, leur crierons-nous, de la déclaration des Droits de l'Homme et de la liberté individuelle ? Vous en avez fait mépris ; vous avez livré tout cela à l'insolence du pouvoir militaire. Vous êtes les renégats de la Révolution bourgeoise. »* [...]

Or parmi ces lois, celle qui ne permet pas de condamner un homme, quel qu'il soit, sans discuter avec lui est la plus essentielle peut-être. [...] Nous défendons les garanties légales contre les juges galonnés qui les brisent, comme nous défendrions au besoin la légalité républicaine contre des généraux de coup d'État. [...]

Ce n'est donc pas servir seulement l'humanité, c'est servir directement la classe ouvrière que de protester, comme nous le faisons, contre l'illégalité, maintenant démontrée, du procès Dreyfus.

Jean Jaurès, *Preuves*, 1898.

13 La réhabilitation de Dreyfus en 1906

Dreyfus est réhabilité en janvier 1906, promu commandant puis décoré de la Légion d'honneur en juillet 1906.

14 Les enjeux de l'Affaire

« La Vérité », dessin d'Édouard Pépin, *Le Grelot*, 19 décembre 1897.

15 La République renforcée dans ses valeurs par les luttes de l'affaire Dreyfus

Tous les observateurs s'accordent à reconnaître que [l'affaire Dreyfus] a finalement servi l'ordre républicain, renforcé la démocratie parlementaire, assurant la défaite des forces réactionnaires, ruinant l'espoir d'une restauration de l'ordre ancien. La confusion, dans une même exécration, des Juifs, des dreyfusards, du Parlement et de la République, les excès de l'antisémitisme, passant du fanatisme des discours à la violence des comportements, les brutalités du nationalisme enveloppant dans les plis du drapeau les valeurs de l'Ancien Régime, les tentatives de coup d'État, bouffonnes ou sérieuses, eurent pour contrecoup de rassembler les républicains [...].

L'Armée et l'Église, les deux grandes forces antidreyfusardes furent ainsi les victimes de l'Affaire. Parce qu'elles s'y engagèrent, et confondirent dans leur combat Dreyfus et la République.

Jean-Denis Bredin, *L'Affaire*, Julliard, 1983.

Questions

1. Expliquez pourquoi Maurice Barrès refuse d'accepter l'innocence de Dreyfus. (doc. 11)
2. Relevez les arguments de Jean Jaurès. Expliquez pourquoi il se réfère à la Révolution française. (doc. 12)
3. Soulignez l'importance de l'antisémitisme dans les prises de position contre Dreyfus. (doc. 11, 14)

SUJET BAC

À partir des doc. 12 et 15, répondez à la question : « Pourquoi peut-on dire que l'affaire Dreyfus renforce les valeurs républicaines ? »

BAC **Réviser** le sujet d'étude

L'affaire Dreyfus

Schéma-bilan

www.lienmini.fr/magnard-hg1-302

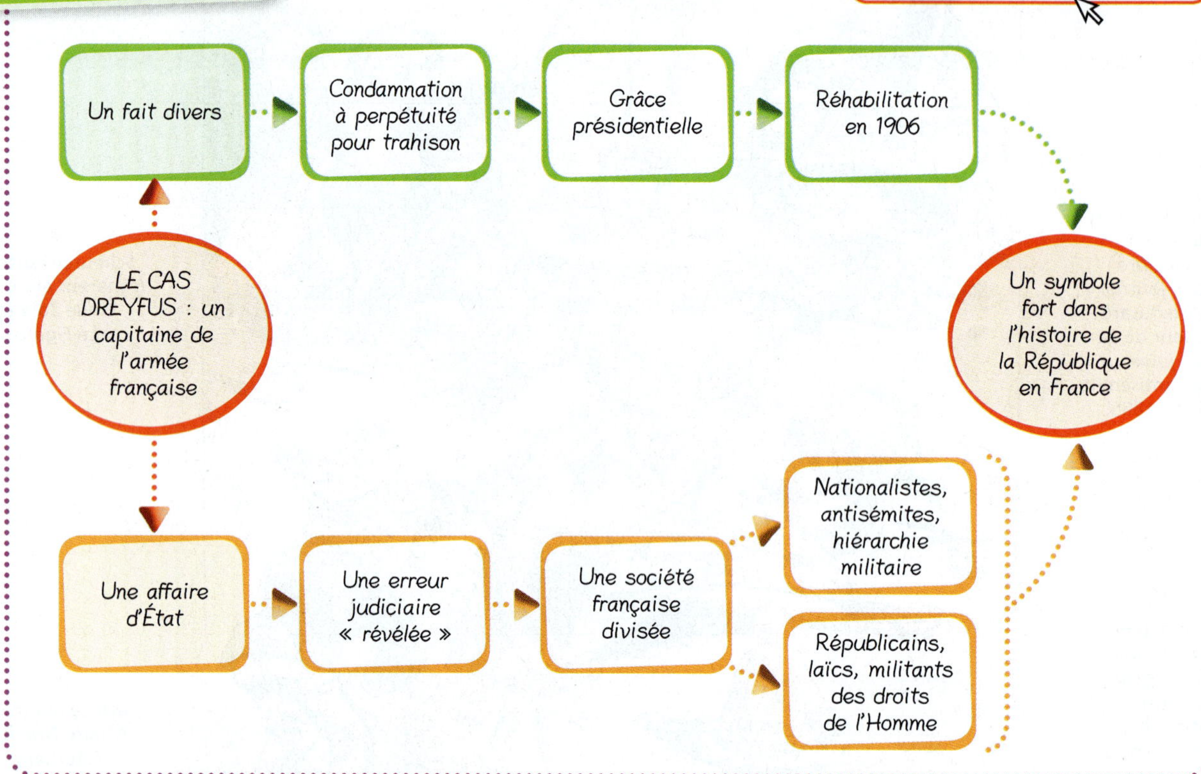

L'essentiel à retenir

A Un capitaine injustement condamné

- Le capitaine Dreyfus, officier de l'état-major, de confession juive, est condamné pour espionnage au profit de l'Allemagne par un tribunal militaire en 1894. Les preuves sont inexistantes et le procès expéditif.
- Mais dans un premier temps, pour la plus grande majorité de la population, la culpabilité de Dreyfus ne fait pas de doute. Seuls sa famille et quelques proches se mobilisent pour prouver son innocence.
- Une mobilisation plus large en faveur de Dreyfus se forme en 1897. L'affaire touche l'ensemble de la population en 1898 lors de la publication de la lettre « J'accuse » écrite par Émile Zola dans le journal *L'Aurore*.

B Une France divisée

- Dès 1897, certains journaux (*L'Aurore* de George Clemenceau), des hommes politiques (Jean Jaurès) et des intellectuels prennent fait et cause pour Dreyfus, ils dénoncent les irrégularités du procès et demandent sa révision. Ce sont les dreyfusards.
- Ils s'opposent aux antidreyfusards qui refusent d'admettre l'innocence de Dreyfus.
- Les tenants de l'un et de l'autre camp utilisent la presse, la caricature, la photo, les associations ou appellent à des manifestations pour défendre leur point de vue. Dans le même temps l'antisémitisme se déchaîne en France.

C L'affaire Dreyfus et la consolidation des valeurs républicaines

- Les oppositions entre dreyfusards et antidreyfusards dépassent la seule cause de Dreyfus.
- Les antidreyfusards refusent de mettre en cause les institutions que sont l'armée et la justice, les dreyfusards affirment lutter au nom des droits de l'homme et de la justice en général.
- Les antidreyfusards assimilés à l'opposition à la République, à l'antisémitisme parfois violent, finissent par voir leur combat rejeté par l'opinion publique, en dehors même du cercle des tenants des valeurs républicaines.
- Dreyfus est entièrement réhabilité en 1906 mais la césure entre dreyfusards et antidreyfusards perdure pendant la première moitié du XXe siècle.

Analyse de documents

SUJET

1 La presse antidreyfusarde

Psst... ! est un journal antidreyfusard, fondé par Forain et Caran d'Ache. En reprenant les vers de Cicéron, « Que les armes le cèdent à la toge », Forain dénonce la magistrature qui attaque l'armée (février 1898).

2 La presse dreyfusarde

Le Sifflet, journal, dreyfusard, paraît quelque jours après *Psst... !* Le dessinateur Ibels parodie le dessin de Caran d'Ache et dénonce l'armée qui malmène la justice.

Questions

1. Présentez les deux documents.
2. Quelles sont les institutions représentées sur les deux images par les personnages ? Par les objets ?
3. Quel message chacun des deux journaux cherche-t-il à faire passer ?
4. Pourquoi ces documents symbolisent-ils la division de la société française pendant l'affaire Dreyfus ?
5. Plus généralement, quel rôle la presse a-t-elle joué durant l'affaire Dreyfus ?

Compétences à mobiliser

- Identifier des documents.
- Prélever, hiérarchiser et confronter des informations.
- Décrire et mettre en récit une situation historique.
- Cerner le sens général d'un corpus documentaire et le mettre en relation avec la situation historique étudiée.
- Utiliser le manuel comme outil de lecture complémentaire du cours.

Sujet d'étude 2 L'année 1940

INTRODUCTION

L'année 1940 voit la défaite de la France et l'occupation d'une partie du territoire par l'Allemagne. Le traumatisme est immense pour les Français. Le maréchal Pétain, après avoir signé l'armistice*, installe un régime autoritaire laissant augurer une future collaboration avec l'Allemagne. C'est la fin de la IIIe République. Mais dès l'annonce de la demande d'armistice, des voix s'élèvent pour appeler à la Résistance et poursuivre la guerre.

REPÈRES CLÉS

- **1939**
  - **1er septembre :** Invasion de la Pologne par les troupes allemandes.
  - **3 septembre :** Déclaration de guerre du Royaume-Uni et de la France à l'Allemagne.
- **L'année 1940**
  - **13 mai :** Entrée des troupes allemandes en France.
  - **16 juin :** Philippe Pétain nommé président du Conseil.
  - **17 juin :** Pétain demande l'armistice à l'Allemagne.
  - **18 juin :** Appel à la Résistance du général de Gaulle depuis Londres.
  - **22 juin :** Signature de l'armistice à Rethondes.
  - **28 juin :** De Gaulle reconnu « chef des Français libres » par les Britanniques.
  - **29 juin :** Installation du gouvernement à Vichy.
  - **10-11 juillet :** « Pleins pouvoirs » donnés à Pétain et fin de la IIIe République.
  - **3-4 octobre :** Statut des Juifs (décret).
  - **24 octobre :** Pétain rencontre Hitler à Montoire : début de la collaboration d'État.

A Le traumatisme de la défaite et de l'armistice

1 L'exode* de mai-juin 1940

« Témoins d'un incroyable désordre, nous n'en mesurions pas les effets. Cette fuite, ce mélange d'armée et de civils, citadins et paysans, nous apparaissait comme une maladie aiguë, comme un orage. »
Léon Werth, *33 jours*, Viviane Hamy, 2015 (écrit en 1940).

En mai-juin 1940, entre 8 et 10 millions de personnes, civils mêlés à des soldats, fuient devant l'avancée de l'armée allemande sur les routes de France.

2 L'entrée des troupes allemandes à Paris

Les troupes allemandes défilent sur les Champs-Élysées à Paris, après leur entrée dans la ville en juin 1940.

3 Le maréchal Pétain annonce aux Français sa demande d'armistice

À l'appel de Monsieur le Président de la République, j'assume à partir d'aujourd'hui la direction de la France.

Sûr de l'affection de notre admirable armée qui lutte, avec un héroïsme digne de ses longues traditions militaires, contre un ennemi supérieur en nombre et en armes,

Sûr que par sa magnifique résistance elle a rempli nos devoirs vis-à-vis de nos alliés,

Sûr de l'esprit des Anciens Combattants que j'ai eu la fierté de commander,

Sûr de la confiance du peuple tout entier, je fais à la France le don de ma personne pour atténuer son malheur.

En ces heures douloureuses, je pense aux malheureux réfugiés qui, dans un dénuement extrême, sillonnent nos routes. Je leur exprime toute ma compassion et ma sollicitude.

C'est le cœur serré que je vous dis aujourd'hui qu'il faut cesser le combat.

Je me suis adressé cette nuit à l'adversaire pour lui demander s'il est prêt à rechercher avec nous, entre soldats, après la lutte et dans l'honneur, les moyens de mettre un terme aux hostilités.

Que tous les Français se groupent autour du gouvernement que je préside pendant ces dures épreuves et fassent taire leur angoisse pour n'écouter que leur foi dans le destin de la Patrie.

Discours radiodiffusé du 17 juin 1940.

4 Le maréchal Pétain annonce aux Français les conditions de l'armistice

[...] Une grande partie de notre territoire va être temporairement occupée. Dans tout le Nord, et dans tout l'Ouest de notre pays, [...] l'Allemagne tiendra garnison. Nos armées devront être démobilisées, notre matériel remis à l'adversaire, nos fortifications rasées, notre flotte désarmée dans nos ports. [...] Du moins l'honneur est-il sauf. Nul ne fera usage de nos avions et de notre flotte. Nous gardons les unités navales et terrestres nécessaires au maintien de l'ordre dans la métropole et dans nos colonies ; le gouvernement reste libre, la France ne sera administrée que par des Français. [...]

Un ordre nouveau commence. [...]

Ce n'est pas moi qui vous bernerai par des paroles trompeuses. Je hais les mensonges qui ont fait tant de mal à la France. [...]

Nous avons à restaurer la France. [...] Notre défaite est venue de nos relâchements. L'esprit de jouissance détruit ce que l'esprit de sacrifice a édifié. C'est à un redressement intellectuel et moral que, d'abord, je vous convie. [...]

Discours radiodiffusé du 25 juin 1940.

5 1940 : la France vaincue

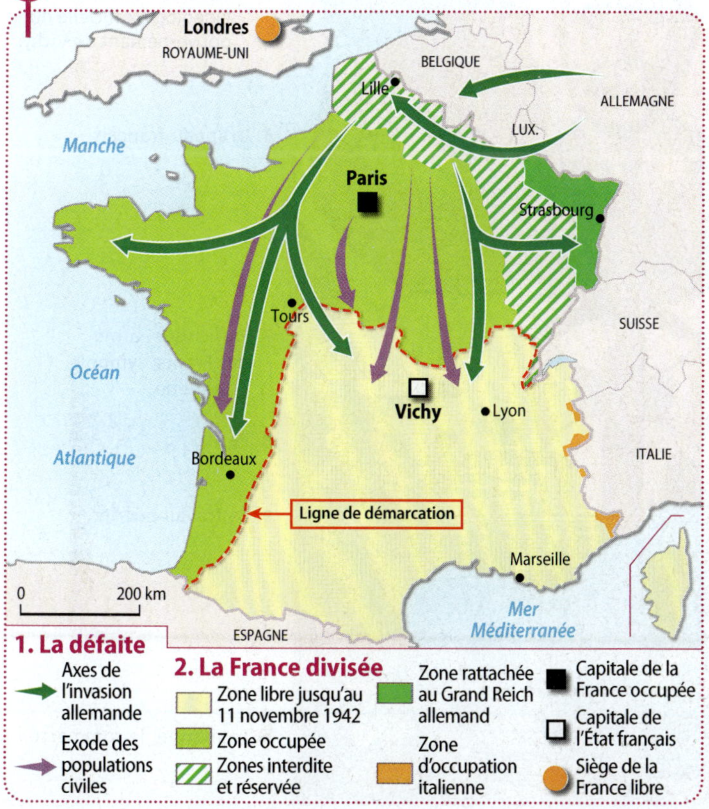

Questions

1. Expliquez la réalité de l'exode de mai-juin 1940 en France. (doc. 1, 5)
2. Présentez les arguments de Pétain pour demander l'armistice. (doc. 3)
3. Montrez comment Pétain explique la défaite. Précisez ce qu'il annonce en conclusion de son discours du 25 juin 1940. (doc. 2 et 4)

SUJET BAC

À partir des doc. 2 et 4 répondez à la question : « Pourquoi peut-on dire que les conditions d'armistice sont très contraignantes pour la France ? »

B Le régime de Vichy fait le choix de la collaboration

6 Les pouvoirs du maréchal Pétain

Les pleins pouvoirs pour réviser la Constitution

Le maréchal Pétain a reçu les pleins pouvoir de l'Assemblée nationale pour réviser la Constitution avec 569 voix pour et 80 voix contre (649 votants).

L'Assemblée nationale donne tout pouvoir au gouvernement de la République, sous l'autorité et la signature du maréchal Pétain, à l'effet de promulguer par un ou plusieurs actes une nouvelle Constitution de l'État français. Cette Constitution devra garantir les droits du travail, de la famille, de la patrie.

Loi constitutionnelle du 10 juillet 1940.

L'acte constitutionnel n° 2 du 11 juillet 1940 fixant les pouvoir de l'État français

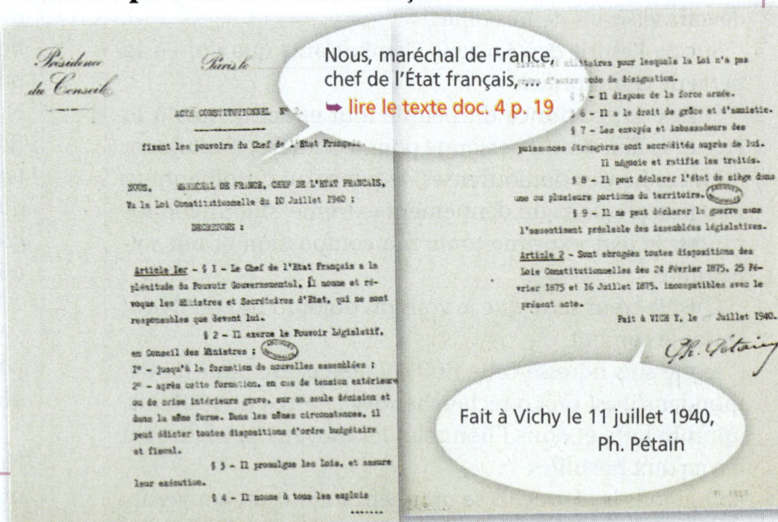

Présidence du Conseil — Paris le

ACTE CONSTITUTIONNEL N° 2.

fixant les pouvoirs du Chef de l'État Français.

NOUS, MARÉCHAL DE FRANCE, CHEF DE L'ETAT FRANCAIS,

Vu la Loi Constitutionnelle du 10 Juillet 1940 ;

DECRETONS :

Article 1er - § 1 - Le Chef de l'Etat Français a la plénitude du Pouvoir Gouvernemental. Il nomme et révoque les Ministres et Secrétaires d'Etat, qui ne sont responsables que devant lui.

§ 2 - Il exerce le Pouvoir Législatif, en Conseil des Ministres :

1° - jusqu'à la formation de nouvelles assemblées ;

2° - après cette formation, en cas de tension extérieure ou de crise intérieure grave, sur sa seule décision et dans la même forme. Dans les mêmes circonstances, il peut édicter toutes dispositions d'ordre budgétaire et fiscal.

§ 3 - Il promulgue les Lois, et assure leur exécution.

§ 4 - Il nomme à tous les emplois ... militaires pour lesquels la Loi n'a pas ... de désignation.

§ 5 - Il dispose de la force armée.

§ 6 - Il a le droit de grâce et d'amnistie.

§ 7 - Les envoyés et Ambassadeurs des puissances étrangères sont accrédités auprès de lui. Il négocie et ratifie les traités.

§ 8 - Il peut déclarer l'état de siège dans une ou plusieurs portions du territoire.

§ 9 - Il ne peut déclarer la guerre sans l'assentiment préalable des Assemblées législatives.

Article 2 - Sont abrogées toutes dispositions des Lois Constitutionnelles des 24 Février 1875, 25 Février 1875 et 16 Juillet 1875, incompatibles avec le présent acte.

Fait à VICHY, le Juillet 1940.

Ph. Pétain

➥ lire le texte doc. 4 p. 19

7 Philippe Pétain et la Révolution nationale

Affiche de propagande à la gloire du maréchal Pétain illustrant la Révolution nationale, l'idéologie officielle du gouvernement de Vichy.

8 Un régime antisémite et xénophobe

a. Le décret portant sur le statut des Juifs du 3 octobre 1940

Article PREMIER

Est regardé comme juif, pour l'application de la présente loi, toute personne issue de trois grands-parents de race juive ou de deux grands-parents de la même race, si son conjoint lui-même est juif.

Article 2.

L'accès et l'exercice des fonctions publiques et mandats énumérés ci-après sont interdits aux juifs :

1. Chef de l'État, membre du Gouvernement, conseil d'État, conseil de l'ordre national de la Légion d'honneur, [...], toutes juridictions d'ordre professionnel et toutes assemblées issues de l'élection. [...]
4. Membres du corps enseignants.
5. Officiers des armées de terre, de mer et de l'air.

[...]

Article 5.

Les Juifs ne pourront sans condition ni réserve, exercer l'une des professions suivantes : directeurs, gérants, rédacteurs de journaux, revues, agences ou périodiques, à l'exception de publications à caractère strictement scientifique.

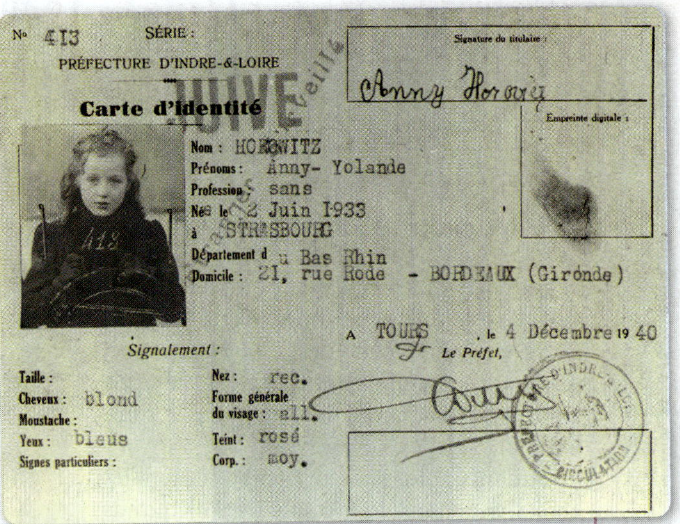

N° 413 SÉRIE :
PRÉFECTURE D'INDRE-&-LOIRE
JUIVE
Carte d'identité
Signature du titulaire : Anny Horovitz
Empreinte digitale :
Nom : HOROWITZ
Prénoms : Anny- Yolande
Profession : sans
Née le 2 Juin 1933
à STRASBOURG
Département du Bas Rhin
Domicile : 21, rue Rode - BORDEAUX (Gironde)
A TOURS , le 4 Décembre 1940
Le Préfet,
Signalement :
Taille :
Cheveux : blond
Moustache :
Yeux : bleus
Signes particuliers :
Nez : rec.
Forme générale du visage : all.
Teint : rosé
Corp. : moy.

Carte d'identité établie le 4 décembre 1940.
Les Juifs sont recensés sur tout le territoire.

b. Loi sur les étrangers juifs du 4 octobre 1940

Article 1.

Les ressortissants étrangers de race juive pourront, à dater de la promulgation de la présente loi, être internés dans des camps spéciaux par décision du préfet du département de leur résidence.

9 Le régime de Vichy entre « dans la voie de la collaboration », le 30 octobre 1940

C'est librement que je me suis rendu à l'invitation du Führer. Je n'ai subi, de sa part, aucun « diktat », aucune pression. Une collaboration a été envisagée entre nos deux pays. J'en ai accepté le principe. Les modalités en seront discutées ultérieurement. [...]

C'est dans l'honneur et pour maintenir l'unité française, une unité de dix siècles, dans le cadre d'une activité constructive du nouvel ordre européen que j'entre aujourd'hui dans la voie de la collaboration. Ainsi, dans un avenir prochain, pourrait être allégé le poids des souffrances de notre pays, amélioré le sort de nos prisonniers, atténuée la charge des frais d'occupation. Ainsi pourrait être assouplie la ligne de démarcation et facilités l'administration et le ravitaillement du pays. [...]

Cette politique est la mienne. Les ministres ne sont responsables que devant moi. C'est moi seul que l'histoire jugera. Je vous ai tenu le langage d'un père : je vous tiens aujourd'hui le langage d'un chef. Suivez-moi ! Gardez votre confiance en la France éternelle.

Discours radiodiffusé du 30 octobre 1940.

Six jours après l'entrevue de Montoire (24 octobre1940), le maréchal Pétain annonce officiellement l'entrée de la France « dans la voie de la collaboration ».

Questions

1. Précisez quels sont les pouvoirs du maréchal Pétain. (doc. 6)
2. Montrez que cet ensemble de lois viole les règles fondamentales de la démocratie et les valeurs de la République. (doc. 6, 8)
3. Présentez les buts que Pétain assigne à la collaboration avec l'Allemagne nazie. (doc. 9)

SUJET BAC

À partir du doc. 7 répondez à la question : « Pourquoi les valeurs et symboles du régime de Vichy sont-ils une négation des valeurs républicaines ? »

C Le choix de la Résistance dès 1940

10 L'appel du 18 juin du général de Gaulle

De Gaulle, chef de la France libre et de la Résistance extérieure*.

Les chefs qui, depuis de nombreuses années, sont à la tête des armées françaises, ont formé un gouvernement. Ce gouvernement alléguant la défaite de nos armées, s'est mis en rapport avec l'ennemi pour cesser le combat. [...]

Infiniment plus que leur nombre, ce sont les chars, les avions, la tactique des Allemands qui nous font reculer. [...]

Mais le dernier mot est-il dit ? L'espérance doit-elle disparaître ? La défaite est-elle définitive ? Non !

Croyez-moi, [...] rien n'est perdu pour la France. Les mêmes moyens qui nous ont vaincus peuvent faire venir un jour la victoire.

Car la France n'est pas seule ; Elle n'est pas seule ; Elle a un vaste Empire derrière elle. Elle peut faire bloc avec l'Empire britannique qui tient la mer et continue la lutte. Elle peut, comme l'Angleterre, utiliser sans limites l'immense industrie des États-Unis.

Cette guerre n'est pas limitée au territoire malheureux de notre pays. Cette guerre n'est pas tranchée par la bataille de France. Cette guerre est une guerre mondiale. [...] Foudroyés aujourd'hui par la force mécanique, nous pourrons vaincre dans l'avenir par une force mécanique supérieure. Le destin du monde est là.

Moi, général de Gaulle, actuellement à Londres, j'invite les officiers et les soldats français qui se trouvent en territoire britannique, ou qui viendraient à s'y trouver, avec leurs armes, ou sans leurs armes, j'invite les ingénieurs et les ouvriers spécialistes des industries d'armement qui se trouvent en territoire britannique ou qui viendraient à s'y trouver, à se mettre en rapport avec moi.

Quoiqu'il arrive, la flamme de la Résistance française ne doit pas s'éteindre et ne s'éteindra pas.

11 Le refus de la politique de collaboration de Germaine Tillion

Germaine Tillion, une femme engagée dans la Résistance intérieure*.

[...] Germaine Tillion assiste en juin 1940 à la débâcle des armées françaises et entend à la radio la demande d'armistice formulée par le maréchal Pétain. *« Ce fut pour moi un choc si violent que j'ai dû sortir de la pièce pour vomir...*[1]. » Au cours de plusieurs séjours en Allemagne, [...] en 1932-1933, puis en 1937, [...], elle avait pu voir de ses yeux la menace extrême que représentaient la doctrine et les méthodes nazies. Elle refuse immédiatement la politique de collaboration et cherche autour d'elle ceux qui sont prêts à *« faire quelque chose »*, selon l'expression de l'époque. Elle découvre un colonel en retraite de 73 ans, Paul Hauet qui, sous couvert d'une association d'aide aux soldats coloniaux [...], organise l'évasion des prisonniers et accumule des renseignements sur l'armée allemande, mouvements des troupes et lieux d'internement.... Germaine se joint à ces activités, [...] Dès l'été 1940, elle sert ainsi *« de pivot à une organisation combattante où se croisaient vieux militaires indomptables et jeunes savants progressistes, unis pour lancer un défi apparemment déraisonnable à cet ordre nazi qui se proclamait établi pour mille ans*[2]. »

« À la rencontre de Germaine Tillion, biographie, 1940-1954 : résistance et déportation », www.germaine-tillion.org

Citations de : 1. *La traversée du mal*, p. 43 ; 2. *Le témoignage est un combat*, p. 9.

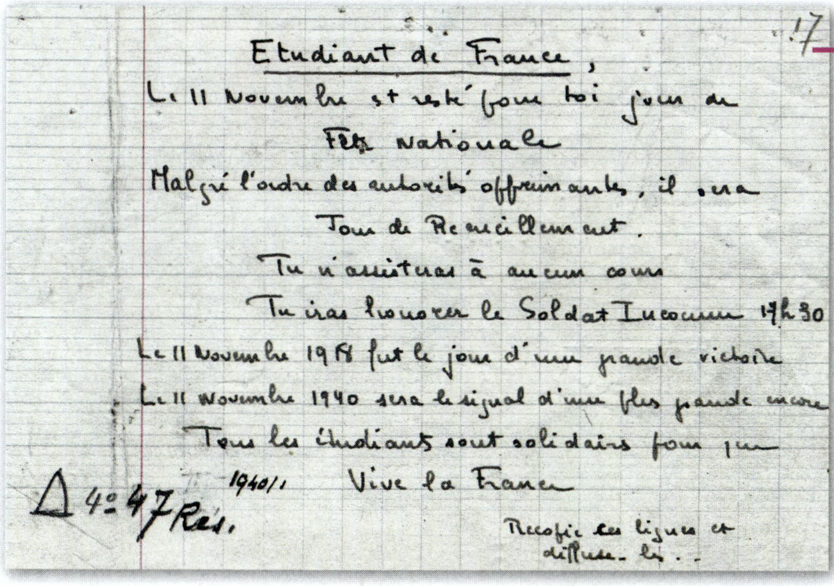

17

Etudiant de France,

Le 11 Novembre est resté pour toi jour de Fête nationale

Malgré l'ordre des autorités opprimantes, il sera

Jour de Recueillement.

Tu n'assisteras à aucun cours

Tu iras honorer le Soldat Inconnu 17h30

Le 11 Novembre 1918 fut le jour d'une grande victoire

Le 11 Novembre 1940 sera le signal d'une plus grande encore

Tous les étudiants sont solidaires pour que

1940/1 Vive la France

Δ 4° 47 Rés.

Recopie ces lignes et diffuse-les.

12 La manifestation étudiante à Paris le 11 novembre 1940

Tract d'appel à la Résistance, 11 novembre 1940.

<u>Étudiant de France</u>

Le 11 Novembre est resté pour toi jour de Fête nationale / Malgré l'ordre des autorités opprimantes, il sera / Jour de Recueillement. / Tu n'assisteras à aucun cours / Tu iras honorer le Soldat Inconnu 17h30 / Le 11 Novembre 1918 fut le jour d'une grande victoire / Le 11 Novembre 1940 sera le signal d'une plus grande encore/ Tous les étudiants sont solidaires pour que / Vive la France

Recopie ces lignes et diffuse-les.

Les prémices d'une organisation 13

Premier numéro du journal *Résistance*, du réseau du Musée de l'homme, 15 décembre 1940.

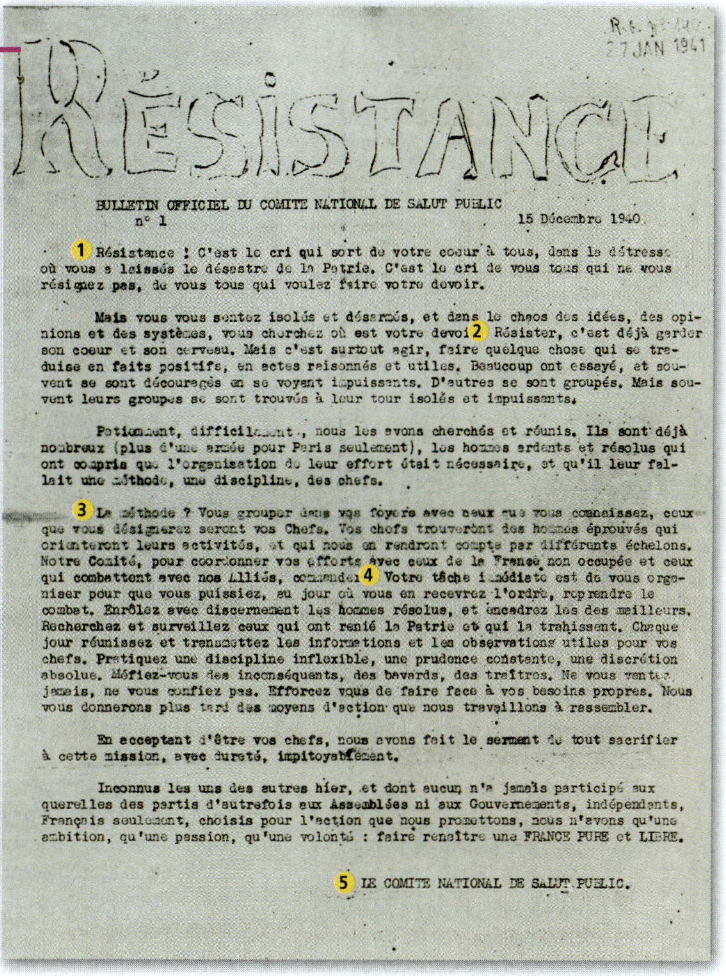

27 JAN 1941

RÉSISTANCE

BULLETIN OFFICIEL DU COMITE NATIONAL DE SALUT PUBLIC

n° 1 — 15 Décembre 1940.

1 Résistance ! C'est le cri qui sort de votre coeur à tous, dans la détresse où vous a laissés le désastre de la Patrie. C'est le cri de vous tous qui ne vous résignez pas, de vous tous qui voulez faire votre devoir.

Mais vous vous sentez isolés et désarmés, et dans le chaos des idées, des opinions et des systèmes, vous cherchez où est votre devoi 2 Résister, c'est déjà garder son coeur et son cerveau. Mais c'est surtout agir, faire quelque chose qui se traduise en faits positifs, en actes raisonnés et utiles. Beaucoup ont essayé, et souvent se sont découragés en se voyant impuissants. D'autres se sont groupés. Mais souvent leurs groupes se sont trouvés à leur tour isolés et impuissants.

Patiemment, difficilement, nous les avons cherchés et réunis. Ils sont déjà nombreux (plus d'une armée pour Paris seulement), les hommes ardents et résolus qui ont compris que l'organisation de leur effort était nécessaire, et qu'il leur fallait une méthode, une discipline, des chefs.

3 La méthode ? Vous grouper dans vos foyers avec ceux que vous connaissez, ceux que vous désignerez seront vos Chefs. Vos chefs trouveront des hommes éprouvés qui orienteront leurs activités, et qui nous en rendront compte par différents échelons. Notre Comité, pour coordonner vos efforts avec ceux de la France non occupée et ceux qui combattent avec nos Alliés, commande 4 Votre tâche immédiate est de vous organiser pour que vous puissiez, au jour où vous en recevrez l'ordre, reprendre le combat. Enrôlez avec discernement les hommes résolus, et encadrez les des meilleurs. Recherchez et surveillez ceux qui ont renié la Patrie et qui la trahissent. Chaque jour réunissez et transmettez les informations et les observations utiles pour vos chefs. Pratiquez une discipline inflexible, une prudence constante, une discrétion absolue. Méfiez-vous des inconséquents, des bavards, des traîtres. Ne vous vantez jamais, ne vous confiez pas. Efforcez vous de faire face à vos besoins propres. Nous vous donnerons plus tard des moyens d'action que nous travaillons à rassembler.

En acceptant d'être vos chefs, nous avons fait le serment de tout sacrifier à cette mission, avec dureté, impitoyablement.

Inconnus les uns des autres hier, et dont aucun n'a jamais participé aux querelles des partis d'autrefois aux Assemblées ni aux Gouvernements, indépendants, Français seulement, choisis pour l'action que nous promettons, nous n'avons qu'une ambition, qu'une passion, qu'une volonté : faire renaître une FRANCE PURE et LIBRE.

5 LE COMITE NATIONAL DE SALUT PUBLIC.

1 Résistance ! C'est le cri qui sort de votre cœur à tous, dans la détresse où vous a laissés le désastre de la Patrie. C'est le cri de vous tous qui ne vous résignez pas, de vous tous qui voulez faire votre devoir.

2 Résister [...] c'est surtout agir [...].

3 La méthode ? Vous grouper dans vos foyers avec ceux que vous connaissez, ceux que vous désignerez seront vos chefs. Vos chefs trouveront des hommes éprouvés qui orienteront leurs activités et qui vous en rendront compte par différents échelons.

4 Votre tâche immédiate est de vous organiser pour que vous puissiez, au jour où vous en recevrez l'ordre, reprendre le combat.

5 LE COMITÉ NATIONAL DE SALUT PUBLIC.

Questions

1. Expliquez pourquoi Germaine Tillion entre en Résistance. (doc. 11)
2. Montrez que la manifestation du 11 novembre 1940 et le tract distribué à cette occasion sont un acte de Résistance. (doc. 12)
3. Montrez comment la Résistance s'organise à ses débuts. (doc. 11, 12, 13)

SUJET BAC

À partir du doc. 10 répondez à la question : « Pourquoi de Gaulle refuse-t-il l'armistice et quel regard porte-t-il sur ceux qui l'ont demandé ? »

BAC **Réviser** le sujet d'étude

L'année 1940

www.lienmini.fr/magnard-hg1-303

Schéma-bilan

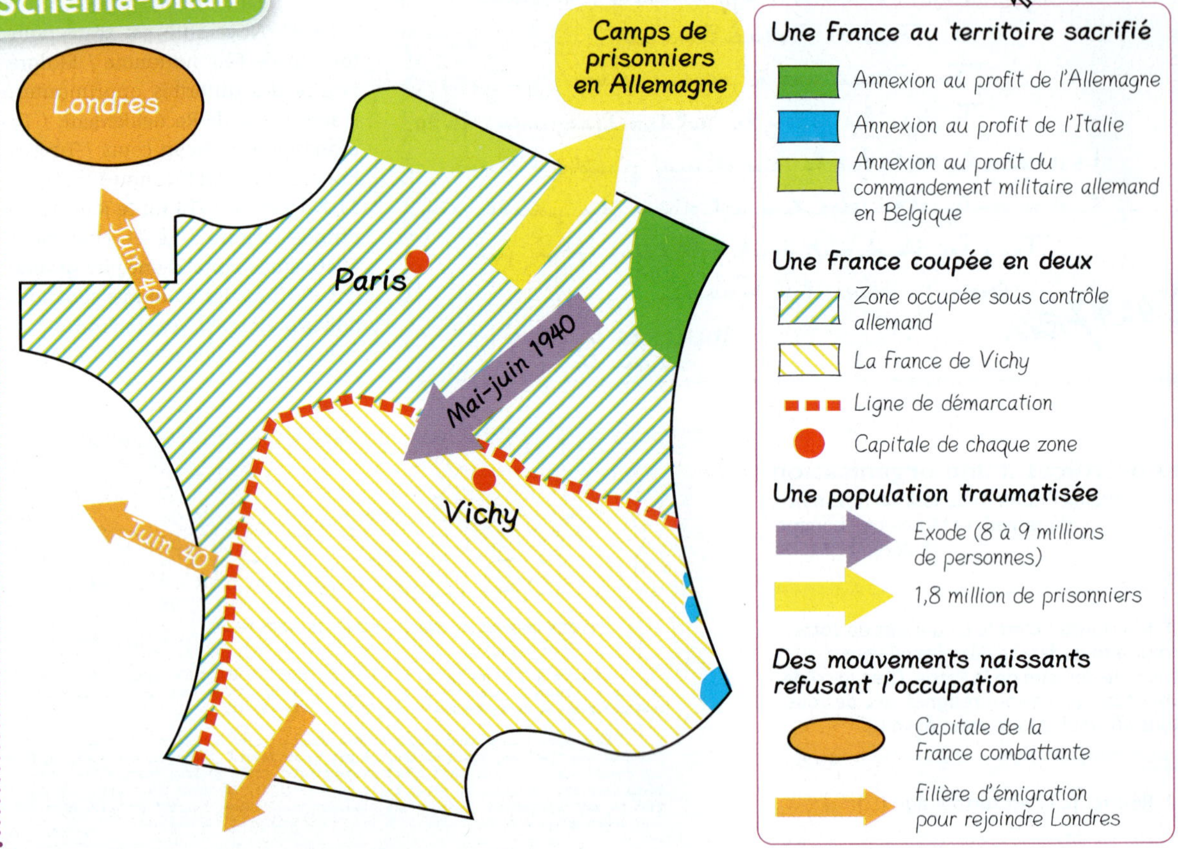

L'essentiel à retenir

A Le traumatisme de la défaite et de l'armistice

- En mai 1940, l'attaque allemande en France est fulgurante. Les Allemands occupent Paris le 14 juin 1940, le gouvernement se réfugie à Bordeaux.
- Dans le même temps, les Français paniqués par l'avance allemande se jettent sur les routes. Entre 8 et 10 millions de personnes participent à cet exode.
- Le Maréchal Pétain, nommé Président du Conseil, s'adresse aux Français le 17 juin pour leur annoncer qu'il demande l'armistice aux Allemands. Celui-ci est signé le 22 juin 1940. Les clauses sont dures pour la France vaincue qui voit son territoire divisé et en majeure partie occupé par les armées allemandes.

B Le régime de Vichy fait le choix de la collaboration

- Le gouvernement du Maréchal Pétain est établi à Vichy. Dès juillet 1940, Pétain met fin à la IIIe République, remplacée par un régime qui bafoue les pratiques et valeurs de la République, le « régime de Vichy ». Les pleins pouvoirs votés au Maréchal lui confèrent les pouvoirs législatif et exécutif. C'est la fin de la démocratie.
- En octobre 1940, le statut des Juifs met en œuvre leur persécution.
- Pétain met en place la Révolution nationale, un ensemble d'idéaux et de valeurs fondé sur la devise « Travail, famille, patrie ». Il entame dès octobre 1940 une politique de collaboration avec l'Allemagne nazie.

C Le choix de la Résistance dès 1940

- Certains Français refusent les choix faits par Pétain. C'est d'abord le refus de l'armistice qui pousse le général de Gaulle à diffuser son appel à la Résistance depuis Londres, le 18 juin 1940.
- Reconnu officiellement comme « chef des Français libres » par le gouvernement britannique, de Gaulle commence à organiser la Résistance depuis le sol anglais.
- Parallèlement, des Français de toutes origines et en tous lieux manifestent également leur refus de l'armistice, mais aussi souvent leur refus d'un gouvernement qui bafoue les valeurs républicaine. Ils jettent les prémices des organisations de Résistance.

BAC 2e partie de l'épreuve

Analyse d'un document

SUJET 1

La Révolution nationale. Une surprise au maréchal

Affiche (Savoie, 1940). Surprise organisée par les enfants de moins de 16 ans au Maréchal Pétain pour Noël (1940).

Questions

1. Présentez le document en insistant sur le public auquel il est destiné.
2. Quel personnage met-il en valeur?
3. Quelle image de la France donne-t-il ?
4. Pourquoi cette affiche correspond-elle à l'idéologie de la Révolution nationale ?
5. Pourquoi peut-elle être qualifiée de document de propagande?

Compétences à mobiliser

- Identifier des documents.
- Utiliser le manuel comme outil de lecture complémentaire du cours.
- Lire un document et en exprimer les idées-clés.
- Cerner le sens général d'un corpus documentaire et le mettre en relation avec la situation historique étudiée.

SUJET 2

Les premiers pas du refus, l'exemple de Jean-Pierre Vernant

Le 18 juin, je me trouve à Narbonne avec mon frère, ma belle-sœur et ma femme. [...] Je n'ai pas entendu le général de Gaulle, j'ai écouté pour la première fois la radio de Londres quelques jours après chez mon adjudant (il deviendra plus tard commissaire de police sous Vichy).

[...] le 17 juin le discours de Pétain a été diffusé par haut-parleurs dans les rues de Narbonne, précédé d'une Marseillaise qu'on écoutait au garde-à-vous. J'étais effondré. J'avais honte. [...] Autour de nous pourtant l'armistice était bien accueilli, le sentiment anti-anglais était très profond. [...]

Alors avec mon frère, ma belle-sœur, ma femme, nous avons commencé notre résistance à notre façon, seuls, tous les quatre, en famille, avec une petite imprimerie portative. Nous tirions des tracts. Je les ai en mémoire: « Si la France est par terre, c'est la faute à Hitler, son drapeau dans l'eau sale, c'est la faute à Laval. » [...] Nous allions dans les bois de Narbonne les coller aux arbres. »

Entretien avec Jean-Pierre Vernant, chef FFI, Haute-Garonne, *Le Matin*, 18 juin 1985.

Questions

1. Quel est le contexte historique évoqué par ce document ?
2. Quels sont les sentiments de J.-P. Vernant ? Sont-ils partagés par l'ensemble de la population ?
3. Comment ce texte présente-t-il les choix qui s'offrent à la population française à cette date?

Sujet d'étude 3

Le vote des femmes

INTRODUCTION

En France, les femmes n'acquièrent le droit de vote qu'en 1944, ce qui est assez tardif par rapport aux autres pays européens. Ce droit est le résultat de décennies de luttes, menées par des associations suffragistes*. Ces associations mènent des campagnes dès la fin du XIXe siècle et sont encore plus actives pendant l'entre-deux-guerres.

REPÈRES CLÉS

- **1881 :** Hubertine Auclert lance le journal *La Citoyenne*.
- **1893 :** Marguerite Durand lance le quotidien *La Fronde*.
- **1901 :** 1re proposition de loi en faveur du droit de vote des femmes non mariées.
- **1907 :** Femmes électrices et éligibles aux conseils des prud'hommes.
- **1908 :** Manifestation à Paris en faveur du droit de vote des femmes.
- **1909 :** Création de l'Union française pour le suffrage des femmes.
- **1922 :** 1er refus du Sénat contre une proposition de loi des députés pour le vote des femmes aux élections municipales et cantonales.
- **1936 :** 3 femmes dans le gouvernement du Front populaire. 6e refus du Sénat.
- **24 avril 1944 :** droit de vote et d'éligibilité accordé aux femmes par le Comité français de Libération nationale.
- **1945 :** 1er vote des femmes à des élections nationales.
- **1946 :** Égalité absolue entre hommes et femmes inscrite dans la Constitution de la IVe République.

A Les origines des combats pour le droit de vote des femmes (1848-1919)

1 Le statut de la femme dans le code civil (1804)

Art. 213. Le mari doit protection à sa femme, la femme obéissance à son mari.

Art 229. Le mari pourra demander le divorce pour cause d'adultère de sa femme.

Art. 230. La femme pourra demander le divorce pour cause d'adultère de son mari, lorsqu'il aura tenu sa concubine dans la maison commune.

Art. 1. 123. Toute personne peut contracter si elle n'en est pas déclarée incapable par la loi.

Art. 1. 124. Les incapables de contracter sont : les mineurs, les interdits, les femmes mariées [...].

Art. 1. 421. Le mari administre seul les biens de la communauté. Il peut les vendre, les aliéner et hypothéquer sans le concours de sa femme.

2 La création de journaux féministes

Lancement du journal féministe*, *La Française, journal de progrès féminin*, 1906.

3 Les arguments des premières féministes

Hubertine Auclert (1848-1914) est l'une des premières féministes qui revendique le droit de vote pour les femmes et s'insurge contre l'inégalité entre les femmes et les hommes. Elle tente de se présenter aux élections législatives à Paris en 1910 mais sa candidature est annulée. Elle refuse de payer ses impôts, arguant qu'elle n'a pas de droit.

L'universalisation du suffrage aux femmes décuplera la puissance de la nation, accélérera l'évolution sociale, intensifiera la sollicitude de la collectivité à l'égard de l'individu ; et, fera s'ouvrir pour les humains une ère de bonheur.

Hubertine Auclert, *Le vote des femmes*, Giard et Brière, 1908.

Maria Verone (1874-1938), avocate au barreau de Paris en 1907, est la fondatrice de l'Union des avocates de France.

Les femmes veulent voter : pour défendre leurs biens ; défendre leur dignité ; conquérir leurs droits de mères ; défendre leurs enfants ; assurer le complet développement de leurs facultés ; obtenir l'application du principe : à travail égal, salaire égal ; réclamer des réformes sociales ; lutter contre l'alcoolisme ; assurer la paix dans le monde.

Maria Verone, « Pourquoi les femmes veulent voter », conférence à la Vie féminine, 24 avril 1914.

4 Le rôle de l'Union française pour le suffrage des femmes

Affiche de l'Union française pour le suffrage des femmes en faveur du vote des femmes, 1909.

Questions

1. Expliquez quelle est la place de la femme dans la société d'après le code civil. (doc. 1)
2. Décrivez l'affiche et expliquez comment est représenté le personnage féminin. Est-il censé représenter une épouse, une fille, une mère ? (doc. 2)
3. Faites la liste des arguments en faveur du droit de vote des femmes. Expliquez quelles sont les différences entre ces différents arguments. Classez ces arguments en trois colonnes (social, politique, philosophique). (doc. 3 et 4)

SUJET BAC

Construisez à partir des doc. 2 et 3 une réponse à la question : « Quels sont les arguments des féministes en faveur du vote des femmes ? »

B « Les Françaises veulent voter ! » (1919-1939)

5 Campagne pour le droit de vote des femmes en 1934

Affiche de l'UFSF pour le droit de vote des femmes, 1934.

6 Des hommes en faveur du droit de vote des femmes

Je crois que cette question (celle dite du « féminisme* ») a cessé de faire sourire. Même en France, on se résout à penser qu'elle existe, et l'on commence à consentir que les hommes après tout n'ont pas fait une politique si heureuse, si féconde en bienfaits, si peu meurtrière et si raisonnable que l'on puisse se demander si les femmes eussent fait plus mal. On s'avise que dans bien des cas le conseil d'une mère ou d'une ménagère eût pu faire réfléchir de grands hommes d'État, et les incliner peut-être à quelques économies de sang ou d'argent.

Extrait d'une conférence du poète Paul Valéry, *Revue de Paris*, 15 février 1931.

Manifestation en faveur du droit de vote en 1935 7

Louise Weiss lors d'une manifestation en faveur du droit de vote en 1935.
Louise Weiss (1893-1983) a créé le mouvement « La Femme nouvelle » qui organise de nombreuses manifestations. Elle présente symboliquement sa candidature aux élections législatives de 1936.

8 En 1922, le Sénat s'oppose au droit de vote des femmes

Donner le droit de vote aux femmes en France en ce moment, c'est faire dans l'inconnu le saut le plus formidable, plus grand que celui que, en 1848, on fit dans notre pays, par l'adoption spontanée du suffrage universel [...] ! Les mains des femmes sont-elles bien faites pour le pugilat de l'arène publique ? Plus que pour manier le bulletin de vote les mains des femmes sont faites pour être baisées dévotement quand ce sont celles des mères, amoureusement quand ce sont celles des femmes, des fiancées. [...] La maternité qui fait son incomparable grandeur, séduire et être mère, c'est pour cela qu'est faite la femme ; [...] tout ce qui la détournera du foyer est une violation de la loi humaine. [...] La guerre a déséquilibré notre pays et actuellement le nombre de femmes est supérieur de 1 700 000 à 1 800 000 à celui des hommes. Allez-vous décider que, d'un seul coup, les destinées du pas sont remises à ce groupement de femmes, à ces 1 800 000 femmes qui pourraient ainsi anéantir le vote masculin ?

Rapport du sénateur de l'Ain, Alexandre Bérard, sur plusieurs propositions de loi tendant à accorder aux femmes l'électorat et l'éligibilité déposées en 1919.

L'entrée de trois femmes au gouvernement en 1936 9

Suzanne Lacore, Irène Joliot-Curie et Cécile Brunschvicg entrent dans le gouvernement du Front populaire en 1936. Elles ne sont pourtant ni éligible, ni électrices.

La Française

Journal d'information et d'action féminines

PARAIT LE SAMEDI

Directrice : C. BRUNSCHVICG

Trois Femmes font partie du Gouvernement

Par la grande porte...

LES FEMMES VEULENT LE DROIT DE VOTE

Une démarche au Palais-Bourbon

Questions

1. Relevez les arguments en faveur du droit de vote des femmes. Soulignez les points communs et les différences avec les doc. 3 et 4 p. 41. (doc. 5, 6)
2. Identifiez les moyens utilisés par les militantes pour faire connaître leur cause en faveur du droit de vote des femmes. (doc. 5, 7)
3. Expliquez pourquoi l'entrée au gouvernement de trois femmes en 1936 est une étape essentielle mais symbolique du combat féministe. (doc. 9)

SUJET BAC

Construisez à partir du doc. 8 une réponse à la question : « Quels sont les arguments qui s'opposent au droit de vote des femmes ? »

C L'acquisition définitive du droit de vote des femmes (1940-1945)

10 Le régime de Vichy en faveur de la femme au foyer

La « Révolution nationale », l'idéologie officielle du régime de Vichy, prône le retrait des femmes du marché du travail et leur retour au foyer familial.

11 Les femmes en résistance et dans la vie politique : l'exemple de Gilberte Brossolette

C'est pendant l'Occupation que les mentalités ont changé, et c'est dans la Résistance que les femmes ont gagné le droit de voter et d'être élues. Elles avaient montré leur courage, pris des risques fous, reçu les clandestins, assuré la transmission des messages. Il était impossible de leur dénier encore le droit de vote. Ce n'est pas de Gaulle qui le leur a donné, ce sont les femmes qui l'ont glorieusement gagné. [...].

[En 1945], les socialistes m'avaient désignée comme candidate dans l'Aube où mon mari s'était investi avant la guerre. Mais sur place, il y a eu des protestations : « Quoi ? Une Parisienne ? Et une femme en plus ? »

Propos recueillis par Annick Cojean, *Le Monde*, 9 mars 2001.

12 Vers une reconnaissance du droit de vote des femmes

a. Déclaration du général de Gaulle, 23 juin 1942

Une fois l'ennemi chassé du territoire, tous les hommes et toutes les femmes de chez nous éliront l'Assemblée nationale qui décidera souverainement des destinées du pays.

b. Ordonnance relative à l'organisation des pouvoirs publics en France après la Libération, 21 avril 1944

Le Comité français de libération nationale ordonne :

Article premier : Le peuple français décidera souverainement de ses futures institutions. À cet effet, une Assemblée nationale constituante sera convoquée dès que les circonstances permettront de procéder à des élections régulières, au plus tard dans le délai d'un an après la libération complète du territoire. Elle sera élue au scrutin secret [...] par tous les Français et les Françaises majeurs.

Article 17 : Les femmes sont électrices et éligibles dans les mêmes conditions que les hommes.

Appel aux électrices françaises ⑬

Affiche du mouvement Libération pour les élections municipales d'avril 1945.

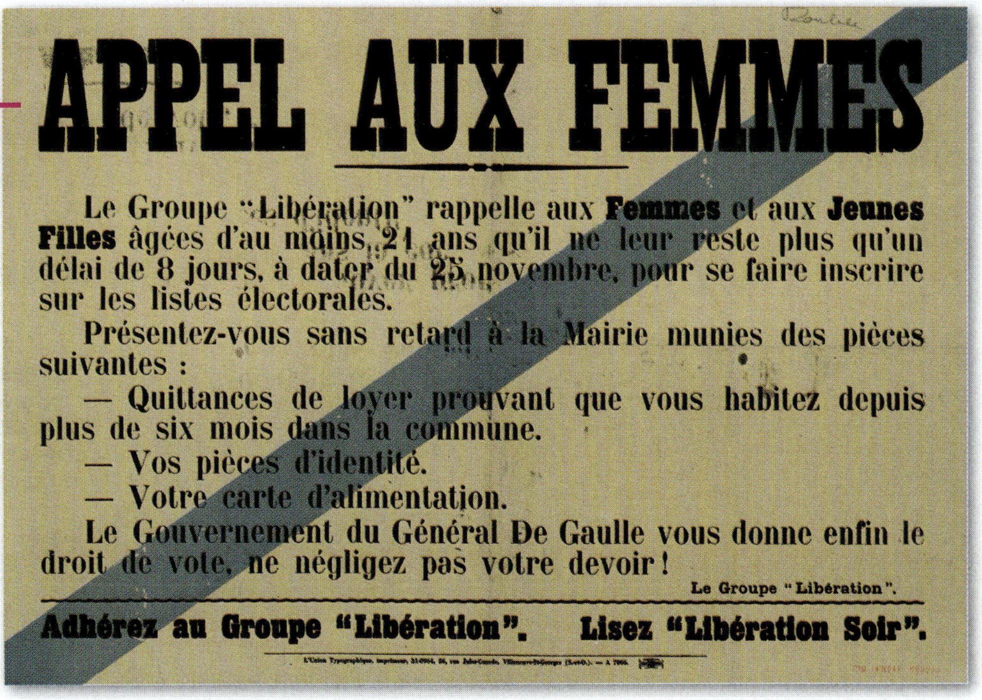

APPEL AUX FEMMES

Le Groupe "Libération" rappelle aux **Femmes** et aux **Jeunes Filles** âgées d'au moins 21 ans qu'il ne leur reste plus qu'un délai de 8 jours, à dater du 25 novembre, pour se faire inscrire sur les listes électorales.

Présentez-vous sans retard à la Mairie munies des pièces suivantes :

— Quittances de loyer prouvant que vous habitez depuis plus de six mois dans la commune.

— Vos pièces d'identité.

— Votre carte d'alimentation.

Le Gouvernement du Général De Gaulle vous donne enfin le droit de vote, ne négligez pas votre devoir !

Le Groupe "Libération".

Adhérez au Groupe "Libération". Lisez "Libération Soir".

⑭ Les premiers votes des femmes en France, en 1945

Campagne pour les élections municipales d'avril 1945.
Dix mille conseillères municipales sont élues.

Aux élections législatives du 21 octobre 1945, 33 femmes sont élues à l'Assemblée, soit 5,6 % des députés.

Questions

1. Montrez comment les femmes sont perçues par le régime de Vichy et par la Résistance. (doc. 10 et 11)
2. Expliquez pourquoi les femmes obtiennent le droit de vote en 1945. (doc. 12)
3. Montrez que les documents soulignent l'intérêt des femmes pour la vie politique. (doc. 11, 13, 14)

SUJET BAC

Construisez à partir des doc. 10 et 11 une réponse à la question : « Quelles sont les contradictions de la situation des femmes entre 1940 et 1944 ? »

BAC **Réviser** le sujet d'étude

Le vote des femmes

Schéma-bilan

www.lienmini.fr/magnard-hg1-304

Un combat ancré dans l'histoire de la France contemporaine

Des occasions perdues :
- *La révolution française*
- *Les restaurations de la République (1848, 1875)*
- *La fin de la 1re Guerre mondiale (1918)*

Des figures de la lutte féministe :
- *Olympe de Gouges*
- *Hubertine Auclert*
- *Louise Weiss*

Un droit obtenu tardivement :
- *Allemagne : 1918*
- *États-Unis : 1920*
- *Royaume-Uni : 1928*

↓

Un élément déclencheur :
Le rôle des femmes dans les combats de la Résistance (1940-1945)

↓

DROIT DE VOTE DES FEMMES EN FRANCE : 1944
1res élections : les élections municipales d'avril 1945

L'essentiel à retenir

A Les origines des combats pour le droit de vote des femmes (1848-1919)

- Dès la fin du XIXe siècle, des mouvements suffragistes voient le jour pour défendre l'accès des femmes aux droits politiques. Ces mouvements dits féministes se structurent au tournant du siècle dans des mouvements et des journaux.
- Les arguments en faveur du droit de vote des femmes restent alors assez traditionnels, ils insistent sur le rôle social et sanitaire des femmes.
- Mais, malgré cette modération, l'idée de l'accès des femmes au droit de vote est fortement combattue par une majorité d'hommes et parfois même par des femmes.

B « Les Françaises veulent voter ! » (1919-1939)

- Dans les années d'entre-deux-guerres, le mouvement suffragiste prend de l'ampleur. Les suffragistes organisent de nombreuses manifestations à travers toute la France. Elles reprennent les arguments du début du siècle mais soulignent de plus en plus l'idée d'égalité entre les hommes et les femmes.
- Si les idées des suffragistes deviennent plus populaires, elles se heurtent toujours à une forte opposition politique : le Sénat leur refuse plusieurs fois le droit de vote.
- L'entrée de trois femmes dans le gouvernement du Front populaire en 1936 constitue la seule victoire de cette période.

C L'acquisition définitive du droit de vote des femmes (1940-1945)

- La Seconde Guerre mondiale est une période de forts contrastes pour la situation des femmes en France. Renvoyées à leur rôle de mère et de femme au foyer par le gouvernement de Vichy, certaines s'engagent cependant dans la Résistance.
- En avril 1944, les femmes gagnent la reconnaissance de leurs droits politiques et l'obtention du droit de vote et d'éligibilité dans les mêmes conditions que les hommes.
- Elles votent pour la première fois aux élections municipales d'avril 1945. Lors des élections à l'Assemblée nationale constituante, en octobre 1945, 33 femmes sont élues.

SUJET

Affiche pour les élections législatives d'avril 1936

Questions

1. Identifiez le document.
2. Dans quel contexte ce document a-t-il été réalisé ?
3. Quels sont les arguments mis en avant pour défendre le vote des femmes ?
4. Quels sont les destinataires de ce message ? Pourquoi ?
5. Quel sera le résultat de cette revendication en 1936 ?

Compétences à mobiliser

- Identifier un document.
- Savoir situer un événement dans le temps.
- Prélever, hiérarchiser et confronter des informations.
- Cerner le sens général d'un document et le mettre en relation avec la situation historique étudiée.
- Utiliser le manuel comme outil de lecture complémentaire du cours.

Histoire

Guerres et paix, 1914-1945

2

La Seconde Guerre mondiale est marquée par l'ampleur des destructions. Elle se distingue de la Première Guerre mondiale surtout par des violences extrêmes commises sur les civils et au nom d'idéologies meurtrières. La fin de la guerre est marquée par le désir de paix et la nécessité de créer des institutions de sécurité collective. Ici, la ville de Dresde en Allemagne, en mars 1946, après les bombardements alliés.

Guerres et paix (1914-1945)

La mobilisation : départ d'un régiment pour le front, Paris, août 1914.

1914-1918

La signature du pacte Briand-Stresemann en 1926.

1919-1929

1914-1918 Première Guerre mondiale

1920-1929 Les Années Folles

1917 Révolution russe

1919 Traité de Versailles Création de la SDN

1922 Accès au pouvoir de Mussolini

1926 Prix Nobel Briand-Stresemann

1914-1918 Le 1er conflit mondial de l'histoire

- La Première Guerre mondiale éclate en Europe en août 1914, dans un contexte de rivalités économiques, politiques et coloniales.
- De 1914 à 1918, des millions de soldats meurent sur les champs de bataille européens. Les civils paient également un lourd tribut.
- Après le retour de la paix dans une Europe exsangue, on assiste à la montée de mouvements contradictoires : au pacifisme, à la volonté de structurer des institutions capables de régler les conflits s'opposent les désirs de revanche et les rancœurs nées des traités de paix.

1919-1929 Les espoirs de paix des Années Folles

- La Société des Nations (SDN), qui siège à Genève, constitue le premier pas vers une gouvernance mondiale chargée de préserver la paix.
- Elle parvient à faire cohabiter de nombreux pays anciennement ennemis. Dans ce cadre, le rapprochement franco-allemand en 1926 est un signe d'espoir majeur.
- La période de prospérité et de modernisation sociale des « Années Folles » semble augurer d'un avenir serein. Mais l'arrivée au pouvoir de Mussolini en Italie vient cependant l'assombrir.

Parade de troupes nazies à Nuremberg en septembre 1933.

1929-1939

Enfants survivants du camp de concentration d'Auschwitz libéré par les troupes soviétiques, janvier 1945.

1939-1945

1935-1939 Coups de force hitlériens

1939-1945 Seconde Guerre mondiale

1930-1939 Dépression économique mondiale

1929
24 octobre : Jeudi Noir (krach de Wall Street)

1933
Arrivée au pouvoir de Hitler

1942
Conférence de Wannsee (« solution finale à la question juive »)

1945
26 juin : Création de l'ONU
2 sept. : Capitulation du Japon

1929-1939 La montée des périls

- Le krach boursier de Wall Street du 24 octobre 1929 plonge le monde dans une des plus graves crises économiques de son histoire.
- L'Europe, juste remise du traumatisme de la guerre, est touchée de plein fouet. Dans tous les pays, le chômage de masse et la misère contribuent à l'affirmation de partis extrêmes aux idéologies totalitaires.
- La SDN, déjà affaiblie par la non-participation des États-Unis, assiste impuissante à la succession des coups de force hitlériens. Le 1er septembre 1939 le second conflit mondial éclate.

1939-1945 L'Europe plongée dans la barbarie

- L'Axe conquiert d'abord rapidement une grande partie de l'Europe.
- La dureté des combats qui touchent de très nombreux civils, l'industrialisation massive de l'armement et la mise en application méthodique d'idéologies délirantes conduisent le monde dans l'abîme.
- La guerre fait près de 60 millions de victimes. L'extermination systématique puis l'utilisation de la bombe atomique renforcent l'impression de chaos.
- Dans ce contexte, la création de l'ONU et les débuts d'une justice internationale sont de fragiles signes d'espoir.

Dossier 1 La Première Guerre mondiale, une guerre totale

Les rivalités économiques et la confrontation des nationalismes plongent l'Europe dans la Première Guerre mondiale. C'est une guerre d'un genre nouveau, une guerre totale où toutes les ressources sont mobilisées au service de l'effort de guerre. Elle oppose, à partir d'août 1914, l'Entente (France, Royaume-Uni et Russie) aux Empires centraux (Allemagne, Autriche-Hongrie).

➥ **Pourquoi la Première Guerre mondiale est-elle une guerre totale ?**

1 Le départ des soldats au front (les « poilus »)

Albert Herter, *Le départ des poilus, août 1914*, 1926 (12 m x 4,40 m), Hall des départs de la gare de Paris-Est.
Albert Herter (1871-1950) est un artiste américain. Ce tableau a été réalisé en hommage à son fils Everitt, engagé dans l'armée française en 1914 et mort au combat. Il a été offert à la France qui choisit de le placer dans le hall de départ de la gare de l'Est, d'où partaient de nombreux soldats vers le front.

2 L'industrie dans la guerre

Soumise aux impératifs catégoriques lancés par le haut commandement – 100 000 obus par jour au lieu des 10 000 prévus – l'industrie française s'adapte en un temps record.

La France devient le producteur d'armes le plus important des Alliés : début 1918, environ 1 000 canons par mois sortent des usines d'armement, 260 000 obus, 3 000 fusils et 6 millions de munitions d'infanterie par jour. L'industrie de guerre emploie alors 1,6 million de personnes contre 50 000 en 1914. Les industries automobile, chimique et aéronautique, les constructions mécaniques et l'appareillage électrique travaillent pour la défense nationale. [....] À l'inverse de Louis Renault qui joue la diversification – des fusils aux canons, des automobiles militaires aux chars –, Citroën se spécialise dans l'obus shrapnell[1].

Françoise Thébaud, « L'industrie aussi fait la guerre », in Les Collections de l'Histoire, n°21 octobre-décembre 2003.

1. Obus qui contient des balles se dispersant au point d'impact.

3 Groupe de soldats coloniaux britanniques pendant la Première Guerre mondiale

Environ 900 000 soldats indiens ont combattu sous le drapeau anglais pendant la Première Guerre mondiale. La grande majorité s'est rendue sur les fronts du Moyen-Orient mais 12 % d'entre eux sont venus se battre en Europe.

4 Le travail des femmes

Les femmes prennent une place croissante dans la production de guerre. Employées dans les usines d'armement (ici, atelier de fabrication de munitions en Allemagne) ou l'agriculture, elles remplacent les hommes partis au front.

5 L'emprunt de guerre

La France a émis quatre emprunts nationaux entre 1915 et 1918 pour financer la guerre. Ces emprunts font appel à l'épargne des individus à l'aide d'images de propagande.

Notions

- **Nationalisme** : Doctrine qui exalte sa propre nation dans toutes ses caractéristiques (politiques, économiques, culturelles) par opposition aux autres nations.
- **Guerre totale** : Guerre qui mobilise toutes les ressources de la nation.

GUERRE TOTALE
une mobilisation...

- **humaine**
  - 70 millions de soldats
  - femmes à l'arrière
- **économique**
  - économie de guerre
  - emprunt
- **idéologique**
  - propagande
  - culture de guerre

Questions

1. Quel rôle le nationalisme a-t-il joué dans le déclenchement et le déroulement de la Première Guerre mondiale ? Par quel moyen a-t-il été entretenu ? (doc. 1, 5)
2. Comment la Première Guerre mondiale a-t-elle occasionné une mobilisation humaine généralisée ? (doc. 1, 3, 4)
3. Comment l'économie est-elle orientée afin de soutenir l'effort de guerre ? (doc. 2, 4 et 5)

QUESTION BAC

À l'aide de l'ensemble des documents, expliquez pourquoi la Première Guerre mondiale est une guerre totale.

cours p. 60

Dossier 2 La Première Guerre mondiale bouleverse l'Europe

La Première Guerre mondiale est une guerre d'une horreur extrême qui touche les soldats dans les tranchées, ainsi que les civils. Le génocide arménien constitue un symbole de cette violence de masse. Après 1918, elle laisse des sociétés meurtries hésitant entre soif de revanche et affirmations pacifistes.

➥ **Comment la guerre bouleverse-t-elle l'Europe ?**

1 Des armes chimiques

Soldats français avant l'assaut, équipés de masques à gaz pour lutter contre les gaz asphyxiants utilisés à partir de 1915.

2 Des visions d'enfer

Bataille des Éparges. Les détonations se succédaient en chapelets. Des gaz délétères s'infiltraient sous le taillis ; une fumée lourde enveloppait les cimes, des troncs et des branches se fracassaient contre la terre, des cris éclataient. Nous nous levâmes d'un bond et partîmes à l'aveuglette, harcelés par les éclairs et le souffle assourdissant des coups, d'arbre en arbre, cherchant à nous couvrir, tournant comme des bêtes traquées autour de troncs énormes.

[...]

Au village de Guillaumont. Le chemin creux et le terrain derrière étaient couverts d'Allemands, le terrain de devant d'Anglais. Des bras, des jambes, des têtes dépassaient des talus ; devant nos terriers, nous vîmes des membres arrachés et des corps sur lesquels on avait parfois jeté, pour échapper au spectacle perpétuel des visages défigurés, des manteaux ou bien des bâches. Malgré la canicule, personne ne songeait à recouvrir les cadavres de terre.

Le village de Guillaumont semblait avoir complètement disparu ; seule, une tache blanchâtre parmi les entonnoirs[1] signalait encore l'endroit où le calcaire de ses maisons avait été pilé. Devant nous, nous avions la gare, fracassée comme un jouet d'enfant, et plus loin derrière le bois de Delville, haché en copeaux.

Ernst Jünger, *Orages d'acier*, 1920 (1re édition en Allemagne), trad. Henri Plard, éditions Christian Bourgois, 1995.

1. Trous d'obus.

3 Le génocide arménien

Dans les zones de guerre, les civils subissent des brutalités militaires. En 1915-1916, les Arméniens sont victimes de massacres planifiés par les autorités turques. Ce génocide, le premier du XXe siècle, fait près d'1,5 million de morts.

Le traité de Versailles, un traité contesté 4

Heine Thomas Theodor, « Vous aussi vous avez un droit à l'autodétermination », *Simplicissimus*, 3 juin 1919.

1 W. Wilson (Président américain),

2 G. Clemenceau (président du Conseil français),

3 un Allemand,

4 David Lloyd-George (Premier ministre anglais).

Le traité de paix de Versailles, signé par les vainqueurs le 28 juin 1919, règle le sort de l'Allemagne vaincue : elle perd 1/7 de ses territoires et 1/10 de sa population, doit payer de lourdes réparations* et sa puissance militaire est limitée. Les Allemands dénoncent le *Diktat* (« état de fait imposé ») de Versailles.

Le bilan humain de la Première Guerre mondiale 5

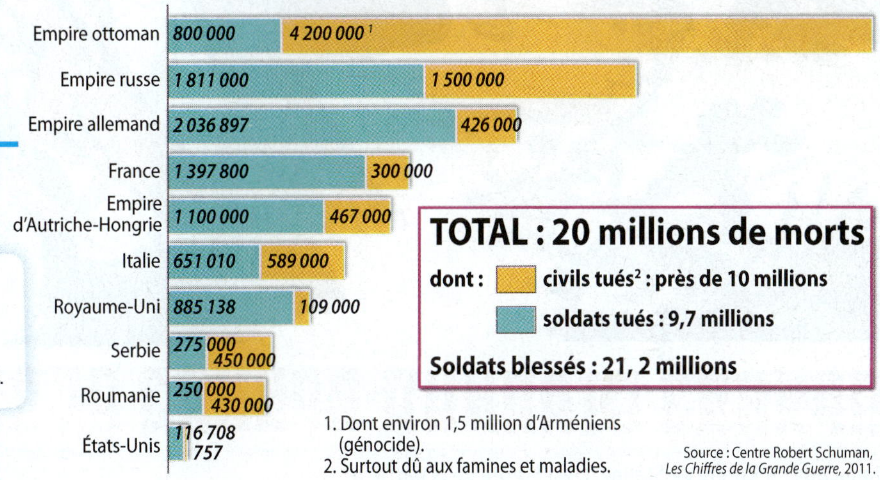

1. Dont environ 1,5 million d'Arméniens (génocide).
2. Surtout dû aux famines et maladies.

Source : Centre Robert Schuman, *Les Chiffres de la Grande Guerre*, 2011.

> *« Ce que nous avons fait c'est plus qu'on ne pouvait demander à des hommes, et nous l'avons fait. »*
>
> **Maurice Genevoix**, *Ceux de 14*, 1915.

Notions

- **Génocide** : Destruction physique (extermination) programmée et systématique de tout un groupe humain.
- **Pacifisme** : Opinion qui prône la défense de la paix dans les relations internationales. La Première Guerre mondiale a fait naître un fort courant pacifiste.

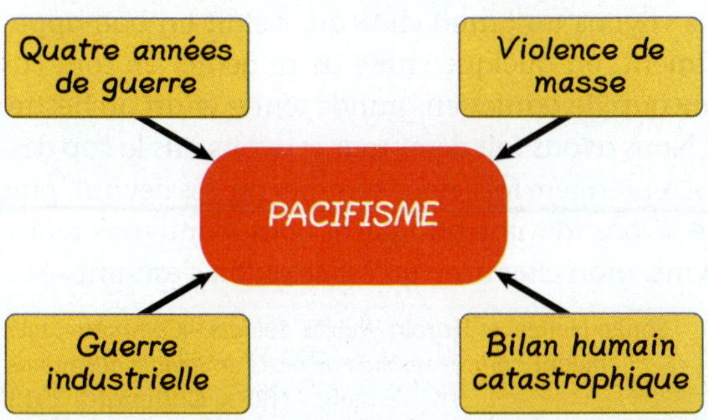

Questions

1. Qu'a-t-on appelé l'enfer des tranchées ? Pourquoi ? (doc. 1 et 2)
2. Pourquoi, au sortir de la guerre, une partie des sociétés européennes adoptent-elles des idées pacifistes ? (doc. 2, 5)
3. Pourquoi les traités de paix ont-ils été ressentis comme une humiliation par les Allemands ? (carte du rabat arrière, doc. 4)

QUESTION BAC

Pourquoi le bilan humain de la Première Guerre mondiale a-t-il été si lourd ? Présentez les différentes victimes de la guerre.

cours p. 60

Dossier 3 La Seconde Guerre mondiale, une guerre d'anéantissement

La Seconde Guerre mondiale (1939-1945) est une guerre aux dimensions planétaires, qui mobilise toutes les forces des belligérants pour anéantir l'ennemi. Elle est caractérisée par des crimes de guerre sans précédent, commis à l'encontre des soldats ou des populations civiles, engagées ou non dans la Résistance. Les traumatismes engendrés ont conduit à une nouvelle organisation du monde.

➥ Comment expliquer l'ampleur des destructions humaines et matérielles pendant la Seconde Guerre mondiale ?

1 Affiche de propagande soviétique, 1942

Musée des Forces armées, Moscou.

Traduction : « L'ordre de Staline, c'est l'ordre de la patrie ».
Affiche destinée à mobiliser la population soviétique pendant la bataille de Stalingrad (août 1942-février 1943) qui les oppose à l'armée allemande. Cette bataille est marquée par des combats acharnés, Staline ayant donné l'ordre de ne se rendre à aucun prix. La victoire de l'URSS constitue un tournant décisif dans la guerre.

2 Les attaques aériennes

De septembre 1940 à mai 1941, l'aviation allemande bombarde les villes britanniques et fait 60 000 morts : c'est le Blitz. Les témoignages suivants sont des extraits de conversations entre aviateurs allemands capturés enregistrées secrètement par les Britanniques. Les faits racontés relèvent de crimes de guerre.

Hartigs : « Moi, personnellement, j'ai volé dans le Sud de l'Angleterre. C'était en 1943, nous décollions toutes les heures avec un escadron et nous avions ordre de tirer sur tout, sauf ce qui était militaire. Nous avons tué des femmes avec des poussettes et des enfants. »

Von Greim : « Un jour nous avons fait une attaque à basse altitude près d'Eastbourne. Nous arrivons et nous voyons un grand château, c'était un bal, apparemment, ou quelque chose de ce genre, en tout cas beaucoup de dames en grande tenue et un orchestre. […] Nous avons fait demi-tour et avons mis le cap dessus. La première fois, nous sommes passés devant, puis nous avons fait une attaque et nous leur avons rentré dedans, mon cher ami, qu'est-ce qu'on s'est amusé ! »

Sönke Neitzel et Harold Welzer, *Soldats – Combattre, tuer, mourir : procès-verbaux de récits de soldats allemands*, coll. « NRF », Gallimard, 2013.

3 **La répression de la résistance en Allemagne**

Christoph Probst, Sophie et Hans Scholl, ont été décapités en 1943 pour haute trahison : ils avaient distribué des tracts du réseau de résistance étudiant « la Rose blanche » qui dénonçaient les violences nazies.

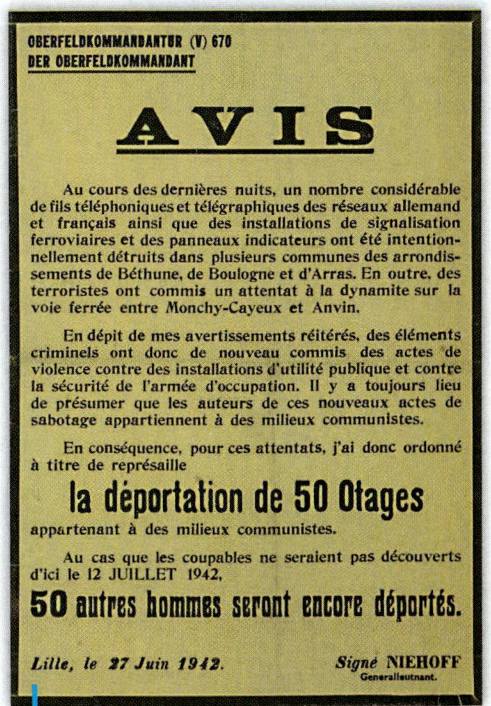

OBERFELDKOMMANDANTUR (V) 670
DER OBERFELDKOMMANDANT

AVIS

Au cours des dernières nuits, un nombre considérable de fils téléphoniques et télégraphiques des réseaux allemand et français ainsi que des installations de signalisation ferroviaires et des panneaux indicateurs ont été intentionnellement détruits dans plusieurs communes des arrondissements de Béthune, de Boulogne et d'Arras. En outre, des terroristes ont commis un attentat à la dynamite sur la voie ferrée entre Monchy-Cayeux et Anvin.

En dépit de mes avertissements réitérés, des éléments criminels ont donc de nouveau commis des actes de violence contre des installations d'utilité publique et contre la sécurité de l'armée d'occupation. Il y a toujours lieu de présumer que les auteurs de ces nouveaux actes de sabotage appartiennent à des milieux communistes.

En conséquence, pour ces attentats, j'ai donc ordonné à titre de représaille

la déportation de 50 Otages

appartenant à des milieux communistes.

Au cas que les coupables ne seraient pas découverts d'ici le 12 JUILLET 1942,

50 autres hommes seront encore déportés.

Lille, le 27 Juin 1942. *Signé* NIEHOFF
Generalleutnant.

4 **Les représailles nazies**

Avis allemand affiché à Lille (juin 1942).

5 **Les accords de Yalta aux origines de l'ONU**

À la conférence de Yalta en URSS, en février 1945, les trois principaux chefs de la Grande Alliance contre l'Axe décident notamment du sort de l'Allemagne vaincue et projettent la création d'un nouvel ordre mondial, aux origines de la création de l'ONU*.
De gauche à droite : Churchill (Royaume-Uni), Roosevelt (États-Unis) et Staline (URSS).

Notions

- **Crimes de guerre** : Crimes perpétrés contre des populations civiles, des prisonniers de guerre (exécutions, massacres, déportation...), et dévastations non justifiées par des objectifs militaires. Les « conventions de Genève » encadrent les règles de protection des civils en cas de conflit.

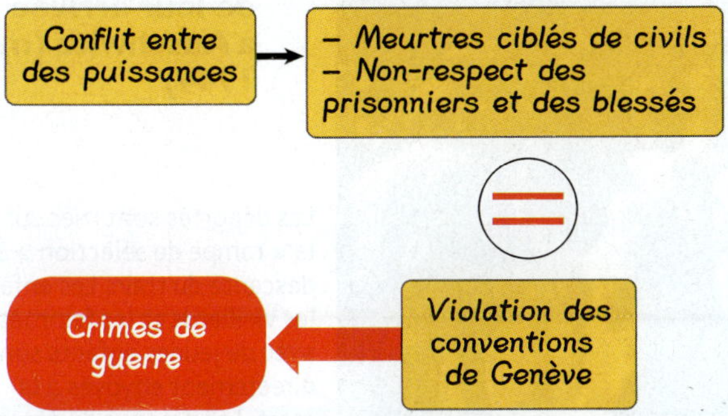

- **Résistance** : Forme d'opposition contre la domination des forces de l'Axe (actions, activités, organisations…).

Questions

1. Quels sont les aspects et les conséquences de la guerre d'anéantissement sur les populations civiles ? (doc. 2, 4)
2. Comment une partie de la population européenne s'oppose-t-elle à la dictature nazie ? (doc. 1, 3, 4)
3. Quelles conséquences sur le monde de l'après-guerre les crimes commis durant le second conflit mondial ont-ils eues ? (doc. 5)

QUESTION BAC

À l'aide des documents, décrivez pourquoi la 2e Guerre mondiale a été une guerre d'anéantissement aux répercussions mondiales majeures.

cours p. 61

Dossier 4 Les génocides des Juifs et des Tsiganes

À partir de 1942, les nazis organisent la Solution finale, l'extermination des populations juives et tsiganes d'Europe. Le camp d'Auschwitz en Pologne devient le principal centre de mise à mort avec près d'un million de victimes. Il symbolise le génocide juif et devient en 1947 le lieu de mémoire de la Shoah*. Face à l'horreur de ces pratiques, le tribunal de Nuremberg définit juridiquement les crimes contre l'humanité.

➥ Comment l'extermination des Juifs et des Tsiganes pendant la Seconde Guerre mondiale se déroule-t-elle ?

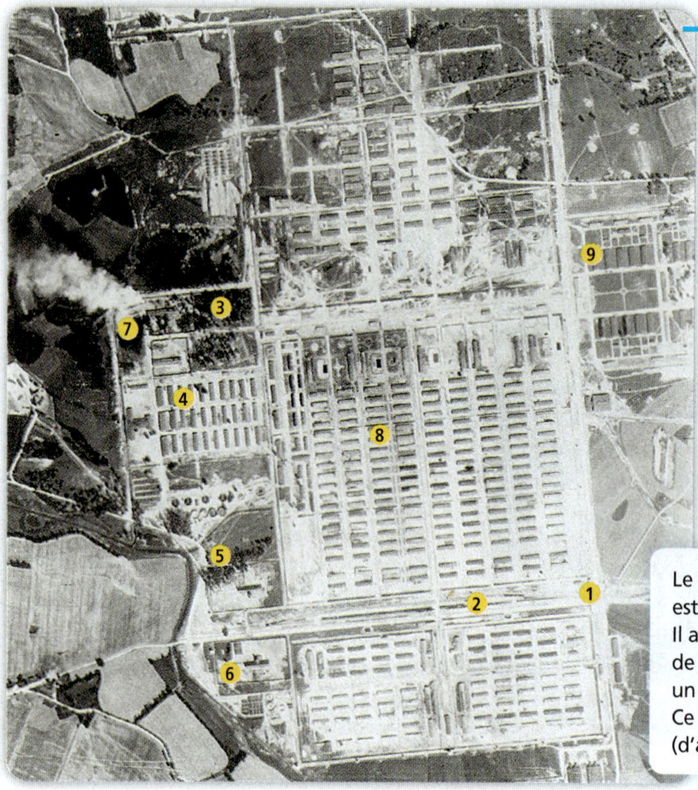

1 Le site du camp d'Auschwitz-Birkenau (Auschwitz II)

Photo prise le 23 août 1944 par un aviateur britannique.

Le complexe concentrationnaire d'Auschwitz s'étend sur 40 km^2 :
- Auschwitz I et III sont des camps de concentration (de travail) ;
- Auschwitz II est à la fois un camp de concentration et un centre de mise à mort.

1 Entrée principale du camp
2 Rampe de sélection
3 4 5 6 Chambres à gaz et fours crématoires
7 Fosses où les cadavres sont brûlés
8 Baraquements des prisonniers
9 Camp des SS

Le camp de concentration et d'extermination d'Auschwitz est rapidement devenu un **Lieu de Mémoire** très important. Il accueille chaque année près d'un million de visiteurs venus de plus de cent pays. Les chefs d'État considèrent comme un devoir moral de venir y rendre hommage aux victimes. Ce lieu est une véritable mise en garde pour l'humanité. (d'après www.auschwitz-histoire-et-present)

2 Le tri de déportés juifs hongrois lors de leur arrivée à Auschwitz (mai 1944)

Les déportés sont triés sur la « rampe de sélection » à la descente du train. Les enfants, les vieillards et les femmes avec de jeunes enfants sont directement envoyés à la mort. Les détenus du camp (pyjamas rayés) sont mis à contribution pour aider au tri et éviter la panique.

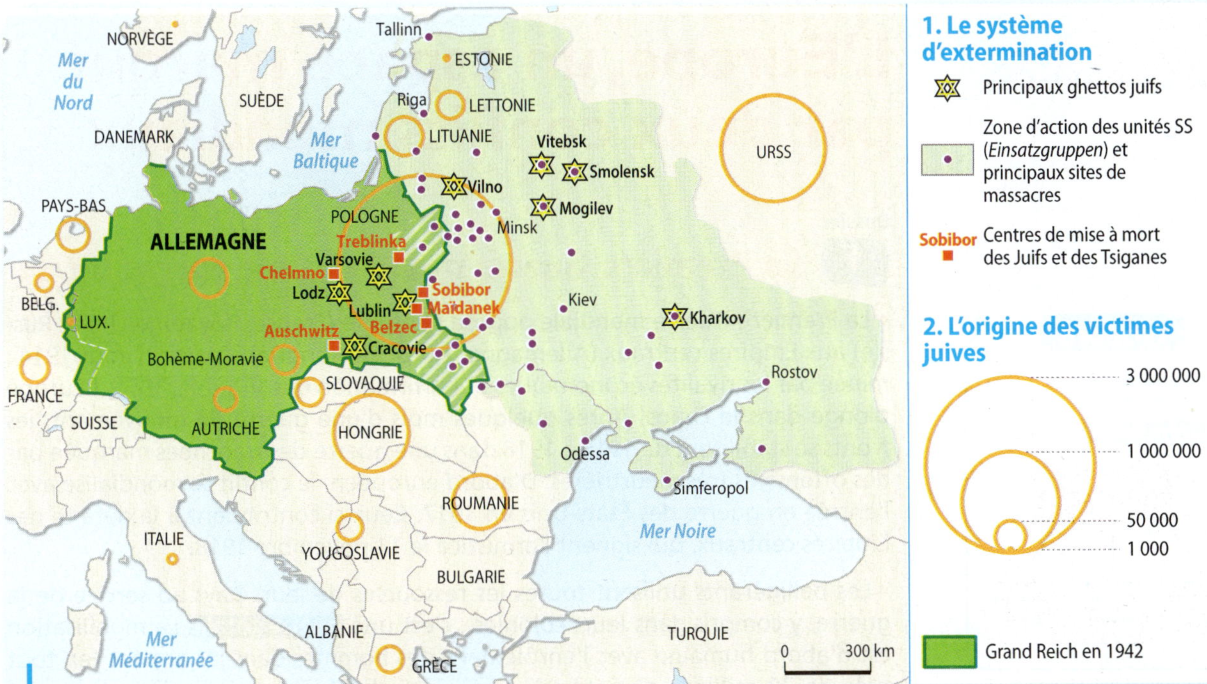

3 Les lieux d'extermination des Juifs et des Tsiganes (1941-1945)

4 La mort dans les chambres à gaz

David Olère, *Gazage*, années 1950, Huile sur toile, Mémorial de l'héritage juif, New York.

Ce peintre a fait partie du commando de détenus juifs chargé de transporter les cadavres des chambres à gaz aux fours crématoires.

5 Le procès de Nuremberg, premier procès international (1945-1946)

Le tribunal de Nuremberg a défini la notion de crimes contre l'humanité. 1 juges, 2 accusés.

Notion

Crimes contre l'humanité : Ensemble d'actes commis avant ou pendant une guerre contre les droits fondamentaux d'individus ou groupes d'individus, pour des raisons diverses (religieuses, ethniques, politiques, ...), et visant à les détruire. Il n'y a pas de prescription pour ces crimes.

Crimes contre l'humanité (Nuremberg, 1945) → VICTIMES : civils persécutés en raison de leur origine ethnique, leur religion...

Crimes contre l'humanité (Nuremberg, 1945) → ACTES : déportation, réduction en esclavage, assassinats, extermination

Crimes contre l'humanité (Nuremberg, 1945) → Crimes imprescriptibles

Questions

1. Localisez le camp d'Auschwitz, décrivez son organisation et ses fonctions. (doc. 1, 3)
2. Comment l'extermination de masse se déroulait-elle dans les camps de la mort ? (doc. 1, 2, 4)
3. Pourquoi les génocides ont-ils marqué l'histoire de l'Humanité (doc. 1 et 5).

QUESTION BAC

À l'aide des documents, expliquez pourquoi Auschwitz est devenu un lieu de mémoire.

cours p. 61

Cours

L'Europe, un espace marqué par deux conflits mondiaux

Dossier

1 La Première Guerre mondiale, une guerre totale

Notions

- Nationalisme p. 53
- Guerre totale p. 53

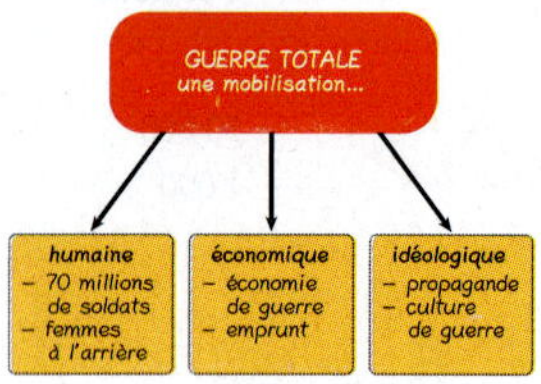

• La Première Guerre mondiale oppose l'Entente (France, Royaume-Uni et Russie) aux Empires centraux (Allemagne, Autriche-Hongrie) à partir d'août 1914 : minée par les rivalités économiques et l'affirmation des **nationalismes**, l'Europe plonge dans le chaos. Après quelques mois d'une guerre de mouvement, les fronts se stabilisent de 1915 à 1918 dans une guerre des tranchées marquée par des offensives très meurtrières. D'abord européen, le conflit se mondialise avec l'entrée en guerre des États-Unis en 1917. Ceux-ci contribuent à la défaite des Empires centraux, qui signent l'armistice le 11 novembre 1918.

• Les belligérants utilisent toutes les ressources de leurs pays au service de la guerre, y compris dans leurs colonies : c'est une **guerre totale**. La mobilisation est d'abord humaine avec l'enrôlement des hommes dans les armées (en tout près de 70 millions de soldats), mais aussi des femmes à l'arrière. La main-d'œuvre féminine est en effet utilisée massivement dans les usines, ainsi que dans les exploitations agricoles, remplaçant les hommes partis au front.

• La mobilisation est aussi économique avec un rôle accru et déterminant de l'État qui organise la production de matériel de guerre par des entreprises privées. C'est le « dirigisme économique ». Pour financer la guerre, devenue industrielle et très coûteuse, les États font appel à des emprunts intérieurs et extérieurs.

• Enfin, la mobilisation est idéologique grâce à une intense propagande* ainsi qu'à la censure*, exercée par les autorités sur la presse et le courrier. Une véritable culture de guerre* se développe : elle fait appel au sentiment patriotique auprès des populations pour les inciter à participer à l'effort de guerre.

Lexique

- Propagande
- Censure
- Culture de guerre

* Voir lexique p. 248

Dossier

2 La Première Guerre mondiale bouleverse l'Europe

Notions

- Génocide p. 55
- Pacifisme p. 55

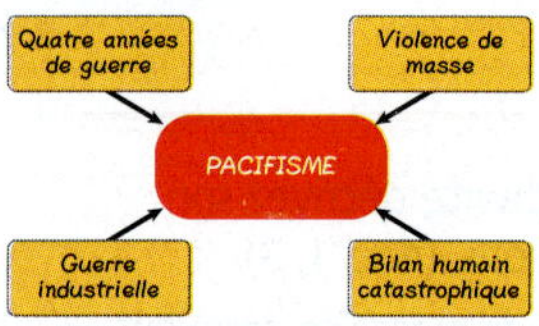

• La Première Guerre mondiale (1914-1918) est une guerre d'une violence extrême, une violence de masse. Elle touche d'abord les combattants, confrontés à une guerre industrielle et à l'utilisation d'armes nouvelles. Ces armes, principalement l'artillerie lourde et les mitrailleuses, mais aussi les gaz de combat à partir de 1915, terrifient les soldats et sont dévastateurs. La plupart des assauts entraînent de très lourdes pertes, comme à Verdun en 1916 (700 000 victimes, tuées ou disparues). La violence frappe aussi les civils : ils subissent l'occupation, les exécutions voire des massacres et déportations. En 1915, dans l'Empire ottoman, près de 1 500 000 Arméniens sont victimes du premier **génocide** du XXe siècle.

• L'Europe sort du conflit profondément bouleversée et affaiblie. Une « nouvelle Europe », redessinée par les traités de paix, naît de la guerre : les frontières sont modifiées et de nouveaux États apparaissent, en particulier en Europe centrale. Mais le traité de Versailles, signé en 1919, impose des conditions très dures à l'Allemagne qui le considère comme un *Diktat*.

• Les pertes humaines fragilisent l'Europe : on compte près de 20 millions de morts, auxquels s'ajoutent les invalides, les veuves de guerre et les orphelins. Traumatisée, l'opinion publique aspire à la paix, d'où le développement du **pacifisme**. En 1919, la Société des Nations est créée pour assurer la paix. Mais les désillusions nées de la défaite entraînent également les progrès du nationalisme en Italie et en Allemagne et contribuent à la mise en place de régimes totalitaires.

Cartes

- L'Europe dans la 1re Guerre mondiale

➥ rabat arrière

Dossier

3 La Seconde Guerre mondiale, une guerre d'anéantissement

• La Seconde Guerre mondiale oppose les forces de l'Axe (IIIe Reich, Italie, Japon...) aux Alliés (le Royaume-Uni et son empire rejoints en 1941 par les États-Unis, puis l'URSS). Entre 1939 et 1941, l'Axe est victorieux sur tous les fronts. L'Allemagne contrôle rapidement une grande partie de l'Europe. À partir de 1943, le rapport de forces s'inverse. La victoire de l'URSS à Stalingrad (1942-1943) et le débarquement en Normandie en 1944 permettent aux Alliés d'encercler l'armée allemande, qui capitule le 8 mai 1945. La guerre se termine en Asie avec le lancement des bombes atomiques sur Hiroshima et Nagasaki en août 1945. Le Japon capitule le 2 septembre 1945.

• Les deux camps ont pour objectif la destruction totale de l'ennemi, les soldats comme les civils : c'est une guerre d'anéantissement. Ils engagent donc toutes leurs ressources, faisant de ce conflit une guerre totale. Les belligérants mènent une guerre idéologique et utilisent le progrès technique pour produire des armes destructrices (bombardiers, bombe atomique). Les victimes de la guerre d'anéantissement sont surtout les civils, qui subissent des crimes de guerre, des bombardements massifs et des déportations. Les membres de la Résistance en Europe sont torturés et souvent exécutés par les Nazis.

• En 1945, l'Europe est un champ de ruines, et l'on compte entre 50 et 60 millions de victimes dans le monde. Les vainqueurs décident de reconstruire un monde nouveau, plus juste et pacifique. Ils mettent en place l'Organisation des Nations unies (ONU) en juin 1945. Celle-ci se fixe comme objectifs de préserver la paix et de promouvoir le développement.

Notions

Crimes de guerre p. 57

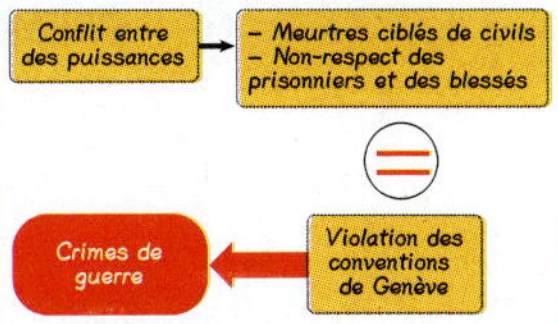

Résistance p. 57

Cartes

• L'Europe dans la 2e Guerre mondiale et en 1945

➥ rabat arrière

Dossier

4 Les génocides des Juifs et des Tsiganes

• Dès l'arrivée au pouvoir de Hitler en 1933, les thèses racistes sont mises en application en Allemagne et entraînent l'exclusion des Juifs, qui subissent des discriminations, des violences et des expropriations. À partir de 1939, les Nazis regroupent les Juifs dans les ghettos* de la Pologne occupée.

• Le génocide débute en 1941 avec l'invasion de l'URSS. Dans les territoires occupés d'Ukraine et des pays Baltes, des unités SS, les *Einsatzgruppen*, sont chargées d'éliminer par fusillade des centaines de milliers de Juifs, hommes, femmes et enfants. Ces premiers massacres de masse font entre 1,3 et 2 millions de victimes entre 1941 et 1944.

• En 1942, les Nazis réunis à la Conférence de Wannsee organisent la « Solution finale à la question juive », l'extermination systématique des populations juives d'Europe. Les Juifs mais aussi les Tsiganes sont déportés dans des centres de mise à mort situés en Pologne. Ils sont soumis au travail forcé ou asphyxiés dans les chambres à gaz peu après leur arrivée, selon un processus de mise à mort industrielle. Les corps sont ensuite brûlés dans les fours crématoires.

• Le principal centre de mise à mort est le camp d'Auschwitz, où près d'1,1 million de Juifs et 240 000 Tsiganes sont assassinés. Ce site symbolise le génocide des Juifs et l'ampleur des crimes contre l'humanité commis par les Nazis pendant la Seconde Guerre mondiale. Après la guerre, un musée est inauguré en 1947, et depuis 1979, Auschwitz est inscrit au Patrimoine mondial de l'Unesco* en tant que lieu de mémoire de la Shoah*.

• Après la tragédie, l'ONU voit le jour et les grands tribunaux (Nuremberg, Tokyo) jettent les bases d'une justice internationale.

Notion

Crimes contre l'humanité p. 59

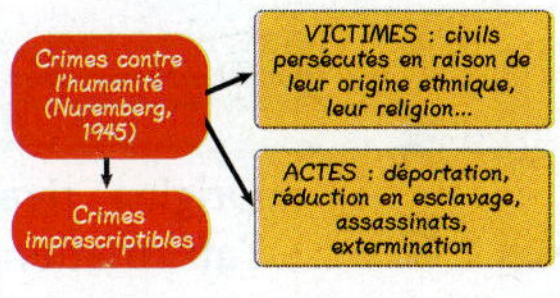

Lexique

• Ghetto
• Unesco
• Shoah

* Voir lexique p. 248

BAC **Réviser** la question obligatoire

Guerres et paix, 1914-1945

www.lienmini.fr/magnard-hg1-305

Schéma-bilan

PREMIÈRE GUERRE MONDIALE (1914 -1918) Une guerre totale		SECONDE GUERRE MONDIALE (1939- 1945) Une guerre d'anéantissement
• Batailles meurtrières (Verdun) • Génocide des Arméniens (1915)	VIOLENCE DE MASSE	• Crimes de guerre et crimes contre l'humanité • Génocide des Juifs et des Tsiganes
20 millions de morts (56 % de soldats)	UN BILAN HUMAIN	50 à 60 millions de morts (65 % de civils)
Création de la SDN (1919)	BÂTIR UN MONDE PLUS JUSTE	Création de l'ONU (1945)

Idées clés

La Première Guerre mondiale, une guerre totale

- Origine : rivalités économiques et l'affirmation des nationalismes.
- Mobilisation humaine des soldats et des civils (femmes).
- Mobilisation économique : dirigisme économique, emprunts.
- Mobilisation idéologique : propagande, censure, naissance d'une culture de guerre.

Une Europe bouleversée par la guerre

- Violence de masse sur les combattants (bataille de Verdun, 1916) et les civils (génocide des Arméniens, 1915).
- Frontières de l'Europe redessinées (traités de paix) ; traité de Versailles dénoncé comme un *Diktat*.
- Aspiration au pacifisme, création de la SDN (1919).

La Seconde Guerre mondiale, une guerre d'anéantissement

- Objectif de destruction totale de l'ennemi : moyens humains, technologiques, idéologiques.
- Crimes de guerre sur les civils : bombardements, exécutions des membres de la Résistance.
- Bilan très lourd : 50 à 60 millions de victimes.
- Création de l'ONU en 1945 : bâtir un monde pacifique et plus juste.

Les génocides des Juifs et des Tsiganes

- Juifs enfermés dans des ghettos en Pologne, puis exterminés par les *Einsatzgruppen* (fusillades), en 1941.
- « Solution finale » dès 1942 : mort industrielle dans les centres de mise à mort
- Auschwitz, symbole du génocide, lieu de mémoire de la Shoah depuis 1979.
- Condamnation des « crimes contre l'humanité » (procès de Tokyo et Nuremberg, 1945-1946).

BAC 1re partie de l'épreuve

Questions à réponse courte

SUJET

Répondre aux cinq questions suivantes.

Questions

1. Définissez par une réponse structurée la notion de « pacifisme » à l'aide du schéma suivant :

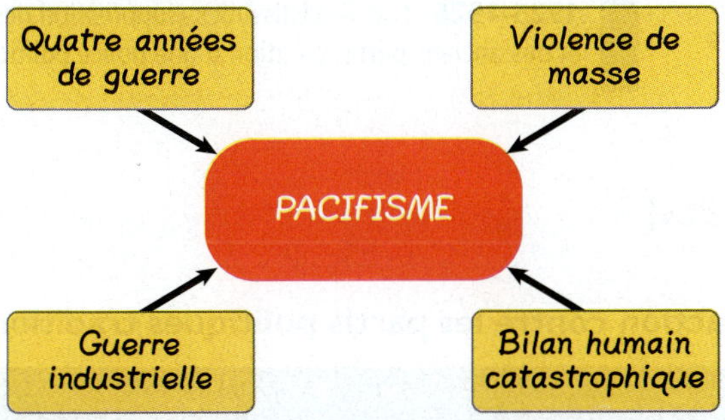

Aide *S'appuyer sur le schéma pour montrer quelle est l'origine du pacifisme… mais ne pas oublier de définir le terme de pacifisme.*

- Proposer une définition pour une notion.

2. Justifiez l'affirmation suivante en donnant deux arguments :
« La Seconde guerre mondiale est marquée par des crimes de guerre d'une grande ampleur ».

Aide *Définir « crime de guerre » dans la réponse. S'appuyer sur le dossier 3 p. 58-59 pour illustrer « d'une grande ampleur ».*

- Justifier une affirmation en proposant des arguments.

3. Proposez deux dates-clés de la Seconde Guerre mondiale en citant les évènements auxquels elles correspondent.

Aide *Utiliser les pages Repères (p. 50 et 51).*

- Proposer ou choisir les dates-clés ou les périodes-clés d'une évolution.

4. Choisissez parmi les propositions suivantes la bonne définition de la notion de « guerre totale » :
a) une guerre qui mobilise les pays du monde entier.
b) une guerre qui exige la participation de toute la population.
c) une guerre qui mobilise toutes les ressources de la nation.

Aide *Réfléchir à ce que chaque définition implique ou oublie de prendre en compte.*

- Caractériser une période.

5. Citez deux organisations internationales créées après les deux conflits mondiaux et datez-les.

Aide *Utiliser les pages Repères (p. 50 et 51).*

- Citer des acteurs.

Compétences à mobiliser

Sujet d'étude 1

Vivre dans l'Italie mussolinienne

INTRODUCTION

En 1922, dans une Italie rongée par les luttes et les divisions sociales, Mussolini prend le pouvoir et impose un régime totalitaire* fasciste* en Italie. Ce régime vise à installer le pouvoir d'un parti unique et à créer un « Homme nouveau », tout en mobilisant l'adhésion de l'ensemble de la société par l'utilisation massive de la propagande, de l'embrigadement des masses et de la violence.

REPÈRES CLÉS

1919 : Création des Faisceaux italiens de combat par Mussolini.

1921 : Ceux-ci deviennent le Parti national fasciste (PNF).

28 octobre 1922 : Marche sur Rome des troupes fascistes.

30 octobre : Mussolini nommé Premier ministre par le roi.

1924 : Assassinat du député socialiste Matteotti.

1925-1926 : Lois fascistissimes (suppression des libertés et des anciens partis, création d'une police politique (l'OVRA).

A L'Italie devient fasciste

1 La naissance du fascisme, une réaction contre les partis politiques traditionnels

En 1920, les squadristes ou Chemises noires, membres des Faisceaux italiens de combat*, s'en prennent violemment aux journaux et syndicats de gauche. Casqués et armés de longues cannes et de *manganello* (matraques), ils brûlent des ouvrages auxquels ils sont hostiles.

2 Octobre 1922 : Mussolini, garant de l'ordre ?

Iduzza avait été bouleversé par un fracas de chants, de hurlements et de fusillades dans les rues du quartier. De fait, c'étaient les journées de la révolution fasciste, et ce jour-là était en train de se dérouler la fameuse « marche sur Rome » [...]. Elle supposait que venait d'éclater la fameuse révolution universelle qu'annonçait toujours son père. [...]
Et au dîner, il dit qu'entre les grèves, les incidents et les retards, travailler sérieusement était devenu un vrai problème pour les hommes d'affaires et les commerçants comme lui ! À dater d'aujourd'hui, enfin un gouvernement fort s'était installé en Italie, un gouvernement qui allait ramener dans le peuple l'ordre et la paix.

Elsa Morante, *La Storia*, 1974, Gallimard, 2010 (trad. M. Arnaud).

3 **La marche sur Rome des Chemises noires le 28 octobre 1922**
Entrée de Mussolini et des Chemises noires à Rome, le 28 octobre 1922.
Deux jours plus tard Mussolini est nommé président du Conseil.

De l'assassinat politique… **4**
Caricature de Chancel, parue dans le journal clandestin *Becco Giallo*, 1924.

L'enlèvement puis l'assassinat du député socialiste Matteotti en 1924 marquent la montée de la dictature. Mussolini assume l'assassinat de son opposant en janvier 1925 en déclarant : « *Si le fascisme a été une association criminelle, je suis le chef de cette association […]. Lorsque deux éléments sont en lutte et qu'ils sont irréconciliables, la solution est dans l'emploi de la force* ».

5 **… aux lois fascistissimes (1925-1926)**

	Suppression des libertés	Affirmation du pouvoir personnel
1925	Libertés d'association et de presse	Mussolini *Duce* (« guide ») : s'accapare le pouvoir exécutif
1926	• Libertés de circuler et d'émigrer • Liberté d'expression (délit d'opinion instauré)	• Confiscation du pouvoir législatif • PNF parti unique (dissolution des partis antifascistes) • Création de l'OVRA (Organisation de vigilance et de répression de l'antifascisme), police politique

Questions

1. Expliquez dans quel contexte et comment Mussolini arrive au pouvoir (doc. 1, 2, 3)
2. Démontrez comment le régime mussolinien parvient à étouffer toute forme d'opposition politique. (doc. 1, 4, 5)
3. Faites le portrait-type du squadriste. Quelle image du fascisme donne-t-il ? (doc. 1 et 3)

SUJET BAC

À l'aide des doc. 4 et 5, déterminez en quoi le régime fasciste est totalitaire.

B Une idéologie destinée à former un « Homme nouveau »

6 Des organisations de jeunesse chargées de forger l'Homme nouveau

Près de 5 millions de jeunes sont embrigadés en 1936 dans des organisations de jeunesse dépendant du parti fasciste et rassemblées dans l'*Opera Nazionale Balilla* (« l'Œuvre nationale Balilla »). À la fin des années 1930, l'adhésion à celles-ci devient obligatoire.

Âges	Garçons	Filles
4-8 ans	Fils de la Louve	Filles de la Louve
8-14 ans	*Balilla*	Petites Italiennes
14-18 ans	*Avanguardisti*	Jeunes Italiennes
> 18 ans	Jeunes fascistes	Jeunes filles fascistes

Défilé de *Balilla* en uniforme à Milan, en 1937.

7 Une éducation guerrière

a. Serment d'allégeance des enfants de classe primaire

« Au nom de Dieu et de l'Italie, je jure d'exécuter les ordres du Duce et de servir avec toutes mes forces et, si nécessaire, avec mon sang la cause de la révolution fasciste. »

Extrait d'un manuel de lecture pour la classe de première élémentaire (1936).
www.emilangues.education.fr

b. Trois des 10 commandements de l'*Avanguardista*

2 – Si tu n'es pas prêt à te donner corps et âme à la Patrie, laisse le fascisme. Le fascisme rejette les tièdes et les mous.

6 – Il ne faut pas croire que la discipline soit seulement une vertu pour le soldat sous les drapeaux ; elle doit être l'habitude de tous les jours [...] ; elle est la base de toute hiérarchie. Un mauvais fils, un élève négligent, un citoyen inerte ou querelleur sont de mauvais fascistes.

9 – Les bonnes actions, comme les actions de guerre, ne se font pas à moitié. Porte-les jusqu'aux extrêmes conséquences.

Philippe Forto, *L'Italie fasciste*, Armand Colin 2006.

« Croire, obéir, combattre » 8

La carte postale illustre par la devise fasciste l'obéissance totale à Mussolini et à l'idéologie fasciste.

9 Le culte du chef

Alfredo Gauro Ambrosi, *Portrait aérien de Mussolini*, 1930.
Œuvre futuriste* représentant le visage du Duce sur le plan de la Roma antique.

1. Colisée
2. Arc de triomphe de l'empereur Constantin
3. Via dell'Impero (Voie sacrée antique)
4. Palazzo Venezia (quartier général et résidence de Mussolini) et place de Venise (rassemblements populaires)

Questions

1. Montrez l'importance des organisations de jeunesse dans l'Italie mussolinienne. (doc. 6, 7)
2. Expliquez pourquoi le pouvoir fasciste repose sur la masse et sa soumission. (doc. 6, 7, 8)
3. Déterminez comment Mussolini utilise les racines antiques romaines pour asseoir son pouvoir. (doc. 8, 9)

SUJET BAC

À l'aide des doc. 8 et 9 expliquez les caractéristiques du culte du chef dans l'Italie mussolinienne.

C Vivre le fascisme au quotidien

10 La politique en faveur de la natalité

Politique incitative / Politique répressive

1925 : Création de l'Office national pour la Maternité et l'Enfance pour favoriser une politique nataliste. L'objectif est d'atteindre 60 millions d'habitants en 1950.

1926 : Taxation des hommes célibataires de 26 ans et plus.

1928 : Exemptions fiscales pour les familles d'au moins 10 enfants (7 pour les fonctionnaires).

1931 : L'avortement devient un « délit contre l'intégrité et la santé de la race », passible de 2 à 12 ans de prison.

1933 : Le 24 décembre devient « Journée de la mère et de l'enfant ».

1936 : Création de la Caisse d'allocations familiales.

1936-1938 : Avancement freiné pour les magistrats et professeurs d'université célibataires.

1939 : Obligation d'être marié pour devenir fonctionnaire.

11 Propagande pour l'industrie

Affiche de propagande pour inciter à l'achat de produits issus de l'industrie nationale au milieu des années 1930.

12 L'encadrement des loisirs

Trois mille cyclistes de l'organisation fasciste saluent Mussolini le 3 juillet 1932 à Rome.
Créée en 1925, l'*Opera nazionale Dopolavero* (« Œuvre nationale du temps libre ») propose l'organisation des loisirs de toute nature. En 1935, 1 650 000 Italiens sont inscrits dans ses 15 000 sections sportives.

13 Le cinéma, une arme de propagande

Mussolini a saisi l'importance du cinéma et de l'image pour la propagande fasciste. Le nombre de films italiens produits passe de 31 en 1938 à 83 en 1940.

14 Le sort de deux opposants antifascistes

Voir triompher cette sinistre parodie à la place de l'autre RÉVOLUTION rêvée par lui [...], c'était pour lui comme mâcher tous les jours une dégoutante bouillie qui lui soulevait le cœur [...]. À l'école, à la maison et avec les personnes de connaissance, l'instituteur s'efforçait néanmoins à une manière de conformisme [...]. Mais en compensation il s'était mis à fréquenter un petit bistro écarté, où il pouvait enfin donner un peu libre cours à ses pensées [...]. Le patron, vieille connaissance de Giuseppe, était un anarchiste [...]. Finalement, pourtant, des dénonciations parvinrent à Cosenza. Un beau jour, le patron fut expédié en relégation ; le bistro dut fermer ; et sans explications précises et même sans ménagements, Giuseppe fut mis à la retraite à l'âge de cinquante-quatre ans.

Elsa Morante, *La Storia*, 1974, Gallimard, 2010 (trad. M. Arnaud)..

L'antisémitisme au quotidien 15

En 1938, les lois fascistissimes sont complétées par des décrets antisémites. Une partie de l'opinion italienne se rallie à la campagne antisémite qui commence alors. Ici, dans les environs du ghetto* juif de Rome, une jeune commerçante affiche sur la vitrine de son magasin une pancarte indiquant « cette boutique est aryenne ».

Questions

1. Montrez à l'aide d'exemples précis que l'État fasciste intervient dans de nombreux domaines de la vie quotidienne des Italiens. (doc. 10, 11, 12)
2. Décrivez les différents types de mesures de la politique nataliste fasciste. Quels en sont les objectifs ? (doc. 10)
3. Montrez que le consentement des Italiens à la propagande fasciste peut entraîner l'exclusion d'une partie de la population. (doc. 14, 15)

SUJET BAC

À l'aide des doc. 10 et 14, montrez que l'instauration du régime fasciste suppose de vivre au quotidien la contrainte et la répression.

BAC **Réviser** le sujet d'étude

Vivre dans l'Italie mussolinienne

Schéma-bilan

www.lienmini.fr/magnard-hg1-306

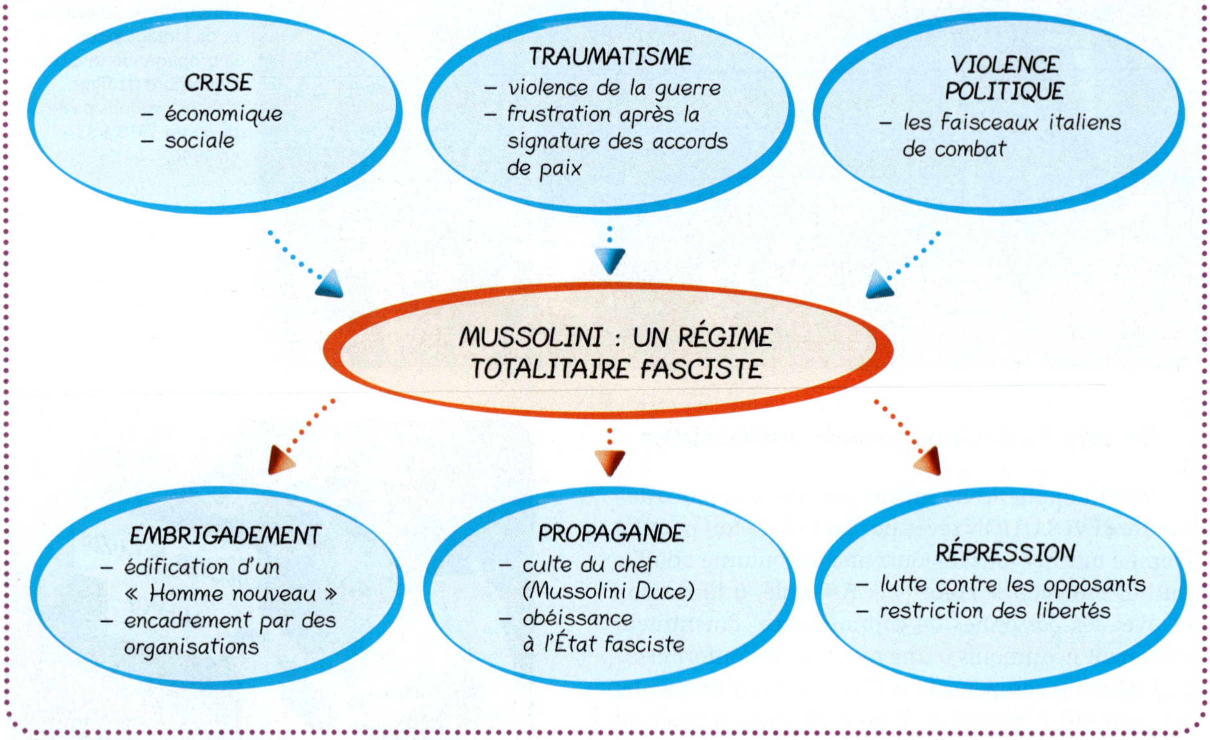

L'essentiel à retenir

A L'Italie devient fasciste

- Ébranlée par la Première Guerre mondiale, l'Italie connaît une forte instabilité qui favorise la montée du fascisme, dans un contexte de violence et d'agitation sociale.
- Ancien socialiste et militant pacifiste, Mussolini, le *Duce*, chef du Parti national fasciste, arrive au pouvoir en 1922 lors de la Marche sur Rome. Il instaure un État totalitaire, qui s'appuie sur un parti unique.
- L'opposition est réduite au silence et les libertés supprimées en 1926, avec la promulgation des lois fascistissimes. La dictature se renforce.

B Une idéologie destinée à former un « Homme nouveau »

- L'État totalitaire fasciste a pour ambition de forger un « Homme nouveau », au service d'une société sans classe et hiérarchisée.
- La priorité est accordée à l'encadrement de la jeunesse dans des organisations spécifiques, sous le contrôle de l'*Opera Nazionale Balilla*. Les jeunes font l'objet d'une préparation sportive et militaire, mais aussi d'un endoctrinement.
- L'ensemble de la population est soumis à une intense propagande* véhiculant les valeurs d'obéissance, le culte du chef et de la guerre.

C Vivre le fascisme au quotidien

- La vie quotidienne des Italiens est profondément transformée par le régime fasciste. Tous les aspects de la vie individuelle sont pris en charge par l'État totalitaire : le travail, les loisirs ou encore la natalité.
- Le Parti multiplie les contrôles sur les organisations et les associations auxquelles les Italiens doivent adhérer.
- Si une partie de la population soutient le régime, certains Italiens sont soumis à l'exclusion de la société (Juifs), en particulier à la suite du rapprochement avec l'Allemagne nazie (Pacte d'Acier en 1939). D'autres subissent la répression (opposants).

BAC 2e partie de l'épreuve

Analyse de documents

SUJET

1 La violence fasciste

Le neveu de l'ancien président du Conseil, Francesco Saverio Nitti, raconte comment fut pillée la maison de ce dernier.

Le soir du 29 novembre 1923, sous les yeux du gouvernement, une expédition armée envahit la maison du président Nitti. On a su depuis que cette agression avait été directement organisée par Mussolini. Toute la famille était réunie et l'heure du repas était proche, quand cinq cents fascistes forcèrent la porte, et avec des bombes et des revolvers à la main, envahirent la demeure. [...] Cette horde fasciste était dirigée par des officiers de la police gouvernementale qui feignaient d'agir comme modérateurs. Tous les meubles furent en peu de temps détruits. Avec de gros pieux de fer, tables, glaces, armoires furent mises en pièces. Mais tout ce qui avait de la valeur, argent, bijoux, tableaux et jusqu'aux vêtements fut volé [...]. Par pur hasard, le président Nitti ne fut pas découvert et tué.

Francesco Fausto Nitti, *Nos prisons et notre évasion*, Librairie Valois, 1930 (trad. Jean Guyon-Cesbron).

2 Un consentement dicté par la propagande

Carte de propagande fasciste, années 1920.
Traduction : « Qui a sauvé l'Italie du bolchevisme ? Le fascisme ! »

Questions

1. Présentez les documents.
2. À quoi est comparée l'Italie dans le document 2 ? Expliquez le message de ce document à l'aide de vos connaissances.
3. Comment l'auteur du document 1 décrit-il la manière dont les fascistes font régner l'ordre en 1923 ?
4. Que nous apprennent ces deux documents sur la vie des Italiens sous le fascisme ?

Compétences à mobiliser

- Identifier des documents.
- Lire un document et en exprimer par écrit les idées-clés.
- Utiliser son manuel comme outil de lecture complémentaire.
- Cerner le sens général d'un document, et le mettre en relation avec la situation historique étudiée.

Sujet d'étude 2

Timbre réalisé et gravé par René Cottet, émis en mai en 1957.

Combattre pour la République : Jean Moulin

INTRODUCTION

Jean Moulin joue un rôle important dans la lutte contre l'occupant allemand pendant la Seconde Guerre mondiale. Préfet en 1939, il est révoqué par le gouvernement de Vichy en 1940 et entre en clandestinité. En 1943, le général de Gaulle lui confie la mission d'unifier les mouvements de la Résistance intérieure. Pour les Français, Jean Moulin incarne la figure exemplaire du héros de la Résistance française.

REPÈRES CLÉS

- **1889 :** Naissance à Béziers.
- **1939 :** Préfet d'Eure-et Loir.
- **juin 1940 :** Arrestation en juin par les Allemands (tentative de suicide).
- **novembre 1940 :** Révocation par le régime de Vichy.
- **1941 :** 1re rencontre avec de Gaulle à Londres.
- **27 mai 1943 :** Préside la 1re réunion du Conseil national de la Résistance à Paris.
- **21 juin 1943 :** Arrestation à Caluire (banlieue de Lyon).
- **8 juillet 1943 :** Décès suite aux tortures subies.
- **1964 :** Cérémonie de transfert des cendres de Jean Moulin au Panthéon à Paris.

A Jean Moulin, préfet de la République lors de la défaite (1939-1940)

1 Jean Moulin

Cette photographie est l'image la plus célèbre de Jean Moulin et elle est devenue le symbole de la Résistance. Elle a été prise à Montpellier en 1939 avant la guerre.

2 Une carrière au service de la République

1917 : Attaché au cabinet du préfet de l'Hérault.

1918 : Mobilisé au 2e régiment du génie de Montpellier.

1921 : Adhère aux Jeunesses laïques et républicaines.

1925 : Plus jeune sous-préfet de France à Albertville

1930 : Sous-préfet dans le Finistère.

1933 : Chef de cabinet de Pierre Cot, ministre de l'Air.

1934 : Secrétaire général de la préfecture de la Somme.

1936 : Chef de cabinet de Pierre Cot, ministre de l'Air dans le gouvernement du Front populaire*.

1937 : Préfet de l'Aveyron.

1939 : Préfet d'Eure-et-Loir.

2 novembre 1940 : Révoqué par le régime de Vichy (régime autoritaire et antirépublicain qui collabore avec l'Allemagne).

1941 : Entre dans la Résistance.

3 Jean Moulin pendant la débâcle*

Lettre à sa sœur et à sa mère pendant la débâcle en 1939

« Je m'excuse de vous avoir laissées ainsi longtemps sans nouvelles. Comme vous vous en doutez, j'ai été très occupé depuis votre départ. C'est surtout la réception et l'hébergement des réfugiés de Paris et de la Seine qui nous ont accaparé. Nous avons passé plusieurs nuits blanches sur le quai de la gare de Chartres. Le problème s'est d'ailleurs compliqué du fait que nous avons eu surtout des malades et des enfants en bas âge. Peu à peu tout le monde se case mais il reste encore bien des points à régler pour ce qui concerne le ravitaillement et le cantonnement. [...] »

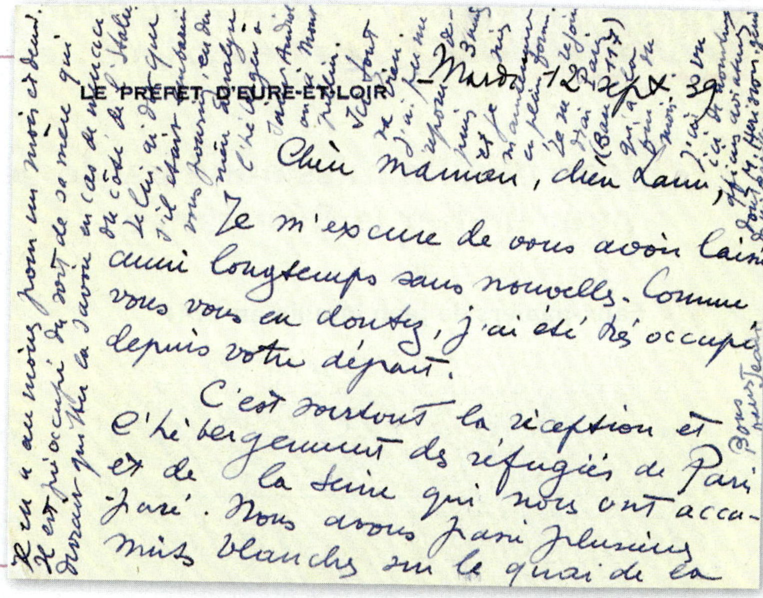
LE PRÉFET D'EURE-ET-LOIR

Mardi 12 sept. 39

Chère maman, chère Laure,

Je m'excuse de vous avoir laissé aussi longtemps sans nouvelles. Comme vous vous en doutez, j'ai été très occupé depuis votre départ.

C'est surtout la réception et l'hébergement des réfugiés de Paris et de la Seine qui nous ont accaparé. Nous avons passé plusieurs nuits blanches sur le quai de la

4 Résister en refusant l'inacceptable

Le 16 juin 1940 la ville de Chartres est occupée par l'armée allemande. Le 17 juin 1940, le préfet d'Eure-et-Loir est arrêté par des officiers qui lui demandent de signer un document attribuant le massacre de civils aux troupes coloniales françaises, alors qu'ils avaient été victimes d'un bombardement allemand.

« *Moi* : Non je ne signerai pas. Vous savez bien que je ne peux pas apposer ma signature au bas d'un texte qui déshonore l'armée française.

Mon bourreau n°1 : Mais il n'y a plus d'armée française ! Elle est lamentablement vaincue. La France s'est écroulée. Son gouvernement a fui. Vous n'êtes plus rien. Tout est fini.

Moi : Soit, mais il y a une chose qui, pour l'armée française, même vaincue, comptera toujours : c'est son honneur et ce n'est pas moi qui contribuerai à l'entacher. [...]. »

Pendant 7 heures, j'ai été mis à la torture physiquement et moralement. Je sais qu'aujourd'hui, je suis allé jusqu'à la limite de la résistance. Je sais aussi que demain, si cela recommence, je finirai par signer [...]. Tout plutôt que cela, même la mort ! [...]

J'ai déjà compris le parti que je pourrai tirer de ces débris de verre.[1]

Jean Moulin, *Premier combat* (journal écrit au printemps 1941), Les Éditions de Minuit, 1983.

1. Allusion à sa tentative de suicide.

5 Jean Moulin dans les jardins de la préfecture de Chartres après le 17 juin 1940

Cette photographie montre Jean Moulin avec le Major von Gültlingen, commandant des troupes d'occupation du secteur. Elle a été prise à la demande de l'officier allemand pour mettre fin aux rumeurs sur le sort du préfet après son emprisonnement. L'écharpe blanche masque les blessures de sa tentative de suicide.

Questions

1. Présentez les fonctions de Jean Moulin dans la République française à la veille de la guerre. (doc. 2, 3)
2. Relevez les informations montrant ses convictions politiques. (doc. 2)
3. Décrivez le contexte de l'arrestation de Jean Moulin en juin 1940. (doc. 4, 5)

SUJET BAC

À l'aide des doc. 2 et 3, montrez comment la guerre vient bouleverser la vie du haut-fonctionnaire Jean Moulin.

B Jean Moulin missionné par le général de Gaulle pour unifier la Résistance

6 Faux-papiers de Jean Moulin en 1941

REGISTRATION CERTIFICATE No. 1043799
ISSUED AT ARO. 1 Piccadilly
ON 25th October 1941
NAME (Surname first in Roman Capitals)
MERCIER Joseph Jean.
ALIAS
Left Thumb Print (if unable to sign name in English Characters).
PHOTOGRAPH
25/10/41
Signature of Holder. Jos. Mercier

Nationality French.
Born on 20/7/96 in Peronne
Previous Nationality (if any)
Profession or Occupation None.
Single or Married Single.
Address of Residence De Vere Hotel. Kensington High St.
Arrival in United Kingdom on 23/10/1941.
Address of last Residence outside U.K. Lisbon.
Government Service Sgt. French Army 1916/18
Passport or other papers as to Nationality and Identity.
French Ppt No 71 issued Grasse 7.2.41.

Surveillé par la police de l'État français, Jean Moulin sort du territoire français avec une fausse identité, sous le nom de Joseph Jean Mercier, né le 20 juillet 1896. Cette carte est un certificat d'entrée sur le sol britannique. L'action résistante étant clandestine, Jean Moulin est ensuite connu des autres résistants par des noms de code (Rex, Régis ou encore Max).

7 Les missions de Jean Moulin pour la France libre

a. Ordre de mission du général de Gaulle, 24 décembre 1941

Je désigne M. Jean Moulin, préfet, comme mon représentant et comme délégué du Comité national pour la zone non directement occupée de la métropole.

Monsieur Moulin a pour mission de réaliser dans cette zone l'unité d'action de tous les éléments qui résistent à l'ennemi et à ses collaborateurs. Monsieur Moulin me rendra compte directement de l'exécution de sa mission.

b. Lettre du général de Gaulle à Jean Moulin, Londres, le 22 octobre 1942

Vous aurez à assurer la présidence du comité de coordination au sein duquel seront représentés les trois principaux mouvements de résistance Combat, Franc-tireur, Libération. Toutes organisations, quel que soit leur caractère, autres que les trois grands mouvements groupés par le comité de coordination, devront être invitées à affilier leurs adhérents à l'un de ces mouvements et à verser leurs groupes d'action dans les unités de l'armée secrète en cours de constitution. Il convient en effet d'éviter la prolifération de multiples petites organisations qui risqueraient de se gêner mutuellement, de susciter des rivalités ou de créer des confusions.

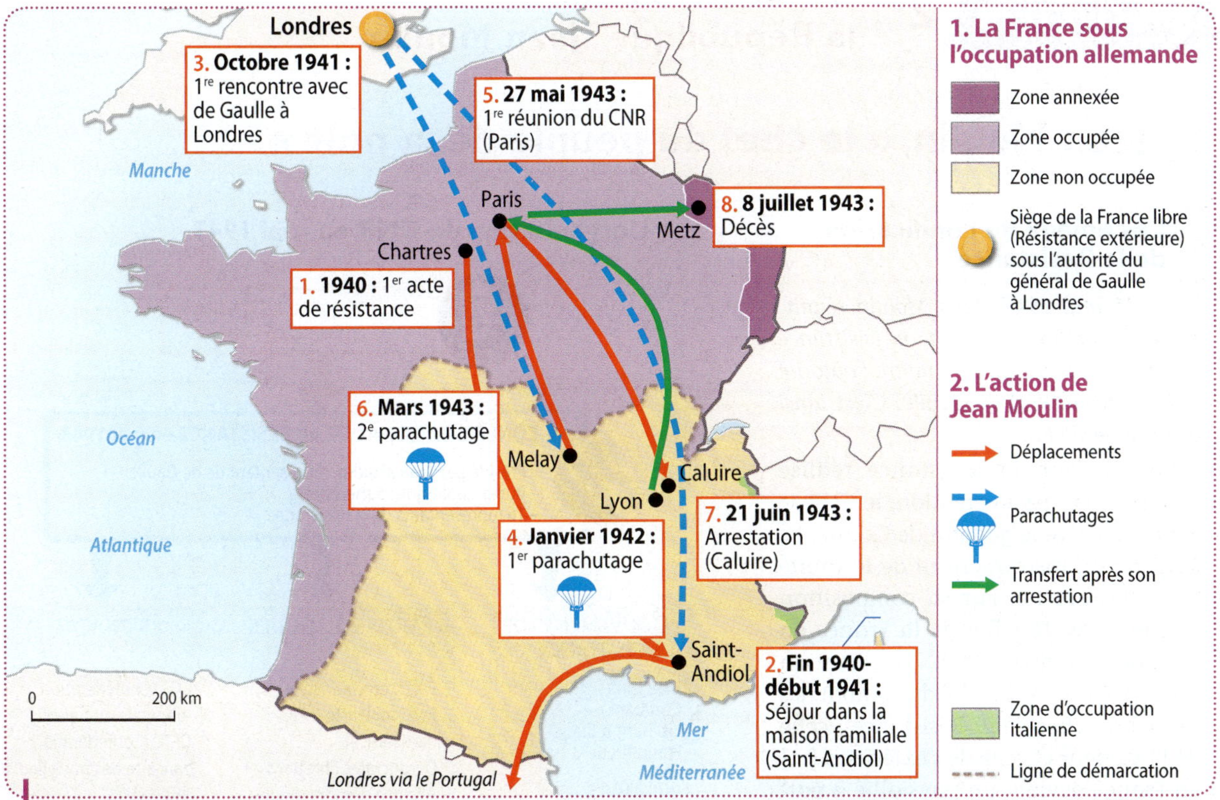

8 Le parcours du résistant Jean Moulin

Affiche de la France libre (1944) 9

L'affiche illustre la volonté de rassembler la Résistance extérieure et la Résistance intérieure. L'union de ces forces doit permettre la restauration de la République française.

Questions

1. Montrez comment l'implication dans la résistance suppose la clandestinité. (doc. 6, 8)
2. Décrivez les missions confiées par le général de Gaulle à Jean Moulin. (doc. 7)
3. Expliquez les rapports entre Résistance intérieure et Résistance extérieure. (doc. 7, 8, 9)

SUJET BAC

À l'aide des doc. 7 et 9, répondez à la question : « Jean Moulin, un personnage-clé dans la Résistance intérieure française. »

C Jean Moulin, « le chef du peuple de la nuit »

10 Les enjeux de l'unification de la Résistance

Le 27 mai 1943, Jean Moulin réunit à Paris les représentants de la Résistance intérieure et leur fait reconnaître l'autorité unique du général de Gaulle. C'est ainsi que naît le CNR.

Rue Dufour, la Résistance réalise son unité et, dès sa création, le CNR se range derrière le général de Gaulle. Le CNR n'est l'instrument ni de la droite ni de la gauche. Par sa composition même, il est le reflet de la France en lutte dans sa diversité. [...] La création du CNR consacre l'unité du combat des deux branches de la Résistance : celle de l'intérieur et celle de l'extérieur. [...] La France devient un pays allié à part entière et, à ce titre, sera présente lors de la capitulation des armées nazies, le 8 mai 1945. [...] Et, parce qu'il y a eu le CNR et de Gaulle, la France sera, lors de la création de l'Organisation des Nations unies*, l'une des cinq grandes puissances à occuper un siège permanent au sein du Conseil de sécurité.

Robert Chambeiron, membre du CNR, interview pour *l'Humanité* », 27 mai 2003.

11 L'organisation du CNR en mai 1943

FRANCE LIBRE À LONDRES
Général de Gaulle

↓

CONSEIL NATIONAL DE LA RÉSISTANCE en mai 1943
- Présidé par **Jean Moulin**, représentant de de Gaulle
- Bureau politique : 5 membres
- 16 représentants de la Résistance

↓

8 MOUVEMENTS DE RÉSISTANCE

Zone Sud
- Combat
- Libération-Sud
- Franc-tireur

Zone Nord
- Ceux de la Libération
- Ceux de la Résistance
- Libération Nord
- Organisation civile et militaire
- Front national de lutte pour l'indépendance de la France

6 PARTIS POLITIQUES
- Parti communiste
- Parti socialiste (SFIO)
- Parti radical
- Démocrates chrétiens
- Alliance démocratique
- Républicains nationaux

2 SYNDICATS
- CGT (Confédération générale du travail)
- CFTC (Confédération française des travailleurs chrétiens)

12 L'arrestation de Jean Moulin

Claude Pouchinet Sereulles (Sophie dans le télégramme) est convoqué à la réunion du 21 juin 1943 à Caluire. Par chance, il échappe à l'arrestation. Arrêté par Klaus Barbie, Jean Moulin (Rex) est torturé par la Gestapo de Lyon et meurt lors de son transfert en Allemagne dans la gare de Metz.

Télégramme – De Sophie pendant réunion du CD [comité directeur] – Zone sud police a arrêté hier tous les participants soit Rex, Luc [Larat], chef Copa [Service des liaisons aériennes], Thomas [Aubry] chef état-major Sud, Aubrac, colonel chef France d'Abord et trois chefs bureaux état-major Sud. [...]. J'assure provisoirement l'intérim [...]. Travaille dès maintenant libération Rex [...]. Envoyer renforts nécessaires.

Télégramme reçu à Londres le 24 juin 1943, cité *in* Jean-Pierre Azéma, *Jean Moulin*, Perrin, 2006.

La maison où eut lieu l'arrestation de Jean Moulin, à Caluire, avec la plaque commémorative à la mémoire de Jean Moulin.

13 Le « visage de la France »

« Entre ici, Jean Moulin, avec ton terrible cortège. Avec ceux qui sont morts dans les caves sans avoir parlé comme toi ; et même, ce qui peut être plus atroce, en ayant parlé ; avec tous les rayés et tous les tondus des camps de concentration, avec le dernier corps trébuchant des affreuses files de Nuit et brouillard, enfin tombé sous les crosses ; avec les huit mille Françaises qui ne sont pas revenues des bagnes, avec la dernière femme morte à Ravensbrück pour avoir donné asile à l'un des nôtres. Entre avec le peuple né de l'ombre et disparu avec elle – nos frères dans l'ordre de la Nuit. […]

Aujourd'hui jeunesse, puisses-tu penser à cet homme comme tu aurais approché tes mains de sa pauvre face informe du dernier jour, de ses lèvres qui n'avaient pas parlé : ce jour-là, elle était le visage de la France.

Discours d'André Malraux, ministre des Affaires culturelles, prononcé le 19 décembre 1964 lors du transfert au Panthéon des cendres de Jean Moulin, *Oraisons funèbres*, Gallimard, 1971.

14 Le transfert des cendres au Panthéon

En 1995 déjà, 37 monuments et stèles, 119 plaques, 978 boulevards, avenues, rues, places, squares, ponts et stades, 281 établissements scolaires (dont l'université-Lyon-3 et 3 lycées) portent son nom. Jean Moulin n'était devancé que par de Gaulle et le général Leclerc dans la compétition pour le nom des rues.

Jean-Pierre Azéma, *Jean Moulin*, Perrin, 2006.

Le 19 décembre 1964, la République rend hommage à Jean Moulin lors de la cérémonie du transfert de ses cendres au Panthéon à Paris. Au premier plan, les représentants officiels, dont le général de Gaulle (repérable à son képi).

15 Monument à Jean Moulin

Monument inauguré à Caluire le 19 décembre 2004 et situé en face de la maison du Dr Dugoujon où Jean Moulin a été arrêté.

Questions

1. Expliquez les enjeux de la création du CNR. (doc. 10 et 11)
2. Montrez en quoi cette mission est complexe politiquement et périlleuse. (doc. 11, 12, 13)
3. Montrez l'importance de la stature de Jean, Moulin dans l'histoire nationale. (doc. 13, 14, 15, timbre p. 72)

SUJET BAC

À l'aide du doc. 13, répondez à la question : « Jean Moulin, un homme d'action passé à la postérité ».

BAC **Réviser** le sujet d'étude

Combattre pour la République : Jean Moulin

Schéma-bilan

www.lienmini.fr/magnard-hg1-307

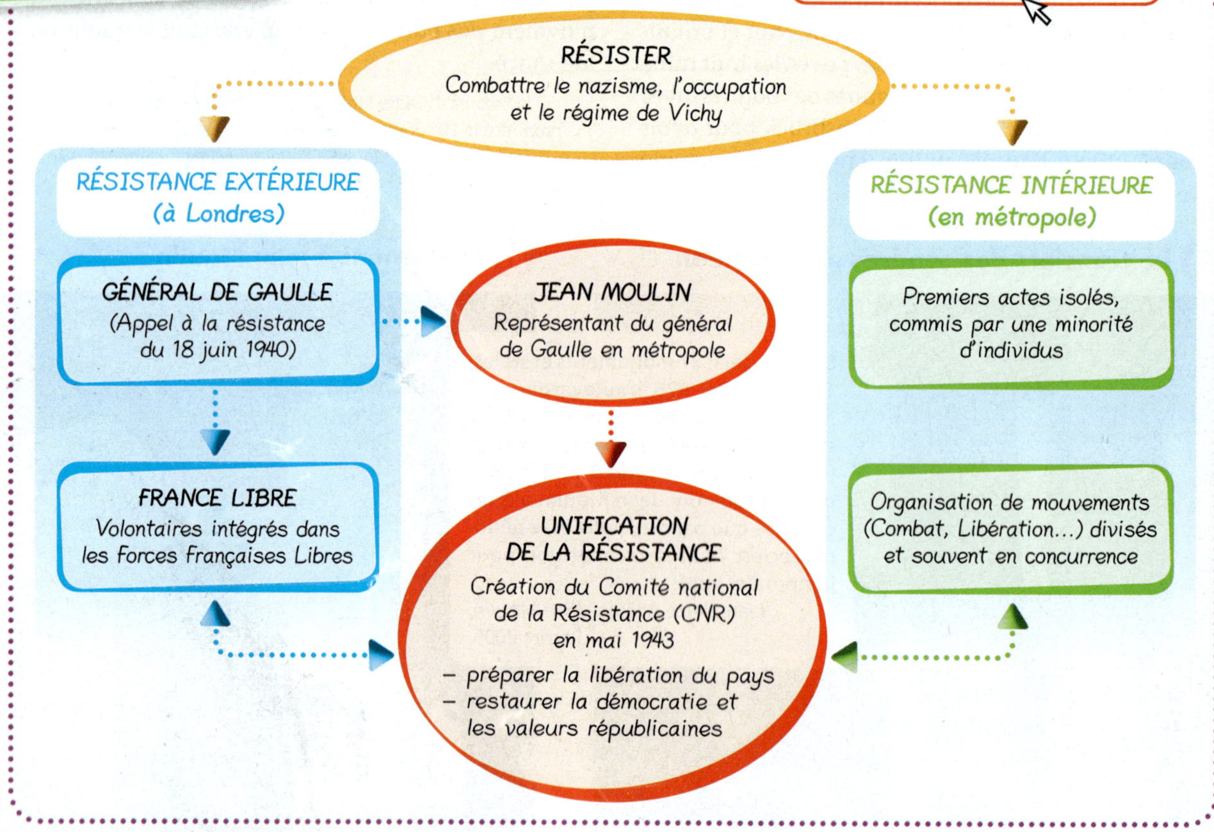

L'essentiel à retenir

A Jean Moulin, préfet de la République lors de la défaite (1939-1940)

- Issu d'une famille républicaine du Languedoc, Jean Moulin suit une formation classique de serviteur de l'État. Il est nommé préfet d'Eure-et-Loir en 1939, lorsque la Seconde Guerre mondiale éclate.
- Homme de gauche, c'est un républicain convaincu. Dès le début de l'occupation allemande en 1940, il choisit la voie de la résistance.
- Après quelques actes de résistance à l'occupant dans le cadre de ses fonctions, en particulier la défense de soldats coloniaux accusés de crimes contre les populations civiles locales, il est révoqué.

B Jean Moulin missionné pour unifier Résistance

- Jean Moulin entre en contact avec les premiers mouvements de Résistance et se rend à Londres en 1941, où il se met au service du général de Gaulle.
- Ce dernier lui confie la mission d'unifier la Résistance. Malgré les rivalités entre ses différentes branches (politiques, paramilitaires ou syndicales), Jean Moulin réussit à rassembler toutes les forces de la Résistance intérieure, mouvements, partis et syndicats.
- Il fonde en mai 1943 le Conseil national de la Résistance (CNR) qui reconnaît l'autorité unique du général de Gaulle.

C Jean Moulin, « le chef du peuple de la nuit »

- Après son arrestation et sa mort en juillet 1943, Jean Moulin accède au statut de héros et martyr de la Résistance. Son silence sous la torture assure la survie du CNR qui continuera son œuvre jusqu'à la Libération de la France.
- Soucieux de célébrer le courage des Français et de donner une incarnation aux actes héroïques de la Résistance, le général de Gaulle décide que la République lui rende hommage : ses cendres sont transférées au Panthéon en 1964.
- Figure exemplaire de la Résistance, son nom a été donné, plus qu'aucun autre, à des centaines d'établissements scolaires en France.

BAC 2e partie de l'épreuve

Analyse de documents

SUJET

1 Jean Moulin, le représentant du général de Gaulle

[...]

4. Ce Conseil de la Résistance assurera la représentation des groupements de la Résistance, des formations politiques résistantes et des syndicats ouvriers, qui acceptent que leur rassemblement s'effectue autour des principes suivants :

– contre les Allemands, leurs alliés et leurs complices, par tous les moyens et particulièrement les armes à la main ;

– contre toutes les dictatures et notamment celles de Vichy, quel que soit le visage dont elles se parent ;

– pour la Liberté ;

– avec de Gaulle dans le combat qu'il mène pour libérer le territoire et redonner la parole au peuple français.

[...]

7. Le Conseil de la Résistance formera un embryon d'une représentation nationale réduite, conseil politique du général de Gaulle à son arrivée en France. [...]

Instructions remises à Jean Moulin (extraits) par Charles de Gaulle, 21 février 1943.

2 Des parachutages d'armes en aide à la Résistance

Pour mener leurs actions, les résistants dépendent en grande partie du soutien matériel et financier des Anglais. Cette contrainte contribue à la réussite de la mission de Jean Moulin.

Questions

1. En vous appuyant sur le doc. 1 et vos connaissances, expliquez quelle est la situation politique et militaire de la France à la date de ce document.

2. Décrivez la mission de Jean Moulin évoquée dans le document 1. Quel rôle lui est ainsi attribué au sein de la Résistance ?

3. Quel est l'enjeu de cette mission pour le général de Gaulle (doc. 1) ?

4. En confrontant les deux documents, montrez que les mouvements de Résistance intérieure sont en partie dépendants de la Résistance extérieure.

Compétences à mobiliser

- Situer un événement dans le temps.
- Cerner le sens général d'un document, et le mettre en relation avec la situation historique étudiée.
- Lire un document et en exprimer par écrit les idées-clés.
- Prélever, hiérarchiser et confronter des informations selon des approches spécifiques en fonction des documents.
- Utiliser son manuel comme outil de lecture complémentaire.

Sujet d'étude 3

Les espoirs d'un ordre mondial au lendemain des conflits : de la SDN à l'ONU

INTRODUCTION

La SDN et l'ONU représentent l'espoir de soumettre les relations entre les États à une législation après les guerres mondiales. La SDN, créée en 1919 pour maintenir la paix, ne peut s'opposer aux coups de force des dictatures, qui conduisent à la Seconde Guerre mondiale. L'ONU, fondée en 1945, nantie de moyens supérieurs à ceux de la SDN, veut établir un monde nouveau qui garantisse la paix en favorisant des valeurs universelles, mais aussi le développement économique et social des États.

REPÈRES CLÉS

1914-1918 : Première Guerre mondiale.
1919 : Création de la **Société des Nations (SDN)**.
1926 : Entrée de l'Allemagne dans la SDN (accords de Locarno).
1935-1938 : Succession de coups de force des dictatures italienne et allemande.
1939-1945 : Seconde Guerre mondiale.
1945 : – Création de l'**Organisation des Nations unies (ONU)** (charte de San Francisco).
– Création de l'OMS et de la FAO.
1946 : Création de l'Unesco.

A La SDN, des illusions à l'échec

1 La SDN, arbitre de la paix

Les États membres de la SDN (d'abord les pays vainqueurs et pays neutres) s'engagent à ne pas recourir à la guerre et à trancher leurs conflits par arbitrage de l'Assemblée générale. Celle-ci se réunit une fois par an. Les États y disposent chacun d'une voix. En cas d'agression, ils peuvent prendre des sanctions économiques et financières, mais pas militaires. Les États-Unis refusent d'adhérer à la SDN.

Affiche suisse en faveur de la SDN.
(La Suisse a adhéré à la SDN en 1920.)

2 L'Allemagne entre à la SDN (1926)

Discours du ministre des Affaires étrangères français, Aristide Briand, le 10 septembre 1926. Briand et son homologue allemand Stresemann sont les acteurs principaux des tentatives de réconciliation franco-allemande.

N'est-ce pas un spectacle émouvant, particulièrement édifiant et réconfortant, que, quelques années à peine après la plus effroyable guerre qui ait jamais bouleversé le monde, alors que les champs de bataille sont encore presque humides de sang, les peuples, les mêmes peuples qui se sont heurtés si rudement, se rencontrent dans cette assemblée pacifique et s'affirment mutuellement leur volonté commune de collaborer à l'œuvre de paix universelle. [...]

Messieurs, la paix, pour l'Allemagne, et pour la France, cela veut dire : [...] plus de guerre, plus de solutions brutales et sanglantes à nos différends [...].

La paix chemine à travers toutes ces entreprises, et c'est l'esprit de la Société des Nations qui les anime ; c'est elle, par conséquent, que tous les peuples doivent défendre du plus profond de leur cœur, la mettant à l'abri des attaques, la dressant au-dessus de tout.

Avec elle la paix ! Sans elle, tous les risques de guerre et de sang dont les peuples n'ont que trop pâti. »

Aristide Briand, *Discours et écrits de politique étrangère*, Plon, 1965.

3 Évolution de la composition de la SDN (1920-1941)

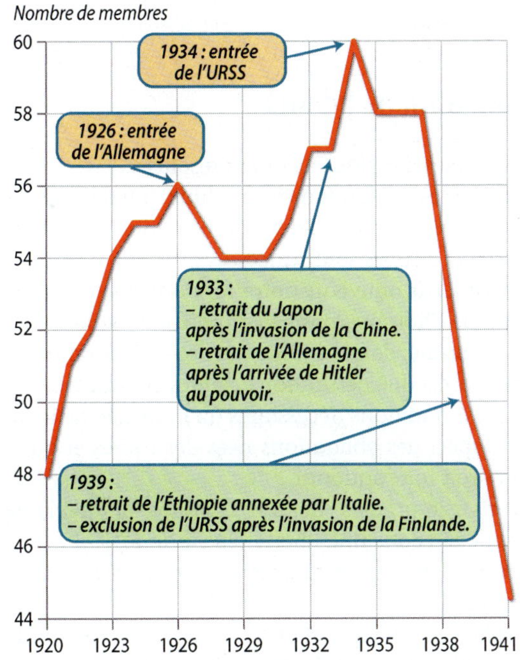

4 La SDN face à l'Allemagne nazie

Dessin de Paul Iribe paru dans *Le Témoin*, 10 mars 1935.
Satire sur le pouvoir croissant de l'Allemagne de Hitler qui rappelle la puissance de l'empire allemand à sa fondation, en 1871, sous Bismarck (ombre de Hitler avec un casque à pointe).

5 Défilé des troupes nazies en Autriche, mars 1938

Après avoir rétabli le service militaire en 1935, Hitler annexe l'Autriche (mars 1938), puis, les Sudètes, une région de Tchécoslovaquie, en septembre 1938. Enfin, en 1939, il annexe Memel en Bohême-Moravie et envahit la Pologne le 1er septembre 1939.

Questions

1. Présentez les objectifs et les moyens dont dispose la Société des Nations. (doc. 1, 2)
2. Relevez les succès de la SDN. (doc. 2, 3)
3. Mettez en évidence les échecs de la SDN. (doc. 3, 4 et 5)

SUJET BAC

À l'aide des doc. 3 et 4, expliquez pourquoi la SDN n'a pu garantir la paix.

B L'ONU : une institution pour la paix

6 Des nations unies dans la paix

Affiche éditée par l'ONU en 1946.

7 La fondation de l'ONU

Nous, peuples des Nations unies, résolus :

– à préserver les générations futures du fléau de la guerre qui deux fois en l'espace d'une vie humaine a infligé à l'humanité d'indicibles souffrances,

– à proclamer à nouveau notre foi dans les droits fondamentaux de l'homme, dans la dignité et la valeur de la personne humaine, dans l'égalité des droits des hommes et des femmes, ainsi que des nations, petites et grandes,

– à créer les conditions nécessaires au maintien de la justice et du respect des obligations nées des traités et autres sources du droit international,

– à favoriser le progrès social et instaurer de meilleures conditions de vie dans une liberté plus grande, [...]

– à unir nos forces pour maintenir la paix et la sécurité internationales,

– à accepter des principes et instituer des méthodes garantissant qu'il ne sera pas fait usage de la force des armes, sauf dans l'intérêt commun,

– à recourir aux institutions internationales pour favoriser le progrès économique et social de tous les peuples,

Avons décidé d'associer nos efforts pour réaliser ces desseins. En conséquence, nos gouvernements respectifs [...] établissent une organisation internationale qui prendra le nom de Nations unies.

Préambule de la Charte de l'ONU signée par 51 pays, le 26 juin 1945 à San Francisco (États-Unis)

8 Le fonctionnement de l'ONU

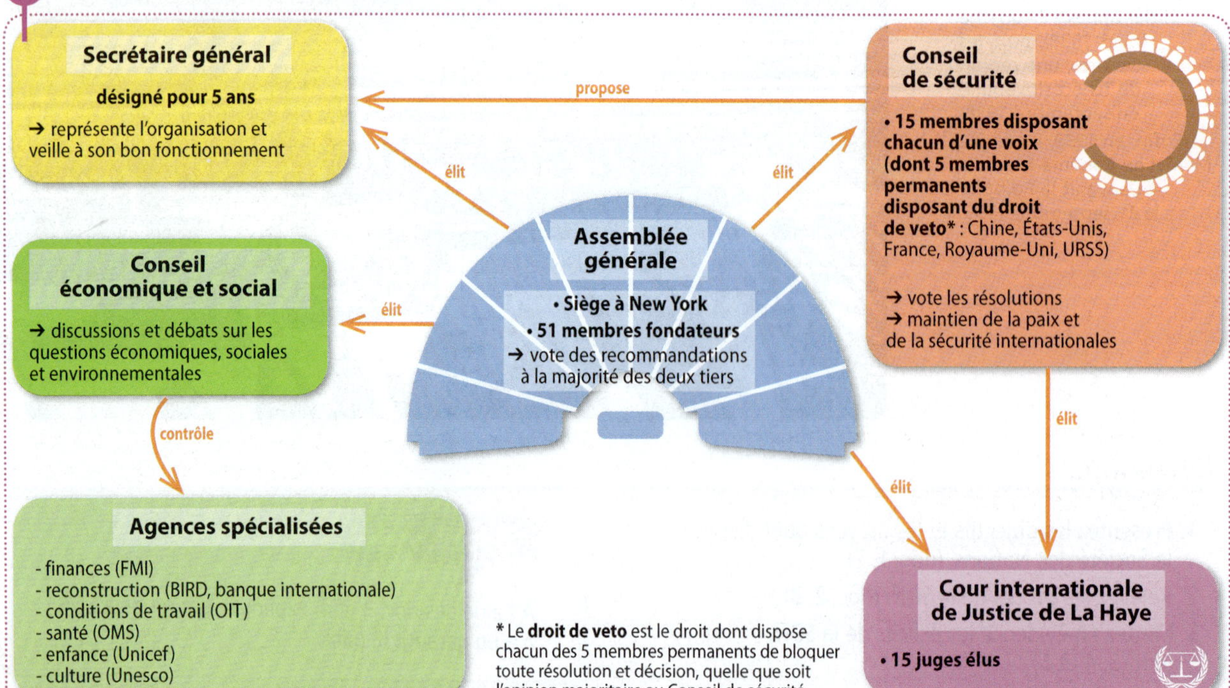

* Le **droit de veto** est le droit dont dispose chacun des 5 membres permanents de bloquer toute résolution et décision, quelle que soit l'opinion majoritaire au Conseil de sécurité.

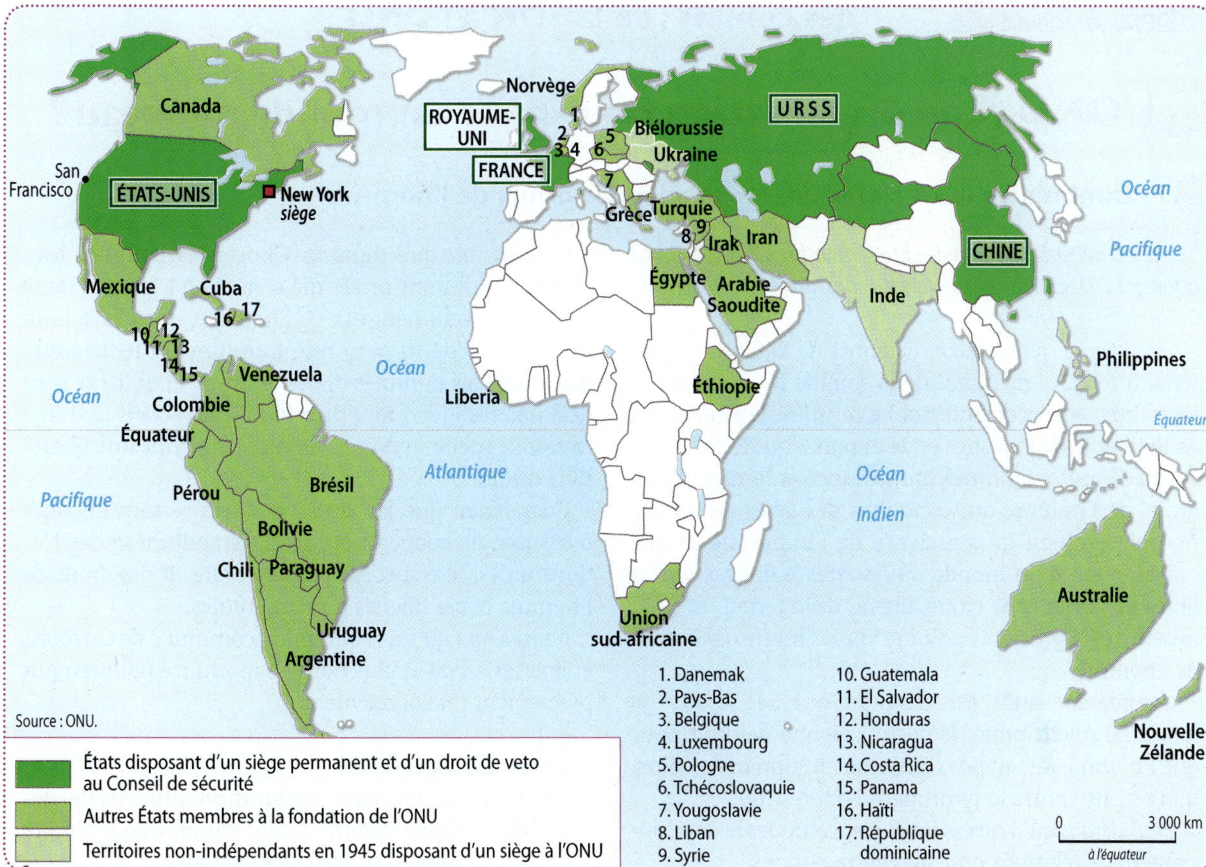

9 **L'ONU à sa fondation en 1945**

10 **L'ONU : le rêve d'un gouvernement mondial ?**

Le savant Albert Einstein s'adresse à l'Assemblée générale de l'ONU dans l'espoir d'une réforme de l'Organisation.

Il est évident que les Nations unies sont une institution extrêmement importante et utile, pourvu que les États et les gouvernements comprennent clairement qu'elles ne sont qu'une étape sur le chemin qui doit conduire à l'objectif final : la création d'une autorité supranationale, qui devrait avoir autorité aussi bien sur le Conseil de sécurité que sur tous les autres organes des Nations unies. [...]

[...] L'Assemblée générale devrait siéger en permanence. [...] Compte tenu de l'importance de ses tâches, l'Assemblée générale ne devrait pas abandonner ses propres compétences au Conseil de sécurité, d'autant plus que celui-ci est paralysé par le carcan des dispositions sur le droit de veto. Les Nations unies doivent à marche forcée poser les fondements d'un véritable gouvernement mondial et créer ainsi les conditions indispensables à la sécurité internationale.

Albert Einstein, lettre ouverte à l'Assemblée générale de l'ONU, Londres, octobre 1947.

Questions

1. Dégagez l'objectif principal de l'ONU et les valeurs qu'elle défend. (doc. 7 et 8)
2. Mettez en évidence le rôle fondamental des principaux vainqueurs de la Seconde Guerre mondiale dans le fonctionnement de l'ONU. (doc. 8, 9)
3. Relevez les forces et les faiblesses de l'ONU pour défendre la paix. (doc. 8, 10)

SUJET BAC

À l'aide du doc. 10, expliquez en quoi l'ONU a pu être considérée comme la première pierre à l'édification d'une nouvelle gouvernance mondiale.

C L'ONU : une organisation pour bâtir un monde nouveau ?

11 Préambule de la Déclaration universelle des droits de l'homme

Le 10 décembre 1948, les États membres de l'ONU ont adopté la Déclaration universelle des droits de l'homme à Paris.

Considérant que la reconnaissance de la dignité inhérente à tous les membres de la famille humaine et de leurs droits égaux et inaliénables constitue le fondement de la liberté, de la justice et de la paix dans le monde,

Considérant que la méconnaissance et le mépris des droits de l'homme ont conduit à des actes de barbarie qui révoltent la conscience de l'humanité et que l'avènement d'un monde où les êtres humains seront libres de parler et de croire, libérés de la terreur et de la misère, a été proclamé comme la plus haute aspiration de l'homme,

Considérant qu'il est essentiel que les droits de l'homme soient protégés par un régime de droit pour que l'homme ne soit pas contraint, en suprême recours, à la révolte contre la tyrannie et l'oppression,

Considérant qu'il est essentiel d'encourager le développement de relations amicales entre nations.

Considérant que dans la Charte les peuples des Nations unies ont proclamé à nouveau leur foi dans les droits fondamentaux de l'homme, dans la dignité et la valeur de la personne humaine, dans l'égalité des droits des hommes et des femmes, et qu'ils se sont déclarés résolus à favoriser le progrès social et à instaurer de meilleures conditions de vie dans une liberté plus grande,

Considérant que les États membres se sont engagés à assurer, en coopération avec l'Organisation des Nations unies, le respect universel et effectif des droits de l'homme et des libertés fondamentales,

Considérant qu'une conception commune de ces droits et libertés est de la plus haute importance pour remplir pleinement cet engagement,

[...]

L'Assemblée générale,

Proclame la présente déclaration universelle des droits de l'homme comme l'idéal commun à atteindre par tous les peuples et toutes les nations [...].

12 L'Assemblée générale de l'ONU, une tribune pour les nouveaux États indépendants

Par la Déclaration relative aux territoires non autonomes de la charte des Nations unies (chap. IX, art. 73), les membres des Nations unies « *qui ont ou qui assument la responsabilité d'administrer des territoires dont les populations ne s'administrent pas encore complètement elles-mêmes* » acceptent « *de développer leur capacité de s'administrer elles-mêmes, de tenir compte des aspirations politiques des populations et de les aider dans le développement progressif de leurs libres institutions politiques* », « *de favoriser des mesures constructives de développement.* »

L'ONU devient une tribune politique pour les pays devenus indépendants au lendemain de la guerre et qui luttent pour la décolonisation. Ici, le Premier ministre indien Nehru (1) à l'ONU, le 1er octobre 1960.

13 L'ONU au service des populations

L'UNRRA, l'agence des Nations unies pour les réfugiés, a été établie au lendemain de la Seconde Guerre mondiale pour venir en aide aux Européens déplacés par le conflit. Elle prend ensuite le nom de HCR (Haut-Commissariat aux réfugiés).

14 L'Organisation mondiale de la santé (OMS)

L'OMS est une institution de l'ONU qui a pour but de lutter contre les maladies, surtout endémiques et épidémiques.

Campagne de vaccination de l'OMS dans les années 1940 contre la tuberculose.

15 L'ONU entre idéaux politiques et compromis internationaux

Le but de l'Unesco (Organisation des Nations unies pour l'éducation, la science et la culture) est de « *contribuer au maintien de la paix et de la sécurité en resserrant par l'éducation, la science et la culture la collaboration entre les nations afin d'assurer le respect universel de la justice, de la loi, des droits de l'homme et des libertés fondamentales, sans distinction de race, de langue ou de religion* » (acte constitutif de l'Unesco, 16 novembre 1945).

Affiche du meeting de protestation organisé à Paris contre l'entrée de l'Espagne à l'Unesco, en 1952.

Questions

1. Montrez en quoi l'ONU se veut porteuse d'un message et de valeurs universelles ». (doc. 11)
2. Présentez la position de l'ONU vis-à-vis des colonies. (doc. 12)
3. Relevez les différents domaines d'intervention de l'ONU. (doc 13, 14, 15)

SUJET BAC

À l'aide des doc. 11 et 15, montrez que l'ONU s'efforce de bâtir un monde nouveau.

BAC **Réviser** le sujet d'étude

Les espoirs d'un ordre mondial au lendemain des conflits : de la SDN à l'ONU

www.lienmini.fr/magnard-hg1-308

Schéma-bilan

1re GUERRE MONDIALE
20 millions de morts, violence de masse

↓

CRÉATION DE LA SDN EN 1919

Ses succès	Ses échecs
- augmentation du nombre des États membres - arbitrage entre les États	- non-participation des États-Unis - pas de moyens militaires pour faire pression contre les agresseurs - impuissance face aux coups de force des dictatures

2e GUERRE MONDIALE
50 à 60 millions de morts, guerre d'anéantissement

↓

CRÉATION DE L'ONU (1945)

Maintien de la paix dans le monde	Construire un monde nouveau
- Conseil de sécurité - Envoi de Casques bleus	- défendre les droits des habitants des colonies - favoriser le développement économique grâce à des institutions spécialisées (Unesco, OMS, ...)

L'essentiel à retenir

A La SDN, des illusions à l'échec

- Après le traumatisme de la 1re Guerre mondiale, l'idée d'une instance internationale, lieu de discussion entre États, capable d'apaiser les situations conflictuelles, voit le jour.
- La création de la SDN est la première tentative de mise en place effective d'un ordre international fondé sur le droit. Elle connaît quelques succès dans les années 1920.
- L'obligation de prendre des décisions à l'unanimité, le refus d'adhésion des États-Unis et l'absence d'une force armée internationale la fragilisent.
- Dans les années 1930, impuissante face aux agressions de l'Axe, en particulier de l'Allemagne nazie, la SDN ne peut empêcher la guerre.

B L'ONU, une institution pour la paix

- En juin 1945, dans un monde dévasté par la guerre, 51 pays signent la charte de San Francisco qui fonde l'ONU.
- L'organisation naît de la volonté des vainqueurs d'établir un nouvel ordre mondial fondé sur le droit, les valeurs universelles de la démocratie et sur la sécurité collective. Elle est dotée de moyens lui permettant d'agir directement sur le terrain.
- Malgré le caractère démocratique de l'Assemblée générale, l'ONU est contrôlée par les cinq grands vainqueurs qui ont un droit de veto au Conseil de sécurité.

C L'ONU : une organisation pour bâtir un monde nouveau ?

- Pour instaurer une paix durable et construire un monde nouveau, l'ONU doit favoriser la prospérité et le développement de tous les États.
- Au nom du droit des peuples à disposer d'eux-mêmes, elle s'engage à défendre les intérêts des colonies et à y favoriser les progrès politiques, économiques et sociaux.
- L'ONU met en place des structures pour favoriser le développement comme l'OMS (santé), l'Unesco (éducation) ou l'Unicef (enfance).
- Au début des années 1950, la rivalité entre les États-Unis et l'URSS, deux membres permanents du Conseil de sécurité, paralyse régulièrement l'action de l'organisation.

Analyse d'un document

SUJET

L'œuvre de la SDN

« *La SDN est morte, vive l'ONU !* » C'est par ces mots que le Britannique Lord Cecil, un des plus fervents animateurs de la Société des nations, commenta sa dissolution, en avril 1946. Mais le président de son assemblée, le Norvégien Karl Hambro, avait déclaré : « *Nous n'ignorons pas que nous avons souvent manqué de courage moral, que souvent nous avons hésité quand il eût fallu agir, que nous avons parfois agi quand il eût été sage d'hésiter.* » En revanche, pour le flamboyant Joseph Paul-Boncour, représentant de la France, la SDN n'avait pas failli ; c'étaient les gouvernements qui n'avaient pas su s'élever au-dessus de leurs intérêts particuliers. Et de rappeler les « *succès* » des débuts : prévention des conflits dans les Balkans, aide à la reconstruction de l'économie autrichienne, fondements d'une véritable politique de désarmement...

C'était « oublier » l'impuissance de la SDN lors de l'agression japonaise en Chine (1933) comme lors de l'invasion de l'Éthiopie par Mussolini (1935), sans oublier le départ de l'Allemagne nazie (1933) et l'échec en matière de désarmement... « *Je soutiens les forts et je réduis les faibles au silence sans effusion de sang* », telle est la devise qu'Albert Einstein aurait proposé de graver sur le fronton du Palais des nations. En 1939, à la déclaration de guerre, la SDN décida d'interrompre ses sessions jusqu'à la paix... »

Marc Ferro, « La SDN est morte, vive l'ONU ! », *Le Monde diplomatique*, avril 2003.

Aide

Voir les Repères p. 50-51

Aide

Voir les cartes du rabat arrière du manuel et les Repères clés p. 80

Questions

1. **Présentez la Société des nations et le contexte de sa création.**

2. **Quel est le but principal de l'organisation ? Quelles actions (ou moyens) ont été mis en œuvre par la SDN pour réaliser cet objectif ?**

3. **Comment expliquer les échecs de la SDN ? Est-elle la seule fautive ?**

4. **Justifiez l'affirmation suivante : « Malgré certains succès, la SDN n'a pu réussir à établir un ordre mondial stable dans les années 1930. »**

5. **Qu'est-ce que l'ONU ? Pourquoi la création de cette institution provoque-t-elle l'exclamation de joie de Lord Cecil (1re ligne du texte) ?**

6. **Quelles sont les différences entre la SDN et l'ONU ?**

Compétences à mobiliser

- Situer un évènement dans le temps.
- Cerner le sens général d'un document, et le mettre en relation avec la situation historique étudiée.
- Lire un document et en exprimer par écrit les idées-clés.
- Prélever, hiérarchiser et confronter des informations selon des approches spécifiques en fonction des documents.
- Utiliser son manuel comme outil de lecture complémentaire.

Histoire

Grande nef du palais de l'Industrie lors de l'Exposition universelle de 1855 à Paris (lithographie en couleurs, musée d'Orsay).
Quatre ans après la première exposition universelle de 1851 à Londres, cette manifestation internationale accueille plus de 5 millions de visiteurs venus admirer les plus belles productions de leur époque. Construit pour la première fois avec des poutres en fer forgé, le palais de l'Industrie constitue le plus bel exemple de cet âge industriel naissant à partir du milieu du XIXe siècle.

3

Diffusion et mutations du modèle industriel

REPÈRES

QUESTION OBLIGATOIRE

Capitalisme et société industrielle à la conquête du monde (du milieu du XIXe au milieu du XXe siècle)

SUJETS D'ÉTUDE AU CHOIX

Repères

Diffusion et mutations

Manchester, une des premières villes industrialisées du monde (peinture de Wyld William, 1852).

1850-1873

L'Internationale, chant symbole du combat révolutionnaire (peinture d'Otto Griebel, 1928-1930).

1873-1896

1851 1re exposition universelle, Londres

1859 Premier puits de pétrole, États-Unis

1869 Ouverture du canal de Suez, Égypte

1871 Création de Thyssen, Allemagne

1877 Reine Victoria impératrice des Indes

28 juillet 1885 Discours de Jules Ferry (politique coloniale française)

1886 Émeutes de Chicago

1889 Inauguration de la Tour Eiffel

1er mai 18 Fusillade de Fourmi France

189 Créat de la

1873-1896 Grande Dépression

J.S. Mill

K. Marx

G. Eiffel

1850-1873 Vers un décollage industriel

- La découverte et l'utilisation de nouvelles sources d'énergie (charbon, puis pétrole) sont une étape essentielle dans l'installation de la croissance économique.
- La multiplication des inventions et innovations dans le domaine industriel renforce les mutations économiques et sociales.
- La suppression progressive des barrières douanières et la généralisation de la libre circulation des produits et services favorisent la croissance à la fin du XIXe siècle.

1873-1896 La « Grande Dépression »

- La croissance économique n'est pas continue. Elle connaît des phases de ralentissement, voire de crise.
- La période appelée « Grande Dépression » comporte en fait trois phases de dépression ponctuées par de nombreux krachs boursiers.
- Elle se caractérise notamment par une crise de surproduction qui survient lorsque l'offre en produits industriels dépasse largement la demande.

du modèle industriel

La construction du *Titanic* est révélatrice du contexte de concurrence industrielle et commerciale (photo, avril 1912).

Tempête sur l'économie mondiale après le krach boursier de 1929 (affiche d'André Galland).

1896-1929

1929-1939

1899 réation de la ociété Renault Frères

1908 1re Ford T

1911 Principes du taylorisme

2 avril 1917 Institution de la carte de séjour pour les étrangers en France

1919 Création de la société Citroën

1924 Création de la Société générale d'immigration

1927 Loi facilitant l'accès à la nationalité française

24 octobre 1929 Krach boursier de Wall Street

1931 Exposition coloniale, Paris

1933 Lancement du New Deal par Roosevelt, États-Unis

1936 Victoire du Front Populaire en France

1939 Début de la 2e Guerre mondiale

F.W. Taylor

H. Ford

J.M. Keynes

F. D. Roosevelt

1896-1929 L'apogée de l'âge industriel

- L'organisation scientifique du travail permet de diminuer les coûts de production et d'augmenter les salaires afin de favoriser la consommation.
- Les conquêtes coloniales, la multiplication des grands magasins et l'utilisation de la publicité contribuent également à l'essor d'une consommation de masse.
- Le travail à la chaîne impose cependant des cadences soutenues et rend encore plus difficiles les conditions de travail des ouvriers.

1929-1939 La deuxième grande dépression

- La crise de 1929 est plus forte que la Grande Dépression de la fin du XIXe siècle. Il s'agit d'abord d'une crise boursière américaine.
- La diminution des investissements américains en Europe internationalise cette crise d'abord en Allemagne puis sur l'ensemble du continent.
- Face à cette crise, de nombreux États remettent en cause le libéralisme au profit du protectionnisme en intervenant dans l'économie afin de défendre leurs intérêts nationaux.

Dossier 1 Les fondements de l'industrialisation

Dès le milieu du XIXe siècle, l'industrialisation* est en plein essor en Europe occidentale, au Japon et aux États-Unis. Ce processus trouve ses fondements dans les structures économiques, sociales et même culturelles de ces espaces avant même les débuts de l'industrialisation. Le développement du libre-échange fait entrer les pays d'Europe de l'Ouest, les États-Unis et le Japon dans l'âge industriel.

➥ **Quels furent les principaux facteurs de l'industrialisation de 1850 à 1950 ?**

1 De l'invention du téléphone à sa diffusion

Alexander Graham Bell (1847-1922) fait la démonstration du premier téléphone longue distance entre Chicago et New York, 1893.

DE L'INVENTION À LA DIFFUSION

1876 : Brevet de l'invention du téléphone électrique déposé aux États-Unis (vibraphone).

1877 : Fondation de la Bell Telephone Company.

Début de l'exploitation commerciale de l'invention aux États-Unis : 1 300 lignes téléphoniques directes en service.

1910 : Premier combiné téléphonique.

1912 : 12 millions de postes téléphoniques dans le monde dont 8 millions aux États-Unis.

1922 : Premier téléphone à cadran.

Bureau de service téléphonique à Paris en 1879.

2 Tocqueville évoque la réussite économique des États-Unis

Aux États-Unis, les plus grandes entreprises industrielles s'exécutent sans peine, parce que la population tout entière se mêle d'industrie, et que le plus pauvre aussi bien que le plus opulent citoyen unissent volontiers en ceci leurs efforts. On est donc étonné chaque jour de voir les travaux immenses qu'exécute sans peine une nation qui ne renferme pour ainsi dire point de riches. Les Américains ne sont arrivés que d'hier sur le sol qu'ils habitent, et ils y ont déjà bouleversé tout l'ordre de la nature à leur profit. Ils ont uni l'Hudson au Mississippi et fait communiquer l'océan Atlantique avec le golfe du Mexique, à travers plus de cinq cents lieues de continent qui séparent ces deux mers. Les plus longs chemins de fer qui aient été faits jusqu'à nos jours sont en Amérique.

Alexis de Tocqueville, *De la démocratie en Amérique*, t. II, 1840.

3 Auguste Thyssen : un entrepreneur allemand et son *Konzern*

Auguste Thyssen (1842-1926)

En 1871, Auguste Thyssen fonda à Mülheim-sur-Ruhr une usine qui, sous la raison sociale Thyssen & C°, devint la base de toutes ses entreprises [...]. Ses commencements étaient modestes : 70 ouvriers en 1871 [...]. En 1884, Thyssen & C° acquiert une fonderie et une fabrique de machines voisines de leur établissement [...].

Tous les procédés nouveaux y furent successivement appliqués à mesure qu'ils apparaissaient : laminoir à grand travail, four Martin-Siemens, procédé Thomas Gilchrist. Quarante ans se sont écoulés : la fabrique de Mülheim est devenue gigantesque : 7 000 ouvriers et 800 employés y travaillent. Les produits sont répandus dans le monde entier [...]. Toutefois, il avait compris que pour acquérir la puissance industrielle à laquelle il aspirait, il lui fallait être propriétaire de charbonnages : il jeta ses vues sur plusieurs concessions[1] dont il put se rendre maître en achetant les titres (1887).

Afin de desservir ses usines, il a dû créer sur le Rhin et la Ruhr les ports d'Alsum et Swelgern [...]. Il est entré en participation en 1910 avec des capitalistes français pour l'exploitation des minerais de fer en Normandie et des hauts fourneaux à Caen [...]. Enfin, il a fondé et gouverné la banque rhénane de Mülheim.

Victor Cambon, *Les derniers progrès de l'Allemagne*, 1914.

1. Contrats par lesquels l'administration autorise, moyennant redevance, une personne privée à utiliser ou exploiter le domaine public.

Notions

- **Libre-échange** : Système économique basé sur la libre circulation des marchandises entre les pays favorisée par l'abaissement, voire la suppression des taxes aux frontières.

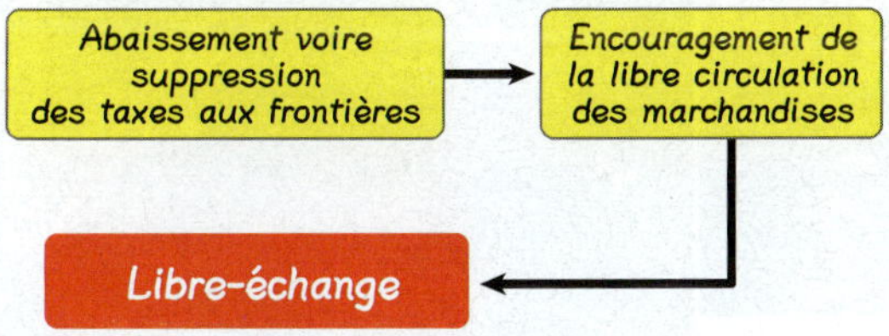

- **Âge industriel** : Période de l'histoire au cours de laquelle l'économie du monde et la croissance mondiale s'appuient sur la production industrielle et l'évolution de l'organisation de la production.

4 Une action de la société anonyme Citroën (1927)

Une action est un titre de propriété correspondant à une partie du capital d'une société anonyme. Elle confère à son détenteur (porteur) la propriété d'une partie du capital et des droits vis-à-vis de l'entreprise.

Questions

1. Quels progrès techniques concernent les communications ? En quoi favorisent-ils l'industrialisation ? (doc. 1, 2, 3)
2. Qu'est-ce qui explique l'augmentation de la production de richesses selon Tocqueville et Cambon ? (doc. 2, 3)
3. Comment sont mobilisées les très importantes sommes d'argent qui permettent l'industrialisation ? (doc. 3, 4)

QUESTION BAC

À partir du doc. 4, mettez en évidence les principaux facteurs de l'industrialisation dans les sociétés capitalistes.

cours p. 100

Dossier 2 Croissance économique et industrialisation

L'industrialisation* constitue l'un des principaux moteurs de la croissance économique moderne. À partir de la seconde moitié du XIXe siècle, celle-ci connaît des cycles d'expansion et des périodes de crise qui dépendent étroitement du contexte de production (disponibilité des matières premières, main-d'œuvre, innovations technologiques, etc.). L'entreprise de constructions métalliques Eiffel est révélatrice de ces évolutions.

➡ **Quels sont les effets de l'industrialisation sur la croissance économique à partir de la seconde moitié du XIXe siècle ?**

1 Eiffel : une société ancrée dans la révolution industrielle

La Révolution industrielle désigne l'ensemble des techniques de production et des moyens de communication qui ont permis le développement du capitalisme. Fondée en 1866, la Fondation de l'Atelier de Construction de Gustave Eiffel, modèle d'entreprise de la révolution industrielle, multiplie les chantiers jusqu'à la fin du XIXe siècle.

L'extraction du minerai fer en France

Dates	Personnel ouvrier des mines de fer en France	Production française de minerai de fer (tonnes)
1875	108 712	2 505 870
1878	106 415	2 469 953
1884	119 464	2 976 948
1889	122 066	3 070 389
1900	178 894	5 447 694

Source : Mines, Paris Tech et fraser.stlouis fed.org

Statue de La Liberté (New York) – 1878

Gare de Budapest Nyugati (Hongrie) – 1875

Viaduc de Garabit (France, Cantal) – 1884

2 Le « fer fondu », une technologie qui se diffuse...

En 1885, la fabrication du fer fondu par le procédé de Thomas était encore dans l'enfance et les qualités de ce métal fort peu connues. [...] C'est alors que M. Eiffel, [pressentit] ce que pouvait valoir, du moment qu'on pouvait le produire d'une qualité régulière et constante, cet acier nouveau-né [...]. Ces essais furent pour nous une excellente leçon dont nous avons largement profité, en même temps que nous constations avec joie que le grand constructeur [...] admettait l'emploi du fer fondu pour ses nouvelles constructions. D'autres, rassurés par son exemple, le suivirent dans la même voie, et de nombreux débouchés s'ouvrirent à ce nouveau produit métallurgique. C'est donc, en partie, à M. Eiffel que nous le devons.

Allocution de M. J. Magery, membre de l'Association des Ingénieurs sortis de l'École de Liège, *in* Gustave Eiffel, *La tour Eiffel en 1900*, Masson, 1902.

... au cœur de la Grande Dépression

Extrait du brevet déposé en septembre 1884. Entièrement réalisée en fer, la tour Eiffel a été construite pour l'Exposition universelle de Paris de 1889. Cette innovation a permis à la fois la construction d'une tour mais aussi de limiter son coût de construction alors que l'économie traverse une phase de dépression (Grande Dépression : 1873-1896).

4 Les phases de la croissance de 1850 à 1939

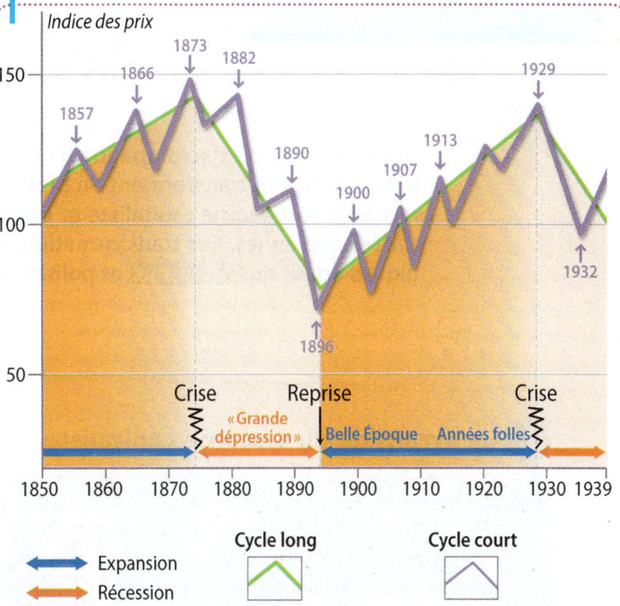

Source : M. Nouschi, R. Bénichi, *La Croissance aux XIXe et XXe siècles*, Ellipses, 1990.

5 Le New Deal : une relance protectionniste de l'économie américaine

Conrad A. Albrizio, *The New Deal*, 1934. Peinture murale de l'Auditorium de l'école d'art Léonard de Vinci, New York. Au centre de la peinture, le président des États-Unis Franklin D. Roosevelt (1933-1945) est représenté sous les traits d'un ouvrier pour illustrer sa politique du New Deal* en réponse à la crise de 1929.

Notions

- **Croissance** : Augmentation sur le long terme de la production des richesses. Elle se traduit par la multiplication de produits et services disponibles pour des acheteurs de plus en plus nombreux.

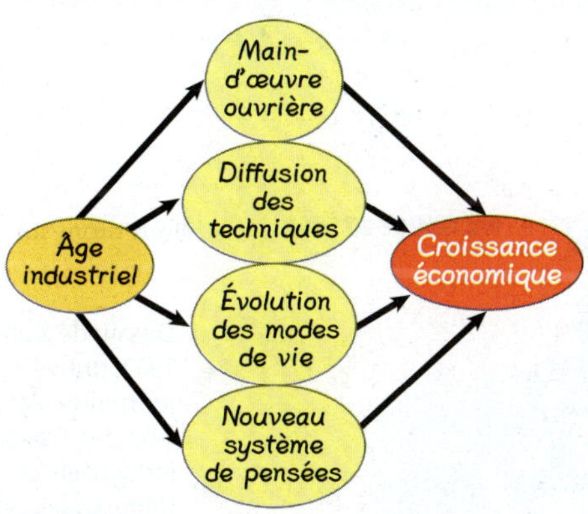

- **Protectionnisme** : Politique et pratiques d'un État qui intervient dans l'économie afin de défendre ses intérêts et ceux de ses entreprises face à la concurrence étrangère.

Questions

1. Quels sont les éléments révélateurs d'une croissance de nature extensive dans le développement de l'entreprise Eiffel ? (notion, doc. 1, 2, 3)
2. Quels sont les éléments révélateurs d'une croissance de nature intensive dans le développement de l'entreprise Eiffel ? (notion, doc. 1, 2, 3)
3. Quels sont les principaux cycles de croissance et de crises entre 1850 et 1950 ? (doc. 4, 5)

QUESTION BAC

À partir du doc. 5, montrez que la croissance économique moderne est étroitement liée à l'industrialisation.

cours p. 100

Dossier 3 Les principales caractéristiques des sociétés industrielles

L'industrialisation s'accompagne d'une urbanisation massive. Les sociétés des pays industrialisés se transforment en profondeur. De nouvelles classes sociales apparaissent (bourgeoisie capitaliste et prolétariat urbain), et le salariat* s'étend aux classes moyennes. Ces transformations ont provoqué de fortes résistances idéologiques (essor du socialisme) et politiques (mouvement ouvrier, recours à la grève).

➥ **Quelles furent les principales mutations sociales dans les pays industriels entre 1850 et 1950 ?**

1 La pyramide du système capitaliste

1 Capitalisme

2 Nous vous gouvernons

3 Nous vous mentons

4 Nous tirons sur vous

Dessin de Kuharic, 1911, publié par le journal de l'association des Travailleurs industriels du monde (*Industrial workers*), une organisation syndicaliste révolutionnaire de Chicago.

5 Nous mangeons pour vous

6 Nous travaillons pour tous

7 Nous nourrissons tout le monde

2 Les grands magasins : prémisses de la société de consommation

La coupole des Galeries Lafayette à Paris au début du XXe siècle.

3 L'évolution du nombre d'actifs par catégorie sociale en France (1850-1939)

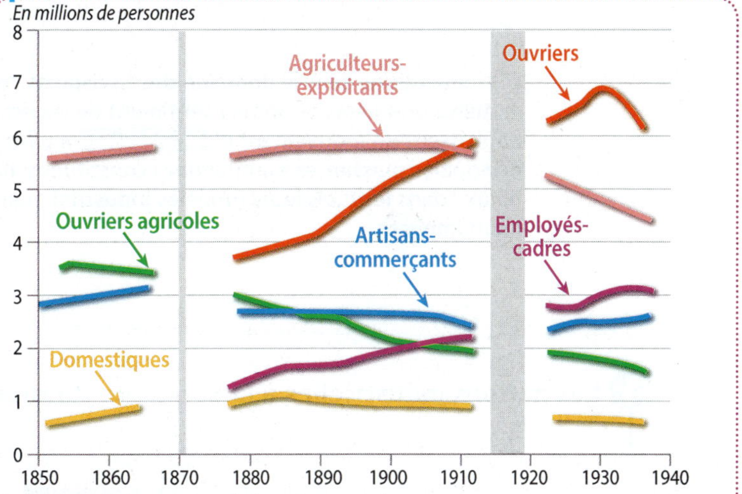

Les barres verticales correspondent aux changements de territoires et aux guerres.

Source : O. Marchand, C. Thélot, *Deux siècles de travail en France*, Insee, 1991.

4 Le travail des enfants vu par Victor Hugo

Où vont tous ces enfants dont pas un seul ne rit ?
Ces doux êtres pensifs que la fièvre maigrit ?
Ces filles de huit ans qu'on voit cheminer seules ?
Ils s'en vont travailler quinze heures sous des meules ;
Ils vont, de l'aube au soir, faire éternellement
Dans la même prison le même mouvement.
Accroupis sous les dents d'une machine sombre,
Monstre hideux qui mâche on ne sait quoi dans l'ombre,
Innocents dans un bagne, anges dans un enfer,
Ils travaillent. Tout est d'airain, tout est de fer.
Jamais on ne s'arrête et jamais on ne joue.
[…]
Travail mauvais qui prend l'âge tendre en sa serre,
Qui produit la richesse en créant la misère,
Qui se sert d'un enfant ainsi que d'un outil !
Progrès dont on demande : « Où va-t-il ? que veut-il ? »
Qui brise la jeunesse en fleur ! qui donne, en somme,
Une âme à la machine et la retire à l'homme !

Victor Hugo, *Les Contemplations*, Livre III, 1856.

Notions

- **Classe sociale** : Groupe de personnes partageant un mode de vie, des comportements et des intérêts similaires. Son usage au XIXe siècle, marqué par l'idéologie socialiste, a suscité de nombreux débats.
- **Socialisme** : Doctrine philosophique, politique et économique théorisée par Karl Marx visant à mettre fin à la propriété privée des moyens de production (usines, machines, etc). Il s'oppose donc au capitalisme.

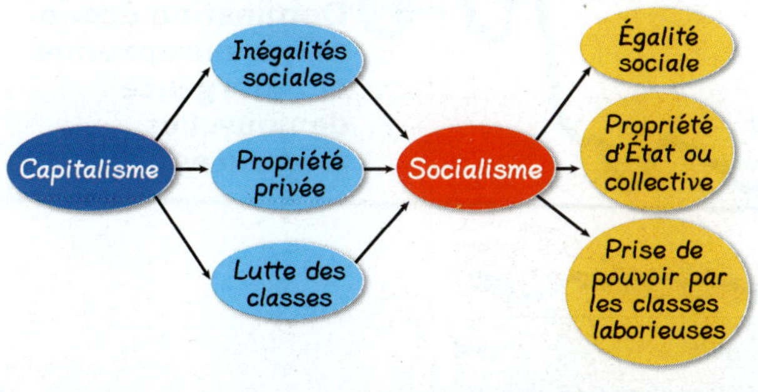

Questions

1. Comment évolue le nombre d'emplois des personnes salariées entre 1850 et 1950 ? (doc. 3)
2. Quelles sont les principales critiques faites à cette nouvelle société ? (doc. 1 et 4)
3. Quelles sont les deux images opposées de la modernité qu'on voit apparaître ? (doc. 2 et 4)

QUESTION BAC

À partir du doc. 3, montrez en quoi la société française a été transformée entre 1850 et 1950.

cours p. 101

Dossier 4 Industrialisation et expansion européenne dans le monde

Les innovations dans le domaine des transports, les besoins exponentiels en matières premières et un fort sentiment de supériorité des sociétés européennes nourrissent un mouvement d'impérialisme à partir du milieu du XIXe siècle. Les principales puissances européennes constituent alors d'immenses empires coloniaux* dans lesquels leurs modèles industriel, mais aussi culturel, sont progressivement imposés.

➡ **Quelles sont les principales caractéristiques de la diffusion du modèle industriel européen à l'échelle mondiale ?**

1 Les nations industrielles à la conquête du monde

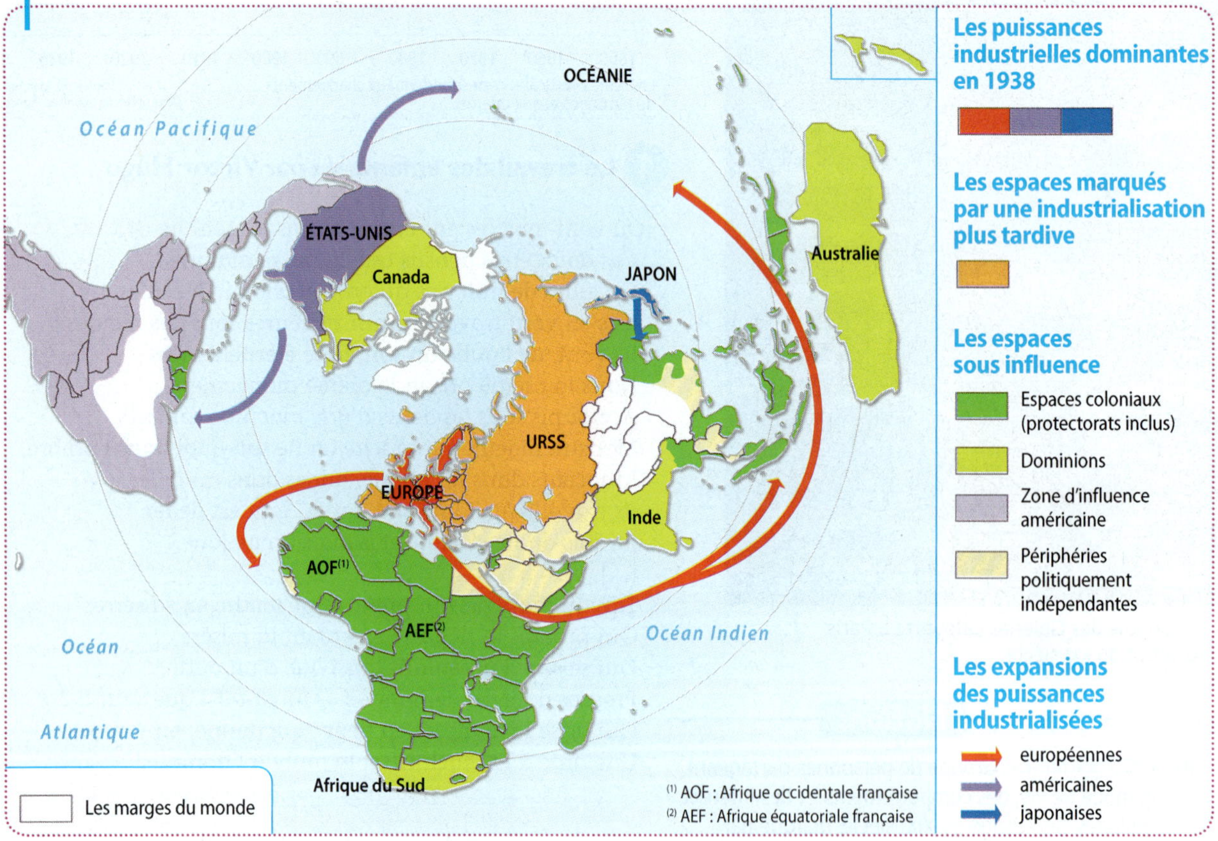

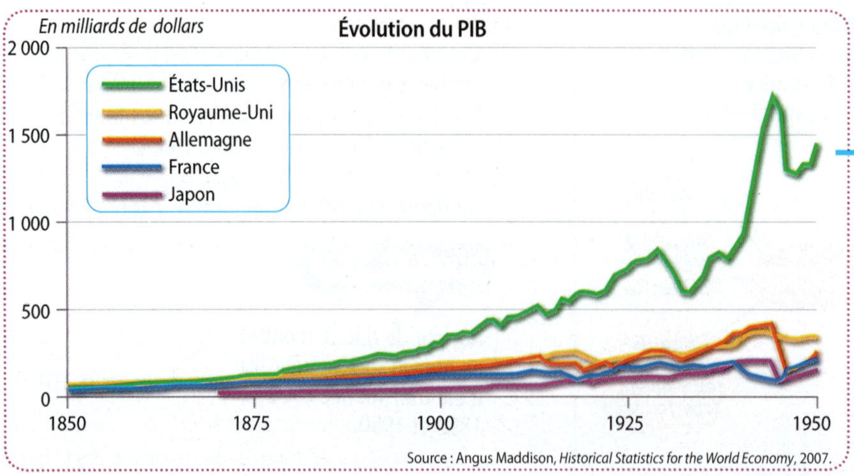

2 Domination économique européenne et émergence de nouvelles puissances

3 Les doctrines fondatrices de l'impérialisme américain

a. De la doctrine Monroe en 1823…

À l'égard des colonies actuelles des puissances européennes […] nous n'interviendrons pas. Mais à l'égard des gouvernements qui ont déclaré leur indépendance[1] […] nous ne pourrions considérer aucune intervention d'une puissance européenne […] que comme la manifestation d'une position inamicale à l'égard des États-Unis. Aux Européens, le vieux continent, aux Américains, le Nouveau Monde.

Extrait du discours du Président Monroe, 2 décembre 1823.

1. L'Amérique latine se libère au début du XIXe siècle de la domination espagnole et portugaise.

b. …à la défense de l'expansion américaine sur le continent, en 1906

Les États-Unis […] en cas de relâchement général des règles de la société peuvent être amenés à exercer un pouvoir de police international.

Extrait du discours du Président Roosevelt, 6 décembre 1904.

4 L'impérialisme américain au centre du débat politique

Affiche électorale de William J. Bryan, un opposant à l'impérialisme américain lors de la campagne présidentielle de 1900.

1. Drapeau américain
2. Statue de la liberté
3. La pieuvre de l'impérialisme
4. Peuples nouvellement indépendants avec leur drapeau
5. Affirmation des droits

Traduction des textes de haut en bas :

• La question - 1900 • Liberté, justice, humanité • Pas de couronne d'épines • Pas de croix d'or • Égalité des droits pour tous • Privilèges particuliers pour personne.

Notion

Impérialisme : Politique d'un pays qui cherche à conserver ou à étendre sa domination sur d'autres peuples ou d'autres territoires.

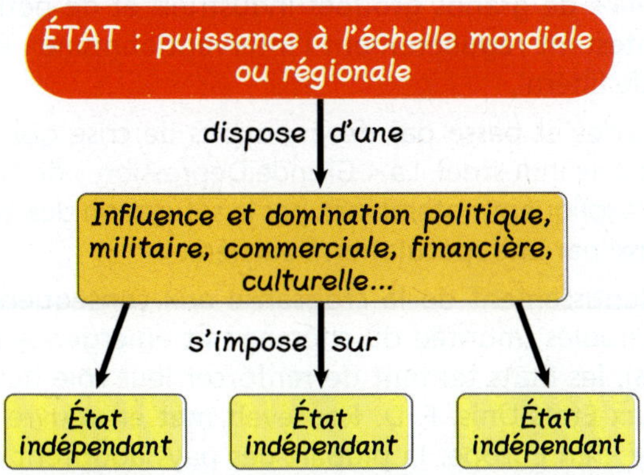

Questions

1. Quels sont les moyens utilisés par les principales puissances industrielles pour diffuser leur modèle à l'échelle du monde ? (doc. 1, 2, 3)
2. Quels sont les principaux motifs avancés pour justifier une politique impérialiste ? (doc. 3)
3. Quels sont les éléments permettant d'identifier une forme de concurrence dans l'expansion des différentes puissances industrielles entre 1850 et 1950 ? (doc. 1, 3)

QUESTION BAC

À partir du doc. 4, montrez que la diffusion du modèle industriel n'est pas sans opposition au sein même des nations industrielles.

cours p. 101

Cours

Diffusion et mutations du modèle industriel

Dossier

1 Les fondements de l'industrialisation

Notions

- Âge industriel p. 93
- Libre-échange p. 93

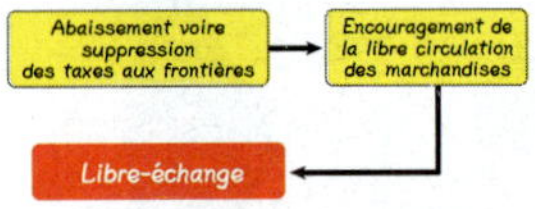

Lexique

- Industrialisation
- Productivité
- Standardisation
- Actions
- Libéralisme

* Voir lexique p. 248

• L'industrialisation* est un long processus né en Grande-Bretagne dès la fin du XVIIIe siècle, et qui s'étend au cours du siècle suivant à l'Europe occidentale, aux États-Unis et au Japon. La production dans les usines gagne en productivité* du fait du recours croissant aux innovations, à la standardisation* des marchandises et à l'augmentation des cadences des travailleurs. L'ensemble des secteurs d'activité est finalement affecté par cette industrialisation globale. C'est l'**âge industriel**.

• Les entreprises sont transformées par l'industrialisation. Une forme de concentration spatiale et économique de la production aboutit à l'apparition d'immenses usines, dirigées par de grandes familles de patrons. Les plus grandes entreprises engagent leur capital en bourse sous forme d'actions*. Le recours croissant à la publicité et au crédit permet d'accroître la consommation, qui en retour accélère plus encore l'industrialisation.

• Ce processus est enfin fondé économiquement et idéologiquement sur les valeurs et les pratiques du **libre-échange**. La libre-circulation des produits et des services sur des territoires de plus en plus vastes et unifiés facilite le commerce. Les penseurs du libéralisme*, comme Adam Smith, Alexis de Tocqueville ou John Stuart Mill, défendent les vertus de la libre-entreprise. À leurs yeux, la liberté laissée à chaque individu de créer sa propre entreprise et de commercer est le fondement même de l'enrichissement individuel et collectif.

Dossier

2 Croissance économique et industrialisation

Notions

- Croissance p. 95

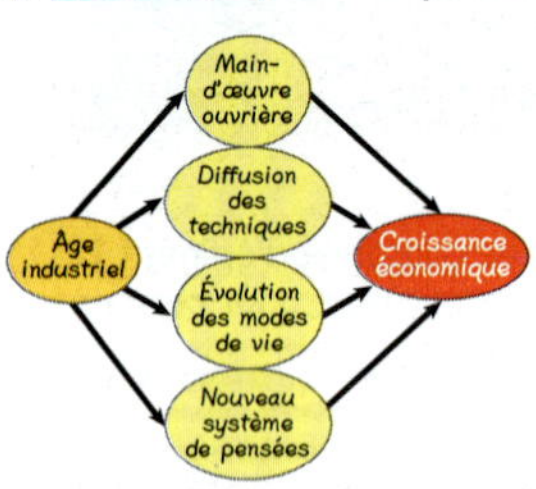

- Protectionnisme p. 95

Lexique

- Organisation scientifique du travail
- Capitalisme
- New Deal

* Voir lexique p. 248

• Les puissances européennes industrialisées telles que l'Allemagne, la Grande-Bretagne et la France connaissent une importante phase de **croissance** économique à partir du XIXe siècle. Celle-ci repose d'abord sur le charbon qui permet un véritable « décollage » industriel, puis sur les nouvelles sources d'énergie que sont le pétrole et l'électricité à partir de la fin du XIXe siècle.

• Cette révolution industrielle marque le point de départ de la croissance économique moderne qui se caractérise par des facteurs de nature extensive (augmentation du nombre d'usines, de machines, d'ouvriers et de matières premières) et des facteurs de nature intensive (innovations technologiques, amélioration de l'efficacité des modes de production, notamment par l'organisation scientifique du travail*). Le rôle des acteurs est également important. Si l'État reste l'agent principal de soutien et d'encadrement de l'économie, la période favorise l'émergence de grands groupes industriels et de petites entreprises. Ces derniers contestent régulièrement l'interventionnisme* étatique et défendent un modèle libéral.

• La croissance connaît des cycles et passe par des moments de crise qui entraînent des mutations du modèle industriel. La « Grande Dépression » de 1873 à 1896, puis la crise de 1929 s'expliquent notamment par la saturation des marchés (surproduction), mais aussi par une spéculation boursière.

• Face à ces périodes de ralentissement de la croissance aux conséquences sociales et politiques considérables (montée du chômage et émergence des courants politiques extrêmes), les États tentent de renforcer leur rôle de régulation du capitalisme*. Aux États-Unis, F. D. Roosevelt met en œuvre un État-Providence, le New Deal*. En Europe, la plupart des pays adoptent des mesures **protectionnistes** afin de protéger les intérêts de leurs entreprises.

Dossier

3 Les principales caractéristiques des sociétés industrielles

• Les progrès techniques dans les campagnes et l'industrialisation entraînent un très fort exode rural*, qui conduit à une rapide urbanisation*. Dans les villes qui se multiplient, se développent et s'étendent, la société est profondément transformée. Une nouvelle bourgeoisie capitaliste et industrielle apparaît à la tête des plus grandes entreprises, qu'il s'agisse d'usines, de banques ou de grands magasins. Les salariés* qui s'y rendent chaque jour forment la grande masse des travailleurs des villes et sont pour la plupart des ouvriers. La classe moyenne s'affirme également, composée d'employés, de fonctionnaires ainsi que du monde de l'artisanat, du commerce et des professions libérales.

• Ces mutations s'accompagnent de résistances parfois très fortes. Le système économique capitaliste et le libéralisme, qui le soutient idéologiquement, sont loin de faire l'unanimité. Ainsi, les conditions de travail souvent très dures dans les usines (journées de plus de 10 heures, travail de nuit, nombreux accidents du travail, etc.) facilitent l'essor du socialisme. Ce dernier favorise la prise de conscience des inégalités entre les classes sociales et propose aux ouvriers de s'unir pour défendre leurs intérêts. Les grèves, bien que longtemps illégales, se multiplient dans les usines. Pour les travailleurs socialistes, unis dans les partis et les syndicats, il s'agit même de construire une société nouvelle, mettant fin au capitalisme.

• La croissance économique et l'urbanisation se traduisent également par une production industrielle qui semble en perpétuelle augmentation. Les produits sortent de plus en plus rapidement des usines et s'accumulent dans les grands magasins. C'est le début de la production et de la culture de masse*.

Notions

• Socialisme p. 97

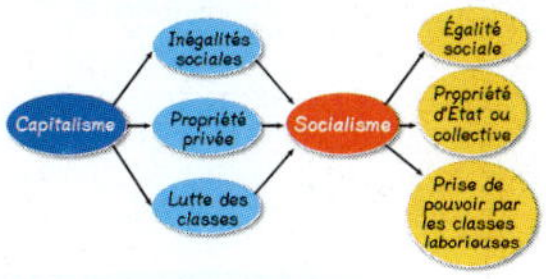

• Classes sociales p. 97

Lexique

• Exode rural
• Urbanisation
• Salariés
• Culture de masse

* Voir lexique p. 248

Dossier

4 La diffusion mondiale du modèle industriel européen

• Les principales puissances industrielles, animées par un fort sentiment de supériorité et nanties de moyens technologiques de plus en plus performants développent une forme d'impérialisme. Celui-ci leur permet de diffuser leur influence et leur modèle industriel à une échelle internationale. Cela se traduit non seulement par des conquêtes territoriales soutenues par la force militaire, mais aussi par la mise en œuvre d'un réseau économique et commercial permettant l'exportation de capitaux et l'importation de matières premières.

• En France, le discours du ministre Jules Ferry à la Chambre des députés le 28 juillet 1885 est particulièrement révélateur de cette logique d'expansion et de diffusion du modèle européen. Il justifie la volonté d'expansion par la nécessité de trouver de nouveaux débouchés à l'industrie, de « civiliser » des peuples considérés comme des « races inférieures », mais aussi d'étendre le rayonnement du pays. En effet, les nations industrielles sont en concurrence à l'échelle internationale : si les puissances européennes ont constitué des empires coloniaux* au cours du XIXe siècle, elles sont rapidement supplantées par d'autres pôles industriels qui émergent au début du XXe siècle, notamment la Russie, le Japon et les États-Unis. Ceux-ci deviennent à partir des années 1890 le principal exportateur mondial de marchandises.

• Cette montée en puissance s'accompagne donc d'une progressive transformation du phénomène impérialiste. D'abord caractérisé par la constitution d'immenses empires territoriaux (britannique, français, espagnol, etc.), il développe désormais plutôt des zones d'influence. Des pays comme les États-Unis et le Japon peuvent y exercer leur domination économique et politique sans nécessairement assumer les responsabilités d'une métropole coloniale*. Seuls quelques isolats, notamment en Amérique latine et au Moyen-Orient, restent en marge de ce processus d'intégration au modèle industriel européen.

Notion

• Impérialisme p. 99

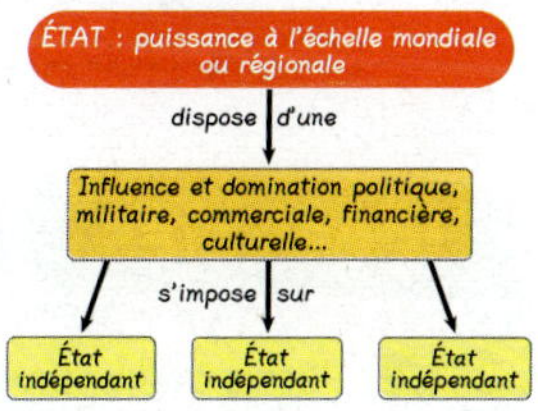

Lexique

• Empire colonial
• Métropole coloniale

* Voir lexique p. 248

BAC **Réviser**
la question obligatoire

Diffusion et mutations du modèle industriel

Schéma-bilan

www.lienmini.fr/magnard-hg1-309

DU MILIEU DU XIXe SIÈCLE AU MILIEU DU XXe SIÈCLE

Essor de l'industrialisation et croissance économique
fondés sur :
- L'affirmation de très grandes entreprises industrielles et financières.
- La standardisation de la production, l'innovation.
- L'exploitation des ressources naturelles.
- Le développement du libre-échange, du libéralisme.
- La conquête coloniale à des fins économiques.

mais

Des crises économiques et sociales majeures
caractérisées par :
- Une crise de surproduction ou un krach boursier.
- La montée du chômage, des grèves et des manifestations.
- Des politiques protectionnistes freinant le libre-échange.
- Affirmation de mouvements politiques socialistes.

aboutissent à

n'empêchent pas

Une extension de l'industrialisation
- Apparition de nouvelles classes sociales.
- Diffusion à la planète des valeurs et des modes de vie occidentaux.
- Apparition de nouvelles puissances : Japon et États-Unis.

Idées clés

Les fondements de l'industrialisation
- Accroissement et standardisation de la production grâce aux innovations.
- Apparition de très grandes entreprises concentrant production et capitaux.
- Développement du libre-échange et du libéralisme économique.

Phases de croissance et de récession
- Des phases de croissance fondées sur l'exploitation massive des matières premières et le recours aux innovations.
- Des phases de récession provoquées par des crises de surproduction ou des krachs boursiers.
- Des politiques protectionnistes comme réponse aux crises économiques et sociales.

Les principales caractéristiques des sociétés industrielles
- Apparition de nouvelles classes sociales dans le cadre de l'urbanisation massive.
- Des résistances sociales et politiques structurées autour du socialisme.
- Apparition d'une culture de masse.

La diffusion mondiale du modèle industriel européen
- Diffusion du modèle industriel par l'impérialisme européen.
- Apparition de nouvelles puissances industrielles : Japon et États-Unis.
- Constitution des empires coloniaux (puissances européennes) et zones d'influence (Japon et États-Unis).

BAC 1re partie de l'épreuve **Questions à réponse courte**

SUJET

Répondre aux cinq questions suivantes.

Questions

1. Définissez la notion de classe sociale.

Aide *Donner la définition théorique du terme. Citer le nom d'un ou de plusieurs auteurs ayant utilisé cette notion. Fournir un ou deux exemples de groupes pouvant être désignés par la notion de classe sociale.*

2. Citez deux pôles industriels au début du XXe siècle.

Aide *Réfléchir à ce que l'expression de « pôle industriel » désigne. Utiliser la notion de « pays noirs » pour construire la réponse. Ne pas oublier le contexte chronologique de cette question.*

3. Quelles sont les principales transformations des sociétés causées par l'industrialisation ?

Aide *Comprendre à quelle leçon fait référence cette question. Expliquer le processus d'industrialisation. Présenter la réponse de manière organisée.*

4. Justifiez l'affirmation suivante en donnant deux arguments :

« La croissance économique est un phénomène de nature extensive et intensive. »

Aide *Définir ce qu'est la croissance économique. Donner au moins un exemple précis pour chaque argument.*

5. À l'aide du document suivant datez et présentez les principales caractéristiques de la période de la Grande Dépression.

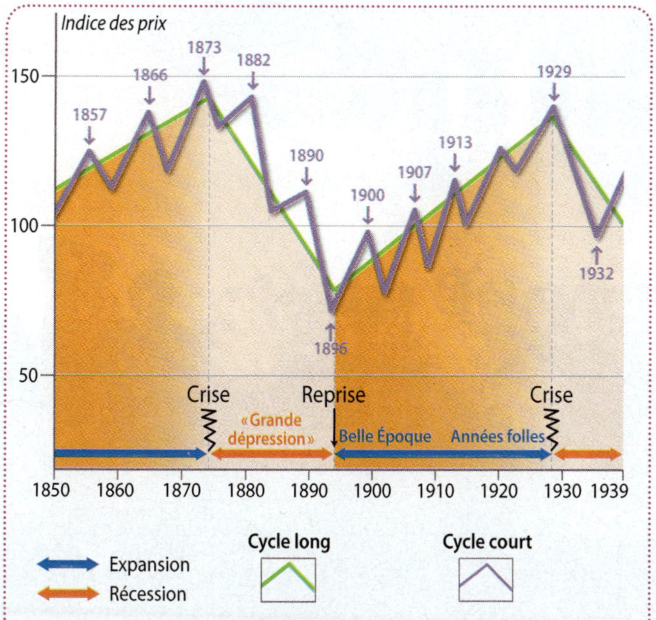

Source : M. Nouschi, R. Bénichi, *La Croissance aux XIXe et XXe siècles*, Ellipses, 1990.

Aide *Comprendre à quelle leçon fait référence cette question. Expliquer que la croissance connaît des cycles et passe par des moments de crise. Utiliser les chronologies présentes dans le manuel.*

Compétences à mobiliser

- Proposer une définition pour une notion.
- Citer des acteurs
- Caractériser une période.
- Justifier une affirmation en proposant des arguments.
- Proposer les dates-clés d'une évolution.

Sujet d'étude 1

Le 1er mai

INTRODUCTION

Le 1er mai s'est affirmé depuis la fin du XIXe siècle comme un temps majeur pour les travailleurs des sociétés industrielles. Né dans les luttes, il est devenu une commémoration rituelle. Pour les travailleurs et leurs syndicats, il reste un moment pour répéter et renouveler leurs revendications. Pourtant, au cours de l'histoire du XXe siècle, son sens a été souvent déformé, voire dénaturé par les États, notamment dans les régimes totalitaires.

REPÈRES CLÉS

- **3 et 4 mai 1886** : Attentat et répression à Chicago (États-Unis).
- **1er mai 1890** : Premières manifestations du 1er mai aux États-Unis et en Europe.
- **1er mai 1891** : Fusillade à Fourmies (une dizaine de morts).
- **1er mai 1919** : Nombreuses manifestations en Europe. La journée est déclarée fériée.
- **1er mai 1920** : Le 1er mai devient une fête officielle contrôlée par la IIIe République.
- **12 avril 1941** : Le Maréchal Pétain instaure le 1er mai comme « Fête du travail et de la Concorde sociale ».
- **30 avril 1947** : La IVe République française fait du 1er mai un jour férié.

A Les origines du 1er mai

1 Les émeutes de Chicago aux États-Unis, le 3 mai 1886

Le 4 mai 1886, à Chicago, une marche de protestation contre le décès de trois travailleurs lors de la manifestation de la veille tourne au massacre à Haymarket Square. Les ouvriers avaient manifesté pour la journée de travail de 8 heures à l'instigation des principaux syndicats ouvriers aux États-Unis.

2 Appel international à une journée d'action ouvrière

Il sera organisé une grande manifestation internationale à date fixe, de manière que, dans tous les pays et dans toutes les villes à la fois, le même jour convenu, les travailleurs mettent les pouvoirs publics en demeure de réduire légalement à huit heures la journée de travail et d'appliquer les autres résolutions du Congrès international de Paris.

Attendu qu'une semblable manifestation a déjà été décidée pour le 1er mai 1890 par l'*American Federation of Labour* dans son congrès de décembre 1888 tenue, à Saint-Louis, cette date est adoptée pour la manifestation internationale. Les travailleurs des diverses nations auront à accomplir cette manifestation dans les conditions qui leur sont imposées par la situation spéciale de leur pays.

Résolution du Congrès international socialiste qui s'est tenu à Paris du 14 au 21 juillet 1889.

3 La commémoration du massacre de Fourmies

Almanach du Père Peinard, 1896 -An 104, page 46.

4 Clemenceau réagit au massacre de Fourmies

Le 1er mai 1891, à Fourmies, une cité industrielle du textile du Nord de la France, la troupe tire sur des ouvriers qui manifestent pour réclamer la journée de 8 heures de travail, provoquant la mort de neuf personnes.

Messieurs, n'êtes-vous pas émus par l'importance que le 1er mai a acquis ? Ne voit-on pas, à la lecture des journaux, la quantité de dépêches de toutes les parties d'Europe et d'Amérique, qui disent ce qui a été fait dans tous les centres ouvriers ?

Vous avez accompagné en pensée les grandes processions qui ont traversé les villes aux applaudissements des masses populaires. Vous savez qu'en d'autres lieux on en est venu à des luttes, à des conflits avec la force armée ; ici vous avez vu l'enthousiasme, là la colère, partout l'ardeur passionnée. Il devient certain pour les plus myopes, que cela fermente dans la classe ouvrière, qu'un nouveau moment surgit dans l'histoire, qu'une nouvelle force terrible se révèle avec laquelle les politiques doivent compter. »

Discours prononcé par Clemenceau, *in* Paul Lafargue, « La boucherie de Fourmies du 1er mai 1891 », mai 1891.

Questions

1. Faites le récit des événements du 3 mai 1886 à Chicago selon cette image. (doc. 1)
2. Montrez la dimension internationale de cet appel. (doc. 2, 4)
3. Comparez les réactions au massacre de Fourmies à travers le texte et l'image. (doc. 3, 4)

SUJET BAC

À partir du doc. 4, répondez à la question : « Quelles réactions politiques les mobilisations des ouvriers ont-elles provoquées ? »

B Symboles et revendications du Ier mai

5 Une revendication centrale : la journée de 8 heures

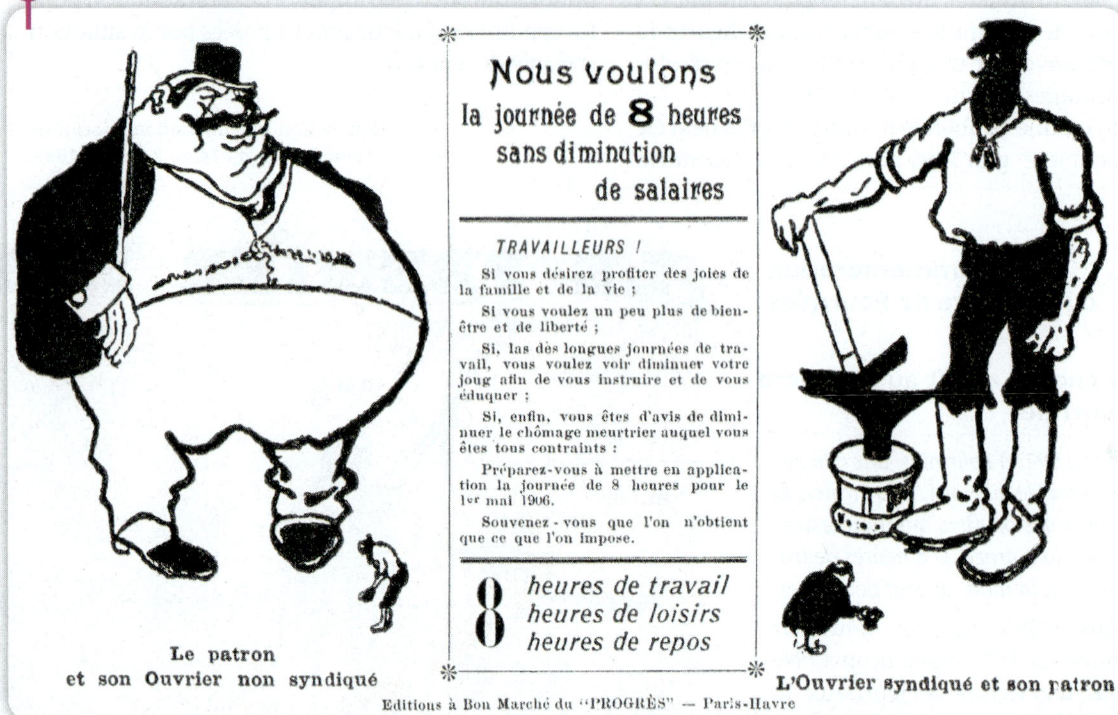

Illustration anonyme pour une carte postale vers 1910.

6 Le Ier mai commémoré par des chants de lutte

C'est le Premier mai. Debout, camarades !
Pour les travailleurs, pour les ouvriers,
C'est un jour de fête !
Et tous, aujourd'hui, relevant la tête,
Désertent l'enfer de leurs ateliers.
C'est le Premier mai. Marchons, camarades !
Sous le libre azur des cieux printaniers ! [...]
C'est le Premier mai. Debout, camarades !
Au milieu du ciel, le soleil vainqueur
Luit pour tout le monde :
Hélas ! notre part de sa clarté blonde
Sert à fabriquer l'or de l'Exploiteur.
C'est le Premier mai. Marchons camarades !
Nous avons aussi des droits au bonheur !
C'est le Premier mai. Debout, camarades !
Par la ville allons, la main dans la main
Et crions justice.
Il est temps qu'un peu d'équité fleurisse
Entends-tu, bourgeois au cœur inhumain ?
C'est le Premier mai. Marchons camarades ! [...]
Et clamons nos droits sur notre chemin !

Paroles de Gaston Couté, sur l'air du « Temps des Cerises » de Jean-Baptiste Clément, 1911,

7 Le souvenir du Ier mai de Fourmies dans la culture populaire

Affiche pour une chanson populaire, *Les Fiancés du Nord*, qui rappelle le massacre de Fourmies, fin du XIXe siècle.

8 Grève générale pour la journée de 8 heures

Défilé du 1er mai 1906 à Montluçon. Paris mais aussi la province suivent le mot d'ordre de grève générale lancé par les syndicats. À Montluçon, la grève dure plusieurs semaines. Le dimanche férié sera obtenu en juillet 1906 mais pas la journée de 8 heures.

9 Le 1er mai 1936 : une fête de l'Unité

Après les divisions des années 1920 entre socialistes et communistes, le 1er mai 1936 symbolise la force du mouvement ouvrier unifié qui, trois jours plus tard, remportera sous la bannière Front populaire les élections législatives.*

L'idée de l'unité ouvrière dominera la journée. Il s'agit d'établir le plus large front des masses prolétariennes... Unité à l'intérieur de chaque pays pour vaincre le capital et l'obliger à céder devant les exigences de vie des salariés. Unité pour imposer la réduction des heures de travail, sans réduction des salaires. Unité internationale, absolument indispensable et urgente pour faire reculer la guerre menaçante.

Marcel Cachin, député communiste, *in L'Humanité*, 2 mai 1936.

Affiche de la CGT (Confédération des travailleurs, syndicat français de salariés créé en 1895) de 1936.

Questions

1. Identifiez les revendications ouvrières sur l'affiche. (doc. 5)
2. Montrez que le 1er mai mêle recueillement et réjouissance. (doc. 5, 6, 7, 8)
3. Présentez les valeurs et les symboles mobilisés par le PCF et la CGT en 1936. (doc. 9)

SUJET BAC

À partir du doc. 9, répondez à la question : « Qu'est-ce qui explique la force symbolique et politique de la journée du 1er mai 1936 ? »

C Le Ier mai entre détournements politiques et consécration nationale

10 Propagande soviétique pour le Ier mai à Moscou en 1936

Le 1er mai à Moscou, 1936, photomontage de B. Klintch. Staline dirige l'URSS depuis 1929, y imposant sa dictature.

11 Affiche de 1933 en Allemagne appelant au « Premier mai allemand »

En janvier 1933, Hitler devient chancelier. Cette affiche appelle à un « Premier mai allemand » placé sous le signe de la croix gammée.

12 Le maréchal Pétain institue la « Fête du travail et de la Concorde sociale »

Le maréchal Pétain dirige l'État français depuis juillet 1940. Il a mis en place la Révolution nationale.*

J'ai tenu à passer au milieu de vous cette journée du 1er mai, la première depuis l'Armistice, afin de bien marquer le sens et l'importance que j'attache à l'idée du travail, autour de laquelle doit s'opérer, selon moi, la réconciliation de tous les Français.

Le 1er mai a été, jusqu'ici, un symbole de division et de haine. Il sera désormais un symbole d'union et d'amitié parce qu'il sera la fête du travail et des travailleurs. […]

Patrons, techniciens et ouvriers, dans l'industrie comme dans l'artisanat, formeront des équipes étroitement unies qui joueront ensemble, pour la gagner ensemble, la même partie. Et la France, sur le plan du travail comme sur tous les autres, retrouvera l'équilibre et l'harmonie qui lui permettront de hâter l'heure de son relèvement.

Discours prononcé à Commentry le 1er mai 1941, cité dans *Le Figaro* du même jour.

13 Affiche municipale appelant aux festivités du 1er mai

Entre 1945 et octobre 1947, la ville de Nîmes est dirigée par le sénateur Léon Vergnole, membre du Parti communiste français.

14 Loi instituant le 1er mai comme jour férié en 1947 (en France)

Art. 1er – Dans les administrations publiques et services publics, ainsi que dans les entreprises privées, de quelque nature qu'elles soient, la journée du 1er mai sera chômée.

Art. 2 – Le congé institué par l'article précédent ne pourra être cause de réduction des traitements et salaires mensuels ou hebdomadaires.

Les ouvriers et employés rémunérés à l'heure ou à la journée auront droit, à la charge de leur employeur, au payement d'une indemnité égale au montant du salaire d'une journée de travail.

Art. 3 – Dans les établissements et services qui, en raison de la nature de leur activité, ne peuvent interrompre le travail, les salariés occupés le 1er mai auront droit, en plus du salaire correspondant au travail effectué, à une indemnité égale au montant de ce salaire. Cette indemnité est à la charge de l'employeur.

[…]

Loi du 30 avril 1947, relative à la journée du 1er mai.

Questions

1. Expliquez comment les valeurs et les symboles du 1er mai sont détournés par les régimes totalitaires. (doc.10, 11)
2. Montrez que le maréchal Pétain tente d'effacer le sens de la célébration du 1er mai. (doc. 12)
3. Justifiez que le 1er mai 1947 en France marque un retour à l'esprit initial de cette journée. (doc. 13, 14)

SUJET BAC

À partir du doc. 10, répondez à la question : « Comment la propagande stalinienne s'est-elle approprié la journée du 1er mai ? »

BAC **Réviser** le sujet d'étude

Le 1er mai

Schéma-bilan

www.lienmini.fr/magnard-hg1-310

Une naissance marquée par :
- La violence de la répression
- L'idéologie socialiste
- L'internationalisation

Des manifestations de grande ampleur :
- Des revendications de travailleurs
- Des symboles socialistes
- Une dimension festive

Des faiblesses et des récupérations :
- Division du mouvement ouvrier
- Récupération par les régimes totalitaires

→ **Le 1er mai** →

- Un évènement devenu symbole national en France.
- Dépolitisation et institutionnalisation en 1947 comme jour férié, « Fête du Travail »

L'essentiel à retenir

A Les origines du 1er mai

- Le 1er mai naît dans la violence de la répression contre les mobilisations de travailleurs qui revendiquent de meilleures conditions de travail. C'est notamment le cas des événements de Chicago en 1886 ou encore de Fourmies en France en 1891.
- Face à la répression, les travailleurs se structurent, influencés par l'idéologie socialiste. Ils considèrent que la société industrielle est organisée au seul profit des capitalistes, au détriment des travailleurs.
- Les mobilisations des ouvriers s'internationalisent rapidement, influencées par les idées de l'Allemand Karl Marx. Dès 1890 ont lieu les premières manifestations internationales coordonnées en un même jour : le 1er mai.

B Symboles et revendications du 1er mai

- Les travailleurs organisent leur mouvement autour de revendications qui concernent surtout la durée quotidienne du temps de travail, qu'ils veulent voir baisser à 8 heures, leur laissant du temps pour vivre (loisirs, famille, éducation).
- Les manifestations du 1er mai sont un moment pour mettre en avant des symboles communs. Ceux-ci sont marqués par le socialisme : drapeau rouge, chants de lutte et révolutionnaires, donnant à ces rassemblements une dimension festive.
- Les syndicats proches du mouvement ouvrier encadrent et structurent ces manifestations dans les années 1920-1930. C'est ainsi le cas de la CGT en France, notamment lors de la victoire électorale du Front Populaire en 1936.

C Le 1er mai entre détournements politiques et consécration nationale

- Les divisions du mouvement ouvrier affaiblissent les manifestations du 1er mai, notamment en Europe, où socialistes et communistes sont divisés à plusieurs reprises.
- Dans les années 1920 et 1930, l'Europe voit se développer des régimes autoritaires et totalitaires qui récupèrent les manifestations 1er mai. Les revendications ouvrières sont détournées au profit de la propagande, du culte de la personnalité ou du nationalisme guerrier.
- Enfin, après la Seconde Guerre mondiale et le retour de la démocratie, le 1er mai est peu à peu institutionnalisé. Les autorités en font un moment de manifestations et de festivités légales, qui font passer au second plan les revendications des travailleurs.

BAC 2e partie de l'épreuve **Analyse de documents**

SUJET

1 ***La Voix du peuple*, 1er mai 1907.**

Dessin de Jules-Félix Grandjouan.

2 **Les huit heures.**

Affiche de Felix Doumenq, 1919.

Questions

1. Présentez les documents.
2. Comment ces documents rappellent-ils les origines du 1er mai ?
3. Comment ces documents opposent-ils travailleurs et patronat ?
4. Quelles sont les principales revendications ouvrières au début du XXe siècle dans les sociétés industrielles ?
5. À l'aide des documents et de vos connaissances, montrez que l'essor du capitalisme dans les sociétés industrielles a suscité de très fortes résistances dans le monde ouvrier.

Compétences à mobiliser

- Identifier des documents.
- Savoir situer un évènement dans le temps long.
- Prélever, hiérarchiser et confronter des informations en fonction du corpus documentaire.
- Cerner le sens général d'un corpus documentaire.
- Utiliser le manuel comme outil de lecture complémentaire.

Sujet d'étude 2

Les mutations de la filière automobile

INTRODUCTION

Les innovations techniques dans le domaine de la construction automobile s'accompagnent à partir du début du XXe siècle d'évolutions importantes dans l'organisation du travail, en France comme dans le monde occidental. On passe d'une logique d'atelier à une logique d'usine dans laquelle les ouvriers sont de plus en plus spécialisés. Ces modifications permettent d'alimenter la croissance économique grâce à une massification de la production et de la consommation.

REPÈRES CLÉS

- **1898** : 1er Salon international de l'automobile à Paris.
- **1899** : Création de la société Renault Frères.
- **1908** : Mise en œuvre du fordisme*.
- **1911** : F. W. Taylor théorise le taylorisme dans *Les Principes de la direction scientifique*.
- **1915** : Installation des usines Citroën sur le quai de Javel à Paris.
- **1919** : Création de la société Citroën. Citroën Type A, 1re automobile européenne construite en série.
- **1925** : Citroën illumine la Tour Eiffel de son nom (campagne publicitaire).
- **1945** : Nationalisation* de Renault (impliquée dans la collaboration*).

A De l'atelier à l'usine, les mutations des systèmes de production

1 Quand l'usine transforme la ville : l'usine Citroën du quai de Javel

- La Seine
- Ligne de chemin de fer
- Bâtiment administratif et siège social de la société jusqu'en 1982
- Site de production d'environ 23 hectares

Localisé dans le XVe arrondissement de Paris, le site historique de l'entreprise Citroën est installé quai de Javel de 1915 à 1974. En 1958, ce dernier a été renommé « quai André Citroën » en hommage à l'industriel français.

2 Réorganiser le lieu de travail

Chaîne de montage de châssis d'automobiles, quai de Javel, 1931.
En septembre 1919, André Citroën est le premier constructeur automobile à fabriquer une voiture en grande série après avoir visité les usines Ford aux États-Unis. Cette nouvelle organisation du travail entraîne également une réorganisation des lieux de production.

3 La traction avant, une révolution dans la technique

La « 7 » Citroën à traction avant est sortie. Elle est si « neuve », si audacieuse, si riche en solutions originales, si différente de tout ce qui a été fait, qu'elle a produit sur des centaines de concessionnaires de la marque auxquels elle a été présentée le 18 avril 1934 une impression sensationnelle.

Il apparut à tous que ce lancement avait la valeur d'un symbole. Qu'à l'heure où chacun, inquiet du lendemain, n'ose rien entreprendre de grand, où les initiatives et même les idées originales semblent avoir disparu de l'univers, M. André Citroën osât créer de toutes pièces une voiture comme il n'en n'existe pas une seule autre dans le monde entier.

On savait bien que M. Citroën est un novateur. Nul ne discute cette vérité qu'il a été, avec Ford, l'homme qui a le plus fait pour populariser l'automobile et développer son emploi. Mais ce qu'il vient d'accomplir, le lancement, en pleine crise, de cette 7 chevaux à traction avant, à la fois si puissamment originale et si française par ses solutions mécaniques, ses lignes, sa grâce doublée de force nerveuse, est digne d'une admiration sans réserve.

Article paru dans *Le Figaro* du 19 avril 1934.

4 Produire toujours plus : l'exemple de la production de Citroën

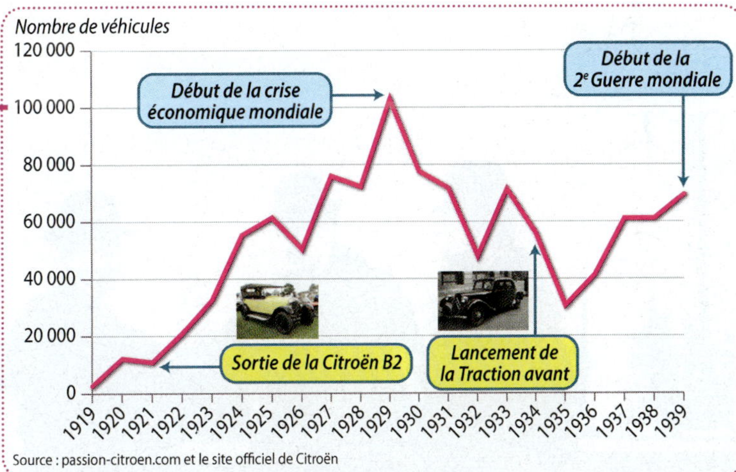

Source : passion-citroen.com et le site officiel de Citroën

Questions

1. Expliquez comment les mutations de la filière automobile transforment l'organisation de l'espace et son environnement. (doc. 1 et 2)
2. Citez les principales innovations techniques proposées par l'entreprise Citroën. (doc. 3 et 4)
3. Présentez les facteurs qui expliquent les principales fluctuations de la production entre 1919 et 1939. (doc 4) ?

SUJET BAC

À partir du doc. 3, répondez à la question :
« Quels sont les éléments permettant d'expliquer le succès de l'entreprise Citroën ? »

B De l'artisan à l'ouvrier, l'évolution des acteurs économiques

5 Vers une organisation scientifique du travail

Les constructeurs français se sont intéressés à la production en série américaine, notamment à l'organisation du travail dans les usines Ford de Detroit

	Taylorisme	Fordisme
Inventeurs	 **Frederik Winslow TAYLOR (1856-1915)** Ingénieur et théoricien de l'organisation du travail	 **Henry FORD (1863-1947)** Constructeur automobile
Organisation du travail	Décomposition de la production en tâches précisément définies. La réalisation de chaque tâche est chronométrée.	Principes du taylorisme + Apparition de la ligne de montage (travail à la chaîne).
Organisation des ouvriers	Chaque ouvrier accomplit une tâche précise pour laquelle il est formé et spécialisé.	Principes du taylorisme + Augmentation du salaire des ouvriers : – pour stimuler la consommation, – pour limiter les démissions liées aux cadences de travail de plus en plus difficiles.
Organisation de l'entreprise	Division verticale entre les fonctions de conception et de réalisation. Des contremaîtres sont chargés d'encadrer les ouvriers (respect des tâches et de la cadence).	Principes du taylorisme + • Standardisation des produits : – production en série, – gains dans les coûts de production. • Prix modestes des voitures.

6 D'une entreprise familiale à la société anonyme

a. Marcel, Louis et Fernand Renault, à la tête de la société Renault Frères

La société Renault Frères a été créée en 1899 par Marcel et Fernand à partir d'une idée de leur frère Louis qui invente la première boîte de vitesses en prise directe. Cette entreprise familiale devient la Société anonyme des Usines Renault en 1922.

Source : Renault.

b. Répartition du capital de Renault en 1922

7 Des ouvriers non qualifiés aux conditions de travail difficiles

a. La répartition de la main-d'œuvre ouvrière chez Renault (1905-1950)

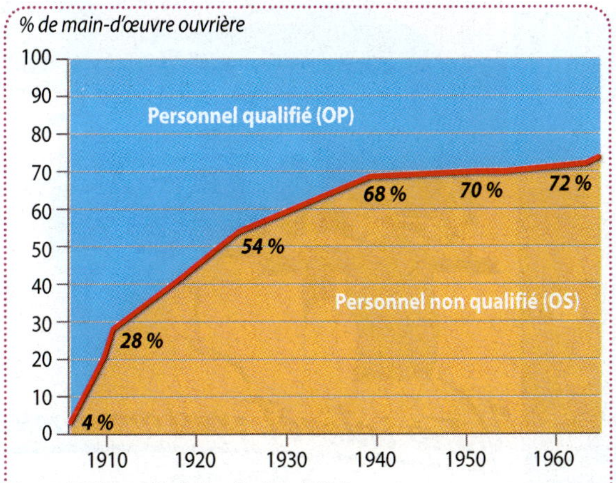

Source : P. Fridenson, *Histoire des usines Renault*, 1972.

b. Un témoignage

C'est avec effroi que j'entrai pour la première fois dans le hall de l'usine Citroën de Saint-Ouen. En pénétrant dans le boucan formidable, je me disais : « Mon vieux, tu vas souffrir. Est-ce que tu vas pouvoir tenir dans ce vacarme ? » [...].

Tout l'espace, du sol à la toiture du hall, était haché, occupé, sillonné par le mouvement des machines. Des ponts roulants couraient au-dessus des établis. Au sol, dans d'étroites travées, des chariots électriques se gênaient pour circuler. Il n'y avait plus de place pour la fumée. Des presses colossales, dans le fond du hall, découpaient des longerons[1], des capots, des ailes, avec un bruit pareil à des explosions [...].

Plus encore que l'insistance des chefs, l'énorme tam-tam des machines accélérait nos gestes, tendait nos gestes, tendait notre volonté d'être rapides. [...] Dehors, l'usine me suivait. Elle m'était entrée dedans. Dans mes rêves, j'étais machine. Toute la terre n'était qu'une immense usine. Je tournais avec un engrenage.

Georges Navel, *Travaux*, Stock, 1945.

1. Poutre principale autour de laquelle s'organise la structure d'une construction.

8 Un modèle d'organisation du travail contesté

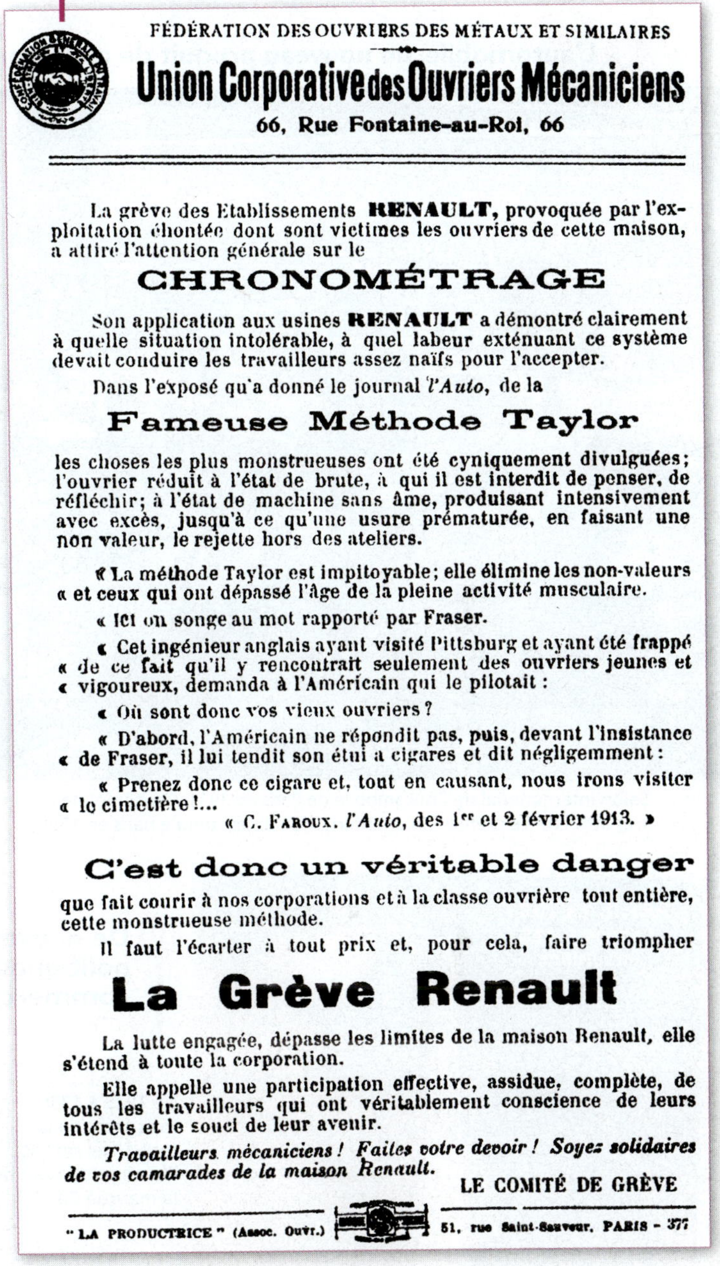

FÉDÉRATION DES OUVRIERS DES MÉTAUX ET SIMILAIRES

Union Corporative des Ouvriers Mécaniciens

66, Rue Fontaine-au-Roi, 66

La grève des Etablissements **RENAULT**, provoquée par l'exploitation éhontée dont sont victimes les ouvriers de cette maison, a attiré l'attention générale sur le

CHRONOMÉTRAGE

Son application aux usines **RENAULT** a démontré clairement à quelle situation intolérable, à quel labeur exténuant ce système devait conduire les travailleurs assez naïfs pour l'accepter.

Dans l'exposé qu'a donné le journal *l'Auto*, de la

Fameuse Méthode Taylor

les choses les plus monstrueuses ont été cyniquement divulguées ; l'ouvrier réduit à l'état de brute, à qui il est interdit de penser, de réfléchir ; à l'état de machine sans âme, produisant intensivement avec excès, jusqu'à ce qu'une usure prématurée, en faisant une non valeur, le rejette hors des ateliers.

« La méthode Taylor est impitoyable ; elle élimine les non-valeurs « et ceux qui ont dépassé l'âge de la pleine activité musculaire.

« Ici on songe au mot rapporté par Fraser.

« Cet ingénieur anglais ayant visité Pittsburg et ayant été frappé « de ce fait qu'il y rencontrait seulement des ouvriers jeunes et « vigoureux, demanda à l'Américain qui le pilotait :

« Où sont donc vos vieux ouvriers ?

« D'abord, l'Américain ne répondit pas, puis, devant l'insistance « de Fraser, il lui tendit son étui à cigares et dit négligemment :

« Prenez donc ce cigare et, tout en causant, nous irons visiter « le cimetière !...

« C. Faroux, *l'Auto*, des 1er et 2 février 1913. »

C'est donc un véritable danger

que fait courir à nos corporations et à la classe ouvrière tout entière, cette monstrueuse méthode.

Il faut l'écarter à tout prix et, pour cela, faire triompher

La Grève Renault

La lutte engagée, dépasse les limites de la maison Renault, elle s'étend à toute la corporation.

Elle appelle une participation effective, assidue, complète, de tous les travailleurs qui ont véritablement conscience de leurs intérêts et le souci de leur avenir.

Travailleurs mécaniciens ! Faites votre devoir ! Soyez solidaires de vos camarades de la maison Renault.

LE COMITÉ DE GRÈVE

" LA PRODUCTRICE " (Assoc. Ouvr.) 51, rue Saint-Sauveur, PARIS - 377

Affiche syndicale de 1913.

Questions

1. Identifiez les principales innovations modifiant l'organisation du travail dans la filière automobile au début du XXe siècle. (doc. 5, 7 et 8)
2. Expliquez comment ces transformations ont bouleversé la hiérarchie au sein des entreprises. (doc. 5, 6, 7, 8)
3. Montrez qu'elles ont entraîné un renforcement du sentiment d'appartenance à une classe sociale parmi les ouvriers. (doc. 5, 6, 7, 8)

SUJET BAC

À partir des doc. 7 et 8, répondez à la question : « Quelles sont les conséquences du taylorisme et du fordisme pour les conditions de travail des ouvriers ? »

C Vers un produit de consommation de masse

9 L'automobile, un nouveau produit de consommation

Salon international de l'Automobile de Paris en 1931. L'automobile est un produit très attractif. Le premier Salon international s'est tenu à paris en 1898.

Publicité pour la traction avant, produite à partir de 1934. La publicité va appuyer la politique commerciale des industriels de l'automobile.

10 De nouvelles politiques commerciales

De 1925 à 1936, trois faces de la tour Eiffel seront illuminés du nom de la marque Citroën.

La « croisière jaune » est une expédition très médiatisée organisée par Citroën, qui traverse l'Europe et l'Asie dans des conditions difficiles destinées à prouver la qualité du matériel.

« La voiture de la femme », nouvelle utilisatrice ciblée par le constructeur (affiche publicitaire, 1929.)

11 Citroën : des voitures pour toute la famille

Un nouveau marché : l'enfance (affiche publicitaire, 1922.)

12 L'automobile au service du tourisme

Publicité pour les Guides Michelin en 1920.

13 Les premiers embouteillages

Auguste Roubille (1872-1955), *Les souverains*, estampe en couleurs. Illustration représentant les rois les rois Léopold II de Belgique, Édouard VII d'Angleterre, mais aussi le shah de Perse et le tsar Nicolas II au volant d'une voiture.

Questions

1. Présentez les stratégies utilisées par Citroën pour développer les ventes de ses voitures. (doc. 9, 10, 11)
2. Expliquez comment et pourquoi l'entreprise Citroën adapte ses publicités à tous les membres de la famille. (doc. 9, 11)
3. Montrez que la diffusion de l'automobile présente des inconvénients. (doc. 13)

SUJET BAC

À partir des doc. 9, 11 et 12 expliquez comment la démocratisation de l'automobile a transformé les comportements et modes de vie des sociétés au début du XXe siècle.

BAC **Réviser** le sujet d'étude

Les mutations de la filière automobile

www.lienmini.fr/magnard-hg1-311

Schéma-bilan

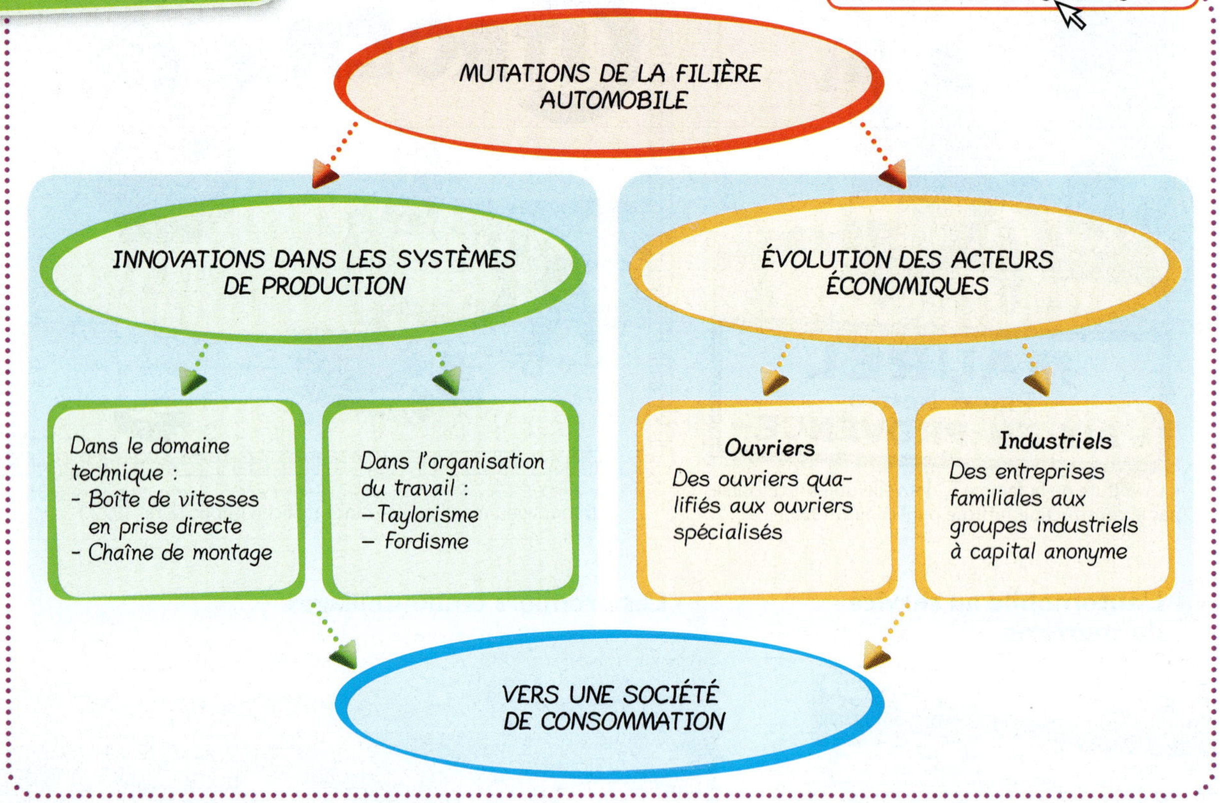

L'essentiel à retenir

A De l'atelier à l'usine, les mutations des systèmes de production

- Face à une concurrence de plus en plus importante, les entreprises doivent innover. Dans la filière automobile, Renault invente la boîte de vitesses en prise directe (Renault, 1898).
- Citroën est la première entreprise européenne à adopter les principes du taylorisme* et du fordisme*. Cette organisation du travail distingue les activités de conception et de réalisation, et décompose les étapes de la production pour de meilleurs rendements.
- Le travail à la chaîne nécessite de larges espaces dans les grandes villes industrielles (usine, habitations), et la proximité d'axes de communication indispensables à l'exportation des marchandises.

B De l'artisan à l'ouvrier, les évolutions des acteurs économiques

- La mutation de la filière automobile transforme la place de l'homme dans le processus de production. Les ouvriers se spécialisent dans la réalisation d'une tâche précise.
- Les augmentations de salaire ne parviennent pas à enrayer le sentiment de déclassement chez les ouvriers qui adhèrent massivement à des syndicats visant à défendre leurs droits (grève).
- La nouvelle organisation du travail modifie l'ensemble de la hiérarchie au sein de l'entreprise entre les concepteurs, contremaîtres et ouvriers.
- De nombreuses entreprises familiales se transforment en groupes industriels à capital anonyme.

C Vers un produit de consommation de masse

- Grâce à la baisse des coûts de production et à l'augmentation des salaires, la consommation de masse s'impose dans l'automobile. Les concessionnaires automobiles se multiplient.
- Les pratiques commerciales évoluent. Les industriels s'emparent de la publicité pour faire connaître leurs marques par des opérations exceptionnelles (Citroën illumine la Tour Eiffel).
- La voiture est présentée comme un symbole de réussite et de liberté pour ses propriétaires. L'apparition des guides et cartes routières est d'ailleurs révélatrice des nouvelles pratiques induites par la démocratisation de l'automobile.

BAC **2e partie de l'épreuve** **Analyse de documents**

SUJET

1 Visite de Lindberg aux usines Citroën (agence Meurisse, 1927)

2 *L'Humanité* commente la visite de Lindberg

Lindberg traverse l'Atlantique. C'est le héros du jour. Il visitera les usines Citroën !... Publicité !... [...] Tous les ouvriers de Javel, 10 000, ont le droit de quitter leur travail pendant quelques heures cet après-midi-là. Perte de temps, d'argent ? Non ! Publicité. Le lendemain, tout le monde parlera de cette visite, la presse donnera des détails, contera des anecdotes. Publicité et... rationalisation ! Car, devant Lindberg, Citroën fera travailler une équipe d'ouvriers de la chaîne d'assemblage. Quel « honneur » pour ces derniers ! Habilement flattés dans leur orgueil d'ouvriers, ils vont montrer ce dont ils sont capables, et les voilà assemblant une carrosserie de conduite intérieure, courbés devant la chaîne, peinant dur, suant, mais battant tous les records, même celui des usines de Philadelphie, patrie des carrosseries « tout-acier ».

Henavent, « Avec les enchaînés du Napoléon de l'Automobile : présentation du capitaine d'industrie André Citroën », *L'Humanité*, 29 janvier 1932.

Questions

1. Présentez les deux documents.
2. Comment ces deux documents mettent-ils en avant l'importance de l'influence américaine dans la filière automobile ?
3. Quels éléments témoignent du succès de l'entreprise Citroën ?
4. Dans quelle mesure le texte constitue-t-il une critique implicite de l'industriel André Citroën ?
5. Quels sont les objectifs visés par la médiatisation d'une telle visite ?

Compétences à mobiliser

- Identifier des documents.
- Confronter des informations.
- Prélever, hiérarchiser et confronter des informations.
- Cerner le sens général d'un document et le mettre en relation avec la situation étudiée.
- Rédiger un texte construit et argumenté en utilisant le vocabulaire historique spécifique.

Sujet d'étude 3

L'immigration et la société française de l'entre-deux-guerres

INTRODUCTION

La France est une terre d'immigration depuis la fin du XIXe siècle. Après la Première Guerre mondiale, le besoin en main-d'œuvre devient d'autant plus important qu'une grande partie du pays doit être reconstruite. Dans ce contexte, l'État met d'abord en place une politique d'accueil favorable aux travailleurs étrangers. Cependant, la France connaît une importante vague de xénophobie à partir des années 1930 marquées par la crise économique.

REPÈRES CLÉS

- **2 avril 1917** : Décret instituant une carte de séjour pour les étrangers.
- **1919-1920** : Convention d'immigration avec des pays européens visant à favoriser l'immigration en France.
- **1924** : Création de la Société générale d'immigration (gérée par le patronat).
- **1927** : Loi facilitant l'accès à la nationalité française.
- **1931** : Présence de 3 millions d'étrangers sur le territoire.
- **1932** : Limitation du nombre d'étrangers employés dans le bâtiment et l'industrie.
- **1934** : Reconduite à la frontière des travailleurs étrangers.
- **1939** : Emprisonnement de 500 000 réfugiés espagnols dans des camps (dictature en Espagne).

A La France, terre d'immigration dans l'entre-deux-guerres

1 Population étrangère et travailleurs étrangers

a. Travailleurs étrangers pendant la Grande Guerre

Face à la pénurie de main-d'œuvre durant la Première Guerre mondiale, la France fait appel à une main-d'œuvre étrangère et coloniale dont l'installation sur le territoire national est parfois durable.

b. La population étrangère en 1931 (INSEE

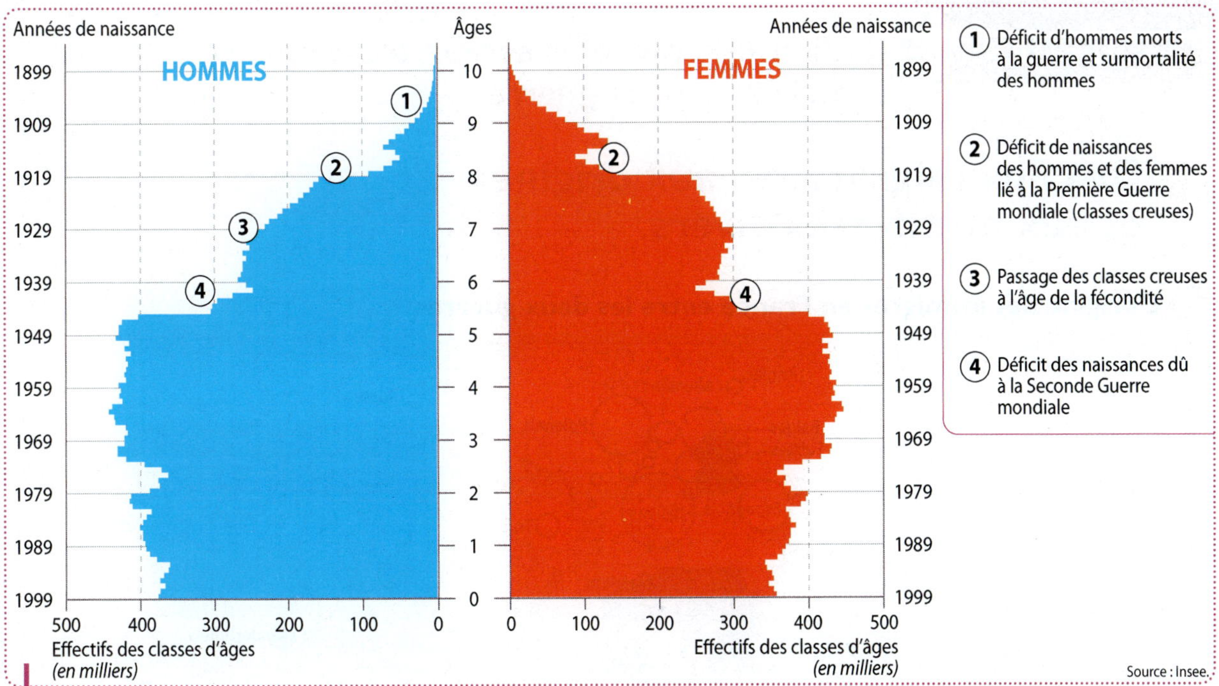

2 Pyramide des âges de la population française au 1er janvier 2000

4 Des mesures politiques favorables dans les années 1920

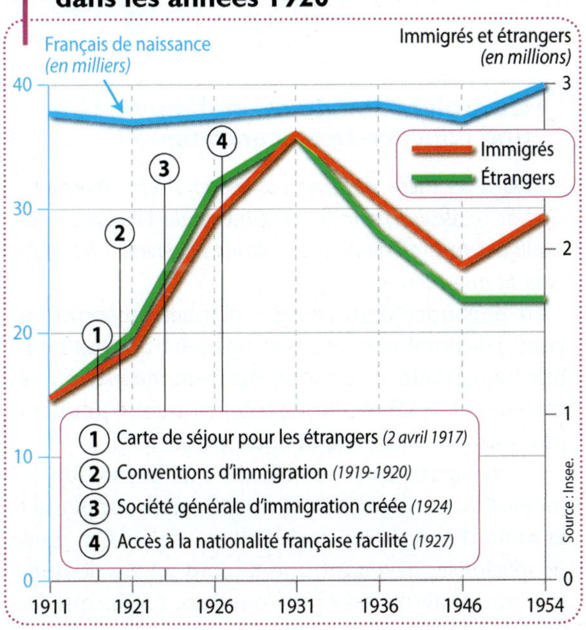

3 Une main-d'œuvre indispensable qui fait l'objet d'accords entre États

Le président de la République et le chef de l'État polonais [...] désirant régler [...] les mouvements d'émigration entre les deux pays et assurer à leurs nationaux respectifs la réciprocité des bénéfices de la protection du travail, ainsi que de la législation en vigueur sur la réparation des dommages résultant des accidents du travail, ont résolu de conclure, à cet effet, une convention [...].

Article 1. Le Gouvernement français et le Gouvernement polonais conviennent :

– 1° De donner toutes facilités administratives aux nationaux de chacun des deux pays désireux de se rendre individuellement dans l'autre pour y travailler [...].

– 2° D'autoriser le recrutement collectif de travailleurs dans l'un des deux pays pour le compte d'entreprises situées dans l'autre, dans les conditions stipulées par la présente Convention.

Article 2. Les travailleurs immigrés recevront, à travail égal, une rémunération égale à celle des ouvriers nationaux de même catégorie employés dans la même entreprise [...].

Convention relative à l'immigration et l'émigration signée à Varsovie en Pologne, le 3 septembre 1919.

Questions

1. Expliquez pourquoi la France traverse un creux démographique au début des années 1920. (doc. 1 et 2)
2. Présentez les différentes mesures permettant de faciliter le recrutement d'une main-d'œuvre étrangère. (doc. 1, 3, 4)
3. Montrez comment évolue l'immigration durant l'entre-deux-guerres en France. (doc. 4)

SUJET BAC

À l'aide du doc. 4, répondez à la question : « Pourquoi peut-on parler d'une véritable politique étatique d'immigration en France durant l'entre-deux-guerres ? »

B Des flux migratoires aux origines et aux motifs très divers

5 L'origine des immigrés en France entre les deux guerres

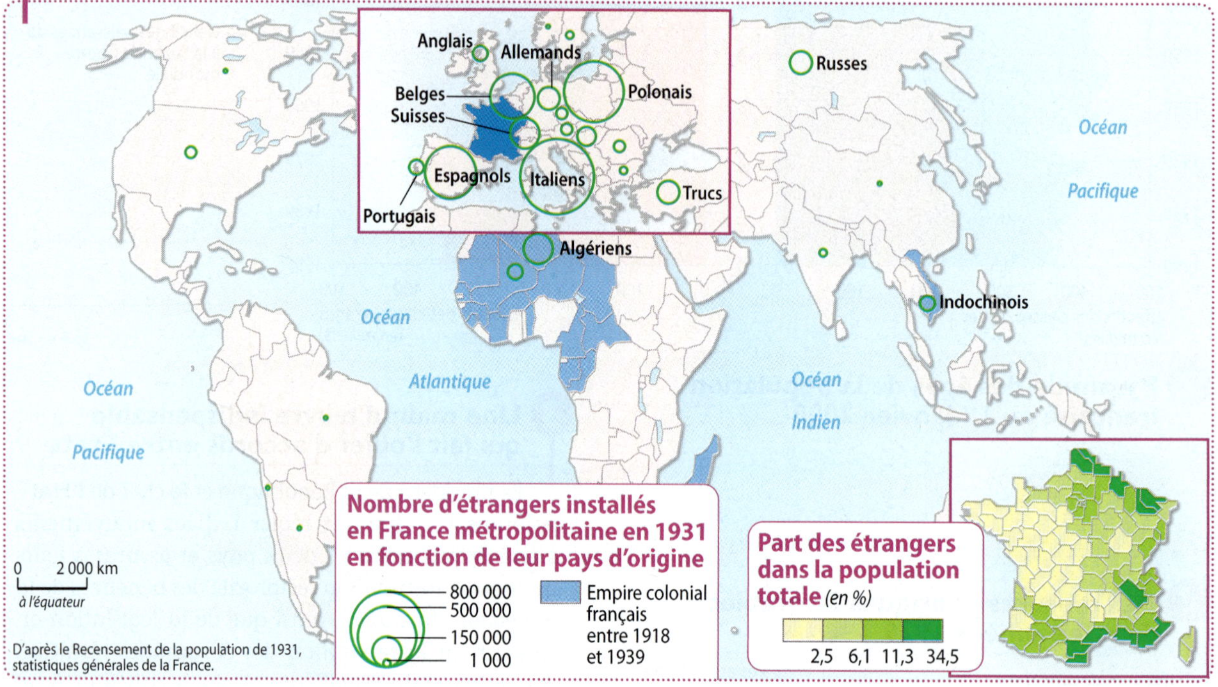

D'après le Recensement de la population de 1931, statistiques générales de la France.

6 La répartition par nationalité des immigrés sur le territoire

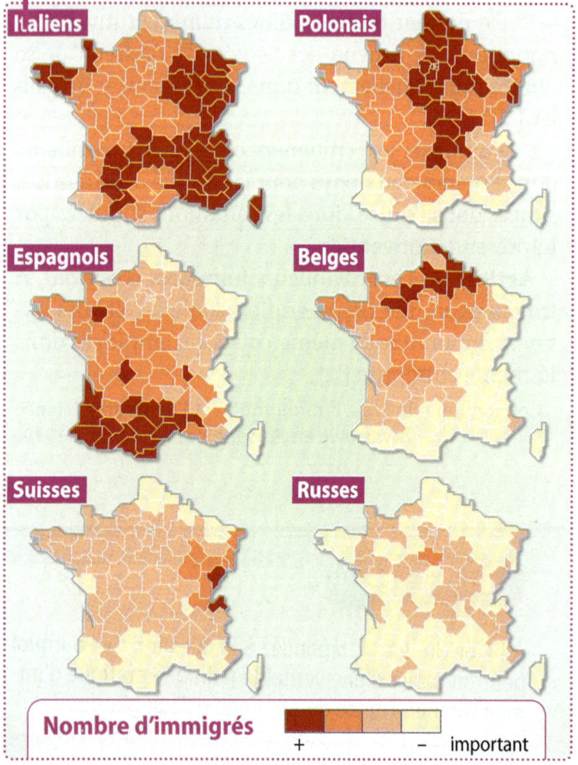

7 L'immigration de main-d'œuvre : une concurrence économique ?

Dans sa thèse de droit publiée en 1931, Norbert Gomar relaie les poncifs xénophobes de l'époque pour expliquer la préférence des patrons et ouvriers français pour la main-d'œuvre algérienne.

La naissance d'un courant régulier amenant en France de nombreux ouvriers algériens, pouvait sembler inquiétante au point de vue de la main-d'œuvre française. […] En réalité, de telles craintes n'auraient pas trouvé de justification dans les faits […].

Les capacités professionnelles médiocres [de la main-d'œuvre algérienne] l'empêchent de supplanter la main-d'œuvre française. Celle-ci, de plus en plus, se spécialise, devenant une main-d'œuvre de qualité, une sorte d'aristocratie ouvrière, tandis que les besognes inférieures sont abandonnées à des couches de travailleurs moins évolués […]. Si on ajoute à ces considérations que, dans les moments de chômage, les Indigènes[1] algériens sont presque toujours les premiers congédiés, il apparaît clairement qu'ils ne font aucune concurrence aux ouvriers français.

Norbert Gomar, *L'émigration algérienne en France*, Paris, Les Presses modernes, 1931, p. 63-64.

1. Natifs du pays.

8 Le recrutement de main-d'œuvre étrangère

La Société générale d'immigration est créée en 1924. Après avoir signé des conventions et accords bilatéraux avec plusieurs pays afin de faciliter les migrations économiques, l'État français laisse au secteur privé l'organisation matérielle des recrutements de travailleurs étrangers.

AVIS

AUX EMPLOYEURS DE MAIN-D'OEUVRE ÉTRANGÈRE

1° — Introduction des ouvriers désignés nominativement et des familles des ouvriers.

En plus des ouvriers que les employeurs lui demandent de rechercher à l'étranger, LA SOCIÉTÉ GÉNÉRALE D'IMMIGRATION se charge de faire venir les ouvriers dont les employeurs connaissent les noms et adresses, ou qui peuvent leur être indiqués par des ouvriers déjà occupés chez eux, ainsi que les familles qui désirent rejoindre leurs chefs travaillant en France.

Elle fournit gratuitement les imprimés nécesssaires à l'établissement des demandes d'ouvriers nominatifs et de familles et donne tous renseignements utiles sur les formalités administratives à remplir.

2° — Service de traduction et d'impression en toutes langues.

LA SOCIÉTÉ GÉNÉRALE D'IMMIGRATION traduit et imprime en toutes langues tous textes intéressant la main-d'œuvre étrangère. Elle a déja publié un choix de brochures pratiques, tels que : manuel de conversation courante et technique, commentaire de la loi contre le débauchage et des décrets sur la carte d'identité, application des assurances sociales aux ouvriers étrangers, etc... Toutes ces brochures sont livrables immédiatement sur demande.

LA SOCIÉTÉ GÉNÉRALE D'IMMIGRATION se charge de traduire et d'imprimer tous autres textes que les industriels désirent porter à la connaissance de leur personnel étranger (Règlements intérieurs, consignes diverses, affiches de sécurité, etc.).

9 La France, terre de refuge

Créé en 1922 par Fridtjof Nansen, premier Haut-commissaire pour les réfugiés de la SDN*, le certificat « Nansen » est d'abord destiné aux réfugiés russes fuyant la révolution bolchevique, puis étendu aux Arméniens fuyant le génocide turc en 1924. Durant l'entre-deux-guerres, la France est la principale terre d'accueil d'exilés politiques : outre les Russes et les Arméniens, les Allemands antinazis, les Italiens antifascistes ou encore Espagnols rejetant le franquisme.

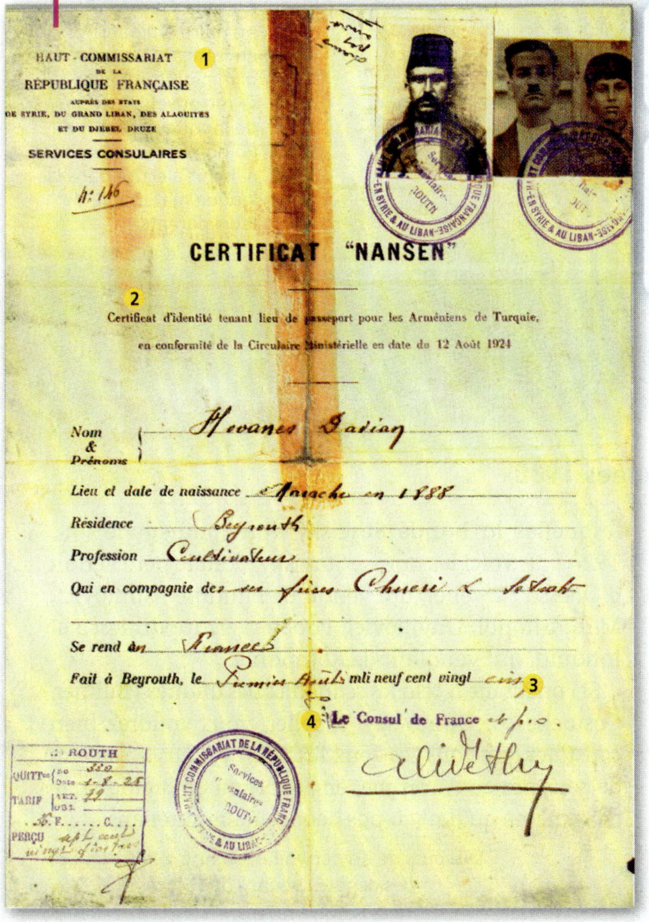
HAUT-COMMISSARIAT DE LA RÉPUBLIQUE FRANÇAISE AUPRÈS DES ÉTATS DE SYRIE, DU GRAND LIBAN, DES ALAOUITES ET DU DJEBEL DRUZE 1

SERVICES CONSULAIRES

N° 146

CERTIFICAT "NANSEN"

2 Certificat d'identité tenant lieu de passeport pour les Arméniens de Turquie, en conformité de la Circulaire Ministérielle en date du 12 Août 1924

Nom & Prénoms

Lieu et date de naissance ... en 1888

Résidence Beyrouth

Profession Cultivateur

Qui en compagnie de ses fils

Se rend en France

Fait à Beyrouth, le Premier Août mil neuf cent vingt cinq 3

4 Le Consul de France

1 « Haut-Commissariat de la République française »

3 *Document daté du 1er août 1925*

2 « Certificat d'identité tenant lieu de passeport pour les Arméniens de Turquie »

4 « Le consul de France »

Questions

1. Expliquez les logiques géographiques d'installation des immigrés sur le territoire national. (doc. 5, 6, 7).
2. Montrez comment les entreprises organisent le recrutement et l'accueil des travailleurs étrangers. (doc. 7, 8).
3. Présentez les différents motifs à l'origine de l'installation d'étrangers en France. (doc. 6, 8, 9).

SUJET BAC

À l'aide du doc. 5, répondez à la question : « Pourquoi peut-on qualifier la France de terre d'immigration durant l'entre-deux-guerres ? »

C Entre intégration et xénophobie

10 Des lieux de sociabilité favorisant l'intégration

À deux ou trois kilomètres à la ronde, on se connaissait tous à l'époque. Entre Italiens et Français, il y avait beaucoup de copains. Il y avait même des jeunes qui avaient appris à parler italien, ils jouaient à la *morra*, aux cartes italiennes... On sortait, quand j'ai commencé à aller au bal, je n'avais que quinze-seize ans. [...]

– Vous y alliez entre Italiens ?

– Ah non, mélangés, des Français, d'autres étrangers aussi, des Espagnols, des Polonais, beaucoup étaient manœuvres dans le bâtiment. [...]

Vers le front populaire, il y avait de nombreuses fêtes, beaucoup de bals. Il y avait surtout *Chez Roquette*, rue des Moulins, à Fontenay-sous-Bois, qui avait été racheté par le coureur [cycliste] Jules Rossi. L'accordéon était tenu par Corchia.

Au bal du samedi soir, c'était pas comme le dimanche, il y avait de tout, des Français, des Italiens.

Entretien avec Richard Selva, le 24 mars 1994, *in* Marie-Claude Blanc-Chaléard, « Une intégration dans la durée des Italiens en région parisienne (1880-1960) », *Revue des migrations internationales*, n° 3 (15), 1999.

11 L'intégration par l'éducation

Après la journée d'école primaire obligatoire en français, les enfants d'immigrés polonais se retrouvent autour de moniteurs venus de Pologne pour apprendre à lire et à écrire dans la langue maternelle de leurs parents.

12 La parole politique xénophobe dans les années 1930

L'affaire Stavisky explose au début de l'année 1934 dans un contexte de crise politique et économique. Juif d'origine russe, l'escroc Alexandre Stavisky devient rapidement l'objet d'une vaste campagne de xénophobie et d'antisémitisme qui s'étend jusque sur les bancs de la Chambre des députés.

Les quelques paroles que je désire prononcer se rapportent au problème des étrangers en France, mais elles n'ont trait ni à la question des réfugiés politiques ni à celle de la main-d'œuvre étrangère. Elles concernant un autre aspect de ce problème [...].

J'ai été extrêmement frappé par la lecture des noms des prévenus ou des inculpés dans les affaires pour lesquelles la bande Stavisky était poursuivie en 1926 [...]. Voici les noms : Stavisky, dont le père venait d'Odessa ; Zweifel, qui venait de Lituanie ; Smilovici, Margaritopol, Davidovici, Popovici, Tranparidesco et Johanid, qui venaient de Roumanie.

Si l'on ajoute à cela les scandales des affaires Poullner, Costachesco, Danowsky, Moeller, vous voudrez bien constater que dans ces deux listes il n'y a pas beaucoup de gens nés en Auvergne, en Savoie ou en Bretagne. Je crois même qu'il n'y a pas beaucoup de chrétiens.

Discours de Xavier Vallat, député à la Chambre des députés, séance du 29 janvier 1935.

13 La xénophobie dans la presse populaire

Couverture de la revue *Détective* n° 500, 26 mai 1938.

Avec la crise mondiale, qui touche la France en 1931, la xénophobie se durcit. Les thématiques d'extrême droite se généralisent [...]. La crise est d'abord économique. Commerçants, artisans et professions libérales accusent les étrangers de concurrence déloyale et mènent une campagne virulente pour obtenir la protection de la loi. [...] À la veille de la guerre, les étrangers « indésirables » font figure de boucs émissaires, dans un climat marqué par la violence politique et l'afflux de nouveaux réfugiés antinazis et de républicains espagnols.

« Histoire de l'immigration - Le temps des indésirables (1931-1944) », www.histoire-immigration.fr

14 L'immigration de travailleurs polonais

Timbre : Timbre de 1973 commémorant l'immigration polonaise des années 1921-1923 réalisé par Pierre Béquet d'après Raymond Juskowiak, fils d'immigré polonais né à Liévin en 1928.

Photo : Jeune Polonais recruté pour travailler dans les mines du bassin houiller du Nord de la France.

15 Campagne de communication du musée de l'Histoire de l'immigration

Ouvert en 2007 et inauguré en 2014, le musée de l'Histoire de l'immigration vise à montrer l'importance du phénomène migratoire dans la construction de la France et l'histoire nationale.

Questions

1. Expliquez quels facteurs ont contribué à l'intégration des populations immigrées durant l'entre-deux-guerres. (doc. 10 et 11)
2. Identifiez les facteurs ayant contribué à une montée en puissance d'un sentiment xénophobe durant l'entre-deux-guerres. (doc. 12, 13)
3. Montrez l'évolution des regards et des mentalités des Français sur l'immigration durant l'entre-deux-guerres. (doc. 13, 14, 15)

SUJET BAC

À l'aide des doc. 10 et 13, répondez à la question : « Quelles sont les attitudes des Français à l'égard des populations immigrés durant l'entre-deux-guerres ? »

BAC **Réviser** le sujet d'étude

L'immigration et la société française de l'entre-deux-guerres

Schéma-bilan

www.lienmini.fr/magnard-hg1-312

1919-1931 — POLITIQUE MIGRATOIRE FAVORABLE

Causes	Conséquences
- Pertes de la 1re Guerre mondiale - Baisse des naissances - Besoin important de main-d'œuvre	- Conventions d'immigration - Société générale d'immigration - Accès à la nationalité française

1932-1939 — POLITIQUE MIGRATOIRE DÉFAVORABLE

Causes	Conséquences
Contexte économique - 1929 : krach boursier aux États-Unis - Extension de la crise économique à la France (début des années 1930)	- Limitation du nombre de travailleurs étrangers - Reconduites à la frontière
Contexte politique - Montée des extrémismes - Arrivée de réfugiés politiques européens (d'Italie, d'Allemagne, d'Espagne)	- Xénophobie - Antisémitisme

→ INTÉGRATION LIMITÉE

L'essentiel à retenir

A La France, terre d'immigration dans l'entre-deux-guerres

- Contrairement à d'autres pays européens, la France est une terre d'immigration. Elle a terminé sa transition démographique* dès la fin du XIXe siècle sans explosion démographique et a besoin de main-d'œuvre pour son industrie.
- Après la Première Guerre mondiale, elle doit aussi combler ses pertes humaines.
- Dès 1919, l'État met en place une politique favorable aux migrations de travailleurs. Des conventions sont alors signées avec les gouvernements polonais, italiens et tchécoslovaques. En 1924, la création de la Société générale d'immigration favorise le recrutement de travailleurs étrangers par les entreprises.
- En 1931, la population étrangère en France est d'environ trois millions, soit 7% de la population totale.

B Des flux migratoires aux origines et aux motifs très divers

- L'immigration est d'abord frontalière. Les industries minières du Nord emploient des travailleurs belges, les exploitations agricoles du Sud-Ouest des immigrés italiens ou espagnols.
- L'État encourage aussi une immigration issue de son empire colonial. Algériens, Tunisiens et Indochinois constituent une main-d'œuvre bon marché. Il est possible de les renvoyer facilement vers leur territoire d'origine en cas de chômage.
- Par ailleurs, considérée comme le pays des droits de l'homme depuis la Révolution, la France est la principale terre d'accueil des exilés politiques : Arméniens fuyant le génocide turc, Russes chassés par le bolchevisme, Italiens antifascistes, Allemands antinazis et Espagnols fuyant le franquisme.

C Entre intégration et xénophobie

- Les flux d'immigrés sont liés au volontarisme politique de l'État et aux capacités d'accueil et d'intégration de la société française.
- Dans les années 1920, le besoin de main-d'œuvre pour la reconstruction du pays offre un contexte favorable. L'intégration des nouveaux arrivants par le travail et les lieux de sociabilité tels que l'école facilitent leur assimilation.
- La crise économique, politique et sociale des années 1930 freine ce processus. L'augmentation du chômage entraîne un sentiment de xénophobie : les immigrés sont vus comme des concurrents à l'emploi.
- L'État prend des mesures de plus en plus restrictives : en limitant par exemple le nombre d'étrangers employés dans le bâtiment et l'industrie en 1932.

Analyse de documents

SUJET

1 « La chasse aux indésirables dans les bals musette » (Une du *Petit Journal*, avril 1926)

2 L'accueil des réfugiés politiques par la société française dans l'entre-deux-guerres

La guerre civile en Espagne semble toucher à sa dernière phase, et la France se voit obligée d'y intervenir pacifiquement, par humanité. Des centaines de milliers d'Espagnols viennent lui demander asile, et, quelque gêne qu'elle en éprouve, la France accomplit irréprochablement son devoir d'hospitalité [...].

Mais, son devoir d'humanité rempli, notre gouvernement a immédiatement à assurer notre sécurité. Une armée étrangère pénètre aujourd'hui sur notre sol. Que nous devions tous nos soins aux enfants, aux femmes, aux vieillards, nous n'avons besoin de personne pour exciter notre zèle et notre pitié. Nous avons toutefois des préoccupations supplémentaires à prendre à l'égard des combattants qui nous arrivent « l'arme à la bretelle ». On nous apprend qu'ils sont désarmés et qu'on aménage à leur intention des camps de concentration. Nous allons donc subvenir à leurs besoins, et cette aide que nous leur procurons, que nous ne pouvons pas ne pas leur procurer, doit s'accompagner d'une étroite vigilance. Il doit être bien entendu que ces réfugiés s'engagent, en sollicitant notre hospitalité, à subir une discipline. Nous les nourrirons, nous les abriterons; mais nous ne pourrons tolérer qu'ils servent de prétexte à une agitation politique.

« Hospitalité oblige », *Le Temps*, 7 février 1939.

Questions

1. Quel est le contexte de réalisation de chaque document ? Que pouvez-vous en déduire ?
2. Quelles sont les différentes populations étrangères mentionnées par les documents ?
3. Comment les documents montrent-il que les populations étrangères sont susceptibles de troubler l'ordre public ?
4. Par quels moyens les documents démontrent-ils également une acceptation des populations immigrées dans la société française ?
5. Comment ces documents mettent-ils en avant les contradictions de la société française sur l'immigration entre 1919 et 1939 ?

Compétences à mobiliser

- Identifier des documents.
- Situer un événement dans le temps.
- Prélever des informations dans un document.
- Confronter des informations.
- Cerner le sens général d'un document et le mettre en relation avec la situation historique étudiée.
- Mettre en relation des faits ou événements de nature et de périodes différentes.

Géographie

Le pont de l'Europe, au-dessus du Rhin, un projet de pont transfrontalier entre les villes de Strasbourg en France (270 000 habitants) et de Kehl en Allemagne (35 000 habitants). Réservé aux transports doux (tramways, vélos et piétons), il sera ouvert fin 2016. Le chantier a commencé en juin 2014.

Les territoires européens

4

Territoire et population

1 La répartition de la population en Europe

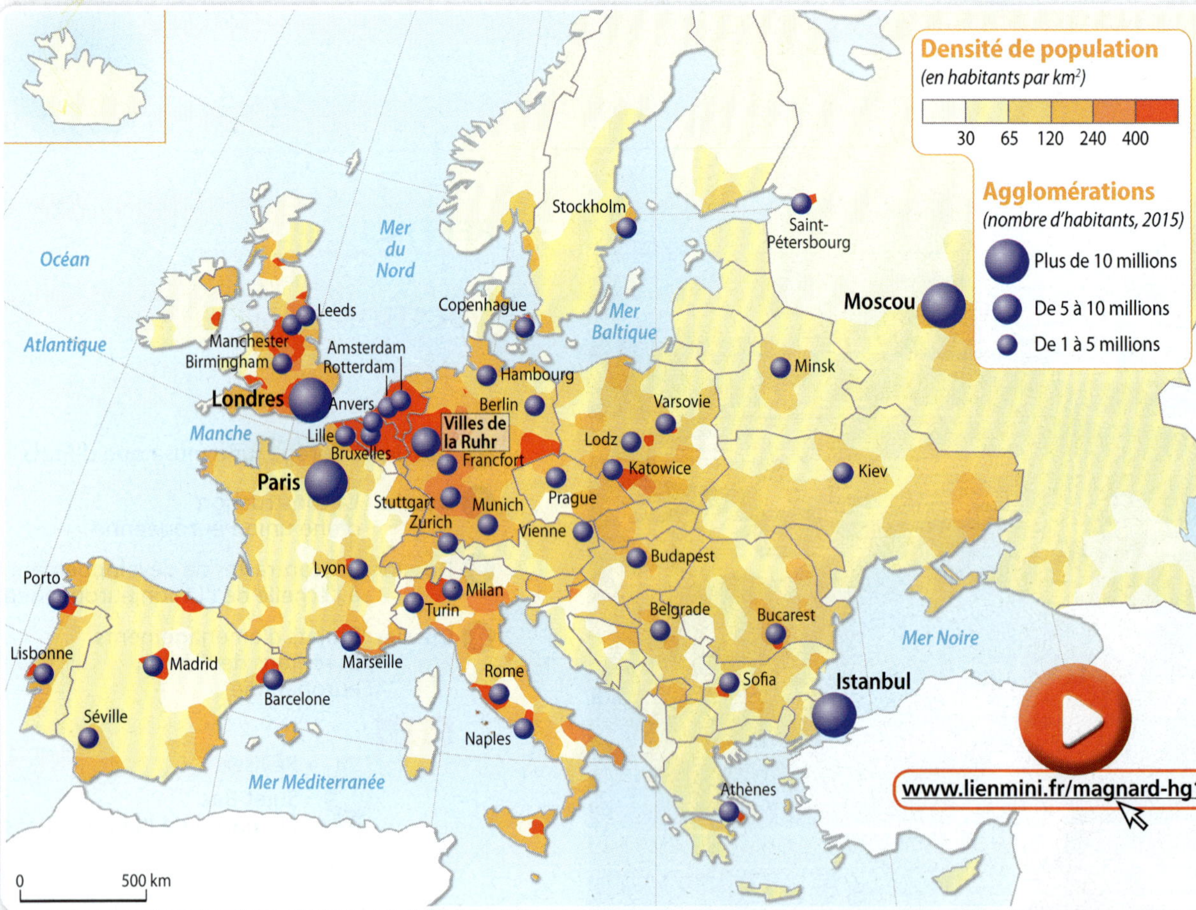

2 De la CEE à l'UE à 28*

*Lors du référendum du 23 juin 2016, 51,9 % des votants britanniques se sont prononcés en faveur de la sortie du Royaume-Uni de l'UE.

www.lienmini.fr/magnard-hg1-328

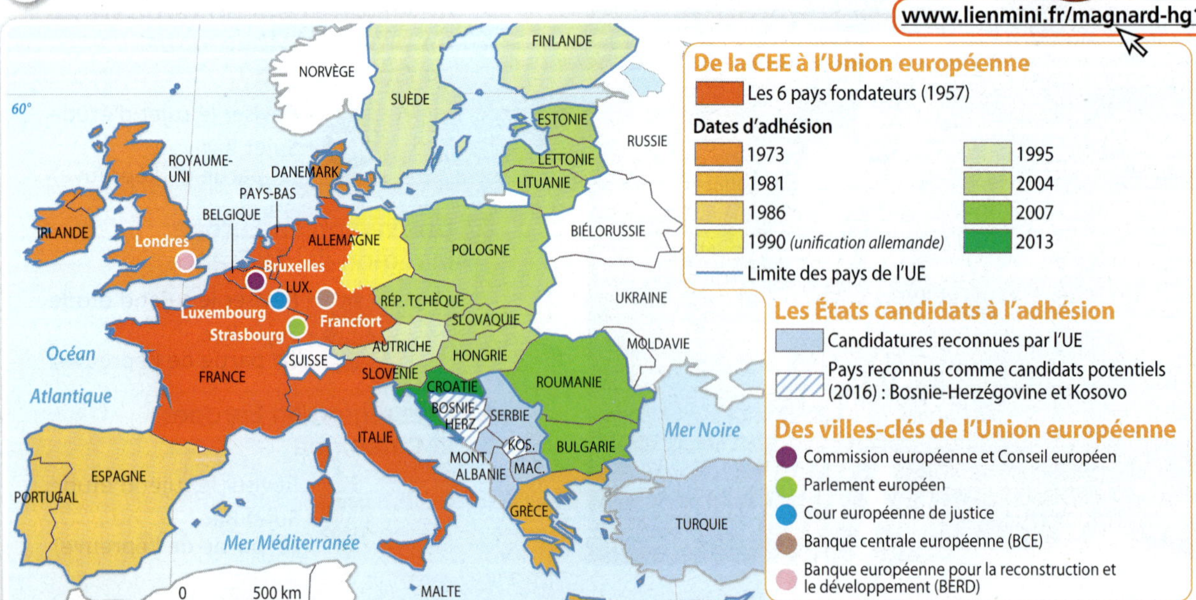

en Europe

www.lienmini.fr/magnard-hg1-329

3 Le PIB par habitant dans l'Union européenne

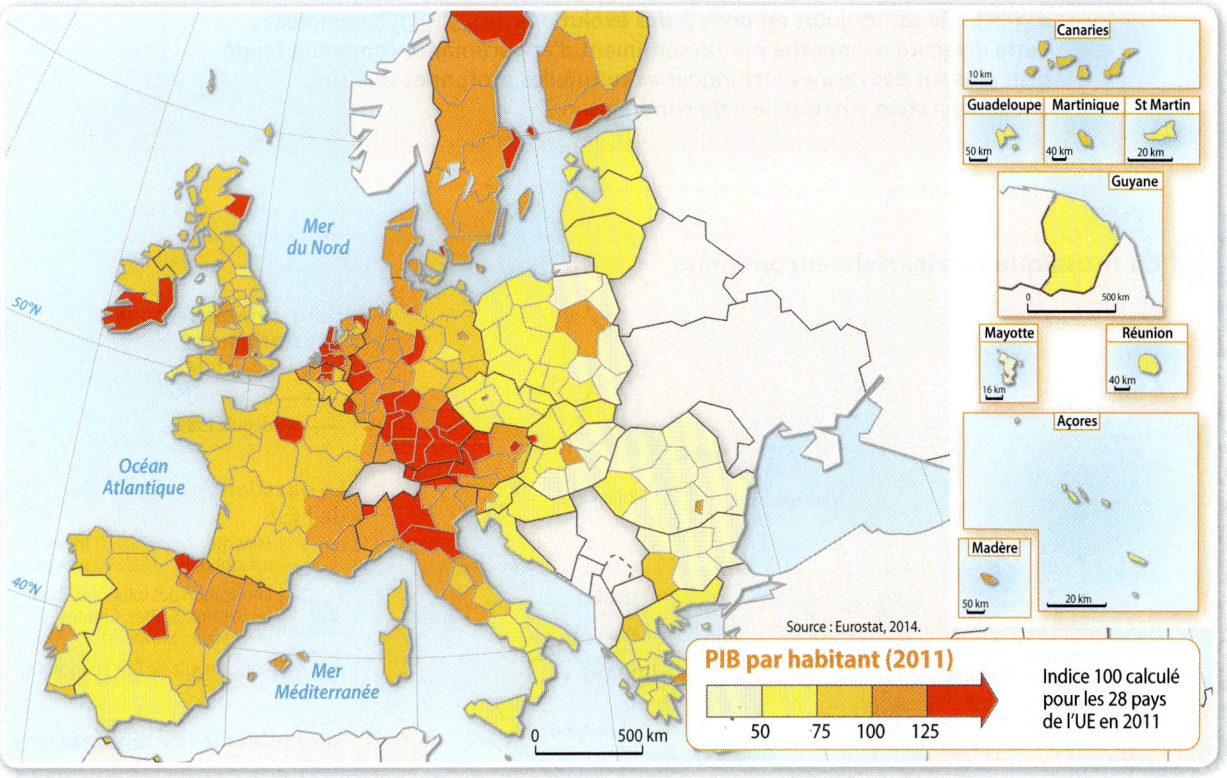

4 Les eurorégions

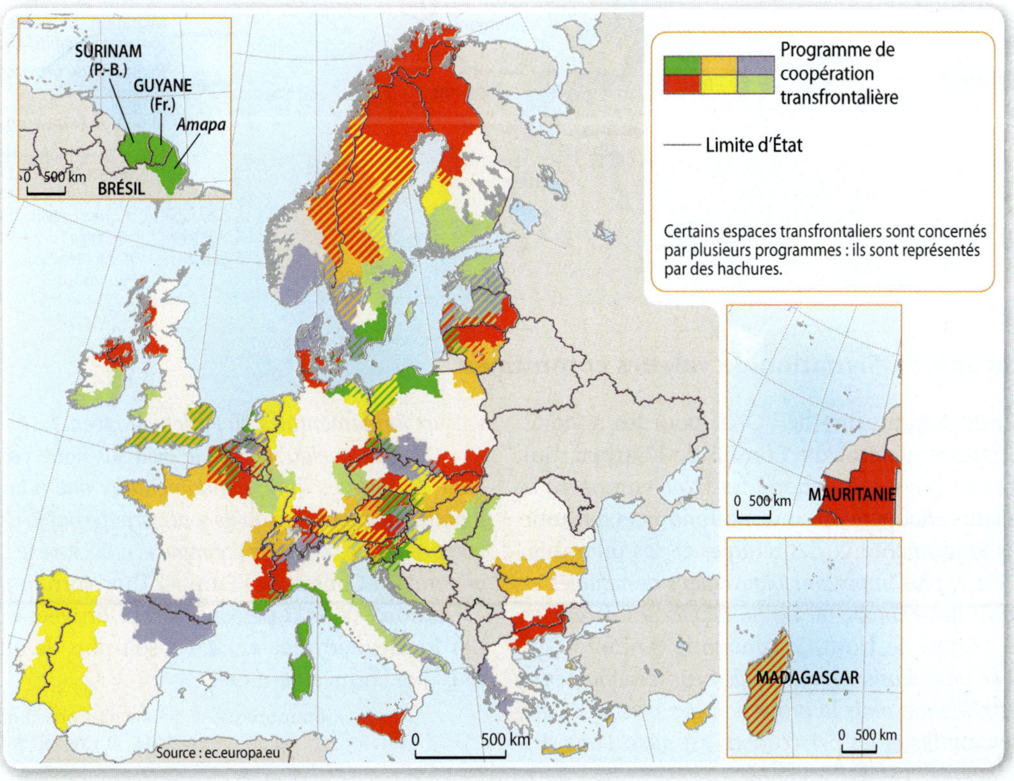

Dossier 1 L'Europe, une mosaïque d'États

L'Europe est une mosaïque nationale et territoriale d'une cinquantaine d'États. Elle est toujours en proie à des évolutions de frontières complexes. Cette diversité n'empêche pas un sentiment d'appartenance commune fondé bien plus sur des racines historiques et culturelles profondes que sur une délimitation « naturelle » du continent.

➥ Quelle identité pour un continent morcelé en une cinquantaine d'États ?

1 La mosaïque territoriale européenne

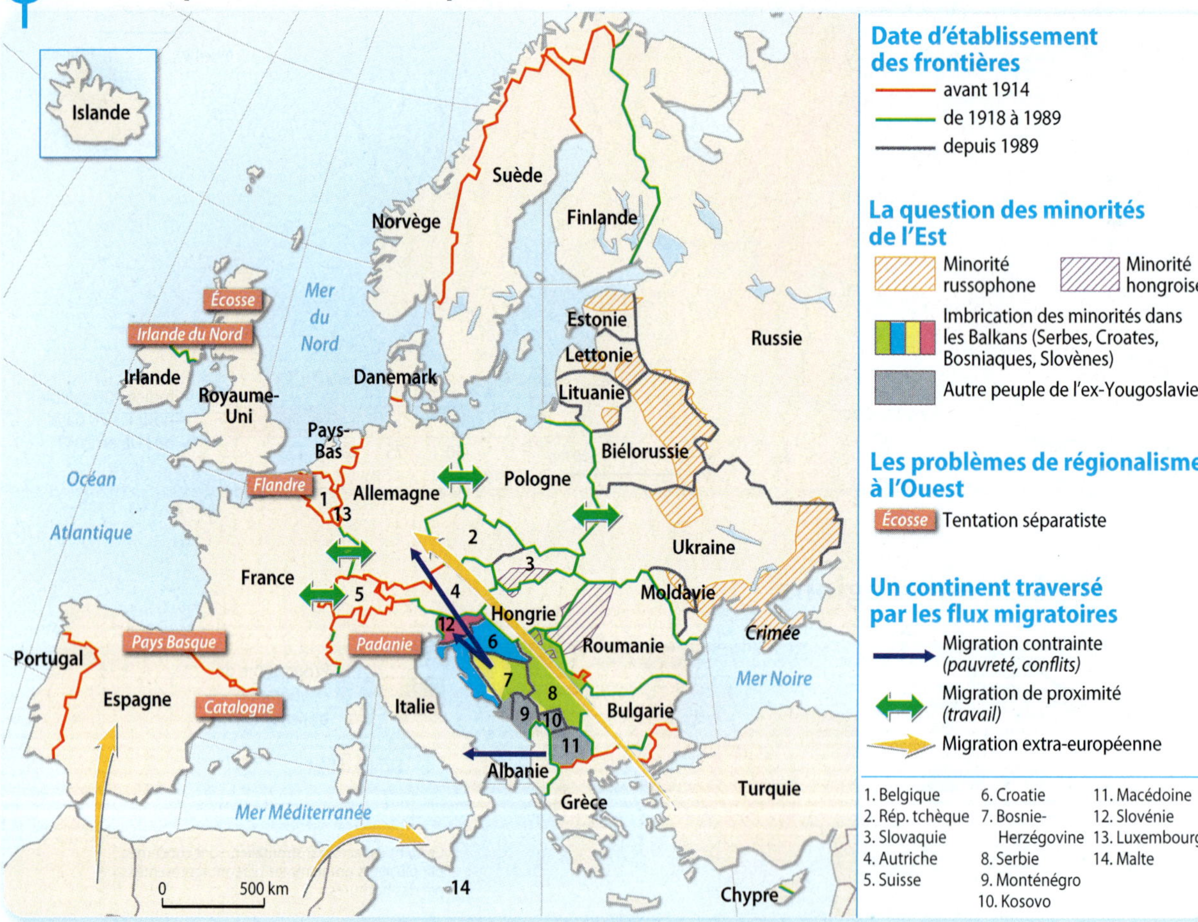

2 L'Europe, l'affirmation de valeurs communes

Le Haut-Commissaire de l'ONU pour les réfugiés et le Secrétaire général du Conseil de l'Europe, qui rassemble 47 pays, ont exhorté les États européens à honorer leurs engagements internationaux et garantir les droits fondamentaux des réfugiés et des migrants. [...] *« C'est le plus important mouvement de réfugiés et de migrants que l'Europe ait connu depuis des décennies [...] »*, a déclaré le Haut-Commissaire António Guterres. *« Le droit d'asile est non seulement reconnu par le droit international, mais la protection des personnes qui fuient les conflits et les persécutions est aussi l'une des valeurs fondamentales du projet européen. [...] »*

« Dès que quelqu'un met le pied sur notre continent, il jouit des mêmes droits fondamentaux que n'importe qui d'autre en Europe, tels qu'ils sont garantis par la Convention européenne des droits de l'homme », a déclaré le Secrétaire général du Conseil de l'Europe, Thorbjørn Jagland. [...]

Environ 900 000 personnes sont arrivées en Europe par la Méditerranée en 2015, soit plus de quatre fois plus que l'année dernière.

Communiqué de presse du Conseil de l'Europe, 9 décembre 2015, © Conseil de l'Europe.

3 Une histoire et une culture communes

Dessins de Terriana représentant les cathédrales Saint-Paul de Londres, Notre-Dame de Paris, Saint-Basile-le-Bienheureux de Moscou et Saint-Pierre de Rome.

4 L'affirmation permanente de revendications nationales

Les résultats par région du référendum écossais du 18 septembre 2014

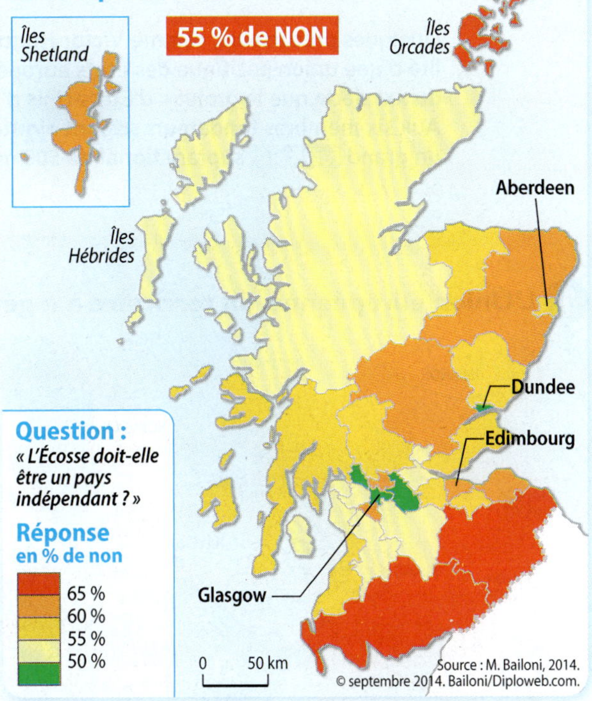

5 Des États aux relations parfois complexes

Depuis la chute du président prorusse Victor Ianoukovytch le 22 février 2014, l'Ukraine est minée par une guerre civile : les aspirations européennes d'une partie de la population s'opposent aux tenants de l'alliance traditionnelle avec la Russie. Les troupes russes occupent la Crimée.

Le fait que la Russie ne veuille pas reconnaître son intervention en Ukraine est très inquiétant. Il s'agit d'un conflit ouvert, visible par tous, et la puissance militaire russe agit en faisant peu de cas de ceux qui en sont les témoins. Une telle situation n'est pas sans conséquences. Car cette guerre est, en fin de compte, une guerre contre l'Union européenne. Le projet politique du Kremlin ne s'arrête pas au Donbass[1], il a pour objectif de mettre à mal l'idée même de la construction européenne.

Le Kremlin dispose d'alliés en Europe pour réaliser un tel projet qu'il serait dangereux de sous-estimer. Au fur et à mesure que la guerre s'intensifie en Ukraine, ces alliés sont de plus en plus structurés et décidés à en découdre.

Boris Najman, « La Russie considère l'Union européenne comme son véritable ennemi », *Le Monde*, 23 février 2015.

1. Bassin houiller entre Ukraine et Russie, économiquement important.

Notions

- **Frontière** : Limites territoriales à l'intérieur desquelles un État exerce sa souveraineté.
- **État** : Territoire délimité par des frontières à l'intérieur duquel vit une population et sur lequel s'exerce une autorité souveraine.

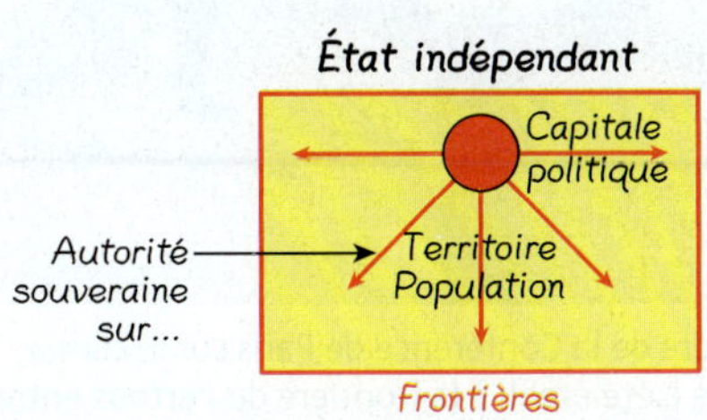

Questions

1. Pourquoi l'Europe est-elle un territoire morcelé ? (carte 1 p. 130, doc. 1, 4)
2. Quelles sont les racines culturelles et historiques communes de ce continent ? (doc. 2, 3)
3. Quels sont les problèmes géopolitiques, en particulier ceux liés aux frontières, qui existent en Europe ? (doc. 1, 4 et 5)

QUESTION BAC

À l'aide des documents, justifiez l'affirmation suivante : « L'Europe est un continent entre unité et diversité ».

cours p. 140

Dossier 2 La construction d'une union européenne

Quelques précurseurs, comme Victor Hugo en 1849, avaient déjà évoqué la possibilité d'une union pacifique des États européens. Mais c'est dans la seconde moitié du XXe siècle que le projet « d'États-Unis d'Europe » s'est véritablement imposé. Aux six membres fondateurs se sont ajoutés 22 pays qui ont donné naissance à un grand territoire supranational de 508 millions de personnes.

➥ **Quelles sont les caractéristiques du territoire de l'Union européenne ?**

1 L'Union européenne, un territoire à « géographie variable »

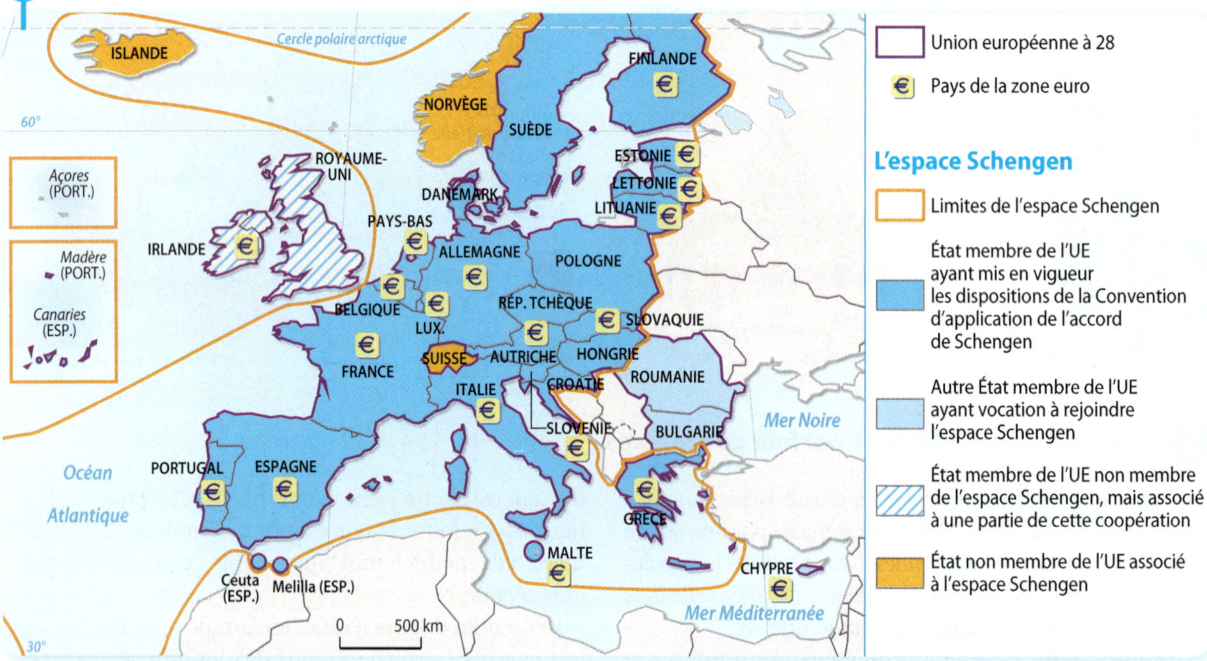

2 Les RUP*, des territoires de l'UE dans le monde

Au sein de l'UE, la Guyane, la Guadeloupe, Saint-Martin, la Martinique, la Réunion, Mayotte, les Canaries, les Açores et Madère bénéficient du statut de régions ultrapériphériques. […]

Dans le domaine de la politique régionale, les RUP françaises sont considérées comme régions « les moins développées ». Leur statut de territoire de l'Union leur permet de bénéficier des fonds du FEDER (Fonds européen de développement régional) et du FSE (Fonds social européen) avec un taux de cofinancement plus élevé que dans les régions métropolitaines (jusqu'à 85 % contre 60 % ou 50 % en métropole). […]

En matière de politique agricole et de pêche, des mesures spécifiques ont été instaurées pour soutenir la production agricole des RUP et faciliter l'approvisionnement en produits agricoles de ces territoires.

Ministère des Affaires étrangères et du développement international, www.rpfrance.eu.

3 Les restrictions à la libre circulation entre les territoires

Dans le cadre de la Conférence de Paris sur le climat, un contrôle a été établi à la frontière du Perthus entre l'Espagne et la France, en novembre 2015.

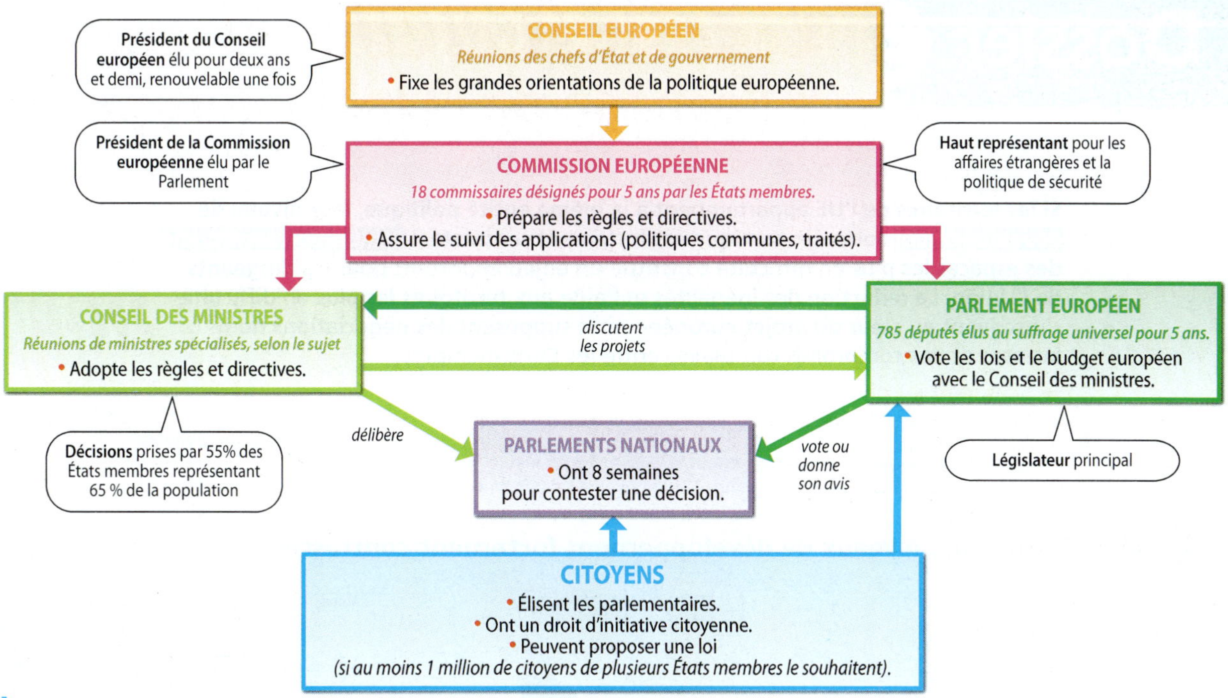

4 Une gouvernance politique pour le territoire européen

5 L'Union européenne et la loi française

Les règles imposées par l'Union européenne

Deux instances européennes peuvent adopter des mesures obligatoires: le Conseil de l'UE, formé des ministres des États membres, et la Commission européenne. [...] Vingt jours après sa publication dans le *Journal officiel de l'UE*, un règlement ou une décision a force de loi: chaque État membre est tenu de l'appliquer sans pouvoir en modifier une virgule.

Les orientations proposées par l'UE

Le Conseil de l'UE [...] peut aussi prendre des directives. Elles lient les États destinataires par un objectif à atteindre, dans un délai fixé [...] mais leur laisse le choix des moyens à utiliser. « Transposer une directive » signifie donc promulguer une loi nationale avec l'objectif fixé par le conseil des ministres. [...] La Commission européenne peut punir les États par des sanctions financières pour retard ou mauvaise transposition.

Les avis consultatifs

Émis par l'un des organes de l'UE, [les avis et les recommandations] constituent [...] une incitation pour les États membres à adopter un comportement particulier. La Commission européenne avait ouvert la voie, début 2014, à l'exploitation de gaz de schiste à condition de respecter des « principes communs » sanitaires. Sauf que les recommandations de la Commission n'ont aucune valeur obligatoire.

Diane Jean, « Quelle est l'influence de l'UE sur la loi française? », *Le Monde*, 21 mai 2014.

Notion

- **Territoire**: **1)** Espace limité par des frontières et administré par un pouvoir central.
  2) Espace de taille variable, socialisé et aménagé dans lequel les habitants se reconnaissent une appartenance commune.

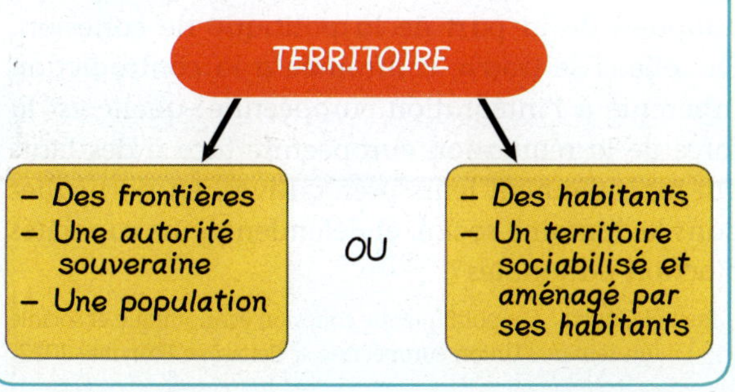

Questions

1. En quoi l'Union européenne forme-t-elle un territoire à part entière? (carte 2 p. 130, doc. 1, 4)
2. Pourquoi la gouvernance du territoire de l'UE est-elle complexe à mettre en place? (doc. 1, 2, 3)
3. Comment les choix législatifs nationaux et communautaires se concilient-ils? (doc. 3, 4, 5)

QUESTION BAC

À l'aide des documents, expliquez pourquoi il est difficile de définir des politiques à l'échelle territoriale européenne.

cours p. 140

Dossier 3 Les contrastes de développement à l'échelle de l'Union européenne

Si les territoires de l'UE appartiennent à la même entité politique, leur niveau de développement socio-économique est fortement contrasté. L'intégration territoriale des espaces les plus en difficulté constitue un enjeu important pour les dirigeants de l'Union. La réduction des inégalités et l'aide aux territoires les plus en difficulté s'inscrivent au cœur du projet européen mais supposent des négociations nombreuses et des compromis complexes entre les États membres.

➥ **Comment les politiques européennes peuvent-elle permettre l'intégration de tous les territoires de l'Union ?**

1 Une Europe aux niveaux de développement fortement contrastés

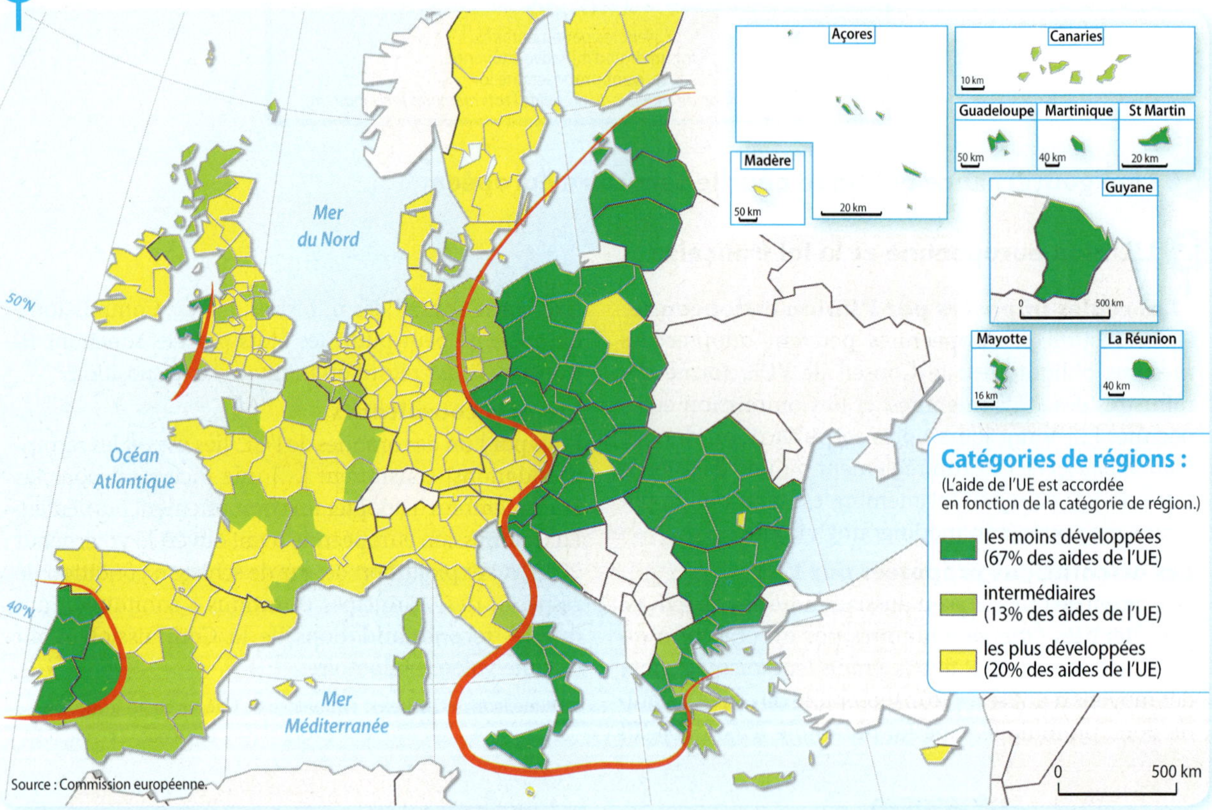

2 Les enjeux de la politique de cohésion

Le territoire européen présente des disparités socio-économiques importantes [...]. Ces écarts se sont accentués avec les effets de la crise qui frappe l'UE depuis 2008. En 1989, celle-ci s'est dotée d'une politique de cohésion pour réduire ces déséquilibres et encourager la convergence entre les régions européennes.[...] Cette politique [...] s'est dotée d'instruments financiers à hauteur de 347,4 milliards d'euros pour la période 2007-2013. [...] À ce phénomène s'ajoutent les enjeux auxquels doit faire face l'Europe aujourd'hui : la crise de la dette publique, la globalisation, la pression migratoire, le changement climatique et énergétique, le développement durable et le passage à une économie sobre en carbone. Toutes ces difficultés nécessitent des réponses adaptées de la part de la politique de cohésion. Or celle-ci se trouve confrontée à la contradiction inhérente à l'intégration européenne : quelle est la force de la régulation européenne face à des États qui maintiennent leurs prérogatives, en particulier dans le domaine social, et défendent leurs capacités d'action nationales ?

Rachel Guyet, « Les politiques de cohésion économique et sociale au sein de l'Union européenne », Ceriscope Pauvreté 2012.

Des politiques aux effets positifs 3

Depuis 2009, la ville de Barbate, situéee au sud de l'Andalousie en Espagne, est soutenue par les fonds européens (à hauteur de 1,64 million d'euros), et accueille l'entreprise de recherche et développement Light Environment Contrôl. L'activité de cette entreprise innovante a permis de redresser l'économie locale qui était sinistrée.

4 Le financement de l'intégration territoriale : le budget européen pour 2014-2020

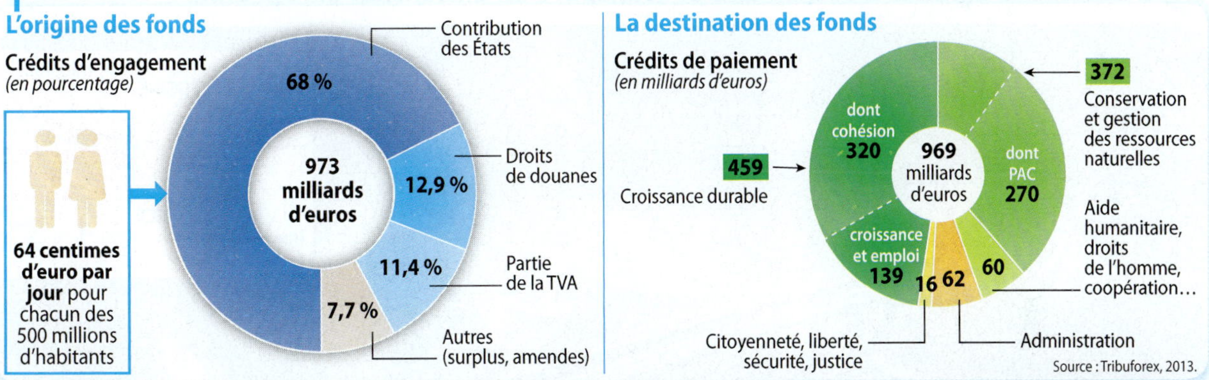

Le paradoxe européen : risque de « Grexit » et volonté d'intégration ukrainienne 5

Alors que la Grèce, en grave crise depuis 2008, est confrontée à une situation délicate : accepter des mesures d'austérité sévères pour continuer à percevoir l'aide financière européenne, fin 2013, des manifestants défilent à Kiev (photo) pour demander le rapprochement de l'Ukraine avec l'UE, seule solution pour développer leur économie selon eux.

Notions

- **Développement** : Accroissement de la quantité de richesses produites sur un territoire donné qui s'accompagne de l'amélioration du niveau de vie et d'une accumulation des ressources financières favorisant l'investissement.
- **Intégration territoriale** : Regroupement de territoires dans un ensemble plus grand.

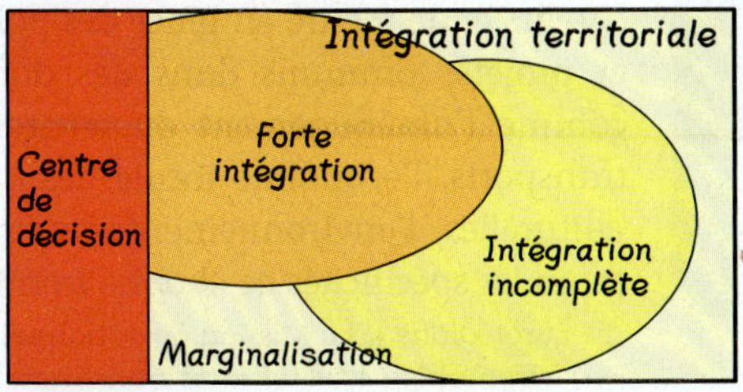

Questions

1. Quels sont les principaux déséquilibres de développement au sein de l'UE ? (carte 3 p. 131, doc. 1, 5)
2. Dans quels projets l'UE investit-elle afin de limiter les effets de ces déséquilibres ? (doc. 2, 3, 4)
3. Pourquoi les politiques d'intégration territoriale sont-elles difficiles à coordonner en Europe ? (doc. 2, 4, 5)

QUESTION BAC

À l'aide des documents, montrez comment les déséquilibres de développement sur le continent sont une menace pour le projet européen.

cours p. 141

Dossier 4 Projets d'aménagements et régions de l'Union européenne

L'UE soutient l'investissement dans les régions européennes. Dans l'optique de la stratégie Europe 2020, celui-ci se fait en priorité vers la croissance économique, les politiques pour l'emploi, l'amélioration des conditions de vie et la promotion d'un développement durable. Toutes ces actions contribuent à l'aménagement du territoire et à la collaboration des différentes régions d'Europe.

➥ **Comment l'UE met-elle en place une politique de développement régional ?**

1 L'autoroute Egnatia Odos, un axe de transport de dimension européenne

2 Les eurorégions, un exemple d'intégration régionale

Une eurorégion : Aquitaine-Euskadi (pays Basque)

L'eurorégion est une entité territoriale transfrontalière qui réunit les partenaires de deux ou plusieurs régions frontalières de différents États européens. Elles ont pour objectif de créer un espace cohérent, qui se développe de concert, pour faire de la frontière non plus un obstacle mais une ressource et une opportunité de développement. Pour ce faire, elle constitue un cadre à la coopération permettant de réunir les différents acteurs et de mettre en place des politiques et projets communs dans des domaines comme l'aménagement du territoire, les transports, l'économie locale, les activités culturelles, l'environnement, etc. toujours selon les spécificités de chaque frontière.

« Eurorégions », La Mission opérationnelle transfrontalière, www.espaces-transfrontaliers.org

Pays participants

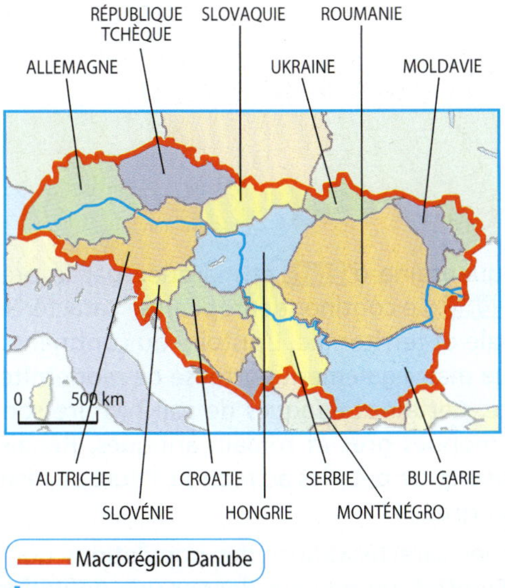

Objectifs et domaines prioritaires

Relier la région
- Culture et tourisme, personne à personne
- Énergie durable
- Mobilité : voies navigables, rail, route, air

Protéger l'environnement
- Risques environnementaux
- Biodiversité, paysages, qualité de l'air et du sol
- Qualité de l'eau

Renforcer la région
- Sécurité
- Institutions et coopération

Construire la prospérité
- Société du savoir
- Personnes et talents
- Compétitivité

3 La macrorégion Danube et son développement

La macrorégion Danube réunit 14 pays et 115 millions d'habitants. Son objectif est d'améliorer la coordination des politiques et des initiatives locales. L'environnement et le transport sont les axes majeurs de cette stratégie.

4 Le rôle du comité des régions dans la construction européenne

Le Comité des régions (CdR) est un organe consultatif composé de représentants élus au niveau local et régional provenant des 28 États membres de l'UE. Il permet à ces représentants de donner leur avis sur la législation européenne ayant des incidences directes sur les régions et les villes. [...]

La Commission européenne, le Conseil de l'UE et le Parlement européen doivent consulter le CdR lorsqu'ils élaborent des propositions législatives sur des domaines [...], comme la santé, l'éducation, l'emploi, la politique sociale, la cohésion économique et sociale, les transports, l'énergie et le changement climatique. [...]

Chaque pays désigne les membres de son choix, qui sont nommés par le Conseil de l'UE pour un mandat renouvelable de cinq ans. Le nombre de membres par pays dépend de la taille de la population de ce pays.

Les membres d'un pays forment une délégation nationale qui reflète son équilibre politique, géographique, régional et local. [...]

Le CdR a créé plusieurs réseaux afin de permettre à l'ensemble des régions et des villes d'échanger leurs bonnes pratiques, de travailler ensemble [...]

http://europa.eu/about-eu/institutions-bodies/cor/index_fr.htm

Notions

- **Région** : Découpage de l'espace selon des critères variables : les conditions naturelles, les caractéristiques sociales des populations, des limites administratives.
- **Aménagement** : Action d'une collectivité ou de plusieurs collectivités sur leur territoire.

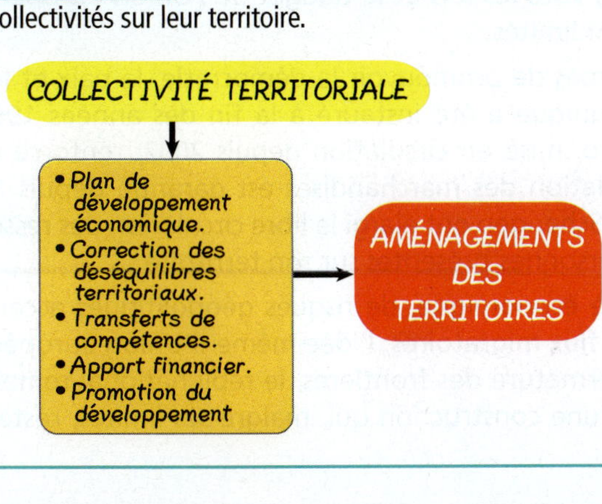

Questions

1. Quels sont les secteurs clés dans l'aménagement des régions en Europe ? (doc. 1, 3, 4)
2. Pourquoi les projets transfrontaliers sont-ils majeurs dans le développement régional ? (carte 4 p. 131, doc. 2, 3, 4)
3. Comment l'Europe cherche-t-elle à associer les collectivités locales et régionales aux projets d'aménagement ? (doc. 2, 4)

QUESTION BAC

À l'aide des documents, montrez comment le développement régional est une priorité de l'UE.

cours p. 141

Cours

Europe, Europes : un continent entre unité et diversité

Dossier

1 L'Europe, une mosaïque d'États

Notions

- État p. 133

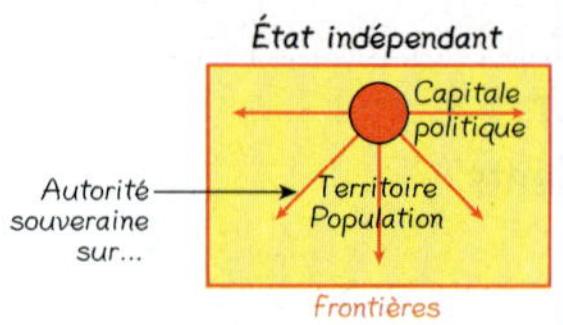

- Frontière p. 133

• L'Europe est morcelée en une cinquantaine d'Etats et marquée par la présence de plus de 38 000 km de frontières. Le continent européen se caractérise par une très grande diversité nationale et territoriale. L'histoire du continent a été souvent conflictuelle et chaotique mais également porteuse de modernité. Cela lui a conféré une identité forte. Certaines époques de son histoire sont devenues des symboles mondiaux : mondes grec et romain antiques, Renaissance, siècle des Lumières. Pour beaucoup de peuples au monde, l'Europe reste porteuse d'une image positive, de progrès.

• L'Europe se définit davantage par les caractéristiques des populations qui y vivent que par son cadre physique. En effet, on ne peut donner une définition territoriale de l'Europe car les limites orientales du continent sont floues (Caucase, Turquie) ou artificielles (choix de l'Oural au XVIIIe siècle). L'unité du continent tient donc à un héritage culturel commun, à une histoire et des valeurs partagées et à des modes de vie convergents malgré les particularismes locaux. En 1994, le Conseil de l'Europe a défini « les limites généralement acceptées » du continent.

• Les aspirations nationales, associées le plus souvent à des revendications territoriales, se manifestent sur le continent. Les conflits meurtriers des années 1990 dans les Balkans ont replongé l'Europe dans les pires heures de son passé. Depuis novembre 2013, la crise ukrainienne a fait, selon l'ONU, plus de 6 000 morts. Par ailleurs, les mouvements régionalistes* en Écosse (Royaume-Uni) ou en Catalogne (Espagne) témoignent d'une situation géopolitique du « vieux contient » en perpétuel mouvement, toujours instable.

Vocabulaire

- Régionaliste

* Voir lexique p. 248

Dossier

2 La construction d'une union européenne

Notions

- Territoire p. 135

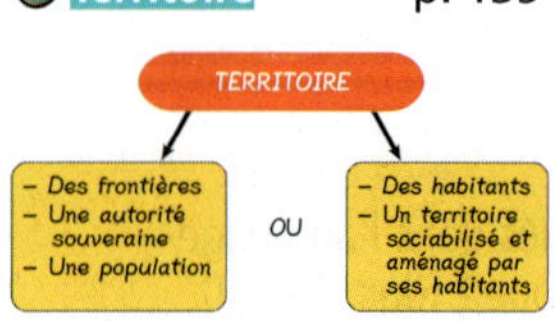

• Aux lendemains de la Seconde Guerre mondiale, l'Europe se lance dans un projet de communauté supranationale*. Le traité de Rome de 1957, signé par six pays fondateurs, marque le début d'un processus unique entre anciens pays belligérants. À la faveur de huit élargissements consécutifs, l'Union européenne (UE) réunit aujourd'hui 28 États et a intégré les pays de l'ancien bloc de l'Est*.

• La gouvernance* de ce territoire de 508 millions d'habitants est complexe. Les États, au sein du Conseil européen, fixent les grandes orientations. La Commission européenne est en charge de l'application et du suivi des règles de fonctionnement. Le Parlement européen, seul organe élu au suffrage universel dans le cadre européen, vote les lois et le budget de l'Union européenne, même si ses pouvoirs restent limités.

• L'UE se donne pour principes de promouvoir la démocratie, la paix et le développement. Un marché unique a été instauré à la fin des années 1960 et une monnaie unique, l'euro, mise en circulation depuis 2002, renforce cette construction. La libre circulation des marchandises est garantie depuis 1993. Depuis 1995, les accords de Schengen ont élargi la libre circulation des ressortissants de l'UE à toutes les personnes présentes sur son territoire.

• Dans un contexte de crise économique, de risques géopolitiques accentués et de nécessaire gestion de flux migratoires, l'idée même d'Union européenne est fragilisée. En effet, la fermeture des frontières, le repli national remettent en cause les fondements d'une construction qui, malgré ses limites, reste une exception dans le monde.

Vocabulaire

- Supranational
- Bloc de l'Est
- Gouvernance

* Voir lexique p. 248

Dossier

3 Les contrastes de développement à l'échelle de l'Union européenne

• Les textes fondateurs (traités, accords) placent le **développement** économique au cœur des préoccupations du projet européen. Les élargissements successifs à des territoires moins développés, en particulier les pays d'Europe de l'Est, ont contribué à creuser les déséquilibres économiques entre les pays membres. L'**intégration territoriale** constitue donc un enjeu important de la politique européenne. Des aides sont apportées aux espaces les plus en difficulté afin de réduire ces disparités.

• La mégalopole*, qui englobe l'axe rhénan, le Nord de l'Italie et les métropoles de Londres et Paris, a une influence internationale et constitue le cœur économique de l'UE. Elle domine économiquement une union très diverse. Des métropoles* (Barcelone, Rome, Varsovie, Budapest...) forment des pôles de dynamisme dans des régions plus en marge. Les espaces les plus en difficulté sont situés dans les périphéries méridionales, orientales et ultra-marines. Les régions d'outre-mer, les RUP (Régions ultrapériphériques), bénéficient d'ailleurs d'un statut particulier leur permettant de bénéficier de fonds particuliers.

• Pour réduire ces écarts de développement, l'UE mène une politique de cohésion, dont le FEDER* est la principale source de financement (avec le FSE*). Entre 2014 et 2020, la totalité des fonds structurels atteint 320 milliards d'euros. Cette capacité à intégrer les territoires les plus en difficulté rend très attractive une entrée dans l'UE. Une bonne partie des Ukrainiens de l'ouest du pays, par exemple, souhaite entrer dans le projet communautaire. À l'opposé, la situation de la Grèce, confrontée à un grave déficit budgétaire et à des mesures d'austérité imposées par l'UE, fragilise l'Union : la menace du « Grexit » (sortie de la Grèce de l'UE) a été brandie.

Notion

Développement p. 137
Intégration territoriale p. 137

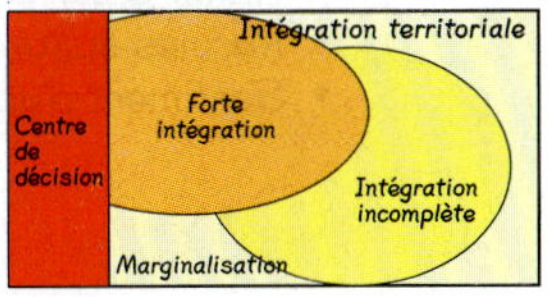

Vocabulaire

- Mégalopole
- Métropole
- FEDER, FSE

* Voir lexique p. 248

Dossier

4 Projets d'aménagements et régions de l'UE

• L'Union européenne participe à l'**aménagement** du territoire des **régions** européennes afin de corriger au mieux les grands déséquilibres territoriaux. L'échelle régionale est l'unité territoriale choisie par l'Europe pour définir les aides accordées aux pays membres. La réforme territoriale de 2016 en France a ainsi conduit à l'agrandissement de la taille des régions françaises afin d'aligner leur taille sur celle des principaux pays européens (NUTS*).

• Les grands objectifs de la politique régionale pour la période 2014-2020 sont orientés vers la croissance économique, l'emploi et le développement durable. Cette politique régionale, premier poste de dépenses budgétaires de l'UE, représente 36 % du budget de l'Union.

• Pour accompagner ces politiques, une attention particulière est donnée aux régions périphériques mais aussi aux régions frontalières des États membres dont le développement doit permettre de renforcer les relations entre les pays européens voisins. Depuis 1990, le programme Interreg contribue à pousser ces initiatives et le développement de structures telles les eurorégions*. Le programme Interreg V (2014/2020) est financé à hauteur de 7,7 milliards d'euros par le FEDER. Ce programme permet de définir des projets en commun avec des territoires non membres de l'Union européenne afin de permettre une meilleure intégration des régions périphériques ou isolées. Ainsi, le programme Interreg-Caraïbes bénéficie aux RUP européennes mais également à l'ensemble des pays et archipels de l'arc Caraïbes.

Notion

Aménagement p. 139

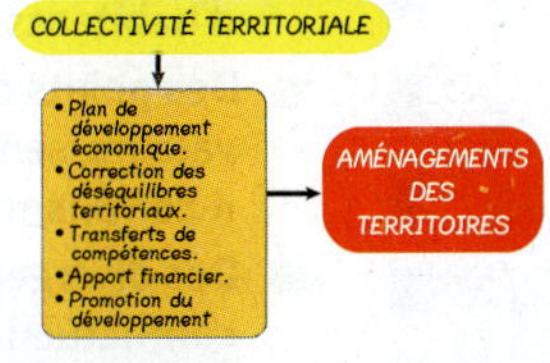

Région p. 139

Vocabulaire

- NUTS
- Eurorégion

* Voir lexique p. 248

BAC **Réviser**

la question obligatoire

Europe, Europes : un continent entre unité et diversité

Schéma-bilan

www.lienmini.fr/magnard-hg1-313

Des facteurs d'unité

- Histoire partagée
- Racines culturelles communes
- Sentiment d'appartenance européen

- Projet commun volontariste
- Valeurs communes
- Politiques d'aménagement, d'intégration régionale, de suppression des frontières

TERRITOIRE DE L'EUROPE
50 ÉTATS
740 millions d'habitants

adhésion possible

TERRITOIRE DE L'UNION EUROPÉENNE
28 ÉTATS
508 millions d'habitants

Des fragilités

- Problèmes géopolitiques
- Poids des divisions historiques (Guerre froide)
- Disparités socio-économiques majeures

- Cohésion d'un ensemble de 28 pays
- Politiques économiques manquant d'efficacité
- Diplomatie souvent divisée
- Poussées nationalistes

Idées clés

Unité et diversité du continent européen

- Un continent de 50 pays et 740 millions d'habitants.
- Des points de convergence : histoire, culture, valeurs, sentiment d'appartenance au « continent » européen.
- Des divergences majeures : histoire conflictuelle, nationalisme, contrastes de richesse et de développement majeurs.

Un projet original, l'Union européenne

- En 2016 : 28 États membres et 508 millions d'habitants.
- Fondements : paix, démocratie, libertés individuelles, libéralisme, suppression des barrières douanières internes.
- Limites : représentation démocratique des citoyens, difficile convergence des politiques économiques, disparités économiques et territoriales.

Des politiques nombreuses

- Fonds structurels d'intégration territoriale pour réduire les disparités régionales.
- Ensemble législatif présent dans la vie quotidienne des citoyens : accords de Schengen, mise en place de l'euro, projets de développement transfrontaliers, aide à l'aménagement des territoires.

Des échecs

- Difficile résolution des crises économiques.
- Absence de consensus en politique étrangère.
- Gouvernance éloignée des citoyens.
- Un projet qui subit des critiques remettant en cause le projet d'union.

BAC

1re partie de l'épreuve — Questions à réponse courte

SUJET **Répondre aux cinq questions suivantes.**

Questions

1. Quel est le rôle des États nationaux dans le fonctionnement de l'UE ?

Aide *Utiliser les échelles territoriales mises en jeu par cette question. Utiliser le processus d'élargissement successif de l'UE.*

2. Justifiez l'affirmation suivante : « Beaucoup de pays européens sont fragilisés par des revendications nationales ».

Aide *Définir ce que sont les revendications nationales. Donner des exemples de pays marqués par ce phénomène. Expliquer comment la fragilisation d'un État membre peut avoir des répercussions sur l'UE.*

3. Définissez la notion d'intégration territoriale.

Aide *Donner une définition théorique puis un ou deux exemples territoriaux. Faire une allusion au processus inverse de marginalisation.*

4. Replacez les étapes suivantes dans l'ordre chronologique.

- **Vote de la règle européenne au Parlement Européen.**
- **Réunion du Conseil de l'Europe.**
- **Application de la règle dans les pays membres.**
- **Élaboration de la règle par la Commission européenne.**

5. Sur la carte de l'Europe, localisez les territoires suivants :

- **2 États membres fondateurs de la CEE.**
- **1 ville dans laquelle une institution officielle de l'UE a son siège.**
- **1 pays candidat à l'adhésion dans l'UE.**
- **3 pays membres de la zone Euro.**

Compétences à mobiliser

- Citer des acteurs.
- Justifier une affirmation en proposant des arguments.
- Proposer une définition pour une notion.
- Proposer les périodes-clés d'une évolution.
- Compléter un croquis.

Sujet d'étude 1

Une politique européenne d'aménagement et du développement du territoire : un projet géothermique à la Guadeloupe

INTRODUCTION

La centrale géothermique de la Bouillante est un exemple de la volonté européenne de promouvoir les énergies renouvelables dans les territoires ultramarins. Le financement du projet se fait par le biais du programme Interreg* Caraïbes. Les sommes versées par le FEDER* s'élèvent à 2,9 millions sur les 8,5 millions de budget global du projet. Assurer l'indépendance énergétique de l'île et contribuer à son développement socio-économique sont les priorités de ce projet.

REPÈRES

- **1985 :** Mise en service de la Bouillante.
- **2005 :** Mise en service du 2e site.
- **2009 :** Lancement de l'étude pour construire un 3e site.

CHIFFRES CLÉS

- **522 millions d'euros :** Investissement de l'UE en Guadeloupe avec le FEDER.
- **86 millions d'euros :** Le budget européen Interreg V pour 2014-2020 (64,2 millions au titre du FEDER).
- **89 % :** Part de la consommation en énergie importée par la Guadeloupe en 2014.
- **20 % :** Objectif de l'UE pour la part d'énergie renouvelable dans la consommation totale d'énergie en 2020.

A Les objectifs de l'Europe dans le projet de géothermie de la Bouillante

1 L'enjeu énergétique pour les RUP*

Taux de dépendance énergétique en 2013 *(en %)*

Source : *Les chiffres clés de l'énergie en Guadeloupe, Bilan 2014*, 2015, Eurostat - Insee.

2 Les actions soutenues par le FEDER en Guadeloupe

Priorité 1 : Compétitivité et attractivité
Cofinancement par le FEDER des projets visant à soutenir l'investissement matériel des entreprises, la promotion d'un tourisme de qualité, le développement des technologies.

Priorité 2 : Environnement
Aide financière la plus importante au soutien des projets environnementaux (traitement des déchets, distribution de l'eau potable, promotion des énergies renouvelables...).

Priorité 3 : Cohésion sociale et territoriale
Projet présentant un objectif de cohésion sociale et territoriale : transports urbains et interurbains servant à faciliter l'accessibilité du territoire, rénovation urbaine...
[...]

Priorités 5 : Allocation de compensation des contraintes et des handicaps liés à l'ultra-périphérie : ...dépenses de fonctionnement
Aides en termes de transport du fret, de transports de déchets dangereux...

Priorité 6 : ...dépenses d'investissement
Soutien à la recherche sur les risques sismiques et volcaniques ; à la modernisation des infrastructures et équipements portuaires et aéroportuaires...

http://www.europe-en-france.gouv.fr/

3 La centrale géothermique de la Bouillante
La centrale produit chaque année plus de 6 % de la consommation électrique de l'île.

4 Les objectifs du projet de géothermie : interconnecter les îles

La région Guadeloupe consolide ses actions de coopération avec la Dominique pour la promotion et l'exploitation des énergies renouvelables. Le potentiel de la Dominique permettra d'assurer, à partir d'une centrale de 40 Mw, l'autosuffisance énergétique de l'île et d'exporter en direction de la Guadeloupe et de la Martinique de l'électricité amenée par câble sous-marin. Forte de cette coopération et de son expérience sur le site de Bouillante, la région Guadeloupe souhaite se positionner comme centre d'excellence pour la géothermie et contribuer au développement de l'utilisation de cette énergie dans les pays de la Caraïbe. Le projet comporte cinq volets : excellence environnementale, production et distribution d'électricité, programme caribéen de développement de la géothermie, communication, formation.

www.interreg-caraibes.fr/fr/exemples-de-projets-approuves

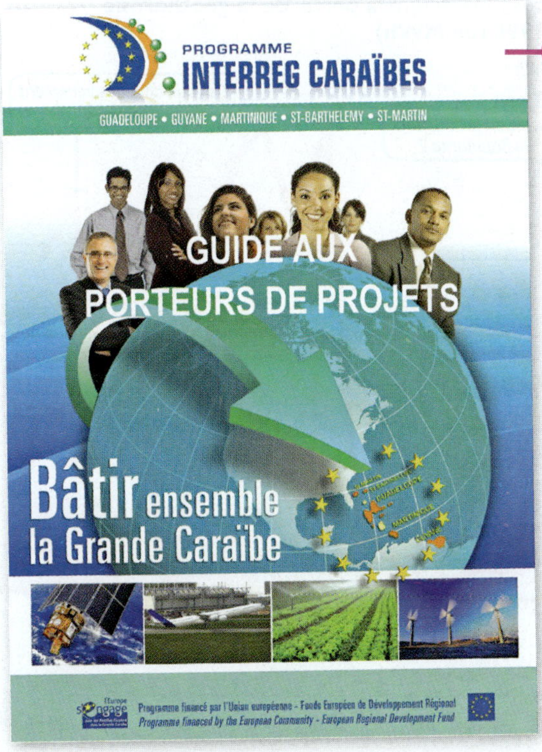

5 Le programme Interreg Caraïbes : associer les territoires de la Caraïbe
Le programme Interreg Caraïbes couvre les pays et territoires insulaires ainsi que ceux qui ont une façade maritime avec la mer des Caraïbes. Il soutient des projets de coopération dans l'espace Caraïbes.

Questions

1. Expliquez pourquoi la géothermie est un enjeu pour la Guadeloupe. (doc. 1, 3, 4)
2. Montrez comment l'Europe, par le programme Interreg, contribue à la promotion de cette activité. (doc. 2, 3, 5)
3. Montrez que le développement de la géothermie correspond aux objectifs du FEDER. (doc. 2, 4)

SUJET BAC

À l'aide des doc. 2 et 4, dégagez les grands objectifs du FEDER en Guadeloupe.

B Un projet d'avenir pour la Guadeloupe

6 Un approvisionnement énergétique indispensable pour l'île

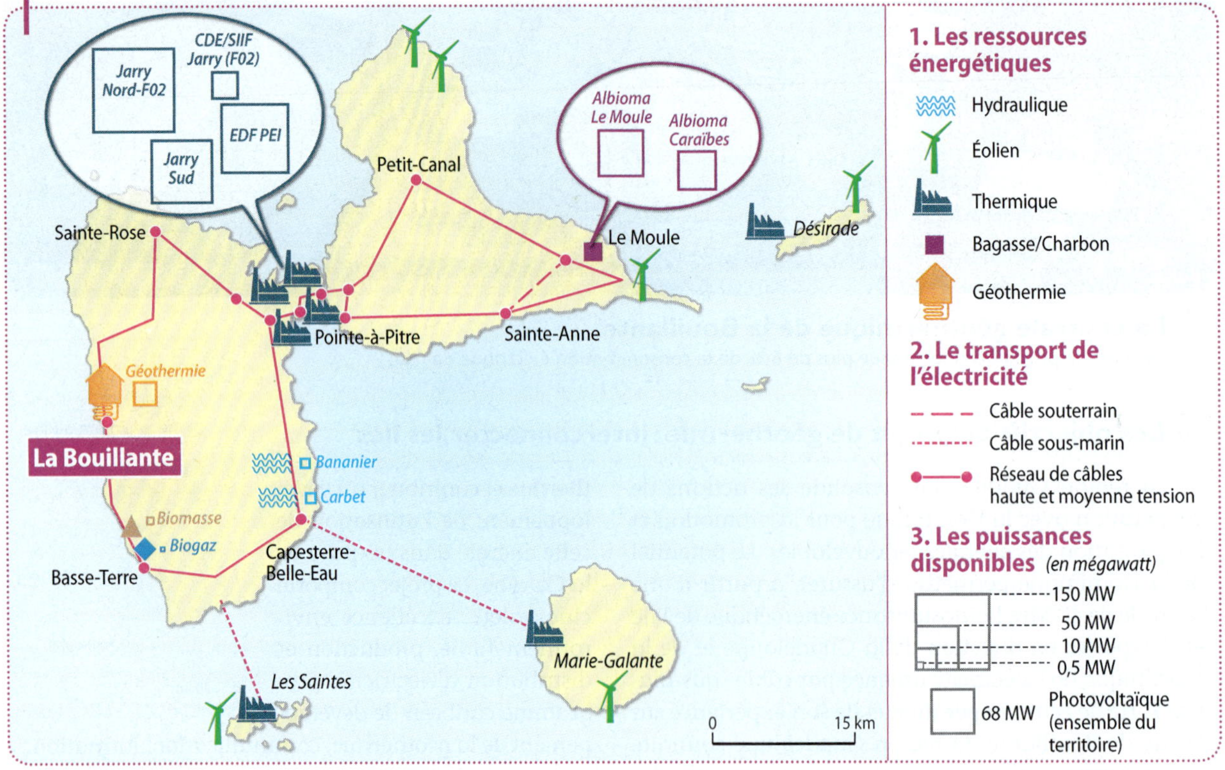

7 Une production valorisée mais encore sous-exploitée

a. Énergies primaires consommées en Guadeloupe (milliers de tep[1] et %)

Énergies fossiles	2012	2014
Charbon	173	151
Gaz	14	13
Pétrole	581	551,4
Sous-total	768 92,5 %	716 89,3 %
Énergies locales renouvelables	**2012**	**2014**
Bagasse (canne à sucre)	5,3	5,2
Hydroélectricité	1,2	2,3
Éolien	4,4	4,7
Photovoltaïque	7,9	8,8
Géothermie	43,5	64,4
Biomasse / Biogaz	< 1	< 1
Sous-total	62,5 7,5 %	85 10,7 %

Source : https://guadeloupe.ademe.fr

1. Quantité d'énergie contenue dans une tonne de pétrole brut.

b. Production électrique à partir de la géothermie depuis 1996 (en MWh)

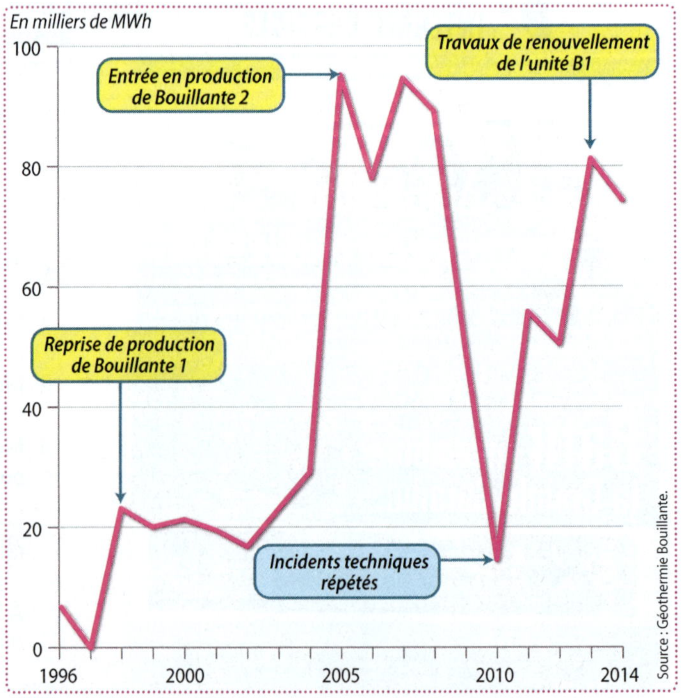

1 L'eau de mer et l'eau de pluie s'infiltrent dans le sous-sol par des fissures et des failles affectant les roches.
2 Réchauffement des fluides au contact des roches chaudes profondes.
3 Plate-forme de forage.
4 Séparation de l'eau et de la vapeur (conduites jusqu'à la centrale).
5 Production d'électricité.
6 Vapeur condensée, refroidie et rejetée dans la mer.
7 Pompage d'eau de mer pour le refroidissement de la vapeur.
8 Électricité délivrée sur le réseau électrique EDF.

8 La Bouillante, un site propice au développement de la géothermie

Les failles tectoniques jouent un rôle majeur dans la localisation du site géothermique. Des sources chaudes, des fumerolles et des sols chauds sont à l'origine du nom donné à la commune. Bouillante et ses alentours sont parsemés de sources d'eaux chaudes naturelles en mer et à l'intérieur des terres. (http://unt.unice.fr/uved/bouillante)

9 Les conditions nécessaires au développement de la géothermie

La présence de gisements d'énergie géothermique haute température nécessite :
– l'existence d'une source de chaleur à quelques kilomètres de profondeur, due à une activité volcanique récente (moins de 500 000 ans) ;
– une perméabilité élevée du sous-sol, généralement liée à la présence de failles ;
– une disponibilité d'eau de surface (eau de pluie, mer) capable de s'infiltrer dans le sous-sol, circuler en profondeur et se réchauffer au contact des roches portées à haute température ;
– des formations géologiques superficielles imperméables recouvrant le gisement.

https://hal.archives-ouvertes.fr/hal-00662098/document

10 L'UE et la promotion des énergies renouvelables

Le programme Énergie intelligente pour l'Europe (EIE) soutient les organisations qui cherchent à améliorer la durabilité énergétique. Lancé en 2003 par la Commission Européenne, ce programme fait partie d'une dynamique plus large qui vise à créer un futur plus économe en énergie. Il soutient les politiques de l'UE, en vue d'atteindre ses objectifs « trois fois vingt » à l'horizon 2020 : 20 % de réduction des émissions de gaz à effet de serre, 20 % d'économies d'énergie et 20 % d'énergies renouvelables dans la consommation d'énergie. Depuis 2014, l'EIE a été intégrée au programme « Horizon 2020 »

HORIZON 2020
LE PROGRAMME DE RECHERCHE ET D'INNOVATION DE L'UNION EUROPÉENNE

http://smergy.fr/la-campagne/energie-intelligente-europe

Questions

1. Déterminez pourquoi la géothermie rentre dans un plan global énergétique à la Guadeloupe. (doc. 6, 7)
2. Expliquez pourquoi les conditions naturelles de la Guadeloupe sont favorables au développement du projet de géothermie. Déterminez également pourquoi elles n'en garantissent pas forcément le succès. (doc. 7, 8, 9)
3. Montrez pourquoi que ce projet fait écho aux préoccupations globales de l'UE. (doc. 8, 10)

SUJET BAC

Construisez à partir des doc. 8 et 9, une réponse à la question : « Pourquoi la géothermie peut-elle être qualifiée de production énergétique renouvelable ? »

C Un projet limité mais contribuant à l'aménagement du territoire

11 Une production géothermique marginale à l'échelle de la planète

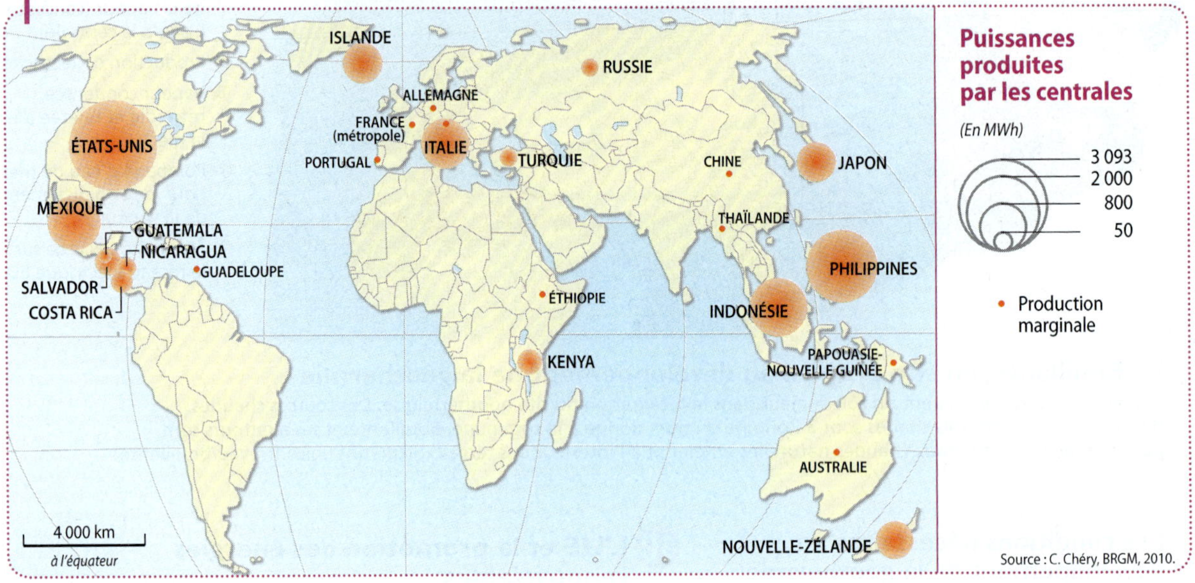

Source : C. Chéry, BRGM, 2010.

12 Un projet fragile

La Cour des comptes[1] préconise de relancer le processus de transfert de la propriété et de la gestion de l'entreprise Géothermie Bouillante à un industriel privé. Mais elle ne retient pas pour autant l'option d'un abandon total des soutiens publics à la géothermie guadeloupéenne. D'autant que l'usine de Bouillante est la seule centrale française de production d'électricité à base géothermique opérationnelle.

D'un côté, la géothermie profonde a été identifiée comme étant une source primordiale de production électrique à l'horizon 2030 sur le territoire guadeloupéen. De l'autre, seule la société Géothermie Bouillante perd de l'argent.

« Entre 1996 et 2013, le prix de rachat de l'électricité a toujours été inférieur aux coûts réels de production de l'usine Bouillante ». Ce coût s'est élevé entre 1996 et 2013 à 141 €/MWh, soit un montant supérieur d'un tiers aux coûts habituellement annoncés pour la géothermie profonde.

« Géothermie à Bouillante : une équation délicate à résoudre selon la Cour des comptes », www.actu-environnement.com, 29 avril 2015.

1. Organisme qui vérifie les comptes de la nation et informe les citoyens sur l'emploi de l'argent public.

13 Les avantages socio-économiques et environnementaux de la centrale

Au niveau local, le développement de la centrale géothermique présente des aspects positifs pour les habitants. […] L'exploitation de la centrale génère des emplois pérennes (une dizaine de collaborateurs de la Compagnie Française de Géothermie présents sur le site). Les travaux annuels de maintenance et de construction font largement appel aux entreprises locales et créent des emplois indirects dans les entreprises guadeloupéenne sous-traitantes. […] La centrale génère également des recettes fiscales pour la commune de Bouillante et le Département, via la taxe professionnelle. Enfin, le site de Bouillante connaît une fréquentation touristique régulière en raison des manifestations thermales, qui caractérisent la région.

Au niveau global, l'archipel de la Guadeloupe ne possède pas d'énergie fossile et les besoins énergétiques sont importants […]. Les énergies renouvelables représentent une réelle solution d'indépendance énergétique pour l'avenir. De plus la géothermie est une énergie renouvelable indépendante des facteurs climatiques et non polluante. Elle contribue à la réduction des émissions de gaz à effet de serre (CO_2) dégagés par la combustion des énergies fossiles et limite les risques de pollution liés à l'extraction, au traitement et aux transports des hydrocarbures.

http://unt.unice.fr/uved/bouillante

14 Des contrats de développement durable territoriaux

Les contrats de développement du territoire, instaurés en 2011, fixent les engagements de la Région au bénéfice des communes pour le développement du territoire sur plusieurs années.

15 L'activité géothermique à la Bouillante, une opportunité de développement pour la façade occidentale de la Guadeloupe

Questions

1. Expliquez quelles sont les fragilités du secteur géothermique en Guadeloupe malgré l'aide européenne. (doc. 11, 12)
2. Montrez les dynamiques territoriales principales de la Guadeloupe. (doc. 14, 15)
3. Montrez en quoi le développement de la géothermie à la Bouillante ainsi que les autres projets financés par le FEDER peuvent contribuer à corriger les déséquilibres territoriaux. (doc. 13, 15 et 2 p. 144)

SUJET BAC

À l'aide des doc. 13 et 15, montrez comment l'aménagement de la Bouillante a des répercussions sur l'organisation du territoire guadeloupéen.

BAC **Réviser**

le sujet d'étude

Une politique européenne d'aménagement et de développement du territoire : un projet géothermique à la Guadeloupe

Schéma-bilan

www.lienmini.fr/magnard-hg1-314

L'Union européenne, la France et le développement de la géothermie en Guadeloupe

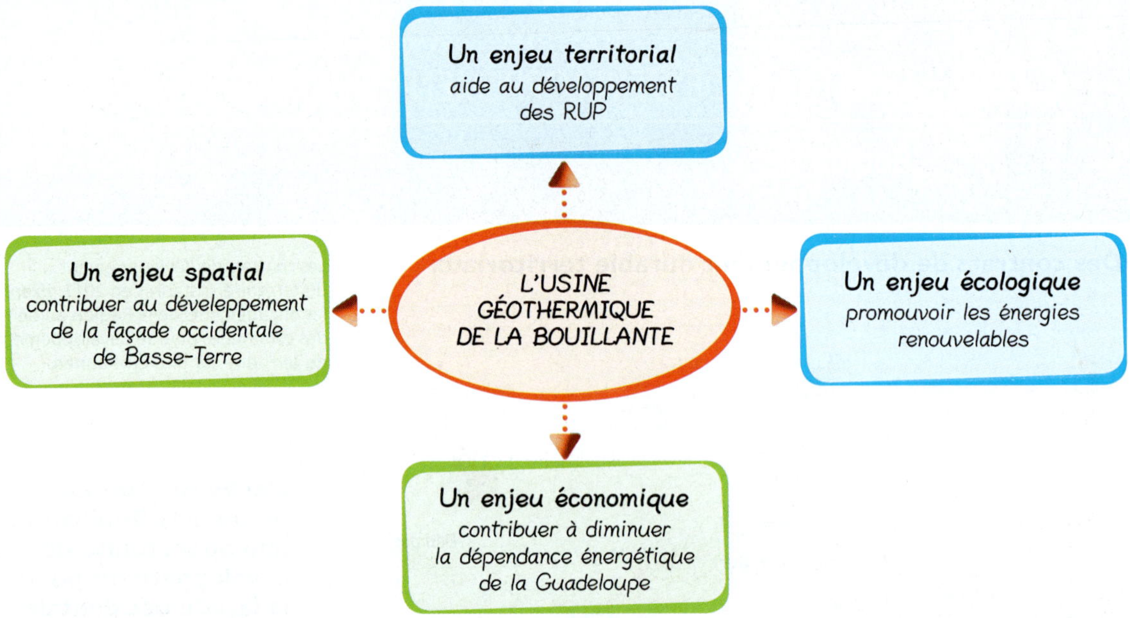

L'essentiel à retenir

A Les objectifs de l'UE dans le projet de géothermie de la Bouillante

- Dans les régions ultrapériphériques de l'UE telles la Guadeloupe, l'éloignement et l'isolement par rapport à la métropole sont des problèmes majeurs.
- La dépendance de ces territoires vis-à-vis de la métropole est générale en particulier dans le domaine énergétique.
- Le développement de l'usine de géothermie de la Bouillante, sur la côte occidentale de Basse-Terre, représente un enjeu énergétique car il s'agit de contribuer à la production locale d'électricité. C'est aussi un enjeu environnemental, la géothermie étant une énergie renouvelable.
- Le FEDER a financé à hauteur de 33 % cette centrale énergétique dans le cadre du programme Interreg IV (2007/2013) et a permis la poursuite de ce projet.

B Un projet d'avenir pour la Guadeloupe

- À l'échelle mondiale, la géothermie fait partie des ressources énergétiques renouvelables en pointe. Les conditions naturelles et géologiques de la côte occidentale de Basse-Terre sont favorables à cette ressource.
- Cette recherche d'une production énergétique « propre » correspond aux engagements de l'UE de se lancer dans la valorisation des énergies renouvelables, non polluantes.
- La Guadeloupe poursuit une politique énergétique vaste : outre la géothermie, d'autres ressources locales (éolien, bagasse) sont mises à contribution pour remplir l'objectif affiché à l'horizon 2020 de parvenir à un taux de 20 % d'énergie renouvelable.

C Un projet limité mais contribuant à l'aménagement du territoire

- En dépit de conditions naturelles favorables, le site de la Bouillante présente des fragilités. La rentabilité du projet, malgré les aides européennes et nationales, n'est pas assurée et la production électrique géothermique de la Guadeloupe reste marginale.
- Le développement de la façade occidentale de Basse-Terre, au-delà de l'enjeu énergétique, revêt une importance majeure en matière d'aménagement du territoire. En effet, la région de la Bouillante se situe dans une zone périphérique, à l'écart de la capitale Pointe-à-Pitre. Un développement d'envergure de la géothermie pourrait à terme donner à ce territoire une place plus importante dans l'organisation de l'espace guadeloupéen.

Analyse de document

SUJET

8e réunion du Comité de Sélection du Programme Interreg IV Caraïbes du 31 mars 2014 au 04 avril 2014 à Saint Martin

Questions

1. Présentez le document.
2. Quelles sont les échelles territoriales mobilisées dans ce document ?
3. Que représente le symbole des mains sur cette affiche ?
4. Comment le statut de RUP renforce-t-il l'importance des projets d'aménagement européens ?
5. Pourquoi le programme Interreg est-il utile pour comprendre le fonctionnement de l'aide européenne dans les Caraïbes ?

Compétences à mobiliser

- Identifier des documents.
- Confronter des situations géographiques à différentes échelles.
- Cerner le sens général d'un document, et le mettre en relation avec la situation géographique étudiée.
- Utiliser son manuel pour répondre à un problème géographique.
- Lire un document et en exprimer par écrit les idées-clés, les parties ou composantes essentielles.

Sujet d'étude 2

Une région en Europe, la région Île-de-France

INTRODUCTION

Avec une population de près 12 millions d'habitants et un PIB de 612 milliards d'euros, la région Île-de-France constitue une véritable région-capitale. Organisée autour de la métropole de Paris, sa renommée mondiale s'appuie sur de multiples atouts. Les résultats économiques positifs et les signes de prospérité n'empêchent pas l'existence d'énormes déséquilibres internes. Ceux-ci sont doivent d'autant plus être résolus qu'ils concernent un territoire moteur du pays, disposant de ressources financières inégalées. « Plus juste, plus solidaire et plus durable », ainsi se déclinent les enjeux du devenir francilien.

Méthodologie

Les étapes pour traiter la région dans laquelle se situe votre lycée :

A Localisation et identité de votre région

- **Localisation par rapport : 1)** aux grands centres dynamiques du territoire (Paris, Lyon, …) : centrale, périphérique ou frontalière ; **2)** aux grands axes de communication.
- **Identité : 1)** Ancrage historique de la région ; **2)** Impact de la réforme territoriale : régions agrandies/ inchangées.

B Occupation par les hommes et développement économique

- **L'occupation par les hommes : 1)** Peuplement ; **2)** Points structurants du peuplement : métropoles, littoral, axes de communication, dominante rurale, …
- **Le développement économique : 1)** Population active : diversité ou spécialisation de l'activité ; **2)** Dynamiques des secteurs : crise, difficultés ou essor ; **3)** Déséquilibres territoriaux internes.

C Relations avec les autres échelles territoriales

1) Europe : intégration ou position périphérique ; **2)** France : poids de la métropole parisienne dans les logiques spatiales ; **3)** Régions : complémentarité, isolement, concurrence avec les régions voisines.

➥ Pour faire un **croquis ou schéma de synthèse** (voir liens vers des ressources sur le rabat avant de votre manuel).

A Une région-capitale à l'échelle du monde

1 L'Île-de-France, la région parisienne

Pour assurer la promotion du territoire francilien auprès d'investisseurs économiques, la région Île-de-France s'est investie avec d'autres partenaires (chambres de commerce et d'industrie, État…) dans l'association « Paris région ». Ce choix démontre toute l'importance de la métropole parisienne dans la dynamique francilienne et l'image mondiale de la région.

2 Une position dominante dans l'espace français et européen

Située au carrefour des échanges européens et mondiaux, l'Île-de-France est la première région économique française et l'une des premières au niveau européen. Composée de 8 départements et 1 299 communes et arrondissements, elle accueille 18 % de la population française métropolitaine. [...] Son PIB représente 31 % de la richesse nationale et près de 4 % du PIB de l'Union européenne, devant le Grand Londres et la Lombardie [Italie du Nord]. Elle rassemble une forte densité d'entreprises technologiques, des pôles de compétitivité de réputation internationale et une des plus fortes concentrations scientifiques et technologiques en Europe. [...]

Premier bassin d'emploi européen, sa main-d'œuvre est hautement qualifiée : 33 % des cadres français y travaillent. L'Île-de-France rassemble 22 % des universités françaises, 25 % des écoles d'ingénieurs (hors universités) et 20 % des écoles de commerce. [...]

Enfin, l'Île-de-France, et plus particulièrement Paris, ville d'art, d'histoire et de culture, restent très attractifs pour les touristes internationaux. En outre, avec plus de 680 000 mètres carrés d'espaces d'exposition, Paris se situe au premier rang européen sur tous les critères : nombre de salons accueillis, nombre d'exposants et nombre de visiteurs.

« Les chiffres clés de la région Île-de-France », CROCIS de la CCI Paris IDF, IAU IdF, Insee IdF, 2015.

3 La région Île de France au cœur d'événements de dimension planétaire

îledeFrance

PARIS CLIMAT 2015

La région Île-de-France est associée à la COP21 (conférence internationale sur le climat) de Paris de décembre 2015 qui s'est tenue au Bourget.

4 Le développement du tourisme chinois à Paris, un enjeu d'avenir pour la région

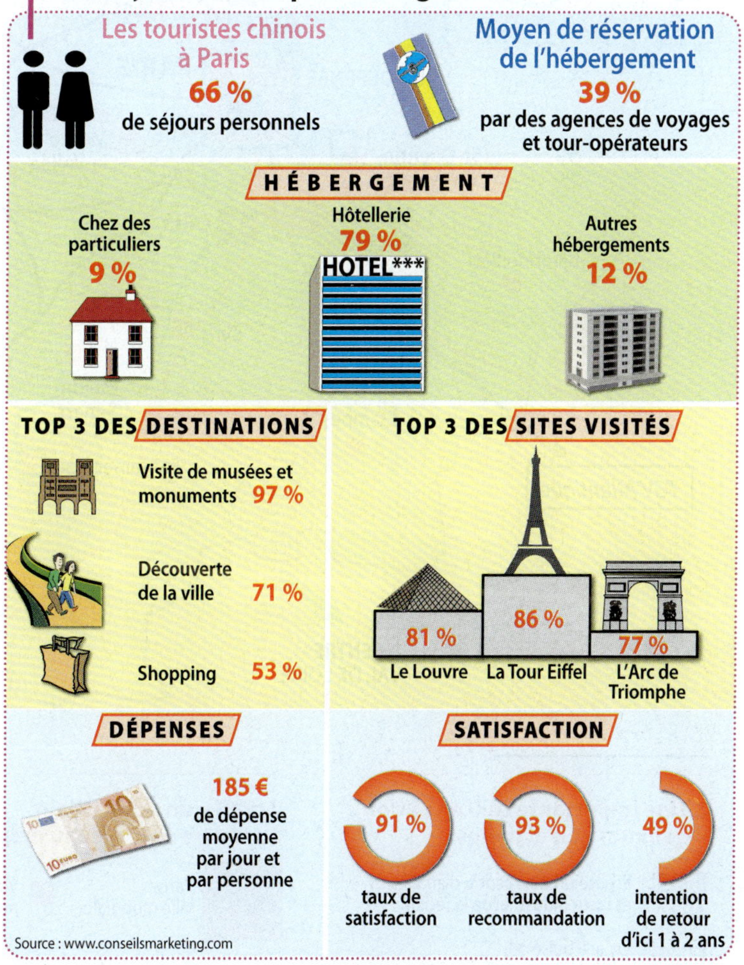

Source : www.conseilsmarketing.com

Questions

1. Décrivez l'importance de la région Île-de-France au niveau national. (doc. 2, 3)
2. Montrez pourquoi la communication de la région Île-de-France met la métropole parisienne en avant. (doc. 1, 4)
3. Expliquez comment l'image de la région Île-de-France est mise en valeur au niveau mondial. (doc. 2, 3, 4)

SUJET BAC

Construisez à l'aide des doc. 1 et 2, une réponse à la question : « L'Île-de-France, une région-capitale ».

B L'organisation régionale de la puissance de l'Île-de-France

5 L'organisation du territoire francilien

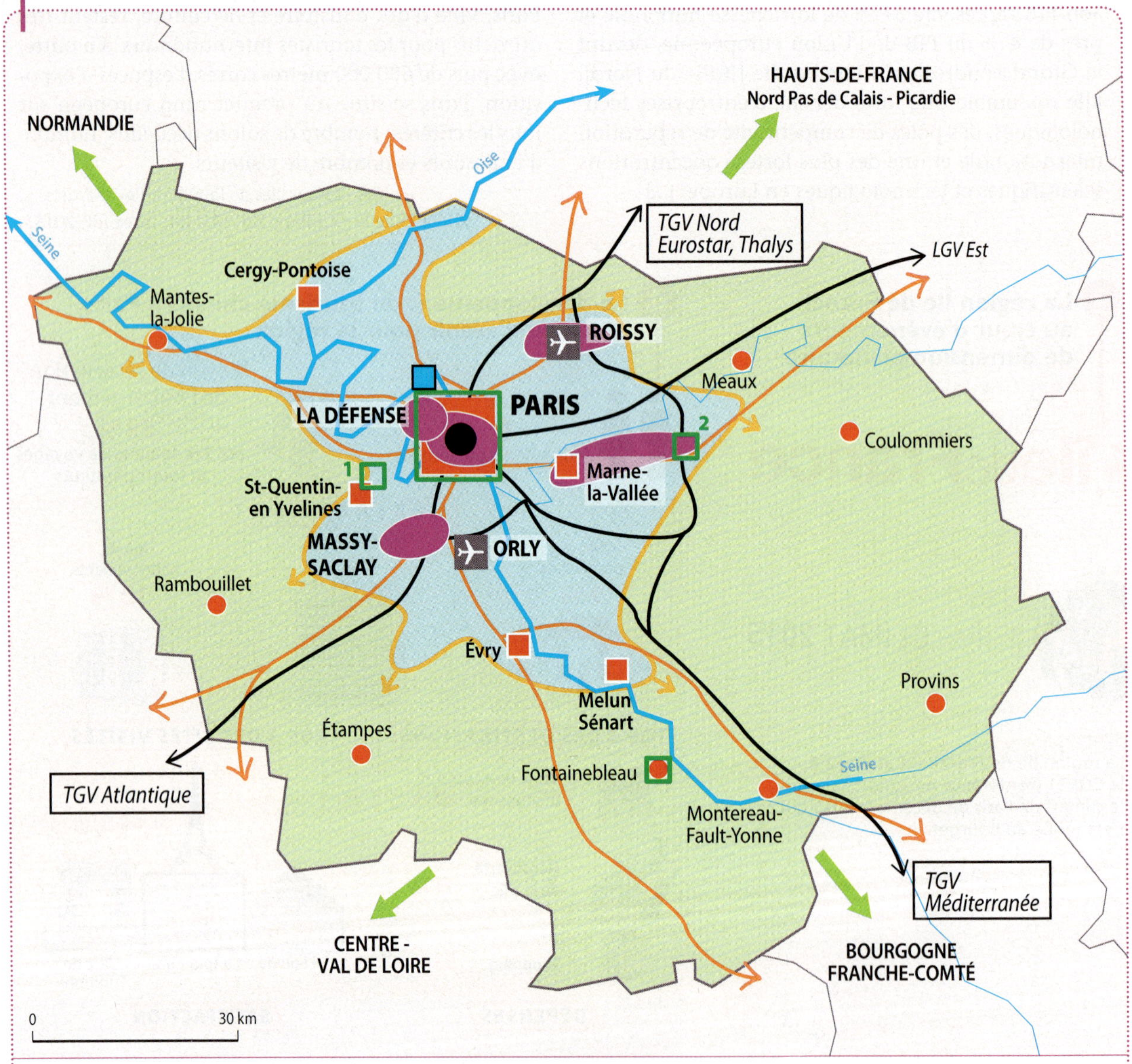

1. Une importante concentration d'hommes et d'activités

- Espace urbain : centre d'affaires et cœur industriel de la région
- Espace boisé ou agricole dominant
- L'expansion de l'agglomération parisienne

2. Paris, un pôle urbain au centre d'un réseau majeur

- Paris, ville mondiale
- Ville nouvelle
- Ville secondaire
- Autoroute
- Aéroport international
- TGV
- Voie navigable à grand gabarit
- Port fluvial majeur

3. Une influence nationale et internationale

- Capitale et siège d'institutions internationales
- Tourisme international
  - 1 Château de Versailles
  - 2 Disneyland
- Centre de décision à l'échelle européenne
- Aire d'influence parisienne

6 Des acteurs variés dont les compétences ont évolué

Chef de file des politiques de développement économique, les Régions se voient attribuer de nombreuses compétences historiques des départements (routes, collèges, transports scolaires et transports interurbains). Les Métropoles, quant à elles, exerceront des compétences renforcées. [...]

L'affirmation des Métropoles ne conduira-t-elle pas les Régions à se concentrer sur leur mission de développement territorial, au profit des territoires périphériques, non métropolitains ? À l'inverse, le rayonnement des Métropoles et leur force d'entraînement excéderont sans doute leur territoire, au point d'impacter parfois une grande partie de la Région.

Il reviendra aux exécutifs locaux[1] d'inventer les formes de collaboration qui leur conviennent. La recherche d'efficacité des politiques publiques doit l'emporter afin que des synergies utiles se dessinent au profit des entreprises et des habitants des territoires métropolitains et non-métropolitains.

Jacques-Henri Semelle, « Région-métropole, le nouveau couple majeur de la réforme territoriale », lesechos.fr, 24 novembre 2014.

1. Maire (commune), président du Conseil général (département), président du Conseil régional (région).

7 Le partage des compétences entre la Métropole du Grand Paris et le Conseil régional

La Métropole du Grand Paris	Le Conseil régional
Exercera de plein droit, en lieu et place des communes membres, les compétences suivantes sur l'ensemble du territoire de la métropole : • aménagement de l'espace métropolitain (plan local d'urbanisme, PLU) ; • développement et aménagement économique, social et culturel ; • politique locale de l'habitat : élaboration du plan métropolitain de l'habitat et de l'hébergement (PMHH) ; • politique de la ville ; • protection de l'environnement et du cadre de vie. www.ile-de-france.gouv.fr	**A pour mission de contribuer au développement économique, social et culturel de la région :** • aide aux entreprises, à l'innovation et l'attractivité du territoire ; • orientation et formation professionnelles ; • plan régional de prévention et de gestion des déchets et gestion de l'eau ; • organisation de l'intégralité de la mobilité interurbaine ; • schéma régional d'aménagement sur les principes du développement durable et d'égalité des territoires ; • chef de file pour le développement du tourisme. www.vie-publique.fr

8 Métropole du Grand Paris et région Île-de-France

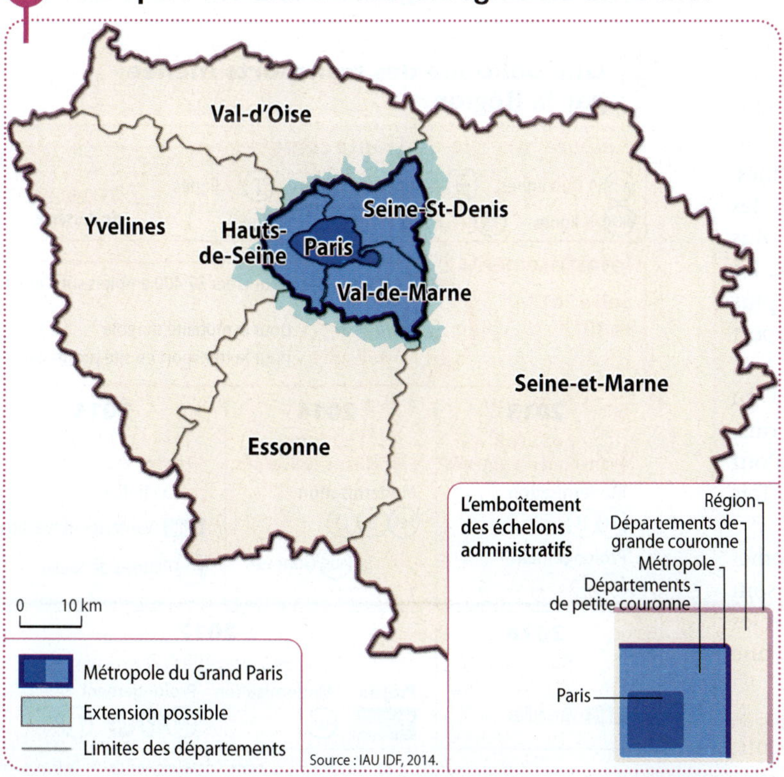

Questions

1. Décrivez la logique d'organisation des moyens de communication dans la région Île-de-France. (doc. 5)
2. Expliquez comment s'organise le partage des compétences entre la région Île-de-France et la Métropole du Grand Paris. (doc. 6, 7)
3. Montrez quels problèmes peut poser la coexistence de la Métropole du Grand Paris et de la région Île-de-France. (doc. 6, 8)

SUJET BAC

Construisez à l'aide du doc. 5, une réponse à la question : « Quelle est l'organisation du territoire francilien ? »

C Justice spatiale et recherche d'unité entre les territoires

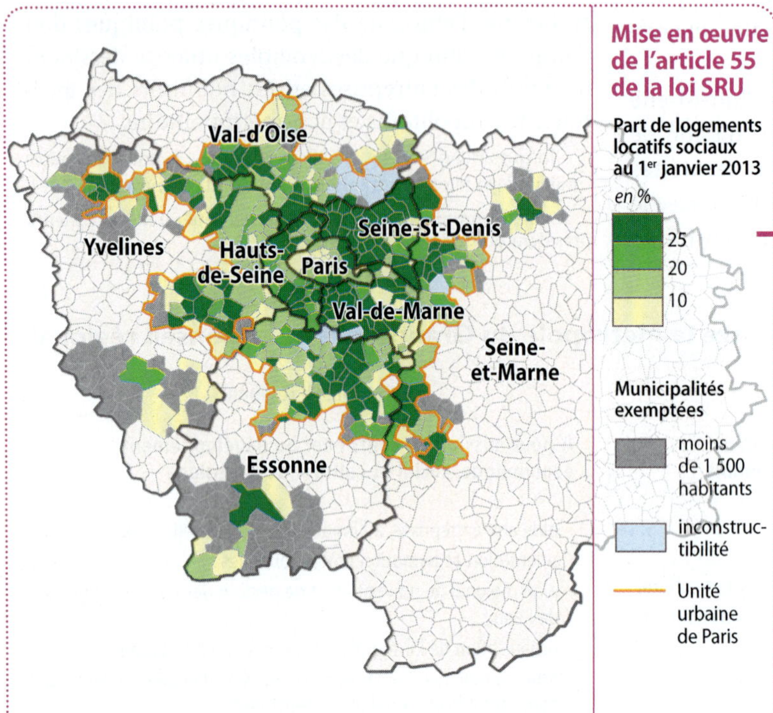

Source : Direction régionale et interdépartementale de l'aménagement et du logement, 2013.

9 Le logement social, des situations fortement contrastées

Depuis 2000, la loi de Solidarité et de renouvellement urbain (SRU) impose aux communes de plus de 3 500 habitants (1 500 en Île-de-France) d'avoir un seuil minimal de 20 % de logements sociaux dans leur commune. Cette obligation a été portée à 25 % par une loi de 2013 dans les territoires où les besoins sont les plus forts.

10 De très fortes inégalités sociales

Avec la moitié des ménages disposant de plus de 22 200 € par an, l'Île-de-France est la région globalement la plus riche de métropole. Mais c'est aussi celle qui compte les départements avec les plus hauts et les plus faibles taux de pauvreté de France : 27 % en Seine-Saint-Denis contre 9 % dans les Yvelines.

C'est à Paris et les Hauts-de-Seine que les inégalités entre les plus pauvres et les plus riches sont les plus criantes. Dans le 92, les 10 % les plus riches gagnent cinq fois plus que les 10 % les plus pauvres. Un rapport qui monte même à 6,7 à Paris. [...]

En Seine-Saint-Denis et dans le sud du Val-de-Marne, les riches sont loin d'être aussi aisés que dans l'ouest de la région. Pour autant, leur niveau de vie dépasse de 4 fois celui des plus pauvres. [...]

Plus on s'éloigne du centre de l'agglomération parisienne, moins les inégalités sont grandes. Le rapport entre les plus riches et les plus pauvres s'y rapproche de la moyenne nationale (3,5).

« Les inégalités se concentrent au cœur de la région Île-de-France », leparisien.fr, 11 septembre 2015.

11 Une politique des transports menée par la Région

Aujourd'hui, l'Île-de-France compte :

BUS 1 500 lignes — Train 8 lignes (Transilien) — T 7 lignes — RER 5 lignes — M 16 lignes — T zen 1 ligne → *25 000 km de desserte*

Investissements entre 2013 et 2017 :

- *7 milliards €* pour créer 57 400 emplois sur 5 ans
- *3 milliards €* pour la mobilité durable
- *1,5 milliard €* pour le transport en site propre Tzen

2013 — 1 012 800 Franciliens concernés
Modernisation : RER B
Prolongement : M 4, T7

2014 — 1 227 000 Franciliens concernés
Modernisation : RER B, D
T6, T8, BUS Gonesse

2015 — 176 000 Franciliens concernés
T6 à Viroflay
Gare Nanterre- université
BUS Plateau de Saclay

2016 — 1 021 000 Franciliens concernés
Gare Versailles

2017 — 1 028 600 Franciliens concernés
Projets : T zen
Modernisation : RER C
Prolongement : M 12, 14 ; T1, T3, T4

Source : Conseil régional de l'Île-de-France, 2015.

12 Des politiques visant à corriger les déséquilibres sociaux et spatiaux

Le dispositif « ÉquiTables » :

Une grille de tarifs unique réglemente le prix des repas dans les lycées de Seine-et-Marne, Seine-Saint-Denis, Val-de-Marne et Val-d'Oise. Initiée en 2014, la réforme des tarifs de la demi-pension est étendue à la rentrée 2015, et concerne désormais un total de 222 établissements. Elle est déployée progressivement sur quatre ans afin de couvrir à la rentrée 2017 l'ensemble du territoire francilien. Le dispositif comprend trois points :

- une grille unique de tarifs basée sur les ressources des familles pour un égal accès des lycéens et des lycéennes à la demi-pension,
- une amélioration de la qualité des repas,
- la lutte contre le gaspillage alimentaire.

www.iledefrance.fr/equitables

13 Un budget traduisant les priorités régionales

Budget total 2015
4,949 milliards d'euros

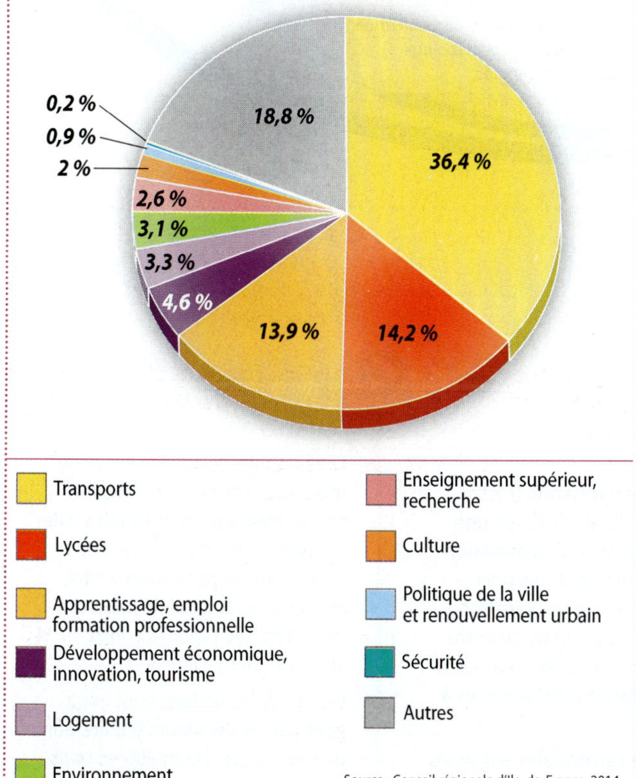

Source : Conseil régionale d'Ile-de-France, 2014. www.iledefrance.fr

14 Une région en recherche d'identité

– Francilienne ? C'est l'autoroute qui fait le tour de Paris, non ? Je rigole… Moi, je me sens plutôt parisienne car c'est une ville magnifique. Vivre en région parisienne c'est surtout très pratique *(attachée de communication).*

– Francilien ? Non, je ne me suis jamais dit francilien. Quand on me pose la question, je réponds que je suis du 9-1 *(étudiant).*

– J'habite dans le XIXe arrondissement à Paris mais je vais partir pour Pantin, de l'autre côté du périph. Je suis originaire de Haute-Savoie, mais ça c'était avant. Je me sens de plus en plus parisienne *(cadre).*

– Avec mes copains, on ne va pas à Paris. C'est trop loin. Et c'est cher. Alors on reste dans la cité. Il y a des magasins, le centre commercial *(collégien).*

– Je fais du blé, du maïs, j'ai quelques vaches. Ma ferme se trouve dans un village, ma famille habite l'Île-de France depuis toujours *(cultivateur, conseiller municipal).*

– Je me sens avant tout banlieusarde. Banlieusarde de Montreuil. J'adore ma commune, ouverte au monde, avec différentes cultures… *(retraitée).*

Jessie Magana, *L'Île-de-France réinventée. Quelle région pour 2030 ?*, Autrement, 2014.

Questions

1. Déterminez les principaux déséquilibres sociaux et spatiaux de la région Île-de-France. (doc. 9, 10)
2. Montrez comment les politiques régionales peuvent contribuer à la réduction de ces fractures territoriales. (doc. 11, 12, 13)
3. Expliquez pourquoi il est difficile de définir une identité régionale en Île-de-France. (doc. 9, 14)

SUJET BAC

Construisez à l'aide des doc. 9 et 14 une réponse à la question : « La région Île-de-France est-elle fragmentée ? »

BAC **Réviser** le sujet d'étude

Une région en Europe, la région Île-de-France

www.lienmini.fr/magnard-hg1-315

Schéma-bilan

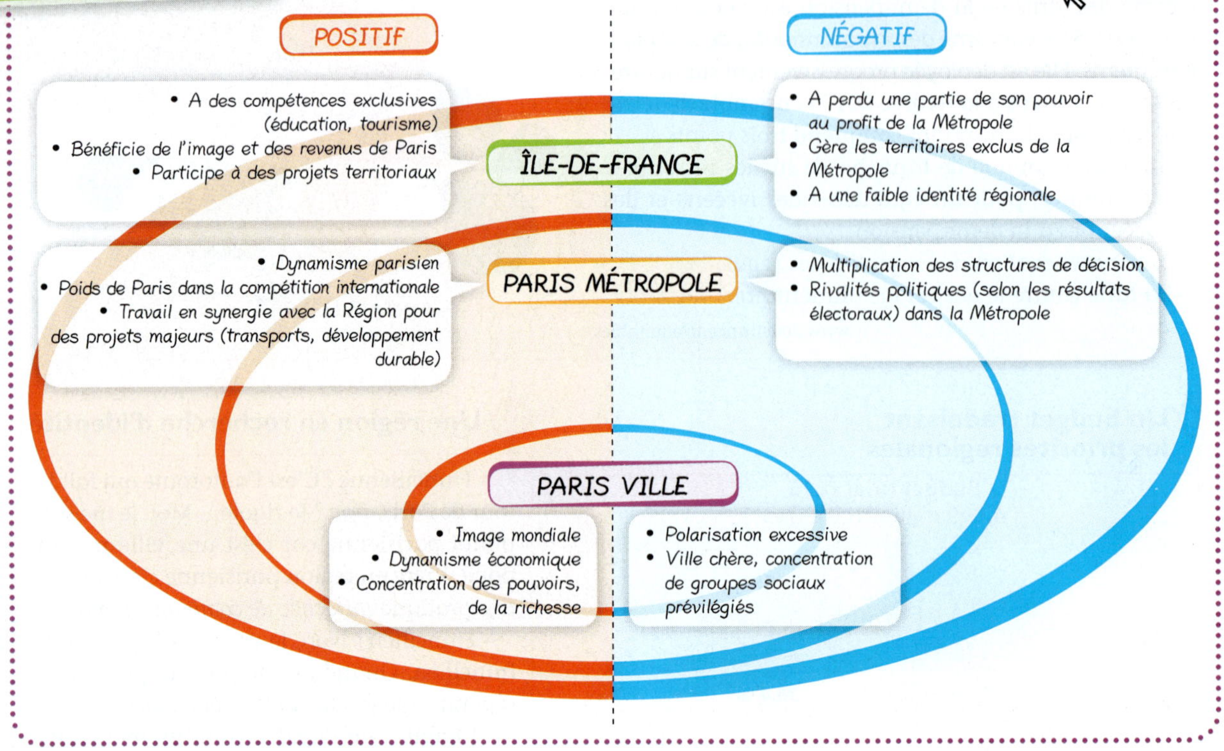

L'essentiel à retenir

A Une région-capitale à l'échelle du monde

- La région Île-de-France, première région française dans une multitude de domaines, est le porte-flambeau de la France dans le contexte de la mondialisation. Son PIB par habitant la place au 8e rang européen et témoigne de son poids économique conséquent.
- Cette position privilégiée lui permet de rayonner à l'échelle mondiale, en particulier grâce à la mise en valeur de la métropole parisienne.
- Ce rayonnement est considéré comme un atout autour duquel l'Île-de-France développe une communication active. Pour autant, ceci ne doit pas faire oublier la diversité de la région ni la réalité spatiale beaucoup plus diverse et complexe.

B L'organisation régionale de la puissance de l'Île-de-France

- La métropole parisienne (Métropole du Grand Paris) occupe une place centrale dans l'organisation du territoire régional. Les principales voies de communication nationales et régionales s'y entrecroisent. Cette situation rend complexes les relations de banlieues à banlieues.
- Les réformes territoriales engagées (loi NOTRe) ont différencié Paris de la région Île-de-France. Paris est devenu une Métropole, c'est-à-dire un échelon territorial à part entière.
- La gouvernance* de la région compte donc un niveau supplémentaire et le travail en synergie entre le Conseil régional, les municipalités et la Métropole sera essentiel pour assurer l'avenir francilien.

C Justice spatiale et recherche d'unité entre les territoires

- La région Île-de-France est riche mais aussi fortement marquée par les inégalités territoriales. Elle connaît les écarts les plus importants pour les personnes vivant en-dessous du seuil de pauvreté (9 % dans les Yvelines contre 27 % en Seine-Saint-Denis).
- De multiples actions sont engagées par les décideurs publics afin de réduire ces déséquilibres mais certains textes, telle la loi SRU, souffrent d'un manque d'application. Les politiques liées aux transports, à l'éducation ou à la santé cherchent à réduire les inégalités.
- Polarisée par Paris, partagée entre espaces citadins et ruraux, l'Île-de-France n'a pas d'identité forte et offre des sentiments d'appartenance multiples dans les populations.

BAC 2e partie de l'épreuve **Analyse de documents**

SUJET 1

1 Les inégalités en Île-de-France

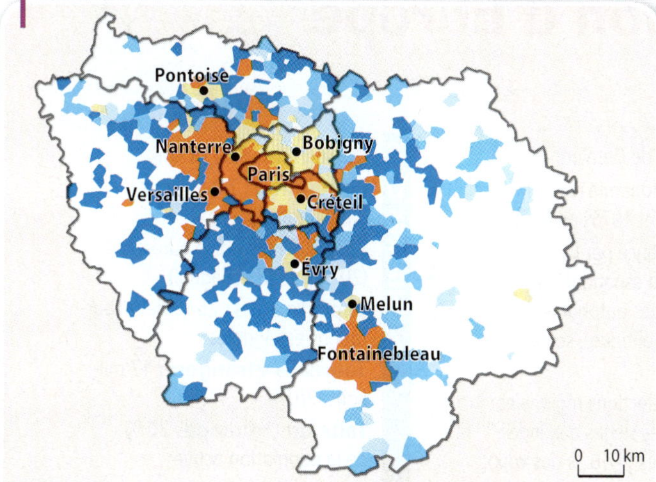

* Arrondissements à Paris

Source : Insee, 2015

2 Le poids de la région capitale en France

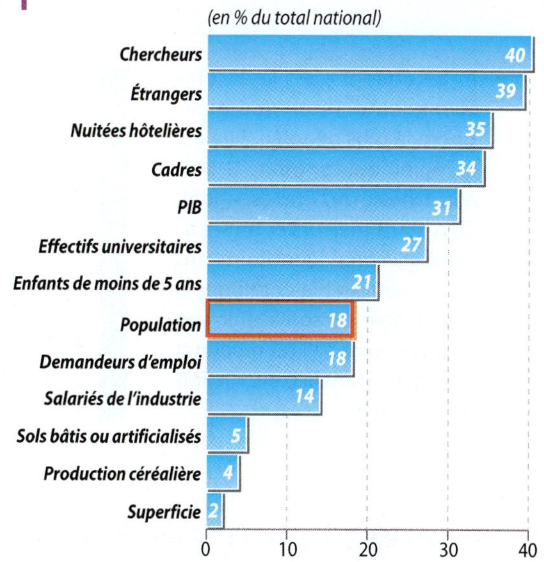

Sources : CCI Paris-Ile-de-France, Insee, 2014.

Questions

1. Présentez les deux documents.
2. Quelles sont les différentes échelles territoriales mises en jeu dans ce sujet ?
3. Comment ces documents illustrent-ils à la fois les forces et les faiblesses de la région Île-de-France ?
4. Pourquoi les acteurs locaux (en particulier le Conseil régional) ont-ils un rôle fondamental pour réduire les déséquilibres territoriaux de la région ?
5. Pourquoi l'équité territoriale est-elle un enjeu majeur en Île-de-France ?

Compétences à mobiliser

- Identifier des documents.
- Confronter des situations géographiques à différentes échelles.
- Lire un document et en exprimer par écrit les idées-clés, les parties ou composantes essentielles
- Utiliser le manuel comme outil de lecture complémentaire du cours.
- Cerner le sens général d'un corpus documentaire, et le mettre en relation avec la situation géographique étudiée

SUJET 2

Questions

1. Quelles sont les différents territoires visibles sur ce document ?
2. Quelle est l'importance de la métropole parisienne dans ce document ?
3. Pourquoi ce phénomène est-il une preuve du dynamisme de la région Île-de-France ?
4. Pourquoi représente-il aussi un risque pour l'unité de la région ?

Sujet d'étude 3

La Catalogne, une région d'Europe

INTRODUCTION

La Catalogne est la 2e communauté autonome espagnole la plus peuplée. Elle est la région qui contribue le plus à la richesse de l'État espagnol. Ces atouts majeurs et un sentiment national identitaire très fort conduisent la Catalogne à s'interroger sur son avenir, son appartenance à l'État espagnol et sa place dans la construction européenne.

REPÈRES CLÉS

- **1162 :** Principauté de Catalogne créée.
- **1932 :** Statut d'autonomie (supprimé entre 1939 et 1975 : dictature).
- **1978 :** Reconnaissance par la Constitution espagnole de communautés autonomes ayant des droits politiques, sociaux et culturels
- **27 sept. 2015 :** élections régionales : majorité des sièges aux indépendantistes (47,8 % des voix).

CHIFFRES CLÉS

- **Superficie :** 32 114 km²
- **Population :** 7,4 millions d'habitants
- **PIB :** 200 milliards d'euros (20 % du PIB espagnol)
- **Exportations :** 25 % des exportations espagnoles
- **Touristes étrangers :** 17 millions (2014)
- **Taux de chômage :** 20 % de la population active

A Une région puissante aux multiples atouts

1 La Catalogne, une région intégrée à la construction européenne

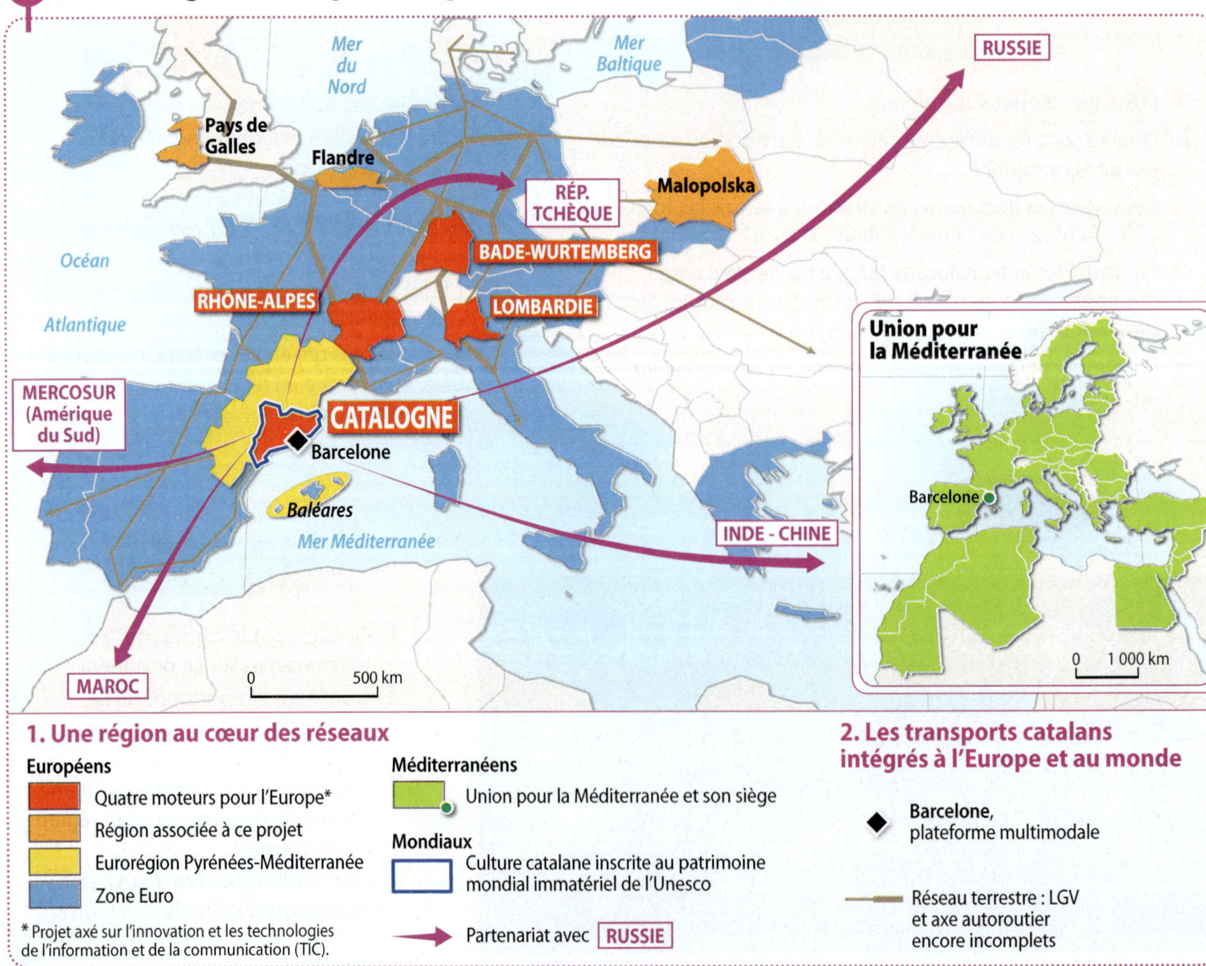

1. Une région au cœur des réseaux

Européens
- Quatre moteurs pour l'Europe*
- Région associée à ce projet
- Eurorégion Pyrénées-Méditerranée
- Zone Euro

* Projet axé sur l'innovation et les technologies de l'information et de la communication (TIC).

Méditerranéens
- Union pour la Méditerranée et son siège

Mondiaux
- Culture catalane inscrite au patrimoine mondial immatériel de l'Unesco
- Partenariat avec RUSSIE

2. Les transports catalans intégrés à l'Europe et au monde
- Barcelone, plateforme multimodale
- Réseau terrestre : LGV et axe autoroutier encore incomplets

3 La Catalogne, une région touristique de dimension européenne

La Costa Brava (1) et la Costa Maresme (2) ou la Costa del Garraf (3), sont des hauts lieux du tourisme balnéaire européen.

2 La métropole barcelonaise, figure de proue du dynamisme catalan

En 2014, Barcelone a été désignée comme capitale européenne de l'innovation dans le cadre des « Quatre moteurs pour l'Europe ». Tous les ans s'y déroule le Mobile World Congress.

Avec près de 90 000 visiteurs, dont 4 500 directeurs d'entreprises, Barcelone est pour quelques jours, la capitale économique mondiale. [...] Pourquoi ? Parce que le mobile est devenu un catalyseur de la transformation économique des entreprises. [...] Le mobile est une révolution plus importante que le PC et le Web avant lui, car des pans entiers de l'industrie ou de l'économie sont transformés par la capacité du mobile à relier les univers physiques et numériques, et ce dans le monde entier. [...]

C'est à Barcelone que Mark Zuckerberg, le PDG de Facebook, intervient pour faire la promotion d'internet.org et connecter les régions rurales où les consommateurs n'ont pas encore accès à Internet, [...] que Visa annonce collaborer avec Pizza Hut et Accenture pour piloter un projet de *car-commerce* connecté.

Thomas Husson, « Mobile World Congress 2015 : Barcelone, capitale économique mondiale pendant quelques jours », www.jounaldunet, 4 mars 2015.

4 L'importance de la Catalogne dans la production de richesses en Espagne

- Le PIB est proportionnel à la superficie du carré ou du rectangle.
- Les cinq régions contribuant le plus à la richesse nationale selon le PIB en 2014 *(en milliards d'euros)* sont : la Catalogne (*200*) ; Madrid (*198*) ; l'Andalousie (*142*) ; la Communauté de Valence (*99*) ; le Pays basque (*64*).

5 Le port de Barcelone, une ouverture mondiale

Port espagnol qui génère le plus de recettes.
Trafic total
46,3 millions de tonnes (+ 9 % en 2014)
Trafic conteneurs
• **Pays destinataires** – **1er rang :** Émirats Arabes Unis (plus de 10 % du total en 2014) – **Pays dont la part a augmenté en 2014 :** Chine (+ 33 %), Corée du Sud (+ 35 %) États-Unis (+ 17 %) Mexique (+ 15 %) Afrique du Sud (+ 14,5 %)
• **Pays d'origine** – **1er rang :** La Chine (près de 40 %)

Source : Port de Barcelone, Rapport officiel 2014 http://content.portdebarcelona.cat

Questions

1. Expliquez quelle place occupe la Catalogne dans le développement économique espagnol. (doc. 1, 4)
2. Montrez comment la Catalogne est une région très ouverte sur l'Europe et le monde. (doc. 2, 3, 5)
3. Déterminez la place qu'occupe Barcelone dans la dynamique socio-économique catalane. (doc. 2, 5)

SUJET BAC

Construisez à partir du doc. 1, une réponse à la question : « Comment la Catalogne cherche-t-elle à s'ouvrir sur l'Europe et le monde ? ».

B Une identité forte mais des revendications diverses parfois opposées

6 Les revendications indépendantistes

La *Diada*, le 11 septembre, est jour de fête nationale depuis 1980. Elle est souvent marquée dans les rues de Catalogne par des manifestations monstres durant lesquelles les tenants de l'indépendance affichent leur détermination.

7 La langue au cœur de l'identité et de la culture catalanes

Le nationalisme qui s'est développé en Catalogne au XXe siècle a placé au cœur de sa construction idéologique [...] la langue comme fait différenciateur fondamental de la nation catalane. Ce *nationalisme linguistique* [...] a légitimé une vigoureuse politique de défense et de promotion du catalan. [...]

Les proclamations nationalistes de primauté de la *langue catalane* sur les autres éléments [...] de la *nation catalane* ne manquent pas dans le très vaste corpus[1] nationaliste. L'un des textes fondateurs du nationalisme catalan à la fin du XIXe siècle, les célèbres *Bases de Manresa* (1892-1893), l'indique clairement: « La langue catalane sera la seule qui pourra être utilisée, avec un caractère officiel, en Catalogne et dans les relations entre cette région et le pouvoir central. » [...] La langue chez les nationalistes [...]remplit une « fonction symbolique et participative ».

Henri Boyer, *Langue et nation: le modèle catalan de nationalisme linguistique*, http://mots.revues.org/4113.

1. L'ensemble des œuvres écrites.

8 Une Catalogne divisée sur l'indépendance (septembre 2015)

Les élections régionales de septembre 2015 présentent une Catalogne fortement divisée dans son adhésion ou non aux partis prônant l'indépendance.

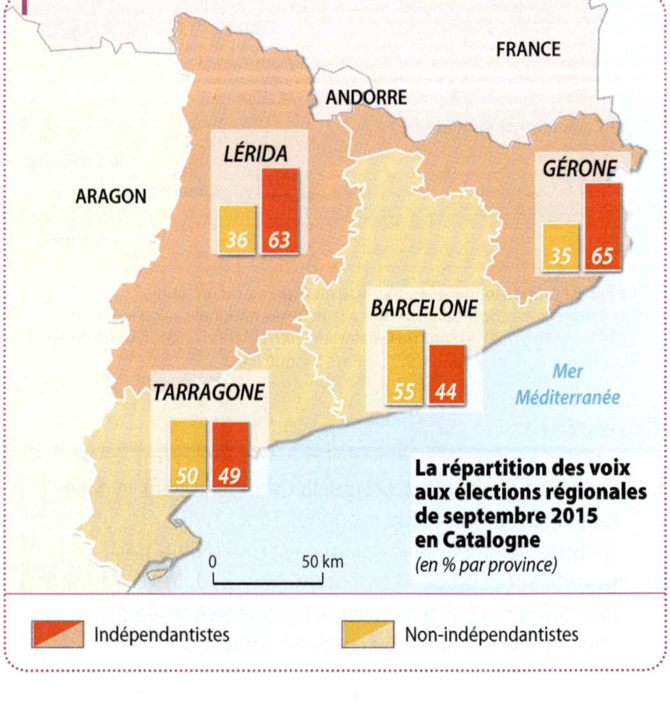

9 Les différentes expressions de l'identité catalane

La ville de Barcelone compte deux clubs de football de premier plan. Si les deux affirment leur identité catalane, la Barça (FCB) se veut le porte-drapeau d'une identité catalane triomphante (sa devise « *Mes que un club* » signifie « Plus qu'un club ») alors que le RCD Espanyol passe pour un club proche de Madrid.

10 Une Catalogne hostile à l'indépendance

a. Affiche de campagne du Partido Popular

Traduction de l'affiche :
« La Catalogne oui, L'Espagne aussi ».
Lors de la campagne pour les élections régionales de septembre 2015, le ***Partido Popular***, au pouvoir à Madrid avec M. Rajoy, s'est prononcé pour l'attachement à la Catalogne et le maintien de la région au sein de l'État espagnol.

b. Message du chef du gouvernement espagnol, au lendemain des élections régionales :

Le message du chef du gouvernement espagnol, Mariano Rajoy, au lendemain des élections régionales qui ont porté à une large majorité la coalition des partis indépendantistes à la tête de la Catalogne était ferme, lundi 28 septembre : « *Tant que je serai président du gouvernement, je ne discuterai jamais de l'unité de l'Espagne, de la souveraineté nationale ou de la liberté des Espagnols.* »

Autrement dit : pas question de mettre sur la table la question de l'indépendance, sur laquelle Artur Mas, le président sortant de la région et membre de la coalition victorieuse dimanche soir, avait fait campagne. Ce dernier a prévenu que la question de la séparation de la Catalogne d'avec l'Espagne serait l'unique sujet de dialogue avec le gouvernement, scénario que M. Rajoy a rejeté, lundi midi. « *Je suis prêt à écouter, mais je ne suis pas prêt à oublier la loi* », a-t-il renchéri.

« Mariano Rajoy refuse de dialoguer avec la Catalogne sur l'indépendance », *Le Monde*, 28 septembre 2015.

Questions

1. Définissez quels sont les symboles et les éléments porteurs de l'identité catalane. (doc. 6, 7, 9)
2. Montrez que cette identité commune n'est pas à l'origine d'une aspiration à l'indépendance généralisée. (doc. 8, 9, 10)
3. Expliquez comment l'utilisation de la langue catalane s'inscrit dans un combat politique identitaire. (doc. 6, 7)

SUJET BAC

Construisez à partir des doc. 8 et 10 une réponse à la question : « Comment les comportements électoraux catalans traduisent-ils la diversité des relations entre la Catalogne et Madrid ? »

C Les enjeux pour une région à la croisée des chemins

11 L'avenir européen de la Catalogne en suspens

Le 27 septembre 2015, des élections régionales se tiennent en Espagne.

Hollande, Merkel, Cameron, Obama, tous les chefs d'État des autres pays font front commun avec Madrid et mettent en garde contre l'indépendance. [...]

Du côté de la Commission, on fait monter les enchères. Qui dit indépendance, dit négociation d'adhésion... donc risque de veto espagnol. [...]

Pour J.-C. Piris, une déclaration unilatérale d'indépendance créerait une situation inextricable [...] une Catalogne indépendante « en violation de la Constitution » espagnole « ne pourrait (même) pas se porter candidate » à l'adhésion.

Les indépendantistes catalans misent, eux, sur la création d'une situation de fait et la difficulté pratique qu'il y aurait à exclure la Catalogne de l'Union. « *70% des exportations espagnoles passent par la Catalogne* », explique un haut fonctionnaire européen.

Florence Autret, « Flou juridique et déni politique au sujet de l'indépendance catalane », *La Tribune* 26 septembre 2015.

12 Patrons catalans et indépendance

La Catalogne ne représente que 3,6 % du chiffre d'affaires du géant de la mode nuptiale Pronovias, contre 23,1 % pour le reste de l'Espagne. [...] Le président de l'entreprise catalane, Alberto Palatchi, a diffusé un courrier expliquant que Pronovias est « *difficilement viable [...] dans une Catalogne hors de l'Union européenne, hors de la zone euro* ». [...]

La principale organisation patronale catalane a reconnu que « *le processus sécessionniste [était] une source de tension et d'inquiétude maximales du point de vue économique et des entreprises* ». [...]

Le Cercle catalan des affaires (CCN) défend depuis 2008 la position de plus de 800 entreprises catalanes, engagées en faveur de l'indépendance. « *La relation toxique que nous avons avec l'Espagne entrave notre développement économique*, assure son président. *Il n'est pas acceptable de voir que nous ne profitons pas des services que nous finançons avec nos impôts [...]* ».

Sandrine Morel, « En Catalogne, les entreprises s'inquiètent d'une sécession, *Le Monde*, 26 septembre 2015.

13 Des déséquilibres démographiques régionaux

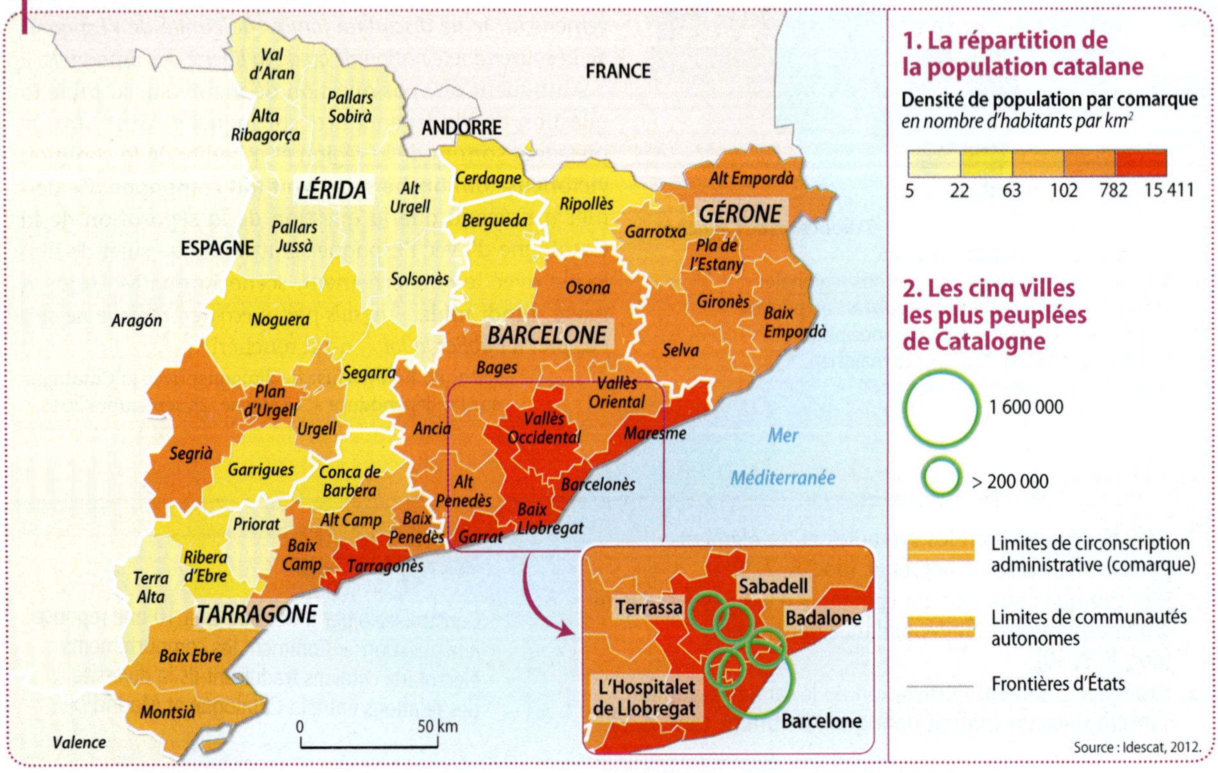

14 Barcelone et les déséquilibres économiques territoriaux catalans

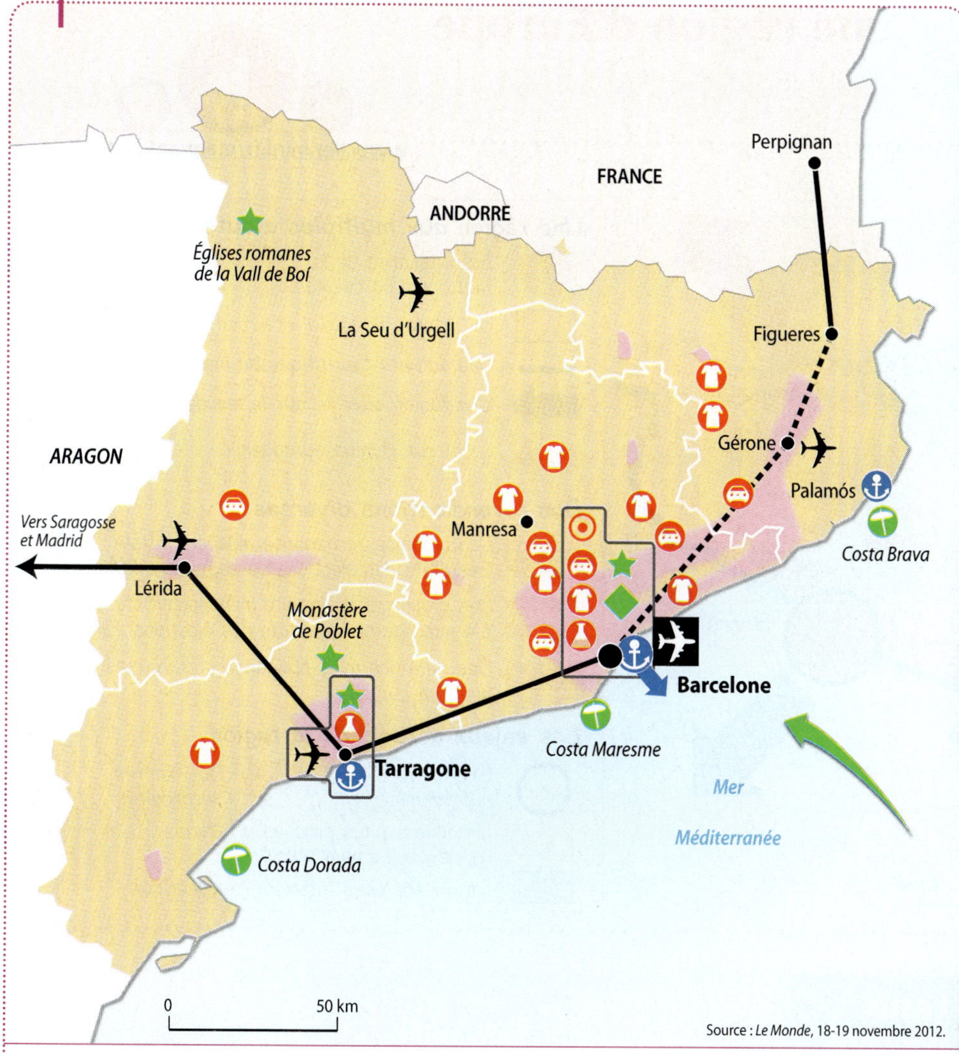

Source : *Le Monde*, 18-19 novembre 2012.

1. Un nœud de communications

- *Hub* international
- Grand port tourné vers le monde
- Aéroport
- Ports

Lignes à grande vitesse :

- en service
- en construction

2. Un fort secteur industriel, héritier d'une tradition manufacturière

- Zones industrielles

Industries :

- Alimentation, textile
- Chimie
- Métallurgie
- Équipement, automobiles, transports

3. Une région touristique de dimension européenne

- Principales côtes touristiques
- Sites majeurs de tourisme urbain
- Monument, site, quartier ou ville inscrit au patrimoine mondial de l'Unesco
- 17 millions de touristes étrangers (25 % de l'activité touristique espagnole)

Embarquement de voitures SEAT pour la Chine dans le port de Barcelone.

Le Barcelona Synchrotron Park (BSP) : parc de 408 hectares situé près de Barcelone dédié aux entreprises technologiques.

En 2014, 3,5 millions de passagers ont transité par le Port de Barcelone.

Questions

1. Expliquez pourquoi la question de l'indépendance de la Catalogne se pose fortement depuis septembre 2015. (repères p. 160, doc. 12)
2. Montrez comment les milieux économiques catalans et européens réagissent face à son indépendance potentielle. (doc. 11, 12)
3. Déterminez à quels problèmes démographiques et économiques la Catalogne doit faire face. (doc. 13, 14)

SUJET BAC

Construisez à partir des doc. 13 et 14, une réponse à la question : « La Catalogne, une région déséquilibrée, une région à aménager ».

BAC **Réviser** le sujet d'étude

La Catalogne, une région d'Europe

www.lienmini.fr/magnard-hg1-316

Schéma-bilan

Une région aux multiples atouts

- La puissance de la métropole barcelonaise
- Un littoral industriel et urbain
- Une activité touristique de masse
- Une région ouverte sur le monde…
- … et sur l'Union européenne

Des revendications diverses

- Des provinces à majorité indépendantiste (résultats des élections de septembre 2015)
- Des provinces où le vote indépendantiste a été minoritaire (résultats des élections 2015)
- Des relations avec l'Espagne nombreuses mais en suspens

Les enjeux actuels de la région

- Une métropole hyperdominante
- Des centres secondaires
- Un arrière-pays proche du littoral, au développement médian
- Un arrière-pays intérieur périphérique

L'essentiel à retenir

A Une région puissante aux multiples atouts

- La Catalogne est la première région économique espagnole : elle réalise 1/5 de son PIB et plus d'un quart de ses exportations.
- Elle forme une interface* privilégiée avec l'Union européenne et la Méditerranée.
- Les industries traditionnelles, le développement du tourisme balnéaire, les investissements massifs dans les hautes technologies et la recherche-développement font de cette région un pôle de la puissance.
- La métropole de Barcelone concentre une grande partie des activités économiques et de la renommée internationale de la région. Son influence en fait la porte d'entrée de la Catalogne dans la mondialisation.

B Une identité forte mais des revendications diverses parfois opposées

- Longtemps étouffée par la dictature franquiste, l'identité catalane s'est réaffirmée après 1975 avec la chute du régime. Communauté autonome, la Catalogne a des compétences élargies (aménagement du territoire, éducation, police…).
- La culture et la langue catalanes sont répandues dans toute la population (70 % parle catalan).
- Cette identité ne débouche pas sur les mêmes revendications politiques : avec la crise économique de 2008, les mouvements indépendantistes ont gagné en audience et ont remporté les élections régionales de 2015. Cependant, d'autres Catalans s'opposent à cette perspective.

C Les enjeux pour une région à la croisée des chemins

- Dans ce contexte, une opposition croissante entre le pouvoir central de Madrid et les autorités catalanes est à prévoir.
- Une Catalogne indépendante s'appuierait sur la force économique de la région ; mais les milieux économiques sont divisés sur l'opportunité d'une sécession.
- Les problématiques régionales d'aménagement sont importantes : le littoral, polarisé par Barcelone, ne diffuse pas son dynamisme à tout le territoire régional, en particulier l'arrière-pays. De plus, les résultats socio-économiques sont fragiles car le taux de chômage atteint 20 % de la population active (24 % pour l'Espagne).

Analyse de documents

SUJET 1

1 Slogan pour l'indépendance de la Catalogne

2 Slogan des élections de 2012 pour le maintien de la Catalogne en Espagne

Questions

1. Présentez les deux documents.
2. Quelle importance prennent ces documents dans le contexte catalan actuel (depuis les élections de septembre 2015) ?
3. Comment les deux documents mettent-ils en avant l'identité catalane ?
4. Comment l'Europe est-elle convoquée dans ces deux affiches ?
5. Comment les références communes aux deux affiches sont-elles utilisées pour transmettre un message politique opposé ?

Compétences à mobiliser

- Identifier des documents.
- Situer un événement dans le temps court ou le temps long.
- Lire un document et en exprimer par écrit les idées-clés.
- Prélever, hiérarchiser et confronter des informations selon des approches spécifiques en fonction des documents.
- Cerner le sens général d'un document ou d'un corpus documentaire, et le mettre en relation avec la situation géographique étudiée.

SUJET 2

La Catalogne en Espagne, une sécession inévitable ?

La Catalogne en chiffres (2013)

	Espagne	Catalogne
Population (en millions d'habitants)	46,5	7,4
Superficie (en km²)	505 968	32 090
PIB (en milliards d'euros en 2013)	1 022	192,5
PIB par habitant (en euros en 2013)	22 279	26 666
Chômage (en % de la population active)	24	20
Dette publique (en % du PIB)	96,5	29,7
Commerce (en milliards d'euros) Exportations /- Importations	16,34 / 19,11	4 / 5

Questions

1. Quelle est la place démographique et économique de la Catalogne en Espagne ?
2. Pourquoi une sécession catalane serait-elle difficile à gérer pour l'État espagnol ?
3. Quelles seraient les fragilités d'une Catalogne indépendante ?

Géographie

La place de la Comédie, à Montpellier, avec son opéra, son théâtre, ses cinémas, commerces et animations de rue, est l'un des espaces les plus dynamiques du centre de la métropole. C'est aussi l'un des plus vastes espaces piétonniers d'Europe. Son accessibilité est donc un enjeu majeur pour la ville. Le tramway a été choisi comme le moyen de transport le mieux adapté du fait de sa grande capacité et de ses faibles nuisances.

La France : population, mobilités et territoires

5

Les hommes et leurs territoires

1 Trois France rurales

www.lienmini.fr/magnard-hg1-330

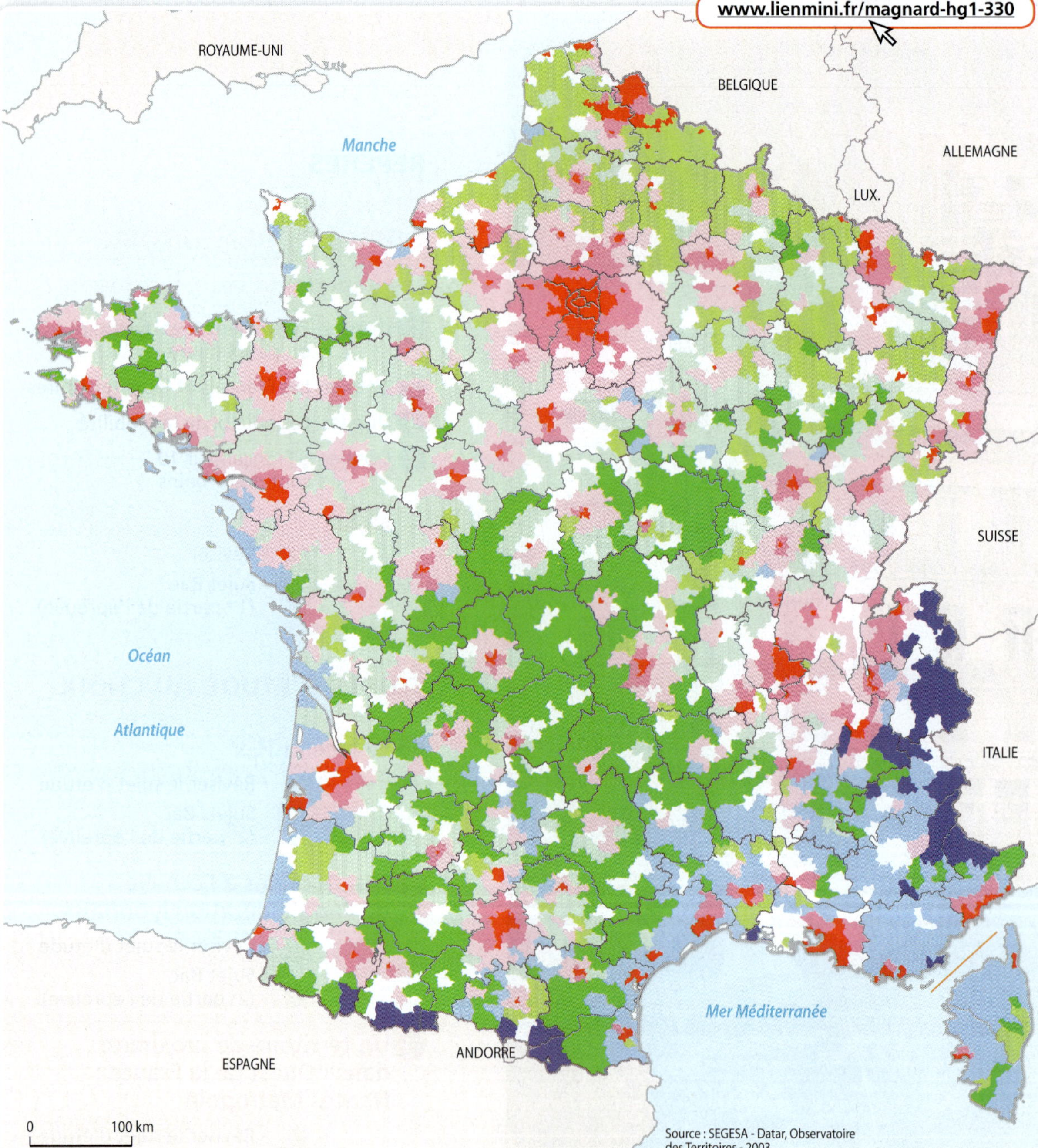

Source : SEGESA - Datar, Observatoire des Territoires - 2003.

1. Campagnes dynamiques

Les campagnes des villes
- Campagne périurbaine
- Rural en voie de périurbanisation

Les nouvelles campagnes
- Rural à économie touristique
- Rural à attractivité touristique résidentielle

2. Campagnes en transition
- Agriculture encore dominante ; densité faible mais évolution démographique positive ; activités de loisirs et de tourisme peu importantes
- Campagnes près de petites villes fournissant des services de proximité, plus ou moins dynamiques

3. Campagnes fragiles
- Rural agricole vieilli et peu dense
- Rural associant agriculture et industrie (souvent en crise)
- Cantons urbanisés exclus de la typologie

2 Le réseau de transport français

www.lienmini.fr/magnard-hg1-331

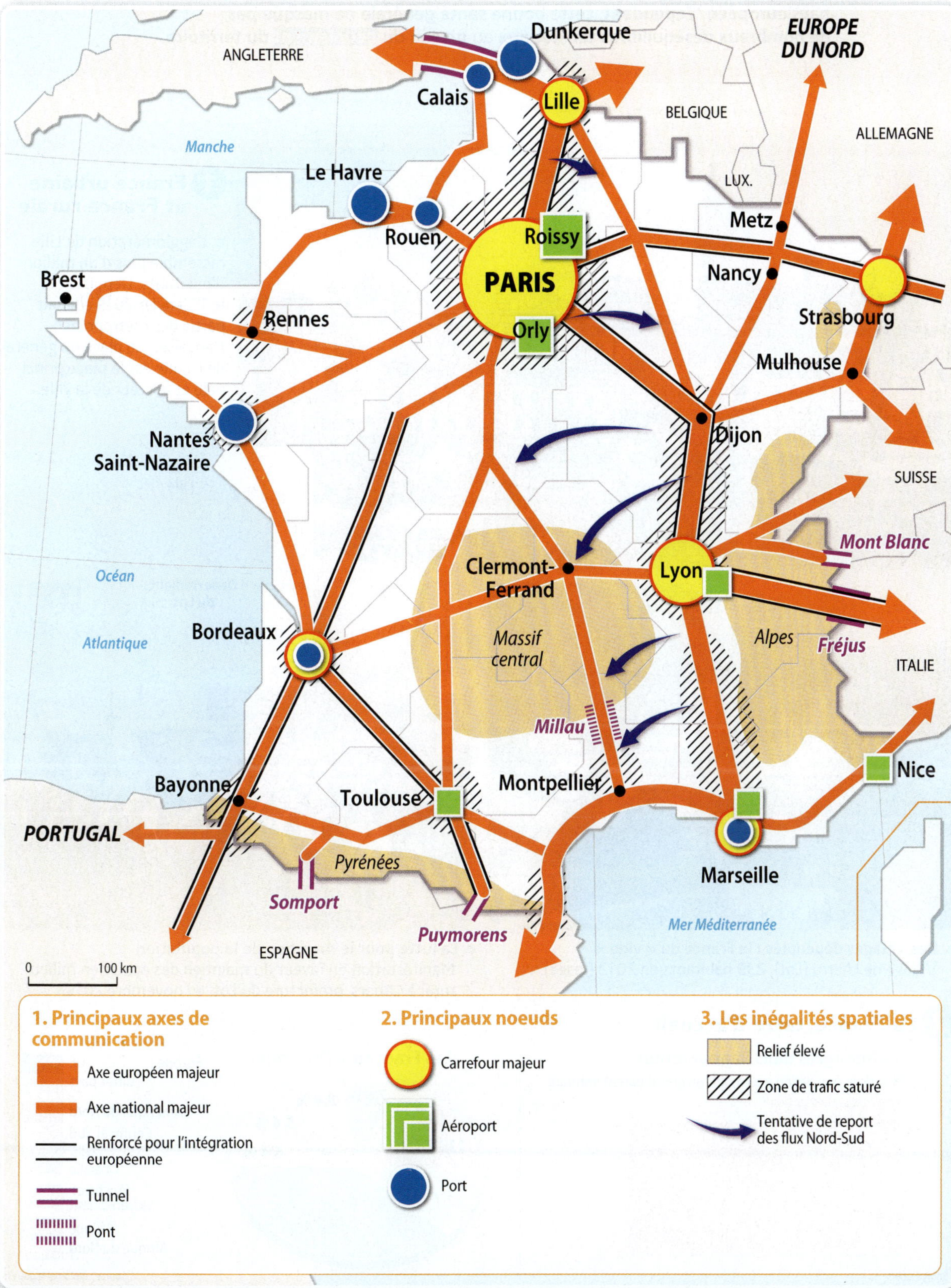

Dossier 1 Permanences et dynamiques du peuplement

Peuplée de 66,3 millions d'habitants dont 64,2 millions en métropole, la France a une population dont la dynamique démographique est remarquable pour un pays européen. Cependant, cette bonne santé générale ne masque pas de nombreux déséquilibres territoriaux au niveau du peuplement du territoire.

➥ **Quelles sont les dynamiques de peuplement de la France ?**

1 France urbaine et France rurale

a. L'agglomération de Lille rassemble plus d'un million d'habitants. Depuis le 1er janvier 2015 elle fait partie des métropoles* françaises. La place du général de Gaulle est la place principale et le cœur de la ville.

b. Des villages dépeuplés : la France du « vide »
Village de Lherm (Lot), 239 habitants en 2012 (Insee).

c. La lutte pour le maintien de la population
Manifestation en faveur du maintien des écoles en milieu rural à Cahors, préfecture du Lot, en novembre 2015.

2 La France, terre d'accueil

Les immigrés dans la population

23 % de la population a au moins un grand-parent immigré

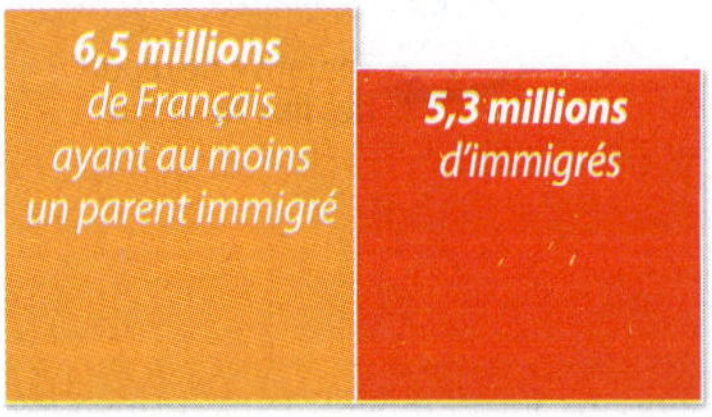

Source : Ined.

Les Français à l'étranger

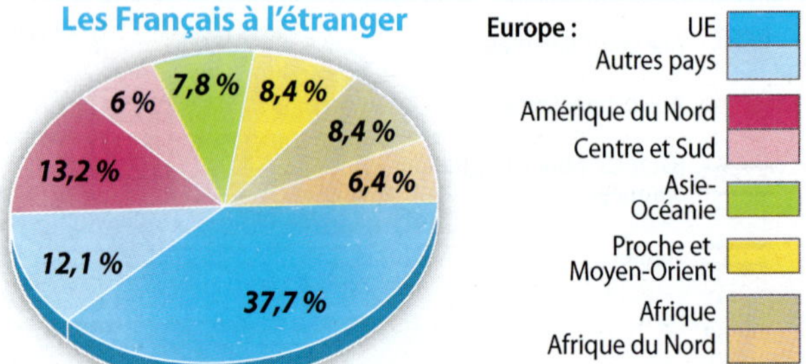

Source : diplomatie.gouv.fr

Évolution de la population due aux entrées et aux sorties 3

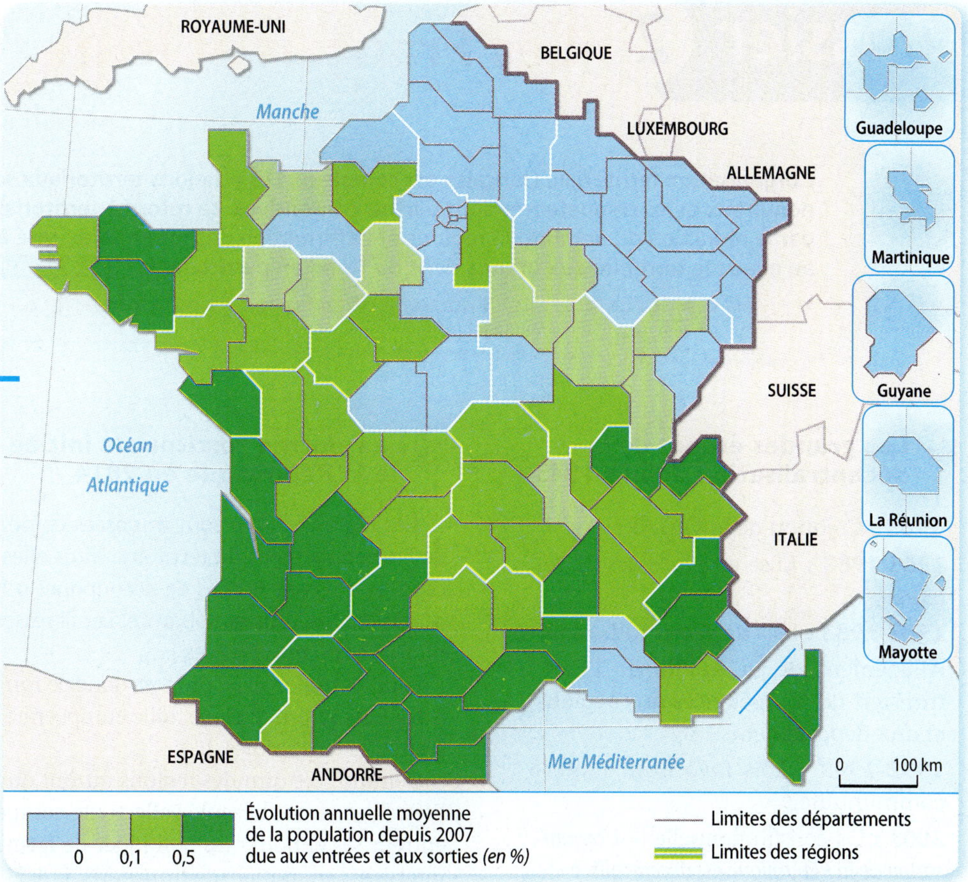

Notions

- **Population** : Ensemble d'individus occupant un territoire. On peut l'étudier à travers sa composition démographique, ses caractéristiques socio-économiques, ses déplacements.
- **Peuplement** : Mode d'occupation d'un territoire par une population. En particulier, répartition des habitants sur un territoire, étudiée notamment à travers les densités (nombre d'habitants par km²).

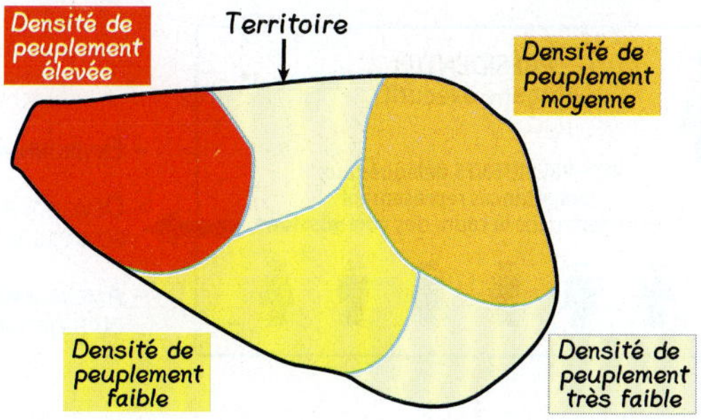

4 Toujours autant de bébés en France

Quelque 820 000 bébés sont nés l'an dernier en France selon le *Bilan démographique 2014* publié par l'Insee. Avec 2,01 enfants par femme en âge de procréer, l'indicateur conjoncturel de fécondité[1] français (ICF) figure parmi les plus élevés de l'UE. En 2012 (derniers chiffres disponibles pour toute l'Europe), la France faisait jeu égal avec l'Irlande, les deux pays se classant au premier rang avec un ICF de 2,01 contre 1,58 en moyenne pour les 28 pays membres de l'UE.

Grâce à des naissances en nombre, notre population s'accroît d'année en année. En 2014, la France comptait 66,3 millions d'habitants (64,2 en métropole et 2,1 millions dans les cinq départements d'outre-mer).

Tonino Serafini, « Taux de fécondité : Françaises et Irlandaises au coude à coude », *Libération*, 13 janvier 2013.

1. Nombre moyen d'enfants des femmes en âge de procréer.

Questions

1. Quels types d'espaces les photographies présentent-elles ? (doc. 1)
2. À quelles difficultés la France rurale est-elle confrontée ? (doc. 1).
3. Quels sont les deux caractères de la démographie française ? Où les Français de l'étranger vivent-ils majoritairement ? (doc. 3, 5)

QUESTION BAC

À l'aide de l'ensemble des documents, décrivez les principales caractéristiques du peuplement de la France (répartition, composition, évolution…).

cours p. 180

Dossier 2 Les Français et leurs territoires

L'organisation territoriale française est complexe. Les échelons territoriaux sont nombreux et les compétences sont parfois confondues. La réforme territoriale de 2016, par la réduction du nombre de régions et l'affirmation des métropoles, vise à adapter au mieux le territoire aux grands défis du futur, en particulier la métropolisation.

➥ **Quels sont les objectifs de la nouvelle organisation administrative du territoire ?**

1 Les grandes étapes de la décentralisation depuis 1945

1963 : Création de la DATAR*

1955-1982 : Mise en place des 22 régions.

1982-1983 : Lois de décentralisation. Allègement de la tutelle de l'État, transfert de compétences aux régions et aux départements.

1992-1999 : Lois favorisant l'intercommunalité.

2003 : Loi constitutionnelle (« *L'organisation de la République est décentralisée* ») : autonomie financière des collectivités, référendum local, droit de pétition.

2015 : Loi sur la Nouvelle organisation territoriale de la République (NOTRe).

2016 : Entrée en fonction des 13 nouvelles régions.

2 La réforme territoriale initiée par le président de la République en 2014

Les régions [...] se sont imposées comme des acteurs majeurs de l'aménagement du territoire. Mais elles sont à l'étroit dans des espaces qui sont hérités de découpages administratifs remontant au milieu des années soixante. Leurs ressources ne correspondent plus à leurs compétences [...].

Pour les renforcer, je propose donc de ramener leur nombre de 22 à 14. Elles seront ainsi de taille européenne et capables de bâtir des stratégies territoriales. [...]

Demain, ces grandes régions auront davantage de responsabilités. Elles seront la seule collectivité compétente pour soutenir les entreprises et porter les politiques de formation et d'emploi, pour intervenir en matière de transports, [...]. Elles géreront les lycées et les collèges. Elles auront en charge l'aménagement et les grandes infrastructures.

Pour remplir leur rôle, elles disposeront de moyens financiers propres et dynamiques. Et elles seront gérées par des assemblées de taille raisonnable. Ce qui veut dire moins d'élus.

François Hollande, tribune publiée dans la presse quotidienne régionale datée du 3 juin 2014.

3 Le fonctionnement de l'intercommunalité

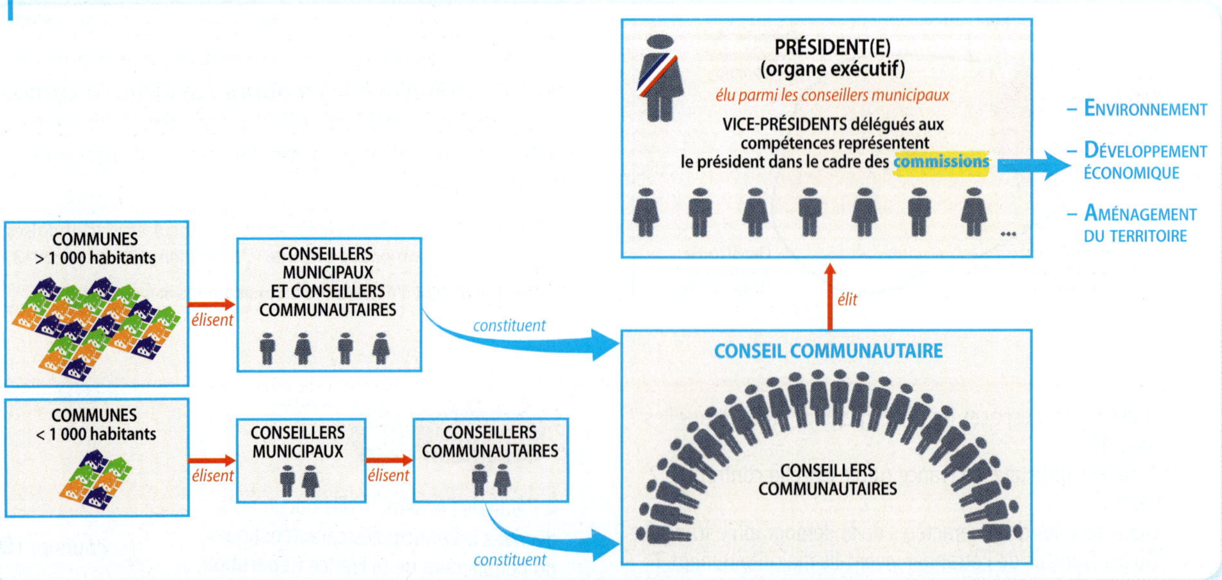

L'intercommunalité est le regroupement de communes qui s'associent pour gérer en commun des activités ou des services. Elle permet une gestion plus efficace des territoires.

4 Structure intercommunale à fiscalité propre en 2010

a. L'État, entre désengagement…

La ministre de la Décentralisation, Marylise Lebranchu, a confirmé au congrès de l'Assemblée des départements de France (ADF) que l'État donnera un coup de pouce aux départements incapables de verser le RSA en fin d'année. Mais si le gouvernement reconnaît qu'une dizaine de collectivités sont dans ce cas-là, il n'aidera que celles *« qui ont réalisé dans les dernières années d'importants efforts de gestion »*, a précisé la ministre. Depuis 2004, les départements gèrent et financent le versement du RSA, mais aussi les dépenses d'insertion. Avec la crise, cette compétence est devenue le premier poste de dépense des conseils départementaux. En 2014, ils ont versé 9,8 milliards d'euros.

Matthieu Quiret, « RSA : l'État conditionne l'aide d'urgence aux départements », www.lesechos.fr, 15 octobre 2015.

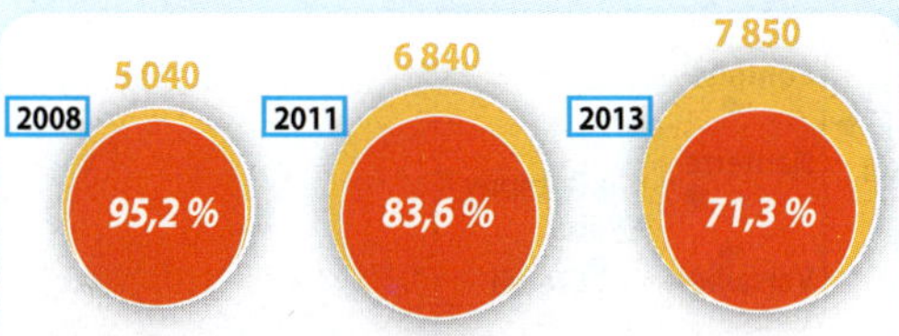

Dépense nette des départements pour le RMI* et le RSA* *(en millions d'euros)*

Taux de couverture par l'État

*RMI : Revenu minimum d'insertion
* RSA : Revenu de solidarité active

Source : Observatoire national de l'action sociale, 2014.

b. …et maintien des politiques nationales

36 communes en carence de logements sociaux mises sous surveillance

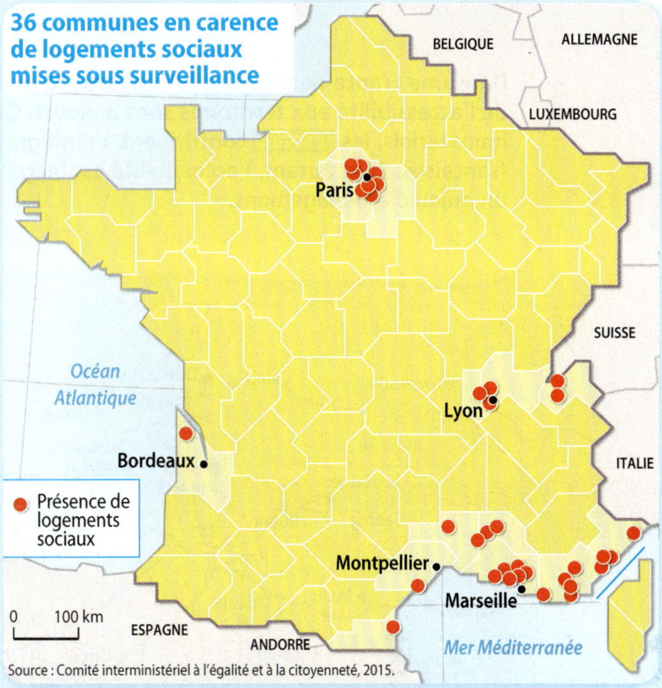

Source : Comité interministériel à l'égalité et à la citoyenneté, 2015.

L'État lutte contre les inégalités en contraignant les communes à disposer de 20 % de logements sociaux.

Notion

Métropolisation : Mouvement de concentration des hommes, des activités et des centres de décision dans les métropoles.

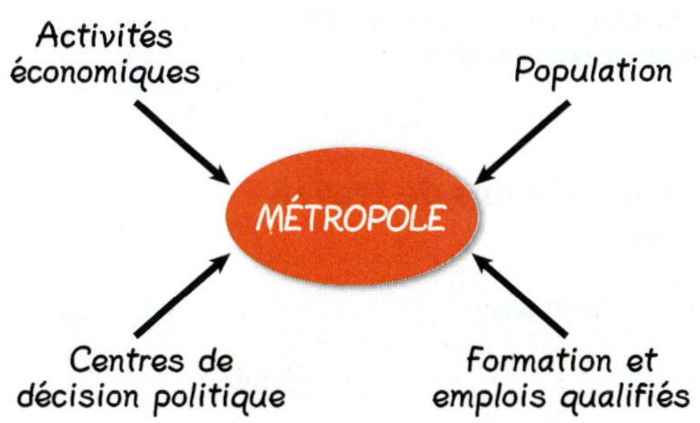

5 Coopérer pour aménager les territoires

Les acteurs d'un chantier : la déviation de Gimont (département du Gers).

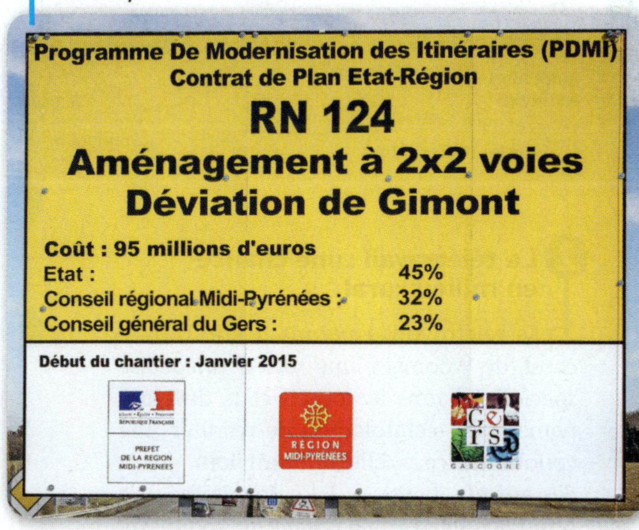

Questions

1. Quels sont les principes de la décentralisation et les objectifs de la réforme de 2015 ? (doc. 1, 3, 5)
2. Qu'est-ce que l'intercommunalité ? Quelle est son utilité ? (doc. 3, 5)
3. Qui sont les acteurs de l'aménagement du territoire et quels sont leurs moyens d'action ? (doc. 1, 2, 3, 4, 5)

QUESTION BAC

À l'aide de l'ensemble des documents, expliquez quels sont les objectifs de l'aménagement des territoires en France.

cours p. 180

Dossier 3 Les enjeux de la mobilité

Dans une France de plus en plus ouverte, la mobilité et les enjeux de l'accessibilité aux territoires sont majeurs. Qu'ils soient matériels ou immatériels, les réseaux contribuent à l'intégration spatiale des régions françaises. Pour autant, l'accessibilité est inégale selon les territoires et constitue un enjeu d'aménagement.

➥ Quelles sont les caractéristiques des mobilités sur le territoire français ?

1 Se déplacer sur le territoire : le réseau autoroutier

2 Le télétravail : une chance en milieu rural

Le télétravail a permis à Éric Fourcaud, de Woomeet, une société ariégeoise spécialisée dans le conseil et le développement de technologies, de recruter une collaboratrice. « Elle habitait loin, avait des enfants petits. [...] *L'entreprise paye la connexion internet, un ordinateur portable et lui a fourni un téléphone qui lui permet d'être jointe indifféremment sur son lieu de travail ou chez elle. Le télétravail deux jours par semaine évite deux déplacements de 150 km. [...] Le télétravail est une nouvelle forme de désenclavement, un nouveau type de liens entre les pôles économiques et territoires ruraux.* »

Arnaud Paul, « Le télétravail est une chance pour un département rural », www.ladepeche.fr, 30 mai 2013.

3 Les flux quotidiens de travail à Toulouse

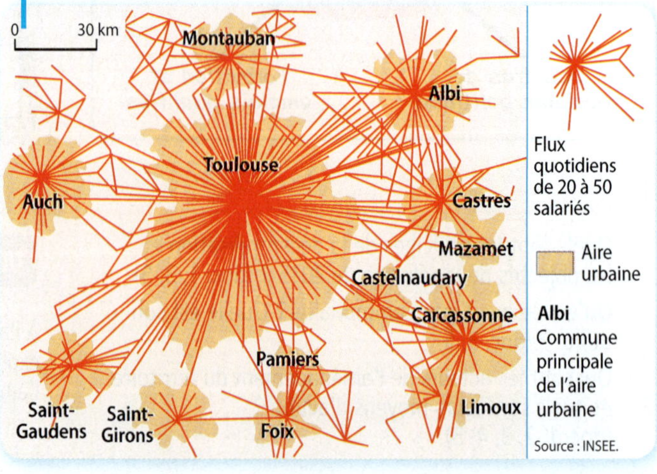

4 Transports en commun : le renouveau du tramway

Le tramway au Mans : un mode de transport en site propre.

La semaine de la mobilité à Toulouse (2014)

5 Les Franciliens malades de leurs voitures : mise place de la circulation alternée

Circulation alternée sur le périphérique parisien.

Dessin de Wingz paru dans www.metronews.fr le 16 mars 2014.

Notion

Réseau : Mise en relation de différents éléments graphiques, souvent de façon hiérarchisée. On parle de **réseau urbain**, de réseaux de transport, de communication pour désigner des ensembles qui permettent d'organiser le territoire.

RÉSEAU URBAIN HIÉRARCHISÉ

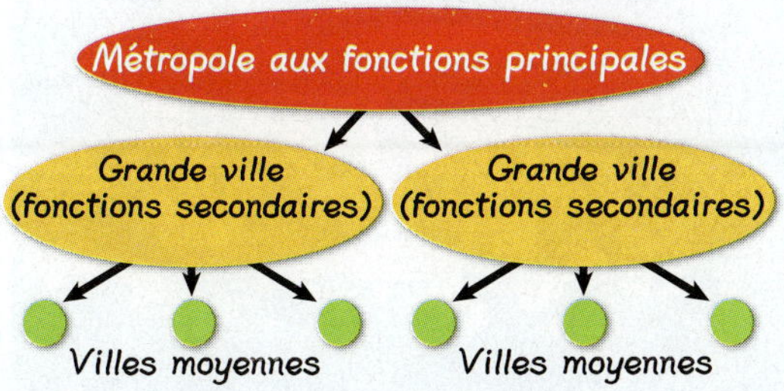

Questions

1. Comment s'organise le réseau autoroutier en France ? (doc. 1)
2. Quelles sont les différences et les inégalités de mobilité entre les Français vivant dans une aire urbaine et ceux vivant en milieu rural ? (doc. 2, 3, 4, 5)
3. Quelles sont actuellement les formes de transport encouragées ? Pourquoi ? (doc. 3, 4, 5)

QUESTION BAC

À l'aide de l'ensemble des documents, décrivez la mobilité des Français (causes, organisation, enjeux et perspectives).

cours p. 181

Dossier 4 8 Français sur 10 sont des urbains

La population française est urbaine. L'Insee* donne un chiffre de 80 % d'urbains alors que certains auteurs tels Jacques Lévy estiment que la proportion est de près de 97 % d'urbains. L'urbanisation du territoire français semble donc achevée. Mais cette uniformité apparente ne doit pas faire oublier la grande diversité dans les manières de « vivre la ville » sur l'ensemble du territoire.

➥ Quelles sont les caractéristiques des villes françaises ?

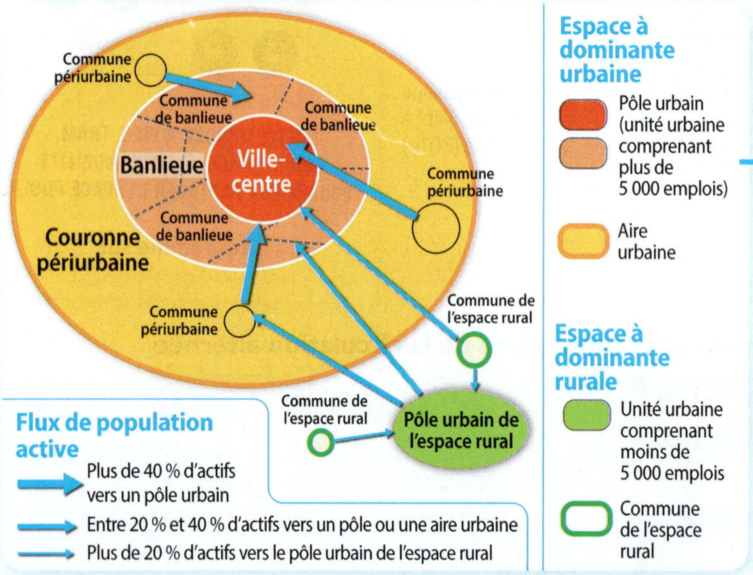

1 Espaces urbains et dynamiques urbaines

2 Des paysages caractéristiques des aires urbaines : Toulouse

1 Une ZUS* : le quartier du Mirail
2 Ensemble sportif
3 Zone commerciale en périphérie
4 Quartier résidentiel de banlieue

3 Qu'est-ce que la gentrification ?

C'est un phénomène de colonisation des quartiers populaires par une population d'un rang supérieur : une petite bourgeoisie intellectuelle, avec du capital scolaire, culturel et intellectuel. Son arrivée a pour effet d'en repousser la population vivant initialement dans ces quartiers.

[...] C'est un phénomène spontané : cette petite bourgeoisie [...] ne peut pas se payer des logements des beaux quartiers et commence à s'installer là où l'habitat est moins cher. Les promoteurs y ont ensuite vu une occasion de faire monter les prix de l'habitat à mesure que les logements se libéraient.

[...] [Ce phénomène] est le fait de toutes les villes métropolisées : Lille, Rennes, Nantes, Bordeaux, Toulouse, Montpellier, Lyon, Grenoble, Strasbourg…

Marseille est la seule ville de France dont le centre est encore massivement peuplé par des classes populaires. Comme elle souffre de la réputation des quartiers nord, les investisseurs hésitent à venir s'y installer.

Jean-Pierre Garnier, « Les élus locaux ont pris le train de la gentrification en marche », le monde.fr, 11 juin 2015.

4 Paris, métropole aux fonctions tertiaires de haut niveau

5 Quelle ville pour demain ?

Le label ÉcoQuartier garantit la qualité des opérations distinguées par le ministère de l'Égalité des territoires et du Logement. Trente-deux quartiers ont été labellisés en 2014.

Notion

Urbanisation : Transformation progressive d'un espace rural en espace urbain.

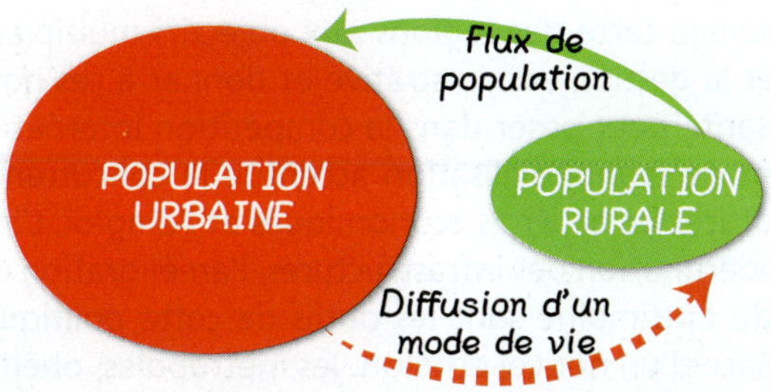

Questions

1. Quelle est l'importance de Paris par rapport aux autres agglomérations françaises ? (doc. 4)
2. En quoi les paysages du document 2 reflètent-ils l'organisation d'une aire urbaine ? (doc. 1, 2).
3. Quelles dynamiques sociales et écologiques sont à l'œuvre dans les villes françaises ? (doc. 3, 4, 5).

QUESTION BAC

À l'aide de l'ensemble des documents, décrivez les enjeux de l'aménagement des espaces urbains en France.

> cours p. 181

Cours

Les hommes et leurs territoires

Dossier

1 Permanences et dynamiques du peuplement

Notions

- Population p. 173
- Peuplement p. 173

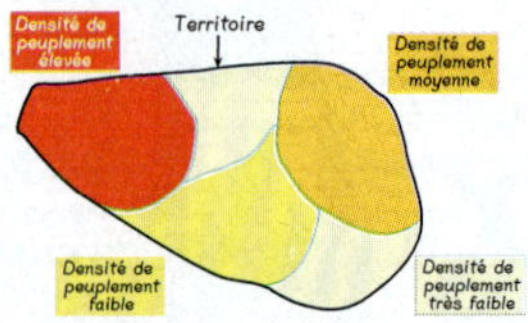

Vocabulaire

- Métropole
- Soldes migratoire / naturel
- Indice conjoncturel de fécondité

* Voir lexique p. 248

• La France est le 2e pays le plus peuplé de l'UE avec 66,3 millions d'habitants. Sa densité moyenne est de 116 habitants/km². La population est très inégalement répartie : 60 % des habitants vivent sur moins de 10 % du territoire. Les principaux espaces de peuplement sont Paris et l'Île-de-France, les grandes métropoles* régionales, les grandes vallées, les zones frontalières et les littoraux. Deux millions de Français vivent dans départements et régions d'outre-mer (DROM) et deux autres millions à l'étranger.

• Le processus de mondialisation renforce la concentration de la population dans les métropoles et sur les littoraux (littoralisation). Ces espaces regroupent les activités économiques, les nœuds de communication et offrent un cadre de vie souvent recherché. Le peuplement français se caractérise aussi par l'existence de zones peu peuplées rurales ou montagneuses. Elles sont mal desservies par les voies de communication et éloignées d'un centre urbain important. Marqués par des soldes migratoires* et naturels* négatifs, ces espaces connaissent un abandon (déprise).

• La démographie française est celle d'un pays développé. La France est touchée par le vieillissement de sa population, qui entraîne des débats sur les dépenses de santé, la dépendance et le financement du système de retraite par répartition. Mais elle se distingue par un indice conjoncturel de fécondité* assez élevé de 1,98 enfant par femme. Près d'un quart des Français ont au moins un grand-parent d'origine étrangère, ce qui reflète l'histoire d'un pays qui a connu une immigration économique depuis le XIXe siècle, la décolonisation et l'intégration européenne.

Dossier

2 Les Français et leurs territoires

Notion

- Métropolisation p. 175

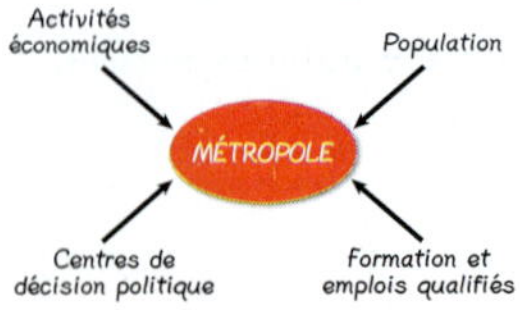

Vocabulaire

- Intercommunalité

* Voir lexique p. 248

• L'aménagement des territoires du quotidien est confié à de multiples acteurs : État, régions, départements, communes mais aussi Union européenne. Les communes sont les aménageurs les plus proches des habitants, et la loi de 2010 renforce leur coopération en favorisant l'intercommunalité*. Du fait d'une prise de conscience croissante des élus et des populations, les impératifs du développement durable sont intégrés aux projets des territoires.

• En France, l'État a longtemps été l'aménageur principal du territoire grâce à de grands projets nationaux : « métropoles d'équilibre », infrastructures de transport, équipements touristiques. Mais la politique de décentralisation, inscrite dans la Constitution, a confié aux collectivités territoriales de nouvelles responsabilités. Pour certains, cette politique signifie le désengagement de l'État en matière d'aménagement du territoire et complexifie les niveaux de décision. Pour d'autres, la décentralisation représente un progrès dans la mise en œuvre d'une gestion « au plus près des besoins » des populations.

• L'État est à l'origine d'une nouvelle carte des régions aux objectifs multiples : réaliser des économies, simplifier la gestion administrative et donner à ces nouveaux territoires une taille suffisante pour peser dans la compétition internationale. En effet, le développement de la mondialisation accentue la concurrence entre les divers territoires pour attirer les activités économiques et l'emploi. L'implantation des entreprises, la modernisation des infrastructures, l'amélioration du cadre de vie et la valorisation du patrimoine sont les outils de cette politique. Dans cette optique, la mise en place d'un nouvel échelon, les métropoles, obéit à la métropolisation croissante du territoire français.

Dossier

3 Les enjeux de la mobilité

• Les migrations quotidiennes de travail (pendulaires) croissent avec l'étalement urbain. La recherche d'un emploi ou d'une formation, le souhait d'améliorer le cadre de vie sont à l'origine de migrations de longue durée interrégionales : vers l'Ouest et le Sud pour les actifs et les retraités, vers la région parisienne et les grandes métropoles pour les étudiants et ceux qui débutent leur vie professionnelle. Les migrations saisonnières, touristiques notamment, privilégient littoraux, massifs montagneux et sites culturels ou de loisirs.

• Le système de transport favorise la connexion entre les modes de déplacement (interconnexion). À l'échelle nationale, les réseaux aériens, LGV et autoroutiers sont centrés sur Paris. Leur présence renforce l'attractivité des territoires dynamiques. Les routes nationales et les TER complètent les grands axes et structurent l'espace français. Dans les agglomérations, le développement des transports collectifs cherche à répondre aux problèmes de pollution et d'engorgement. Dans les espaces ruraux, l'automobile reste dominante.

• L'accessibilité aux transports est un facteur essentiel du dynamisme d'un espace. Le non-accès est facteur de marginalisation. La notion de durée remplace de plus en plus celle de distance : Marseille est « à 3 heures de TGV » de Paris. Les acteurs publics cherchent à multiplier les liaisons directes de « régions à régions ». Enfin, une des dispositions de la « Loi pour la croissance, l'activité et l'égalité des chances économiques » (2015) accroît l'offre de mobilité à bas coût en autorisant l'ouverture de nouvelles lignes d'autocars longues distances.

Notion

Réseau p. 177

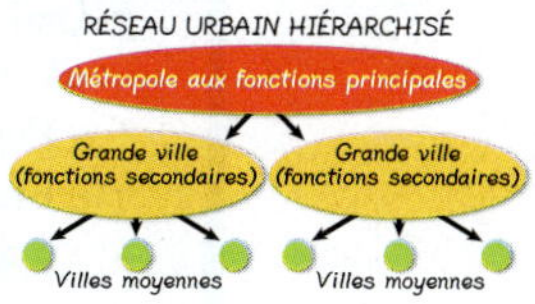

Dossier

4 8 Français sur 10 sont des urbains

• Paris, métropole mondiale, domine le réseau urbain car elle regroupe la majorité des centres décisionnels politiques et économiques du pays. C'est aussi le carrefour majeur des axes de communication et la première destination touristique du pays. Elle concentre la population, le pouvoir, les activités et les infrastructures. Les autres métropoles n'ont pas de fonctions urbaines comparables. Elles exercent leur influence sur l'espace régional et dominent un réseau de villes moyennes auxquelles elles sont reliées par des axes de communication terrestres.

• Le coût élevé de l'immobilier dans les centres-villes pousse certains habitants vers la périphérie. La ville s'étale en direction des espaces ruraux proches ou reliés à l'aire urbaine* par les voies de communication : c'est la périurbanisation. Les communes doivent répondre à de nouveaux besoins : commerces de proximité, services publics. Les espaces urbains se spécialisent et les paysages urbains s'uniformisent selon leurs fonctions : résidence, travail, commerces, loisirs. Centre-ville, banlieue, périurbain plus ou moins lointain, l'urbanisation du territoire français s'affirme dans toute sa diversité.

• L'organisation urbaine reflète la diversité de la société mais aussi ses inégalités. Certains quartiers favorisés, de longue date ou à la suite d'opérations de réhabilitation (gentrification) attirent une population aisée. À l'inverse, les ZUS* accumulent les difficultés (habitat dégradé, enclavement, faiblesse des équipements et des services) et concentrent une population défavorisée. Les politiques de la ville tentent de corriger cette ségrégation socio-spatiale en favorisant à la fois la mixité sociale et le développement durable : meilleure offre de transport, rénovations et implantation d'activités (zones franches*).

Notion

Urbanisation p. 179

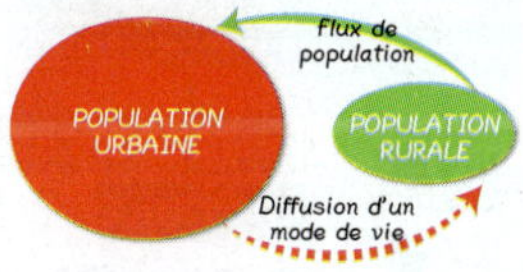

Vocabulaire

- Aire urbaine
- ZUS
- Zone franche

* Voir lexique p. 248

BAC **Réviser** la question obligatoire

Les hommes et leurs territoires

Schéma-bilan

www.lienmini.fr/magnard-hg1-317

66,3 millions de Français

- *Une démographie de pays développé…*
  - *Population vieillissante,*
  - *Espérance de vie élevée.*
- *… Avec des spécificités :*
  - *Indice de fécondité élevé,*
  - *Solde naturel positif,*
  - *Solde migratoire faiblement positif.*

Des mobilités

aux causes diverses sur des échelles spatiales multiples

- *Emploi*
- *Études*
- *Consommation*
- *Loisirs*
- *Cadre de vie*
- *Coût de l'immobilier*
- *Accessibilité*

Un territoire à aménager

- *Des « pleins » et des « vides » de plus en plus marqués.*
- *Renforcement de la métropolisation et de la littoralisation.*
- *Périurbanisation accrue (migrations pendulaires).*
- *Amélioration des réseaux de transport.*

La décentralisation en cours permet d'aménager les territoires au plus près des besoins des Français.

Idées clés

Permanences et dynamiques du peuplement en France

- Répartition très inégale de la population.
- 80 % des Français sont urbains.
- Des dynamiques en faveur du Sud, de l'Ouest, des littoraux et des métropoles.
- 2 millions de Français ultramarins.
- 25 % des Français ont des origines étrangères.
- Population vieillissante mais une fécondité élevée pour l'Europe.

Les Français et leurs territoires

- Des acteurs multiples : de la commune à l'UE.
- L'État, aménageur principal.
- Approfondissement de la décentralisation et de la « simplification administrative » : nouvelles régions, renforcement des métropoles.
- Importance croissante des territoires de proximité pour les citoyens (intercommunalités).

Les enjeux de la mobilité

- Croissance des mobilités locales (pendulaires), nationales et internationales.
- Un mode de vie source de déplacements : périurbanisation, loisirs, consommation, tourisme…
- Des aménagements nécessaires : autoroutes, LGV, aéroports, parkings, covoiturage.
- Nouvelles formes de mobilité : covoiturage, transports doux, transports collectifs.

8 Français sur 10 sont des urbains

- 1 Français sur 6 vit dans l'agglomération parisienne.
- Un réseau urbain hiérarchisé : Paris, métropoles, villes moyennes.
- Périurbanisation influençant les mobilités, les espaces ruraux proches, les aménagements et les services.
- La politique de la ville et de la réduction des inégalités, une des priorités de l'État.

BAC

1re partie de l'épreuve

Questions à réponse courte

SUJET

Répondre aux cinq questions suivantes.

Questions

1. **Qu'est-ce que la métropolisation ?**

2. **Expliquez ce qu'est la décentralisation et quels sont ses objectifs.**

Aide *S'aider du dossier 2 et réfléchir aux acteurs.*

3. **Quelles sont les principales caractéristiques de la démographie française ?**

Aide *S'aider des documents 3 et 4 p. 173.*

4. **Quels liens peut-on établir entre le développement des mobilités et la périurbanisation ?**

Aide *S'aider du dossier 3.*

5. **Complétez le croquis et la légende en localisant et nommant les éléments de la légende :**

Compétences à mobiliser

- Proposer une définition pour une notion.
- Rédiger un exposé construit et argumenté.
- Construire une réponse organisée.
- Comprendre un processus géographique
- Compléter un croquis.

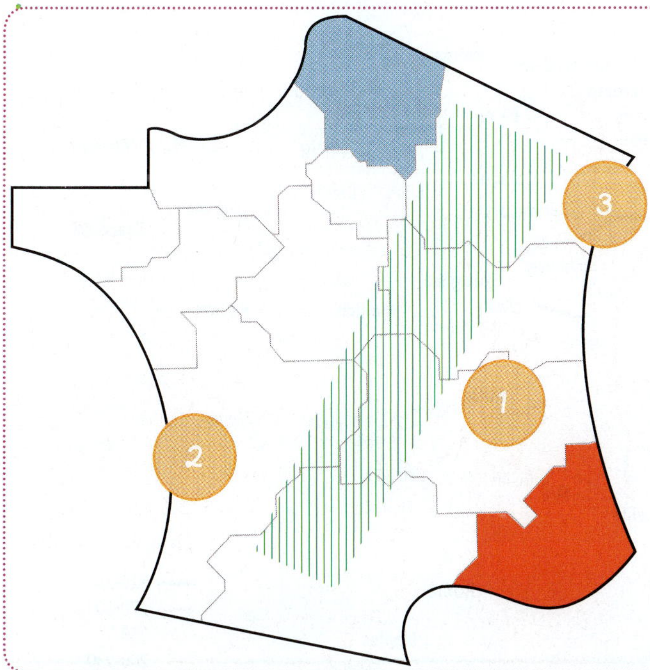

Légende :

- ....
- 1. ....
- 2. ....
- 3. ....
- ....
- Région au solde migratoire positif : ....
- Région au solde migratoire négatif : ....

Sujet d'étude 1

Le réseau TGV

INTRODUCTION

Avec plus de 100 millions de voyageurs transportés par an, le réseau TGV permet de répondre en partie aux besoins des mobilités professionnelles et touristiques en France. Il modifie la relation espace-temps, mais a cependant des effets négatifs sur les espaces traversés et est l'objet de débats entre de multiples acteurs. Il constitue un enjeu du développement économique et de l'aménagement des territoires de l'échelle européenne à l'échelle locale.

REPÈRES CLÉS

- **1971 :** L'État lance le projet TGV.
- **1972 :** 1er prototype de train (318 km/h : record du monde).
- **1981 :** Mise en service de la 1re ligne (Paris-Lyon).
- **1994 :** Liaison LGV Eurostar (Paris-Londres).
- **1997 :** Liaison LGV Thalys (Paris-Bruxelles-Amsterdam).
- **2001 :** Paris-Marseille en 3 heures.
- **2003 :** 1 milliard de passagers transportés depuis 1981.
- **2007 :** Vitesse record de 574,8 km/h.
- **2014 :** 230 gares desservies en France et en Europe.

A Le TGV : de la France à l'Europe

LGV : Ligne à grande vitesse construite spécialement pour la circulation des **trains à grande vitesse (TGV)** roulant à une vitesse supérieure à 220 km/h.

1 Le réseau grande vitesse en France et en Europe

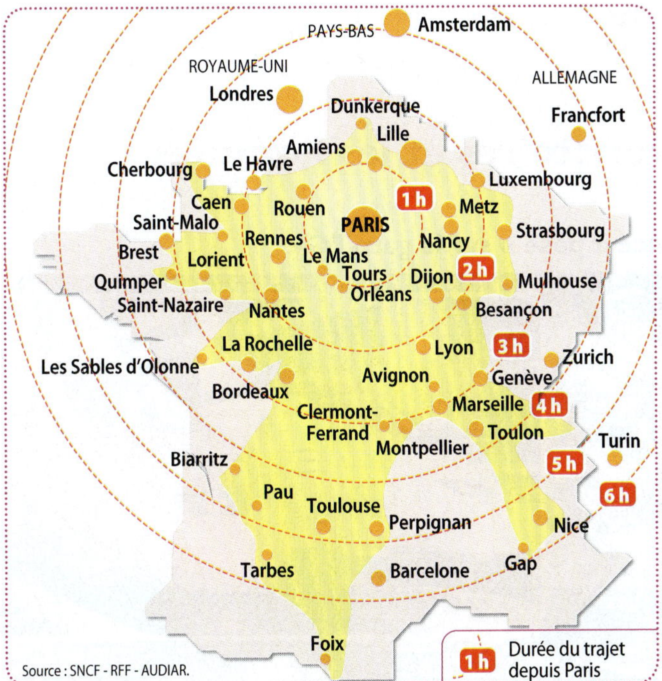

2 Le TGV : une nouvelle relation espace-temps

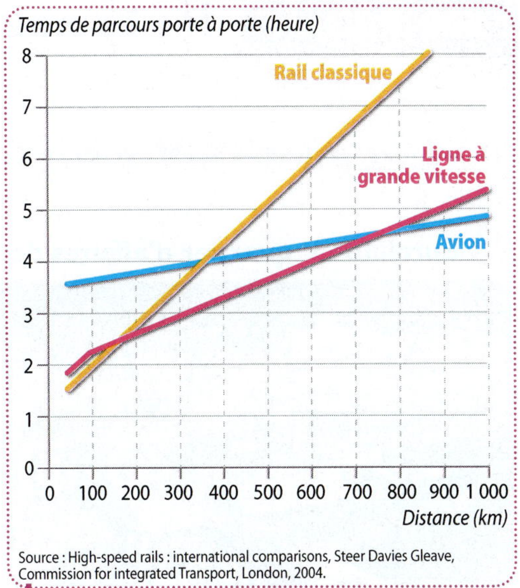

3 Comparaison des temps de parcours aérien-ferroviaire

4 Un bilan mitigé pour la première LGV « province-province »

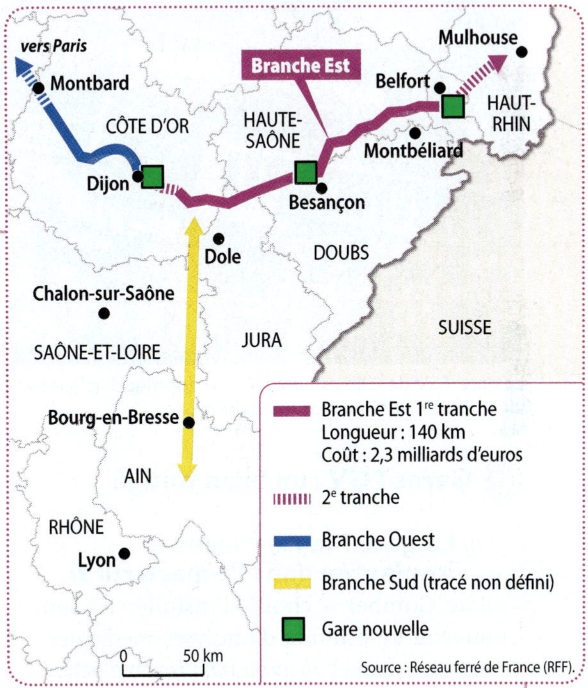

Le TGV Rhin-Rhône a été mis en service le 11 décembre 2011.

Trois ans après son lancement, l'équilibre économique des TGV n'est pas atteint sur la nouvelle ligne à grande vitesse Rhin-Rhône [...]. Des réajustements sont à prévoir pour 2016.

Cette ligne à grande vitesse, « ligne nouvelle 7 », longue de 140 km, relie Villers-Les-Pots, à l'est de Dijon, à Petit-Croix, à l'est de Belfort. [...] Ainsi, 30 millions de billets ont été vendus, dont 5,4 millions à l'international, soit 16,5 millions sur la route Est-Ouest et 13,4 millions sur la route Nord-Sud. Plus de 50 TGV circulent quotidiennement sur le périmètre Rhin-Rhône, et plus de 9,5 millions de voyages sont réalisés chaque année en moyenne depuis le lancement. [...]

Pour une meilleure performance économique de l'offre, sur la route Est-Ouest, la SNCF propose pour 2016 [...] des reformulations horaires le soir par exemple au départ de Mulhouse ou Besançon pour permettre un départ plus tardif.

[...] Les « TGV bolides » dont l'un des deux desservira Dijon seront systématiquement prolongés vers le sud.

David Herrgott, « De nouvelles perspectives pour le TGV Rhin-Rhône », webtrains.net 11 mars 2015.

Questions

1. Décrivez l'organisation du réseau LGV français. (doc. 1, 2, 4)
2. Expliquez les logiques et les limites de développement des LGV. (doc. 1, 4)
3. Montrez en quoi le TGV modifie la relation distance-temps de trajet. Analysez les distances pour lesquelles il est plus performant que ses concurrents. (doc. 2, 3)

SUJET BAC

À partir du doc. 1, expliquez les enjeux du réseau TGV et de son développement futur.

B L' « effet TGV » sur les territoires et les hommes

5 Euralille : 3e quartier d'affaires de France « posé » sur la gare TGV

La gare TGV de Lille est intégrée au quartier d'affaires et connectée à Londres, Bruxelles et Amsterdam via le Thalys et l'Eurostar (médaillon).

6 Gares TGV : un bilan mitigé

a. La gare Haute-Picardie implantée dans l'espace rural

Luc Gambet a choisi d'installer ici son nouveau laboratoire d'analyses médicales. *« Cela me permet d'élargir mon rayon d'action vers Amiens ».* [...] Il vante l'accessibilité de la gare TGV, installée à l'embranchement de deux autoroutes [...] et indispensable quand il s'agit d'attirer du personnel très diplômé, qui n'habite pas dans ces zones rurales : *« La totalité de mes cadres ne sont pas du coin, ils vivent à Cambrai, Lille, Maubeuge ou Amiens ».*

[...] Le « business park » Haute-Picardie peine à se mettre sur les rails : 70 hectares sur 110 sont encore disponibles et deux bâtiments restent vides, sans avoir jamais servi.

Mathieu Dehlinger, « Vingt ans après, la gare TGV Haute-Picardie reste plantée au milieu des betteraves », www.francetvinfo.fr, 2 février 2015.

b. La gare de Lille-Europe implantée au cœur d'un espace urbain

À la fin des années 1980 le maire de Lille obtient une desserte TGV.

Ancien « cul de sac » de la France, Lille revendique sa centralité entre Paris, Londres, Amsterdam et Bruxelles.

Le souhait [...] est alors *« d'édifier au-dessus de la nouvelle gare, donc au cœur de la Métropole, un centre d'affaires international qui soit [...] capable d'entraîner toute la région et un nouveau quartier européen insufflant un regain d'énergie à la ville ».*

[...] Signe du succès d'Euralille, situé à une dizaine de minutes à pied du centre historique, *« les surfaces de bureaux sont occupées à 95 %,* note le directeur opérationnel d'Euralille, *nous avons constamment des demandes d'entreprises souhaitant s'y installer ».*

[Mais] à l'image d'autres quartiers d'affaires, Euralille perd de son animation à la nuit tombée.

« À Lille, la mairie veut "finir" Euralille, 3e quartier d'affaires en France », tempsreel.nouvelobs.com, 24 avril 2015.

7 La gare TGV Haute-Picardie : « la gare aux betteraves »

Les villes d'Amiens et de Lille souhaitaient toutes deux le passage de la LGV. Le tracé définitif a privilégié Lille : la gare de Haute-Picardie se trouve donc à 45 kilomètres d'Amiens.

8 Des territoires traversés mais lésés

Les riverains des espaces que traverse la LGV ne peuvent y accéder : c'est l'effet tunnel. Par ailleurs, la LGV génère des nuisances : paysages transformés, bruit, sans compter les expropriations.

9 Le TGV, une image positive

Questions

1. Caractérisez l'image du TGV. (doc. 5, 8 et 9)
2. Justifiez le surnom de la gare de Haute-Picardie. (doc. 6, 7)
3. Expliquez quels inconvénients génère une LGV sur les territoires qu'elle traverse. (doc. 7, 8)

SUJET BAC

À partir des doc. 6 et 9, analysez les atouts et les limites de la présence du TGV sur les territoires.

C Coopérations et conflits autour du TGV

10 La LGV Sud-Ouest en débat

Mobilisation des opposants à la LGV à Bayonne, en octobre 2012.

Un financement public-privé

7,8 milliards d'euros

3,8 milliards d'euros
(d'apport de LISEA)

LISEA

La société :
- Société concessionnaire de la ligne TGV Sud-Ouest (pour 50 ans).
- Filiale de VINCI Concessions, de la Caisse des Dépôts et d'AXA.

Ses missions :
- Financement
- Conception
- Construction
- Exploitation et maintenance

Son intérêt économique :
- Rémunération assurée par les redevances que paieront les compagnies ferroviaires utilisant l'infrastructure.

* RFF : Réseau ferré de France

Source : www.lgv-sea-tours-bordeaux.fr

11 Des acteurs multiples pour un investissement coûteux

12 Le TGV face à la concurrence

Christophe Verger-Lecocq, représentant de l'Association des voyageurs-usagers des chemins de fer (AUTGV Nord-Picardie) [explique son mécontentement] : « *Jusqu'ici, les élus n'avaient pas compris l'importance de l'offre intersecteur (province/province). Dans la région, vingt TGV (depuis Lille, Douai et Arras) sont supprimés à compter du 13 décembre. Ces nouvelles suppressions sont la conséquence de l'arrivée de l'offre Ouigo*[1] *sur Tourcoing qui propose six trains à destination ou en provenance de Nantes, Rennes, Lyon. L'apparition de cette offre low-cost serait la conséquence directe de la libération de l'offre bus*[2] *entre les gares SNCF rendue possible par la loi Macron.* »

Bertrand Bussière, « La fin des TGV directs pour la Bretagne au départ de Douai », *La Voix du Nord*, 12 décembre 2015.

1. TGV low-cost proposé par la SNCF.
2. Paris-Lille est deux fois moins cher en bus qu'en TGV mais le trajet dure trois fois plus longtemps.

Comparatif des émissions de CO_2
selon le moyen de transport utilisé
sur un trajet Paris-Lyon,
pour un voyageur ou 30 tonnes de fret

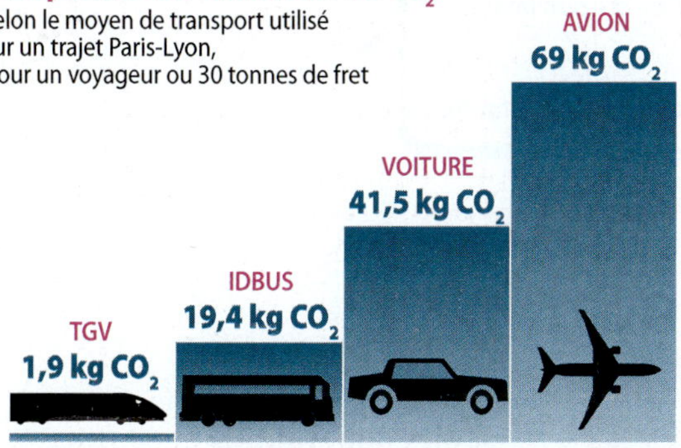

Source : calculateur d'émissions de CO_2, DGAC.

13 La grande vitesse à faible coût écologique ?

Le volume de remblais est considérable : les travaux devraient mobiliser 39 millions de mètres cubes de terre.

14 Quel TGV pour demain ?

Le nouveau train ne doit plus forcément être une vitrine de la technologie *made in France*, mais surtout coûter moins cher à produire et à exploiter, avec notamment 25 % de places en plus, et un tronçon central modulable selon le souhait du client. [...] Jusqu'à présent, la conception des TGV faisait la part belle aux ingénieurs, pas forcément aux commerciaux chargé de le vendre.

De surcroît, le nouveau train devra réduire de moitié sa consommation d'énergie. Pour y parvenir, l'Agence de l'environnement et de la maîtrise de l'énergie (Ademe) a été priée par l'État d'investir aux côtés d'Alstom Transport pour contribuer à l'effort de recherche-développement.

Lionel Steinmann, « Le TGV du futur progresse cahin-caha », *Les Échos*, 25 mars 2013.

Questions

1. Présentez les différents acteurs engagés dans la construction et l'exploitation d'une LGV. Montrez en quoi leur coopération est nécessaire. (doc. 10, 11, 14)
2. Analysez les raisons pour lesquelles le TGV est contesté. (doc. 10, 11, 13)
3. Expliquez à quels types de concurrence le TGV est confronté et quels sont ses atouts pour y répondre. (doc. 12, 13, 14)

SUJET BAC

À partir du doc. 13, quel bilan de l'impact environnemental du TGV pouvez-vous faire ?

BAC **Réviser** le sujet d'étude

Le réseau TGV

Schéma-bilan

www.lienmini.fr/magnard-hg1-318

LE RÉSEAU TGV
- Réseau à l'échelle européenne et nationale
- Outil d'aménagement du territoire
- Modifie la relation espace/temps
- Concurrence avec d'autres moyens de transport (terrestre, aérien).

ASPECTS POSITIFS
- Vitesse
- Connexion entre les métropoles
- Facteur d'activité économique
- Image de modernité
- Faible émission de CO_2

ASPECTS NÉGATIFS
- Peu de liaisons province/province
- Équipement coûteux
- « Effet tunnel »
- Activité économique déplacée
- Impacts sur l'environnement

DÉBATS ET CONFLITS
- Tracé des lignes LGV
- Préservation du milieu naturel et du patrimoine
- Rentabilité
- Effet économique réel
- Alternatives : modernisation des lignes existantes

L'essentiel à retenir

A Le TGV : de la France à l'Europe

- Le réseau des trains à grande vitesse (TGV) est caractérisé par sa polarisation sur Paris. Il favorise essentiellement les grandes métropoles.
- La France, grâce à sa position de carrefour géographique en Europe, renforce ses connexions avec les réseaux de lignes à grande vitesse (LGV) des pays voisins.
- À l'échelle nationale, les liaisons province-province ont des difficultés à être développées et à être rentables économiquement.
- Les LGV modifient la relation espace-temps. La distance compte désormais moins que la durée.

B « L'effet TGV » sur les territoires et les hommes

- Le TGV véhicule une image de modernité et de haute technologie. Il porte des espoirs de dynamisation des territoires.
- Le TGV renforce l'attractivité des métropoles, en particulier de leurs quartiers d'affaires.
- Les gares TGV, hors des grandes métropoles, n'ont pas toujours connu le succès espéré.
- À l'échelle locale, la présence du TGV peut avoir des « effets pervers » : la facilité de déplacement des actifs peut nuire au développement local.
- Les lignes LGV scindent les espaces sans forcément les desservir : c'est « l'effet tunnel ».

C Coopérations et conflits autour du TGV

- L'importance des coûts de construction et d'exploitation du réseau TGV rend nécessaire la coopération entre de multiples acteurs aussi bien publics que privés.
- Les projets de LGV rencontrent souvent des oppositions de la part d'élus, d'associations, ou de simples citoyens. Ces raisons tiennent au choix du tracé, au coût des investissements et aux effets environnementaux.
- L'avion et la route (automobiles, bus) sont les principaux concurrents du TGV. Celui-ci se révèle le plus performant pour des distances comprises entre 400 et 800 kilomètres.

Analyse de document

SUJET 1

TGVair, l'offre combinée des deux compagnies rivales

Farouches rivaux sur [...] les dessertes domestiques, Air France et la SNCF savent également coopérer [...]. En témoigne le succès croissant de TGVair, l'offre combinée montée par les deux compagnies, qui a vu le nombre de passagers transportés (260 000 en 2012) bondir de 35 % en un an. Ce partenariat air-fer, développé depuis une quinzaine d'années, a en effet de quoi séduire la clientèle de province. D'abord par sa simplicité, avec un seul billet et un seul enregistrement. [...]

[Cette collaboration] a été initiée en 1995, sur la liaison entre Lille et Paris. Air France, dans la foulée de l'inauguration de la gare Roissy-TGV, y voyait l'opportunité d'alimenter son hub principal [...]. Depuis, le catalogue de villes de province desservies par TGVair n'a cessé de s'étoffer, avec 12 destinations proposées [...]. Pour Air France, l'équation est plus compliquée. À trop étendre l'offre TGVair, elle risquerait de cannibaliser certaines de ses liaisons aériennes domestiques pour la desserte des villes où la compétition avec le train fait encore rage. Les Niçois et les Marseillais[1], par exemple, ne peuvent pas bénéficier du couplage air-fer [...]. Pour Strasbourg, le choix a été différent, la compagnie ayant décidé à partir d'avril prochain de stopper la liaison aérienne pour réserver à la place un quota de sièges dans les trains desservant la gare de Roissy-TGV.

Lionel Steinmann, « TGVair : la coopération entre SNCF et Air France, un pari gagnant », *Les Échos*, 17 janvier 2013.

1. Paris-Nice et Paris-Marseille font partie des liaisons nationales les plus rentables d'Air France.

Questions

1. Présentez le document.
2. Expliquez ce qu'est une « offre combinée » et quels en sont les avantages pour les usagers.
3. Quelles entreprises de transport présentent cette offre et quels avantages en retirent-elles?
4. Comment expliquer l'abandon de certaines dessertes par Air France au profit du TGV ?
5. Quelles sont les dessertes sur lesquelles les deux entreprises restent en concurrence ? Pour quelles raisons ?

Compétences à mobiliser

- Identifier des documents.
- Prélever, hiérarchiser et confronter des informations en fonction du corpus documentaire.
- Cerner le sens général d'un corpus documentaire, et le mettre en relation avec la situation géographique étudiée.

SUJET 2

Tract d'un collectif citoyen dénonçant le projet LGV Sud-Ouest

Questions

1. Quelles sont les nuisances attribuées au TGV dénoncées par le tract ?
2. Quelles autres raisons sont invoquées pour refuser le projet TGV Sud-Ouest ?
3. Décrivez la représentation faite du TGV dans ce tract.
4. Quelles populations sont privilégiées par le TGV d'après ce tract ? Quelles sont celles victimes du « mépris » ?
5. Quelles critiques peut-on faire de ce document ?

Sujet d'étude 2

Les mobilités à l'échelle de l'agglomération lyonnaise

INTRODUCTION

Comme toutes les aires urbaines de France, Lyon doit répondre aux besoins croissants de mobilité* de ses habitants. Faciliter les migrations quotidiennes constitue un enjeu majeur du développement de l'aire urbaine. Cependant, l'organisation de ces déplacements se heurte à des contraintes de différentes natures.

REPÈRES CLÉS

- **1969 :** création de la communauté urbaine de Lyon (COURLY) 56 communes, 1 million d'habitants.
- **1990 :** 1,1 million d'habitants.
- **2015 :** création de la Métropole de Lyon.
- **2016 :** 1,3 million d'habitants, 59 communes.

CHIFFRES CLÉS

- **4 millions** de déplacements par jour ouvré.
- **26 %** liés au travail.
- **27 minutes** le temps moyen domicile-travail.
- **17 km et 62 minutes** la distance et le temps moyens par jour et par habitant.
- **5 km et 21 minutes** par déplacement.

A Des mobilités importantes, des motivations variées

1 Des modes de déplacement individuels et collectifs

Le quartier de la Part-Dieu : un nœud de communication* de l'agglomération lyonnaise.
Deuxième quartier d'affaires français et premier centre commercial européen de centre-ville, la Part-Dieu est un pôle tertiaire majeur.

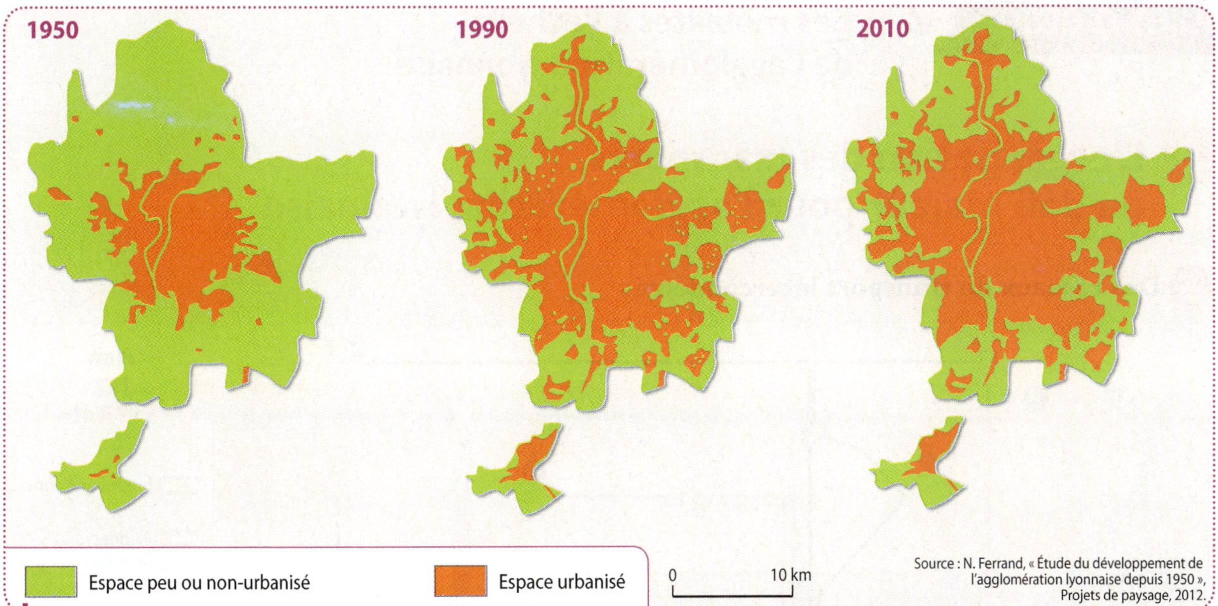

Source : N. Ferrand, « Étude du développement de l'agglomération lyonnaise depuis 1950 », Projets de paysage, 2012.

2 L'étalement urbain : une cause majeure du développement des mobilités

3 Motifs et modes de déplacements des habitants de la métropole de Lyon en 2015

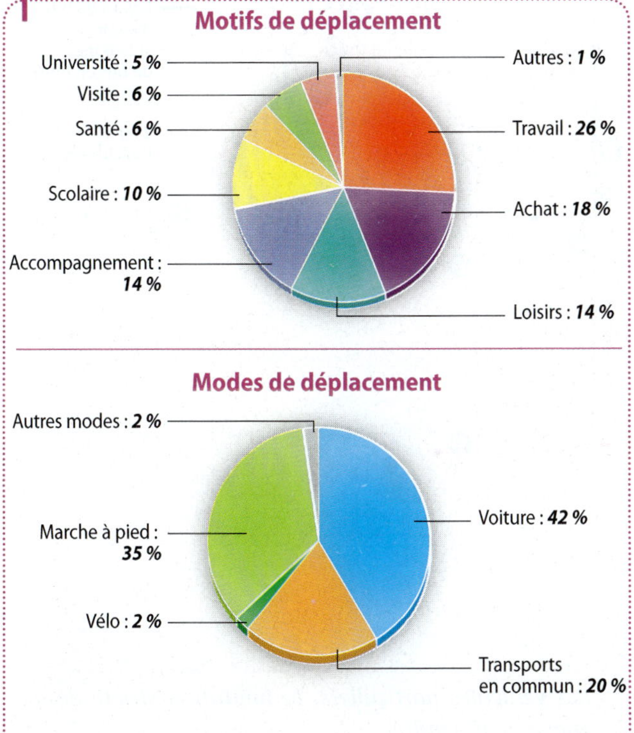

Source : Enquête déplacements 2014-2015, Sytral.

4 Évolution de la mobilité tous modes de transport confondus en France (1975-2014)

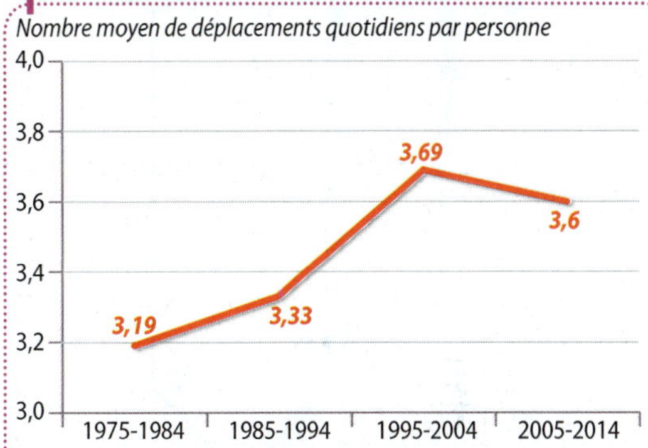

Source : Cerema DTec TV, Enquête déplacements 2014-2015, Sytral.

Mobilité individuelle en baisse :
- **Baisse des déplacements en voiture :** moins de retours au domicile pour le déjeuner, optimisation des trajets liée à l'enchaînement des activités, etc.
- **Influence des technologies de l'information et de la communication :** démarches et achats en ligne, utilisation des sources d'information sur les conditions de déplacements en temps réel (Optimod'Lyon).

Questions

1. Relevez les différents motifs de déplacement des habitants de l'agglomération lyonnaise. (doc. 1, 3)
2. Analysez et expliquez l'évolution de la mobilité. (carte 2 p. 171, doc. 2, 4)
3. Classez les modes de transports utilisés par ordre d'importance puis expliquez cette hiérarchie. (doc. 1, 2, 3)

SUJET BAC

À partir du doc. 1, montrez que l'accessibilité est un facteur de dynamisme des espaces urbains.

B L'organisation des transports, un défi majeur pour l'agglomération lyonnaise

5 Des réseaux de transport interconnectés

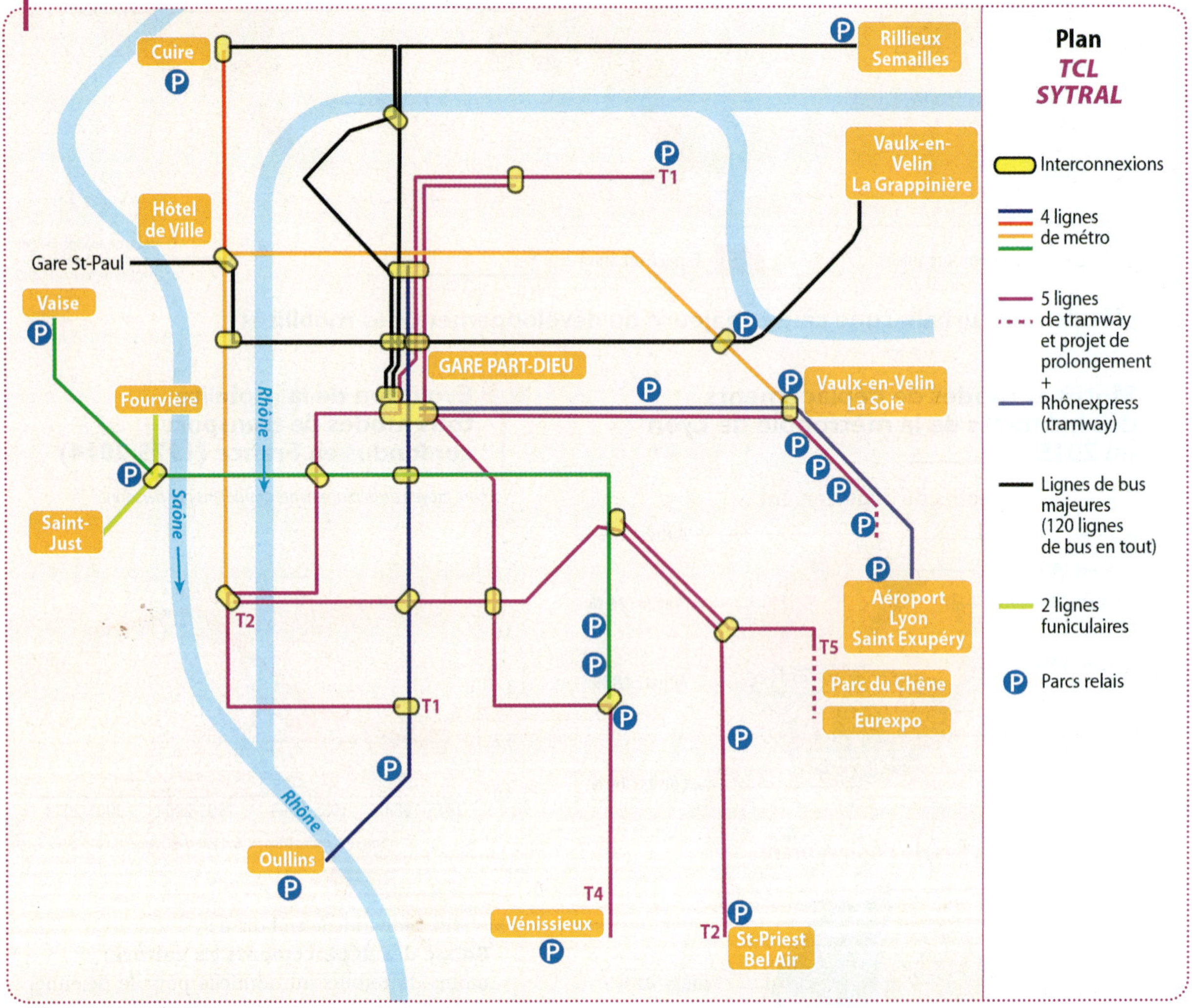

6 Lyon face à la pollution automobile

À Lyon, les Verts rappellent que la « *ville est plongée depuis plusieurs jours dans une situation de pollution devenue habituelle* ». « *Des mesures exceptionnelles [circulation alternée…] sont prises à Paris pour faire face à cette situation. En revanche, à Lyon et dans son agglomération, toujours rien* », déplorent-ils. EELV Lyon réclame « *des mesures d'urgence dès le premier jour de pic de pollution* » comme « *l'information accrue des citoyens, des tickets de transport en commun à 1 euro par jour, l'interdiction aux poids lourds de circuler dans la ville, la circulation alternée des véhicules particuliers, la limitation stricte de la vitesse à 30 km/h* ».

Les Verts demandent également des mesures durables de lutte contre la pollution atmosphérique, dont la transformation « *immédiate* » en boulevard urbain de la section de l'autoroute qui traverse actuellement la ville du nord au sud et participe fortement à la pollution autour de la gare Perrache et de l'écoquartier de la Confluence.

« Pics de pollution : d'autres mesures demandées »,
www.lemonde.fr/AFP, 23 mars 2015.

7 Le tunnel de Fourvière, goulet d'étranglement de l'agglomération lyonnaise

Au cœur de l'agglomération lyonnaise, le tunnel de Fourvière, inauguré en 1971, est l'exemple type d'une infrastructure en proie à une saturation chronique.

8 Le financement du réseau de transport en commun du Grand Lyon (2015-2020)

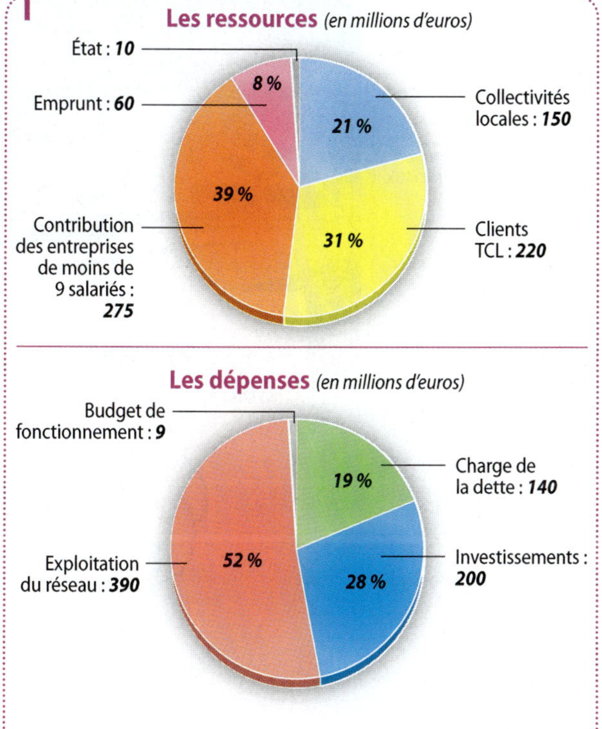

Source : Sytral.

▲ Le SYTRAL (Syndicat mixte des transports pour le Rhône et l'agglomération lyonnaise) est un levier économique, social et durable de l'agglomération. Entre 2015 et 2020, il va investir plus d'un milliard d'euros pour développer le réseau TCL (transports en commun lyonnais), renouveler le patrimoine et dynamiser le développement urbain.

9 La promotion de l'intermodalité

Questions

1. Décrivez l'organisation du réseau de transport collectif de l'agglomération lyonnaise et repérez quels en sont les acteurs. (doc. 5, 8, 9)
2. Expliquez ce qu'est l'intermodalité et donnez un exemple de sa mise en œuvre à Lyon. (doc. 5, 8)
3. Identifiez les problèmes provoqués par l'importance des mobilités. (doc. 6, 7, 8)

SUJET BAC

À partir du doc. 8, expliquez l'importance de l'intermodalité pour le Grand Lyon et comment elle est mise en œuvre.

C Le Grand Lyon face aux nouveaux enjeux de la mobilité

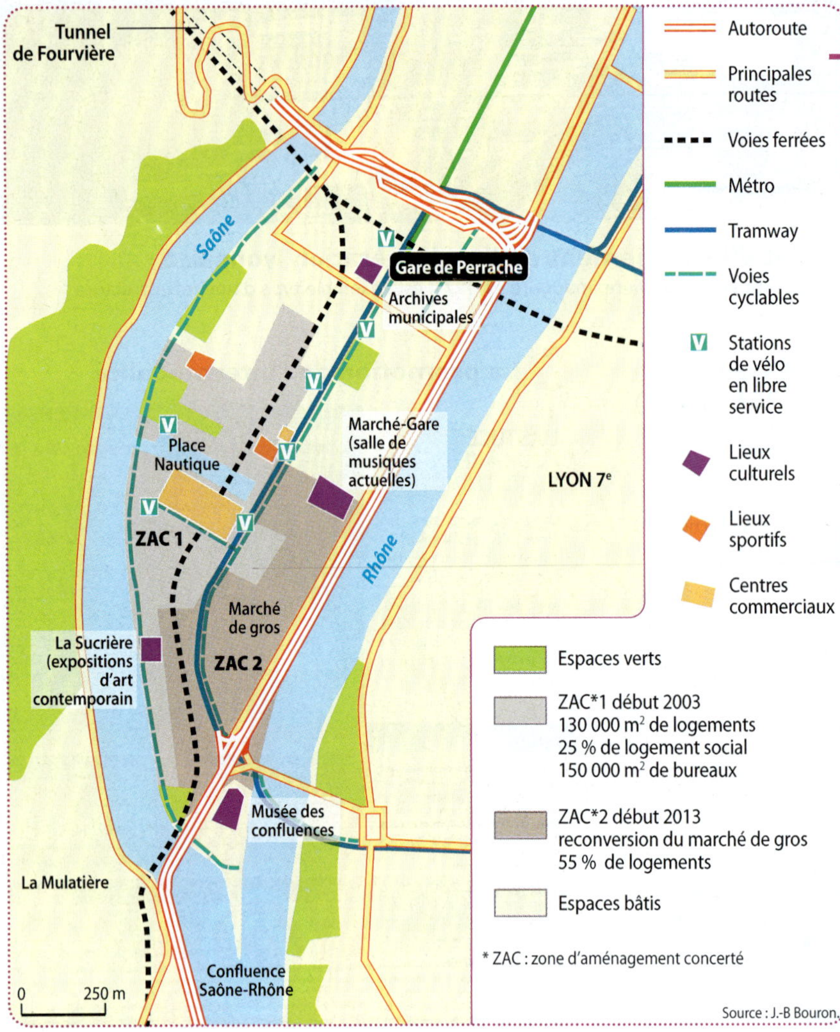

10 Un nouveau quartier attractif au cœur de la Métropole

Des bâtiments réalisés par de grands noms de l'architecture actuelle transfigurent le quartier de La Confluence : Hôtel de Région de Christian de Portzamparc, cube orange de Jakob + MacFarlane, pôle de loisirs de Jean-Paul Viguier. Le Musée des Confluences (photo), ouvert en décembre 2014, attire un nombre croissant de touristes.

11 Améliorer les transports collectifs : une nécessité

Le projet de création de site propre pour la ligne de bus C3

Constat :

La ligne C3 sur la section Pont Lafayette- Laurent Bonnevay subit les aléas de la circulation (stationnement en double file, bouchons, cyclistes sur la voie bus non élargie...). L'exploitation de la ligne est perturbée :

- retards fréquents,
- temps d'attente aux feux augmenté,
- temps de parcours augmenté.

Les études de faisabilité ont conclu que pour améliorer les performances de C3, la solution la plus pertinente est de réaliser des voies à double sens réservées à la circulation de C3.

Objectif :

Le SYTRAL va réaliser un double site propre entre le pont Lafayette (à Lyon) et le pôle multimodal de Laurent Bonnevay (à Villeurbanne) pour offrir :

- plus de régularité : un bus toutes les 6 min de 7 h à 20 h en semaine,
- plus de vitesse commerciale : un temps de parcours inférieur à 25 mn entre le pont Lafayette et Laurent Bonnevay (soit un gain de temps de 10 min environ entre les 2 terminus),
- un meilleur confort de déplacement et de sécurité pour les usagers, les riverains et les cyclistes.

http://www.sytral.fr/300-c3.htm

« Le maire demande au Grand-Lyon de désenclaver le Mas »

La politique du gouvernement en matière de quartiers prioritaires inclut les transports en commun : « *Dans le cadre de l'élaboration des prochains contrats de ville, l'État demandera aux préfets de solliciter les autorités organisatrices de transports urbains (comme le SYTRAL) pour intégrer un volet desserte des quartiers prioritaires dans les Plans de déplacements urbains (PDU)* », [explique] le maire dans son courrier qui insiste sur la nécessaire mobilisation du SYTRAL. Un effort de concertation qu'il juge « *indispensable pour l'avenir de la ville et de ses habitants, qui méritent des quartiers rénovés et correctement desservis* ».

Le Journal de Vaulx-en-Velin, n° 127, 2 juillet 2013.

La commune de Vaulx-en-Velin a une population de près de 43 500 habitants.

12 Les élus de Vaulx-en-Velin militent pour une meilleure connexion au Grand Lyon

13 L'autopartage : une nouvelle forme de mobilité

Réseau Citiz d'autopartage. L'autopartage est un service de location en libre-service de véhicules qui se répand dans les villes.

14 3 millions de visiteurs en un week-end pour la fête des Lumières

Fêtes des Lumières, Lyon 2014. *Color or not* d'Yves Moreaux. Durant quatre jours en décembre, la Fête des Lumières met en valeur le patrimoine d'exception de Lyon. Le succès de cette manifestation ne se dément pas depuis que la municipalité l'a remise au goût du jour en 1999. Le centre, fermé à la circulation, devient piétonnier, les transports en commun lyonnais sont gratuits, et la ville fait la promotion du service Vélo'v dans toute l'agglomération.

Questions

1. Relevez les objectifs attribués aux transports en fonction des divers espaces présentés dans la page. (doc. 10, 12, 14)
2. Identifiez les solutions proposées afin d'améliorer les mobilités dans le Grand Lyon. Précisez quels sont les résultats espérés. (doc. 11, 12, 13)
3. Montrez que les mobilités au sein du Grand Lyon ne concernent pas uniquement les habitants de l'agglomération. (doc. 10, 14)

SUJET BAC

À partir du doc. 12, montrez en quoi le réseau de transport obéit à un impératif de solidarité et de développement économique.

BAC **Réviser** le sujet d'étude

Les mobilités à l'échelle de l'agglomération lyonnaise

Schéma-bilan

www.lienmini.fr/magnard-hg1-319

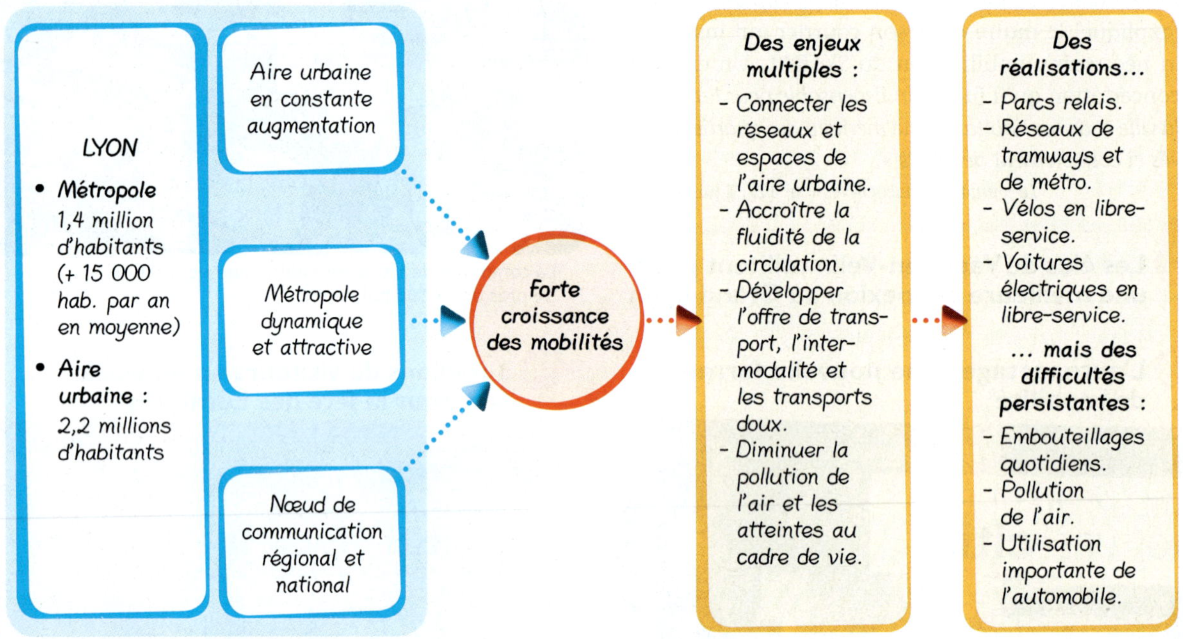

L'essentiel à retenir

A Des mobilités importantes, des motivations variées

- Lyon est la 2e aire urbaine après Paris. C'est une des métropoles les plus attractives de France. Elle est s'étend sur plus de 500 communes et compte 2,2 millions d'habitants.
- La périurbanisation et la spécialisation des espaces ont multiplié les raisons de se déplacer. Les migrations pendulaires représentent le quart des 4 millions de déplacements quotidiens dans l'agglomération.
- L'accessibilité des quartiers et en particulier ceux du centre-ville (Part-Dieu) est un enjeu essentiel pour maintenir et renforcer le dynamisme de la métropole lyonnaise.

B L'organisation des transports, un défi majeur pour l'agglomération lyonnaise

- Carrefour de circulation situé sur un axe de circulation majeur, Lyon doit connecter les réseaux de transport urbains et nationaux.
- L'amélioration des infrastructures (périphériques, tunnels) et des transports collectifs doit permettre de réduire la saturation des axes routiers.
- L'intermodalité est mise en œuvre pour diminuer la circulation automobile et réduire la pollution de l'air dans l'agglomération.
- L'importance des investissements renforce la coopération entre les communes de l'agglomération.

C Le Grand Lyon face aux nouveaux enjeux de la mobilité

- Les transports urbains sont essentiels pour maintenir la cohérence de la métropole qui ne cesse de s'étaler. Ils doivent désenclaver les quartiers périphériques et renforcer l'attractivité et la mise en valeur du centre-ville.
- Le respect des objectifs du développement durable pousse à la création de nouvelles formes de mobilité et à privilégier les transports collectifs à la voiture individuelle.
- L'aménagement de zones piétonnes et de pistes cyclables, la mise en libre service de vélos doivent permettre de développer les transports doux au sein de l'agglomération.

SUJET

1 Enquête réalisée par le SYTRAL[1] sur les mobilités dans le Grand Lyon

Entre 2006 et 2015

+ 1 % de déplacements

4 054 000 déplacements

réalisés un jour moyen de semaine

3,38 déplacements quotidiens/habitant en 2015 contre 3,62 en 2006

42 % des déplacements en voiture
(48 % en 2006)
Soit 6 points de moins

35 % des déplacements en marche à pied
(33 % en 2006)
Soit 2 points de plus

19 % des déplacements en transports en commun
(15 % en 2006)
Soit 4 points de plus

2 % des déplacements en vélo
Comme en 2006

2 % des déplacements en autres modes
1 % en 2006

Source : *L'enquête déplacements de l'aire métropolitaine lyonnaise*, Sytral, 2016.

1. Syndicat mixte des transports pour le Rhône et l'agglomération lyonnaise.

2 Lyon : Le SYTRAL poursuit ses investissements

Malgré la baisse des dotations budgétaires, les investissements vont continuer pour le SYTRAL. C'est en résumé ce qu'a déclaré sa présidente le 29 janvier 2016 [...]. Pour le plan de mandat[1] 2015/2020, le montant des investissements à hauteur de 1,2 milliard d'euros est confirmé. Parmi les dépenses les plus lourdes, figurent le prolongement de la ligne B du métro [...], avec la construction de deux nouvelles stations, la création d'une sixième ligne de tramway (T6), en rocade, de Gerland aux hôpitaux Est, et la création d'un site propre pour la ligne de trolleybus C3, la plus fréquentée du réseau (55 000 utilisateurs par jour)...

Sont aussi concernés les achats pour le renouvellement du matériel roulant (17 rames de tramway, 19 rames de métro), ainsi que le déplacement d'un centre de maintenance pour autobus, à Lyon-Perrache. Des équipements rendus nécessaires pour coller aux augmentations de l'offre envisagées pour le réseau TCL[2] [...].

« *Il serait dommage de ne pas poursuivre nos efforts après les bons résultats révélés par les premiers éléments de l'enquête ménage, voire de les remettre en cause en les ménageant* », commentait [le vice-président du SYTRAL].

Jean-François Belanger, « Lyon : Le SYTRAL poursuit ses investissements », Connexion, 1er février 2016.

1. Document voté par élus du SYTRAL, qui décrit les projets qui seront menés et les investissements qui seront consentis.
2. Transports en commun lyonnais.

Questions

1. Présentez les deux documents.
2. Pourquoi le réseau de transport en commun du Grand Lyon doit-il répondre à une augmentation de fréquentation ?
3. Comment expliquer le recours croissant aux transports collectifs ?
4. Par quels moyens le SYTRAL fait-il face à cette augmentation ?
5. Comment le développement durable est-il de plus en plus pris en compte dans l'évolution des mobilités à Lyon ?

Compétences à mobiliser

- Identifier des documents (nature, auteur, date, conditions de production).
- Mettre en relation des faits.
- Prélever, hiérarchiser et confronter des informations en fonction du corpus documentaire.
- Cerner le sens général d'un corpus documentaire, et le mettre en relation avec la situation géographique étudiée.
- Organiser et synthétiser des informations.

Sujet d'étude 3

Un territoire de proximité dans l'Ouest de la France, Nantes Métropole

INTRODUCTION

Nantes Métropole est une communauté urbaine créée en 2001. Les lois de décentralisation votées en 2014 renforcent son rôle dans l'aménagement du territoire national. Elles confirment aussi sa vocation de métropole européenne. Mais elle est d'abord un territoire de proximité créé pour répondre aux besoins de ses 600 000 habitants.

REPÈRES CLÉS

1925 : Projet de syndicat de communes.
1961 : Création d'un « groupe d'urbanisme ».
1964 : Nantes-Saint-Nazaire « métropole d'équilibre ».
1992 : Création du « district de l'agglomération nantaise ».
1992-1999 : Lois renforçant l'intercommunalité.
2004 : Création de Nantes Métropole.
2012 : Création du pôle métropolitain Nantes – Saint-Nazaire.
2014-2015 : Loi renforçant les compétences des métropoles.
2014 : Présidence du réseau Eurocities*.
• **Statut** : Établissement public de coopération intercommunale.

A Un territoire de proximité à vocation européenne

1 Diversité de la communauté urbaine de Nantes Métropole

Nantes Métropole

Commune de **Nantes** 293 234 habitants.

Commune de **Mauves-sur-Loire** 3 096 habitants.

Nantes métropole
24 communes, 600 000 habitants.

Commune de **Brains** 2 647 habitants.

Commune de **Vertou** 22 004 habitants.

2 Le conseil communautaire : une instance démocratique et représentative

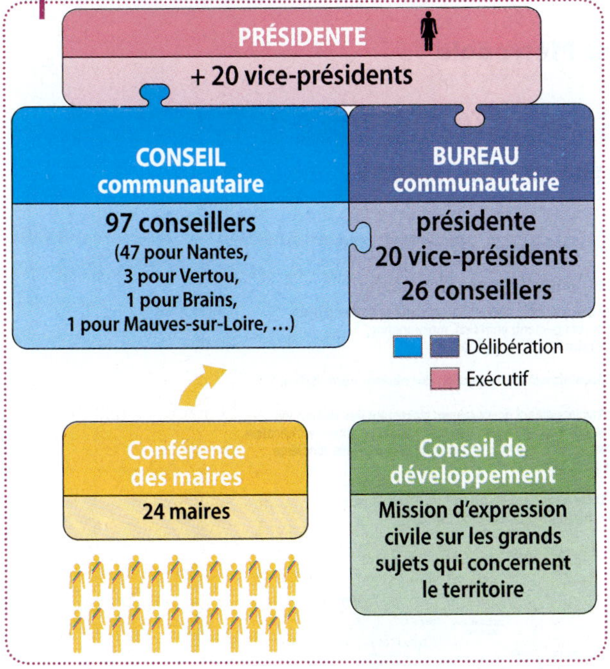

3 Les enjeux de Nantes Métropole

« Nous voulons nous donner les moyens de renouveler et conforter la dynamique économique de la métropole nantaise. Accéder au rang de métropole européenne tout en répondant à l'attente de proximité des habitants est notre double objectif » [déclare Johanna Rolland, présidente du Conseil communautaire de Nantes Métropole]. Capitale verte de l'Europe en 2013, Nantes Métropole est [...] à la tête du réseau de villes Eurocities qui regroupe 130 métropoles européennes. Cette position au sommet de la pyramide européenne participe au rayonnement de la métropole et à l'attrait qu'elle peut susciter pour des investisseurs, des chefs d'entreprise, des salariés, des chercheurs, des étudiants, des touristes [...]. *« Nous souhaitons également valoriser la diversité et les identités des communes ainsi que celles des quartiers que nous concevons comme une vraie richesse*, estime Johanna Rolland. *Ceci fait partie intégrante de notre qualité de vie, qui contribue elle aussi à notre attractivité ».*

« Un nouveau pacte métropolitain », www.nantesmetropole.fr

4 Le pôle métropolitain Nantes–Saint-Nazaire : renforcer l'attractivité du territoire

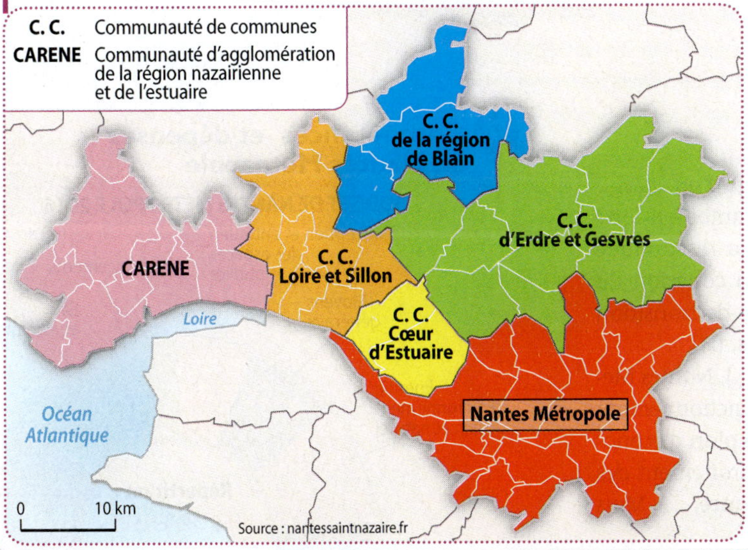

Le pôle métropolitain est un outil de développement et de promotion du territoire. Son objectif est notamment de mobiliser et renforcer tous les moyens au service de l'emploi et de l'attractivité.

LE PÔLE EN CHIFFRES

- **6e** pôle métropolitain de France
- **61** communes (6 intercommunalités)
- **830 000** habitants
- **407 000** emplois (+ 1,2 % par an depuis 2006)
- **1er** port de la façade atlantique
- **1er** pôle de construction navale
- **2e** pôle aéronautique français
- **117 000** étudiants

Questions

1. Montrez la diversité du territoire de Nantes Métropole. (doc. 1)
2. Relevez les raisons qui ont poussé à la création de l'intercommunalité de Nantes Métropole. (doc. 1, 3)
3. Présentez les moyens dont dispose Nantes Métropole pour renforcer son attractivité ? (doc. 3, 4)

SUJET BAC

À partir du doc. 2, montrez que Nantes Métropole est un outil de gestion démocratique dont l'objectif est de répondre aux besoins des habitants.

B Un territoire de proximité au service de ses administrés

5 Les pôles de services de proximité de Nantes Métropole

7 pôles de proximité pour vous faciliter la ville !

Les pôles de proximité ? Des services de la métropole au plus près des habitants.

Comment fonctionnent-ils ?

Les compétences des pôles

- **Espace public:** conception et réalisation des projets d'aménagement; entretien, maintenance, sécurisation et nettoiement.
- **Assainissement:** réalisation des réseaux secondaires.
- **Développement économique:** traitement des demandes des entreprises implantées sur le territoire, commercialisation des zones d'activités et suivi des disponibilités foncières et immobilières.
- **Urbanisme:** modifications des Plans locaux d'urbanisme (PLU) et droit des sols.

6 Budget et financement

Le budget 2016 de Nantes Métropole est d'un montant de 1,074 milliard d'euros. Il fixe une ambition forte pour la Métropole : le renforcement de la dynamique économique, le soutien à l'équilibre et la cohésion du territoire, l'inscription dans une démarche de transition énergétique et environnementale pour tous. [...]

Dans un contexte de baisse des recettes [...], Nantes Métropole a réduit dès 2016 ses dépenses de fonctionnement de 3,2 millions d'euros et met en œuvre un plan d'économies (éclairage public, dépenses liées au traitement des déchets, taux immobiliers, contrats d'assurance, ...). Mais cela ne suffit pas. [...]

Le budget 2016 prévoit une évolution des taux d'imposition sur les ménages et entreprises ainsi qu'une baisse de la Taxe d'enlèvement sur les ordures ménagères (TEOM).

Taux d'imposition 2016 :

- Taxe d'habitation : + 10,14 %
- Taxe foncière bâti : + 6,41 %
- Taxe d'enlèvement sur les ordures ménagères : – 7,50 %

soit une augmentation moyenne de 5,9 % pour les propriétaires et une quasi-neutralité pour les locataires.

« Le budget 2016 de Nantes Métropole », www.nantesmetropole.fr

7 Compétences et dépenses de Nantes Métropole

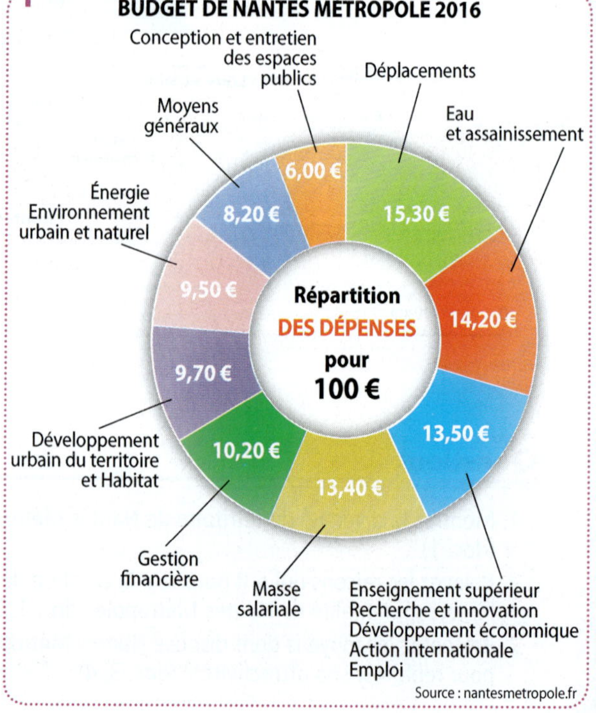

Source : nantesmetropole.fr

Impliquer les citoyens 8

Le journal de la métropole nantaise, mars-avril 2015.
Les habitants de chaque commune de la métropole sont invités à participer à des ateliers-citoyens ou à des groupes de pilotage afin de définir, avec des élus, les priorités du Plan local d'urbanisme métropolitain.

9 Des moyens modernes au service des habitants

« *Nantes dans ma poche* » est une application mobile dédiée à la mobilité et à la vie quotidienne disponible gratuitement sur smartphones et tablettes. ▼

La plateforme « e-démarches » est accessible sur le site nantesmetropole.fr et donne accès à des informations et des services de la métropole. ▶

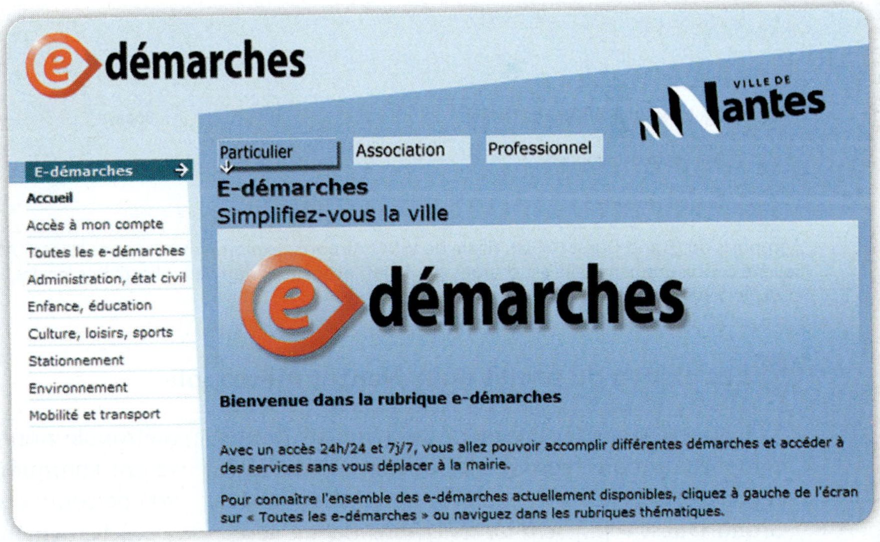

Questions

1. Identifiez les principales compétences de Nantes Métropole et expliquez comment elles sont financées. (doc. 5, 6, 7)
2. Présentez les évolutions du budget et les conséquences pour les habitants en 2016. (doc. 6)
3. Montrez comment Nantes Métropole souhaite impliquer et faciliter la vie quotidienne des habitants. (doc. 1, 8, 9)

SUJET BAC

À partir des doc. 7 et 9, montrez que les missions de Nantes Métropole sont en lien direct avec les préoccupations quotidiennes des habitants.

C Un projet d'aménagement en débat : l'aéroport du Grand-Ouest

10 Le projet du nouvel aéroport de Notre-Dame-des-Landes

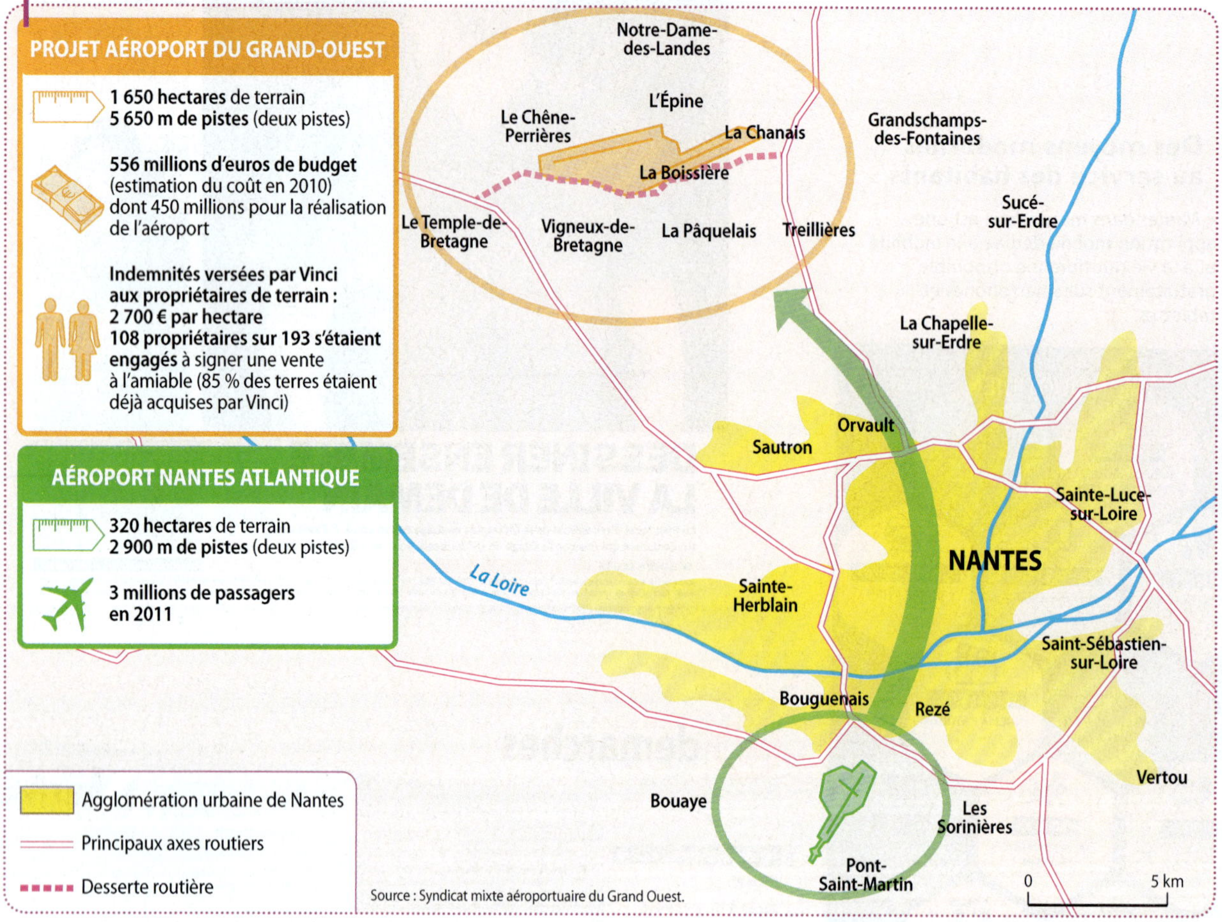

Aéroports du Grand Ouest (AGO), filiale de VINCI Airports, exploite les aéroports Nantes Atlantique et Saint-Nazaire Montoir. Société concessionnaire, elle est chargée par l'État, avec le soutien des collectivités locales, de financer, construire et exploiter le futur aéroport du Grand Ouest.

11 Les enjeux du projet pour Nantes Métropole

Jacques Auxiette, Président du Syndicat mixte aéroportuaire qui regroupe les collectivités locales engagées dans le projet explique que l'aéroport du Grand Ouest « [...] *sera un levier essentiel du développement économique, de l'emploi, de l'attractivité et du rayonnement international de tout le grand Ouest, Bretagne et Pays de la Loire.* » [...] Les retombées économiques d'un aéroport bénéficient à toute une chaîne d'entreprises. [...] Il faut en effet compter 1 emploi pour 800 à 1 000 passagers.

[...] Le fait que les avions ne survoleront plus Nantes constituera un gain en sécurité pour ses 600 000 habitants. [...] Les 42 000 habitants de la métropole nantaise situés dans la zone de bruit seront épargnés par les nuisances sonores (contre 900 personnes touchées sur le nouveau site).

[...] Le déménagement de l'aéroport de Nantes-Atlantique sera une opportunité pour augmenter l'offre de logements au cœur de la métropole nantaise [...]. Il permettra ainsi de limiter la consommation d'espace, de lutter contre l'étalement urbain [...] de libérer 650 hectares au sud-ouest de l'agglomération qui pourront accueillir jusqu'à 16 000 habitants.

« Dossier : Tout savoir sur le transfert de l'aéroport », www.nantesmetropole.fr, 15 octobre 2014.

12 Un projet très contesté

À gauche : Manifestation contre les expulsions de paysans en janvier 2016 à Nantes.

À droite : Affiche de l'ACIPA (Association citoyenne intercommunale des populations concernées par l'aéroport), une des principales associations contestant le projet né dans les années 1960. Elle rassemble des riverains, des paysans, des élus, des défenseurs de l'environnement français et européens.

13 Le financement du projet

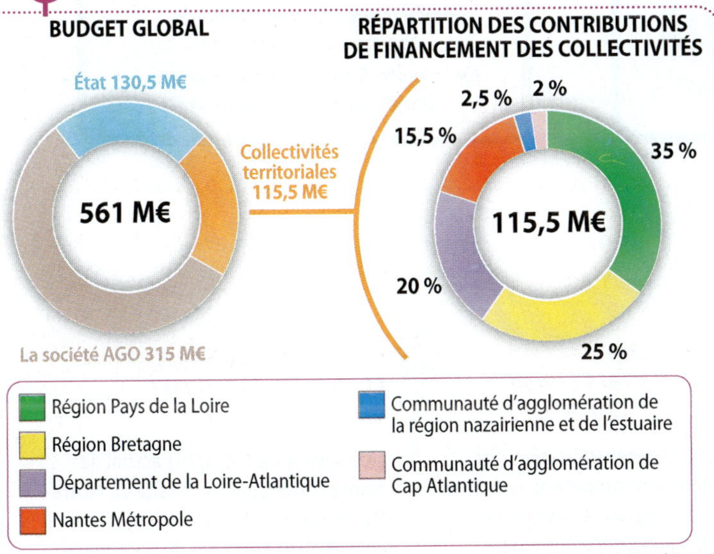

Source : Aéroports du Grand-Ouest.

14 Un débat qui dépasse l'échelle locale

François Hollande a annoncé, jeudi 11 février 2016 la tenue d'un référendum[1] local sur le projet d'aéroport.

Le déménagement de l'actuel aéroport de Nantes Atlantique vers Notre-Dame-des-Landes [...]est un casse-tête pour le gouvernement. [...] Les anti, qui ont réuni à plusieurs reprises des manifestations de plusieurs dizaines de milliers de personnes et qui occupent la ZAD, la zone à défendre, à quelque 200 à 300 personnes, refusent la destruction de 1 600 hectares de zone humide et de terres agricoles. Ils proposent la modernisation de l'actuelle plate-forme aéroportuaire. Les pro aéroport [sont] emmenés par la région notamment et son président [...].

L'Élysée recherche depuis des semaines une voie entre « *à la fois des élus qui sont totalement mobilisés pour que cet aéroport se fasse et d'autres, élus ou pas élus, associatifs le plus souvent, et des occupants sans titre, parfois avec titre, qui veulent que cet aéroport ne se fasse pas* ».

Rémi Barroux, « Notre-Dame-des-Landes : quel périmètre pour le référendum local sur le projet d'aéroport ? », lemonde.fr, 12 février 2016.

1. 55,17 % des électeurs se sont prononcés pour le oui en faveur du nouvel aéroport (26 juin 2016).

Questions

1. Présentez les enjeux et les objectifs du projet de l'aéroport de Notre-Dames-des-Landes pour Nantes Métropole. (doc. 10, 11)
2. Caractérisez les acteurs et analysez la place de Nantes Métropole dans ce projet. (doc. 10, 12, 13)
3. Présentez pourquoi et par qui le projet est contesté. (doc. 10, 12, 14)

SUJET BAC

À partir des doc. 11 et 12, montrez pourquoi le projet du nouvel aéroport suscite adhésion et contestation des habitants de Nantes Métropole.

BAC **Réviser** le sujet d'étude

Un territoire de proximité dans l'Ouest de la France : Nantes Métropole

Schéma-bilan

www.lienmini.fr/magnard-hg1-320

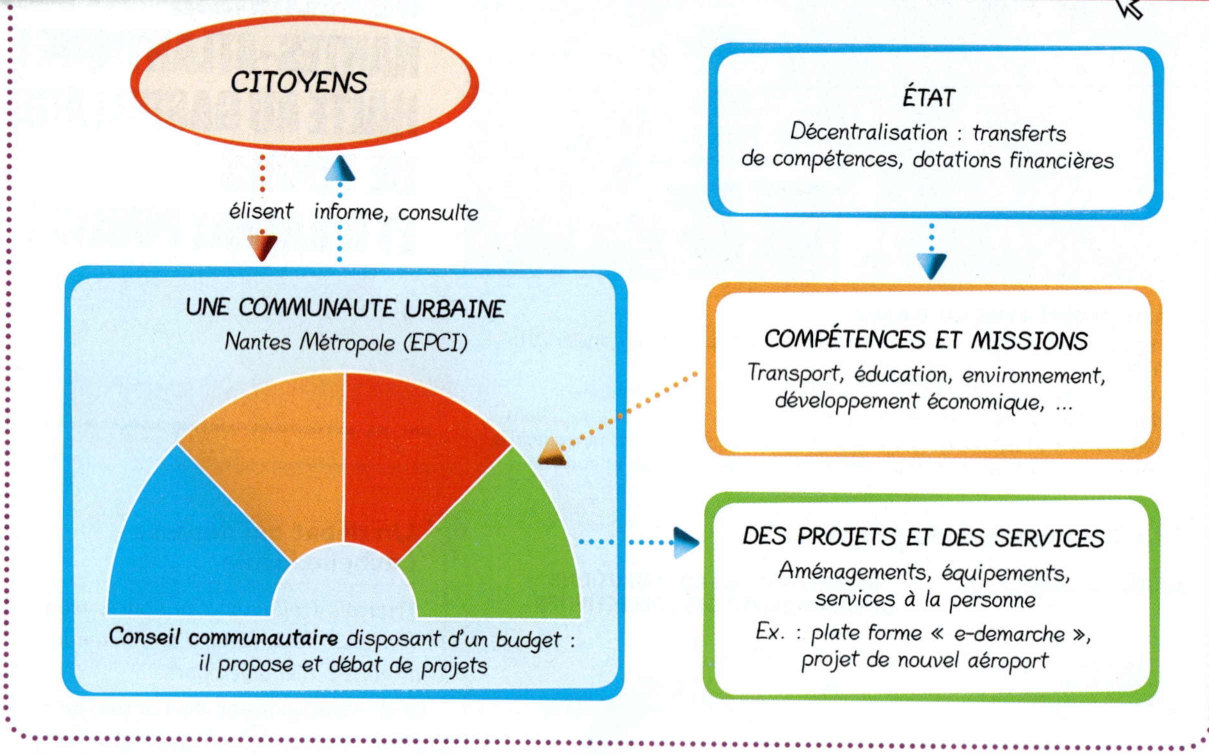

L'essentiel à retenir

A Un territoire de proximité à vocation européenne

- Nantes Métropole est une communauté urbaine créée en 2001. C'est un Établissement Public de Coopération Intercommunale (EPCI) regroupant 24 communes et plus de 600 000 habitants.
- Les lois de décentralisation de 2014-2015 ont renforcé le rôle des métropoles dans l'aménagement du territoire. Nantes Métropole associée à d'autres intercommunalités forme le plus grand pôle métropolitain du Nord-Ouest de la France.
- La Métropole est dirigée par une assemblée d'élus communaux représentant les citoyens des 24 communes.
- Au service des habitants du territoire, l'EPCI s'est donné pour but de devenir une métropole de niveau européen.

B Un territoire de proximité au service de ses administrés

- Les lois de décentralisation ont transféré des compétences de l'État, des régions et des départements aux intercommunalités : transport, éducation, développement économique.
- L'État verse des dotations à l'intercommunalité Nantes Métropole qui a aussi recours à la fiscalité propre (impôts locaux) pour financer ses projets.
- Les habitants sont régulièrement informés et consultés sur les projets, travaux, initiatives locales.
- Nantes Métropole met de plus en plus d'outils pour faciliter la vie des habitants et pour répondre au plus près à leurs préoccupations quotidiennes.

C Un projet d'aménagement en débat : l'aéroport du Grand-Ouest

- Le transfert de l'aéroport actuel de Nantes Atlantique sur le site de Notre-Dame-des-Landes est un projet des années 1970 porté par de nombreux élus. L'intercommunalité financerait 15 % du projet.
- Ce projet devrait permettre d'accompagner l'ambition de Nantes Métropole de devenir une grande métropole européenne, de renforcer son attractivité économique dans le cadre de l'aménagement du territoire.
- Acteurs et détracteurs du projet sont nombreux. La succession de manifestations et d'actions en justice ont ralenti le début des travaux et raidi les positions de chacun. Cet équipement local est devenu un débat national. Un référendum local est annoncé pour l'automne 2016.

Analyse de document

SUJET

Document – Nantes Métropole lance « SoNantes », sa monnaie locale

Le projet « SoNantes »,est copiloté par cinq organismes : Nantes Métropole, la Ville de Nantes, le Crédit municipal de Nantes, la Chambre des métiers et de l'artisanat de Loire-Atlantique (CMA) et la Chambre de commerce et d'industrie Nantes-Saint-Nazaire (CCI).

Questions

1. Présentez le document.
2. Montrez que SoNantes est une monnaie locale.
3. Quels sont les objectifs de SoNantes ?
4. Quels sont les acteurs à l'origine du projet et quels sont leurs liens avec Nantes Métropole ?
5. En quoi SoNAntes est-il un outil renforçant la cohésion économique et sociale au sein du territoire de proximité ?

Compétences à mobiliser

- Identifier des documents (nature, auteur, date, conditions de production).
- Mettre en relation des faits.
- Prélever, hiérarchiser et confronter des informations en fonction du document.
- Cerner le sens général d'un document et le mettre en relation avec la situation géographique étudiée.
- Organiser et synthétiser des informations.

Géographie

Kourou en Guyane

Sur le littoral atlantique, le Centre spatial guyanais est un des fleurons technologiques de l'industrie et de la recherche française et européenne. Le Centre national d'études spatiales (CNES) et l'ESA (Agence européenne spatiale) disposent d'une base performante. Sa localisation sous des latitudes équatoriales assure une efficacité optimale dans le décollage de lanceurs spatiaux. Cette présence française en Amérique latine est un des signes de l'importance de la localisation dans le développement d'une activité économique.

6

La France : dynamiques de localisation des activités

Territoires et espaces

1 Potentialités du territoire français

www.lienmini.fr/magnard-hg1-332

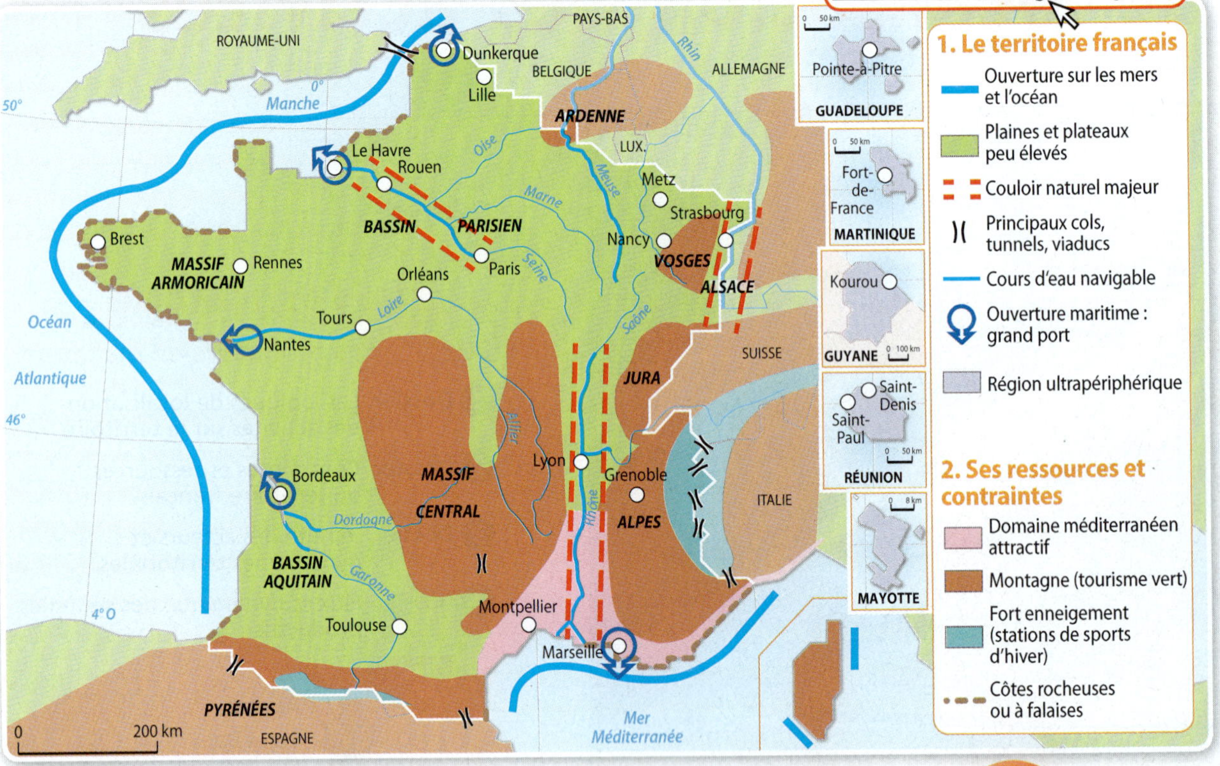

2 La France, un territoire aménagé

www.lienmini.fr/magnard-hg1-333

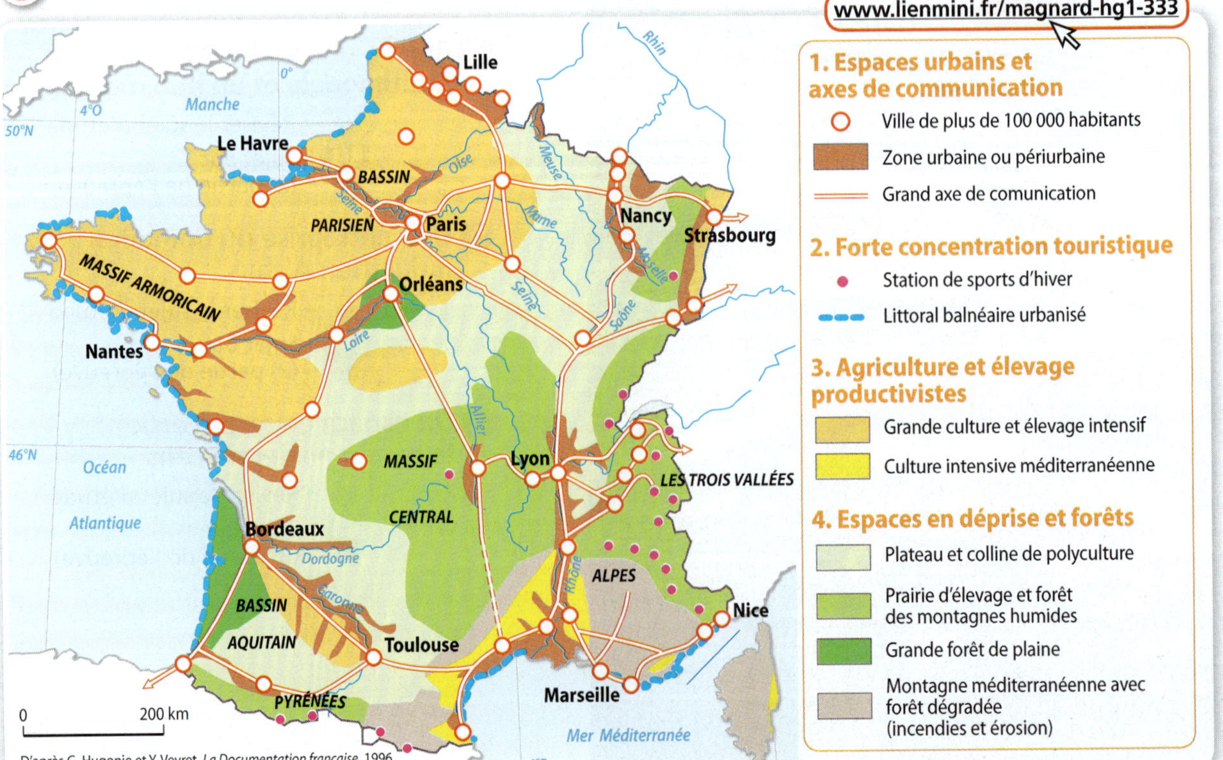

D'après G. Hugonie et Y. Veyret, *La Documentation française*, 1996.

www.lienmini.fr/magnard-hg1-334

3 L'organisation de l'espace industriel français et ses dynamiques

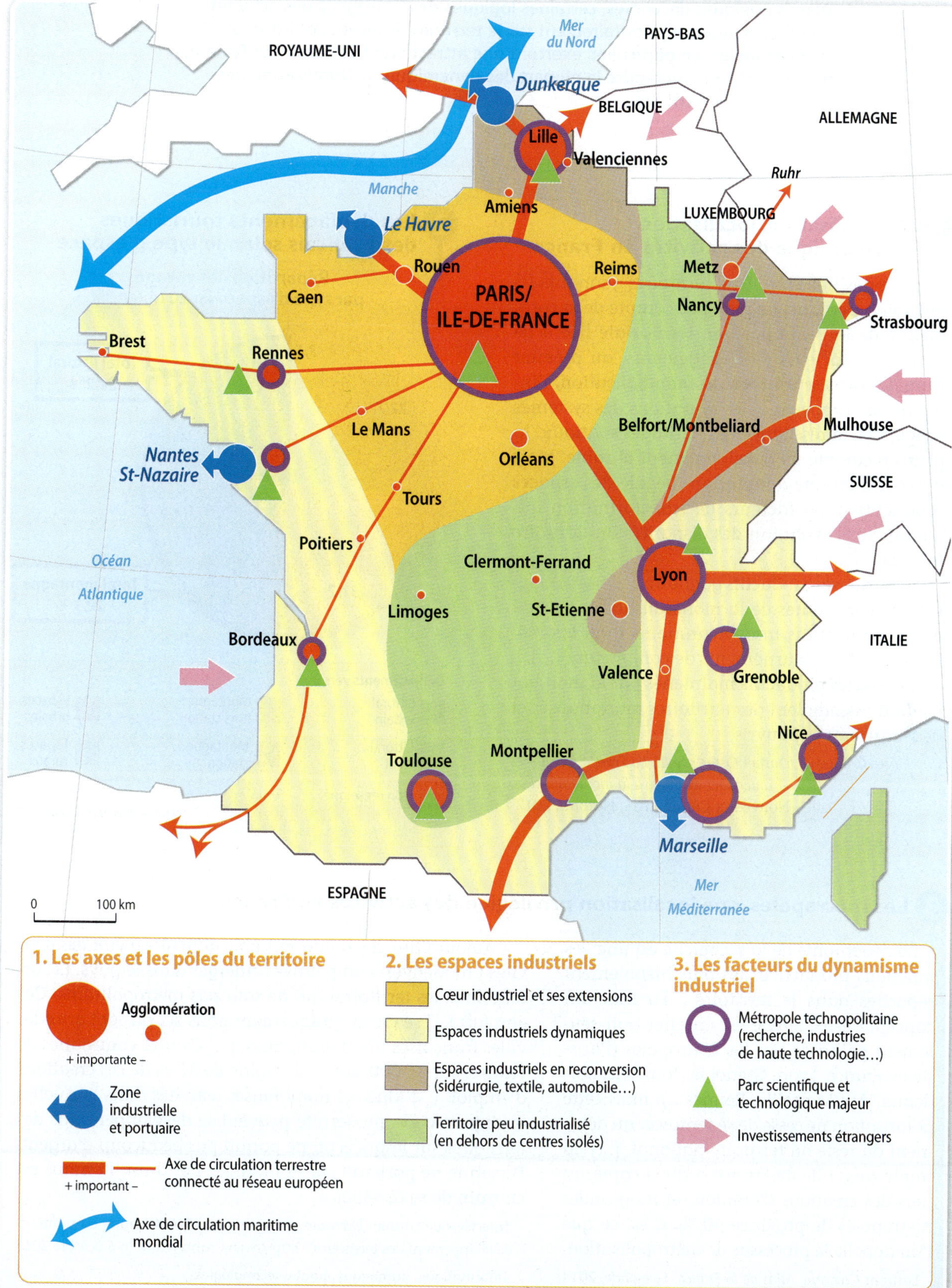

Dossier 1 Les logiques de localisation des activités sur le territoire

Depuis quelques décennies, certaines logiques de localisation des activités semblent s'imposer prioritairement sur le territoire français. Les littoraux et les métropoles, en particulier, exercent une attractivité très forte. Ces facteurs permettent de comprendre la plupart des dynamiques de localisation des activités sur le territoire.

➥ **Quelles sont les logiques d'implantation des activités en France ?**

1 Mondialisation, localisation et dynamique des activités en France

[L'opposition simpliste] territoires gagnants / territoires perdants ne rend pas compte de la complexité de la recomposition territoriale liée à de nombreux facteurs de changements, au premier rang desquels se trouvent la mondialisation, l'intégration européenne, les mutations des systèmes productifs, la résistance des héritages spatiaux, la prise en compte du développement durable. Mais il existe bien une adaptation inégale des espaces productifs à ces facteurs de transformation qui retentit sur l'évolution des disparités du territoire français.

Les territoires productifs gagnants [...] sont adaptés aux contraintes de la mondialisation, plus ou moins compétitifs mais néanmoins toujours menacés par les retournements de conjoncture [...].

Les espaces productifs malmenés par la mondialisation rassemblent des territoires marginalisés et des territoires appauvris.

Yves Colombel, Daniel Oster, *et alii*, *La France, Territoires et aménagement face à la mondialisation*, coll. « Nouveaux Continents », Nathan, 2012

2 Les déplacements touristiques des Français selon le type d'espace

Répartition des voyages par type d'espace en 2014 ***(en %)***

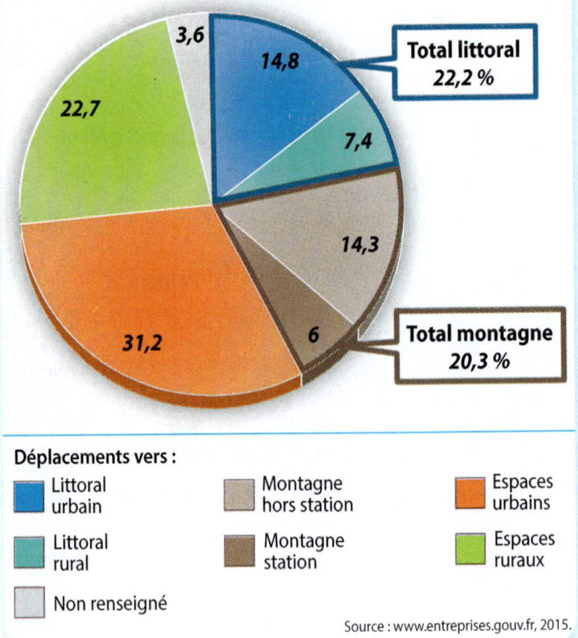

Source : www.entreprises.gouv.fr, 2015.

3 Les métropoles, une localisation privilégiée des activités en France

La géographie de la recherche est une des fonctions productives les plus inégalement réparties dans le territoire. La fonction conception-recherche est en effet non seulement polarisée par les métropoles (Paris-Île-de-France, Lyon, Grenoble, Toulouse, Bordeaux, Aix-Marseille, Rennes...), mais cette polarisation ne cesse de se renforcer au détriment du reste du territoire national. [...] En trente ans, l'Île-de-France a ainsi capté un tiers des créations d'emplois, et les grandes métropoles de province 40 %. C'est ce que l'on appelle le processus de métropolisation.

Laurent Carroué, *Atlas de la France*, *Le Monde*, 2014

« Aujourd'hui, il y a une véritable difficulté à voir des activités productives[1] compétitives émerger dans le pays. Et surtout dans les territoires qui ne sont pas métropolitains. Ces emplois [...] se créent uniquement dans six ou sept grandes villes françaises très dynamiques. [...] Quinze communes de France, sur 36 000, sont à l'origine de 82 % de ces créations d'emploi. [...] Mais de nombreuses activités dans lesquelles on injecte de la modernité peuvent se développer dans des territoires sur lesquels on ne pariait pas beaucoup d'argent. Personne ne parierait sur Romans, et pourtant, Romans est en train de se réveiller. »

Interview de Laurent Davezies, professeur au CNAM (chaire Économie et développement des territoires), http://www.francetvinfo.fr, 5 octobre 2015

1. Informatique, numérique, hautes technologies.

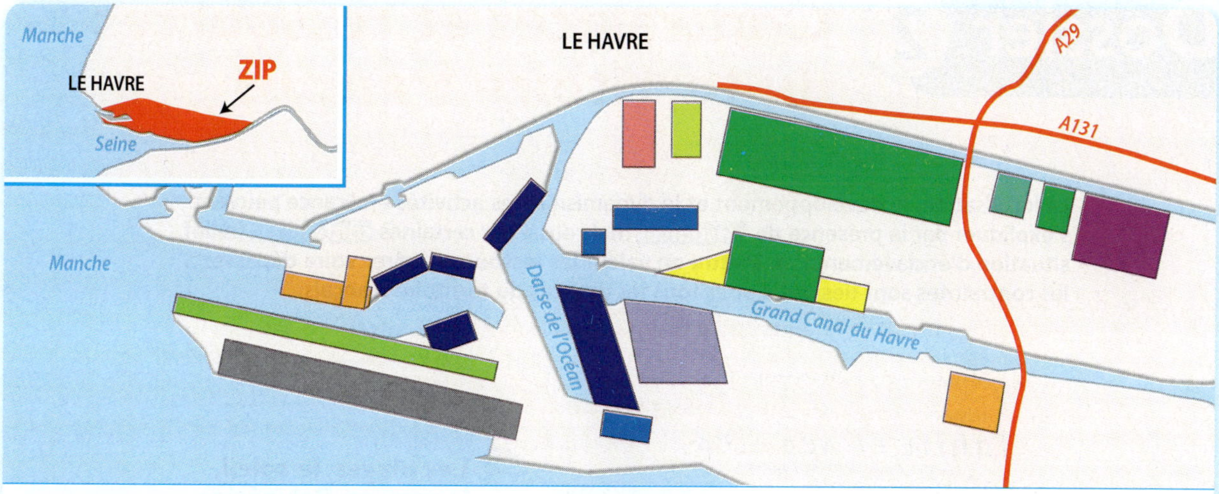

1. Les différents terminaux du port

- Conteneurs
- Pétrolier
- Roulier (voitures)
- Vrac
- Port 2000 : projet de nouveau port extérieur pour accueillir les plus gros porte-conteneurs

2. Les activités liées aux terminaux

Entreprises logistiques, automobiles et aéronautiques

- Entreprises de logistique : Maersk, Star Container, Maersk Sealand, SDV
- Renault (Sandouville : automobile)
- Aircelle aéronautique

Chimie et pétrochimie

- Total
- Lubrizol
- Chevron Oronite
- Entreprises de chimie

4 La ZIP* du Havre, littoralisation* de l'activité et ouverture sur le monde

5 Une industrie agroalimentaire puissante et très liée à l'agriculture

Notion

- **Localisation** : Situation d'un phénomène dans l'espace en fonction de nombreux facteurs. Désigne aussi l'action de choisir un lieu pour s'y installer.

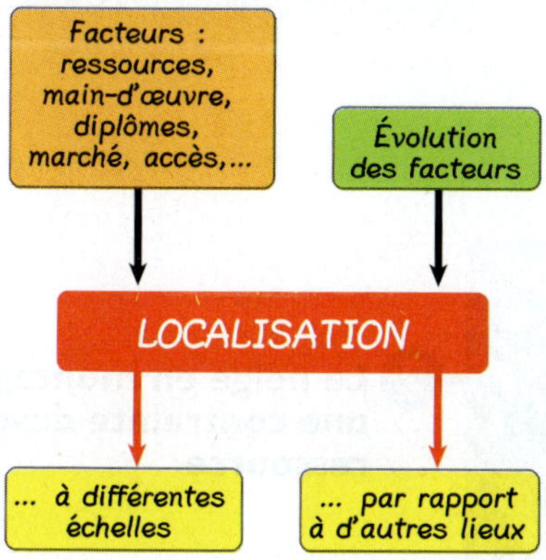

L'usine agroalimentaire Bonduelle d'Estrées-Mons dans la Somme, à 60 km d'Amiens.

Cette usine est la plus grande usine Bonduelle du monde. Chaque année plus de 205 000 tonnes de légumes y sont conditionnés (conserves ou surgelés) et 80% des légumes surgelés proviennent de producteurs présents dans un rayon de 80 km, à deux heures maximum du site de production.

Questions

1. Quels sont les lieux privilégiés de localisation des activités dans le contexte de mondialisation actuel ? (doc. 1, 2, 3)
2. Pourquoi on peut parler de littoralisation des activités ? (doc. 1, 2, 4, carte 3 p. 211)
3. Quelles sont les autres logiques de localisation des activités industrielles et agricoles ? (carte 2 p. 210, doc. 3, 5)

QUESTION BAC

À l'aide des documents, expliquez les logiques de localisation des activités sur le territoire français.

cours p. 220

Dossier 2 Contraintes et ressources du territoire français

La localisation, le développement et le dynamisme des activités en France peuvent s'expliquer par la présence de ressources mais aussi par certaines contraintes (relief, situation d'enclavement, ...). Mettre en valeur les ressources, gérer voire dépasser les contraintes sont des défis pour tous les espaces du territoire français.

➥ **Quelles sont les contraintes et les ressources du territoire français ?**

Les plages, le soleil, la mer en Polynésie : autant de ressources à valoriser

La Polynésie française, dans l'océan Indien, est composée de cinq archipels et compte 118 îles disséminées sur 5 millions de km² d'espace maritime. Elle abrite des milliers de km² d'écosystèmes coralliens qui sont candidats à une reconnaissance au titre du patrimoine mondial de l'Unesco. Ces ressources uniques au monde ont permis d'attirer plus de 180 000 touristes en 2014.

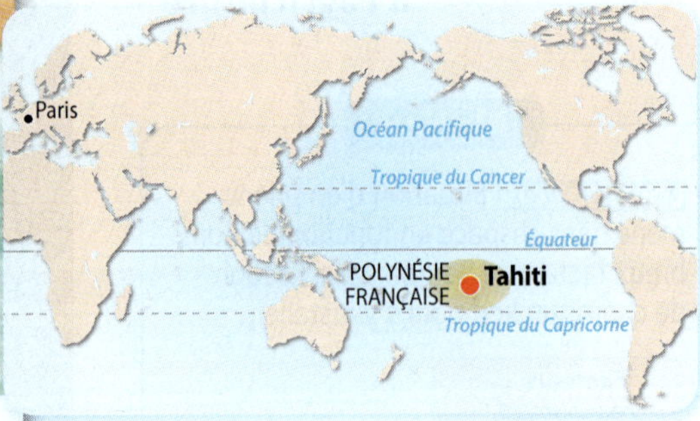

2 La neige en montagne, une contrainte devenue ressource

Station de Arc 2 000 en Savoie.
La pente est la principale contrainte en montagne. Mais depuis le milieu du XXe siècle, associée au froid et à la neige en hiver, elle est devenue une ressource pour la pratique des sports d'hiver. En France, il existe plus de 200 stations de ski, c'est un des domaines skiables le plus vaste au monde.

3 Le complexe de production de nickel-cobalt à Goro en Nouvelle-Calédonie

Le complexe industriel du plateau de Goro (sud de la Nouvelle-Calédonie) se compose d'une mine à ciel ouvert, d'une usine de traitement du minerai et d'un port. La production a débuté en 2010, avec, en 2014, une production de 18 700 tonnes de nickel et 1 384 tonnes de cobalt.

4 De vastes zones enclavées difficiles à mettre en valeur

26 % du territoire accueillent seulement 5,4 % de la population française et se distinguent, outre la faible densité de population, par le vieillissement, l'enclavement, les faibles ressources financières, le manque d'équipement et de services, le manque de perspectives, la difficulté à faire aboutir l'initiative publique ou privée, l'éloignement et l'isolement sous toutes ses formes. [...]

Les inégalités territoriales, auparavant atténuées par la convergence des niveaux de développement entre région et les mécanismes de redistribution publique, se creusent de nouveau gravement, faisant subir aux territoires hyper-ruraux une accumulation persistante de handicaps dont la plupart ne relèvent pas de la fatalité mais de choix de société, assumés ou non. Le déficit croissant en services publics et de santé, le retard flagrant en matière de desserte numérique, la persistance d'infrastructures de transports insuffisantes qui entretiennent l'enclavement ou encore les faibles ressources financières de collectivités locales sur-sollicitées face aux besoins, ne sont pas liés au seul contexte géographique.

Alain Bertrand, Rapport parlementaire sur l'hyper-ruralité, juillet 2014.

5 Les atouts de la main-d'œuvre française

Source : Pourquoi investir en France ?, www.investir.fr

Notions

- **Ressources** : Données naturelles ou humaines qu'une population peut mettre en valeur pour aménager et développer le territoire.
- **Contraintes** : Données naturelles ou économiques qui perturbent le développement d'une activité.

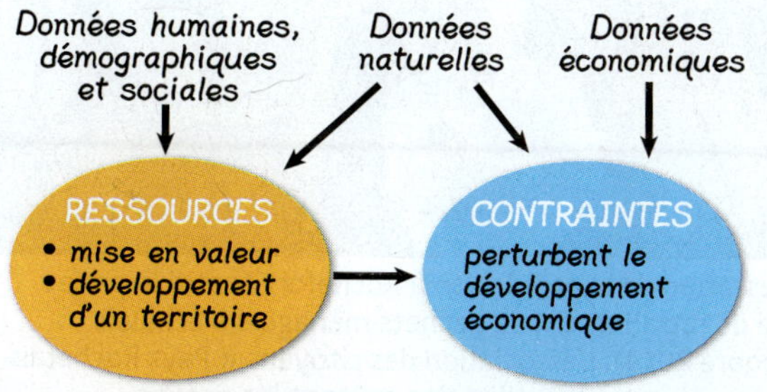

Questions

1. Quelles sont les contraintes du territoire français ? (carte 1 p. 210, doc. 2, 4)
2. Comment une contrainte peut-elle devenir une ressource ? (carte 1 p. 210, doc. 2)
3. Quels sont les différents types de ressources du territoire français ? (cartes 1 et 2 p. 210, doc. 1, 2, 3, 5)

QUESTION BAC

À l'aide des documents, montrez que les contraintes et les ressources du territoire français permettent en partie d'expliquer la localisation des activités.

> cours p. 220

Dossier 3 Variétés des acteurs et dynamiques territoriales

Les acteurs spatiaux jouent un rôle important dans la dynamique de localisation des activités par leurs investissements, la création d'aménagements ou de conditions favorables à l'implantation d'activités. Ils peuvent également exercer des pressions, chercher à empêcher un projet par leur mobilisation. Ces acteurs spatiaux sont présents à toutes les échelles du territoire français.

➥ **Quelles catégories d'acteurs participent aux dynamiques de localisation des activités en France ?**

La Voix du Nord, juillet 2015.

1 De nombreux acteurs participent au financement de projets

2 Des entreprises étrangères qui investissent en France

En 2014, la France a accueilli 740 investissements d'entreprises étrangères pour des projets de plus de dix salariés, une performance en hausse de 8 % et qui constitue une rupture après trois années de repli. Le chiffre grimpe même à 1 014 en y ajoutant les projets à moins de dix salariés, recensés pour la première fois l'an passé. C'est ce que montre le bilan annuel réalisé par Business France, l'agence chargée de développer l'attractivité française. La moitié de ces investissements sont des créations, le solde étant constitué d'extensions de sites et de reprises. *« La France a profité du regain d'investissements vers l'Europe. Les Américains ont nettement plus investi dans l'Hexagone l'an passé (+ 7%). Ils sont les premiers investisseurs en France, devant les Allemands et les Britanniques. [...] »*

Si les entreprises étrangères ont d'abord investi dans des activités de production (30 % des projets), la recherche, l'ingénierie et le design ont fait une percée en 2014 (+ 19 %).

Cécile Crouzel, « La France attire de nouveau l'investissement des étrangers », www.lefigaro.fr, 16 mars 2015.

3 La population civile intervient de plus en plus dans les projets d'aménagements

Manifestation de la population à Rochefort contre le projet d'usine de retraitement de déchets ménagers à Échillais (11 octobre 2014). L'association des citoyens « Pays Rochetais Alert » en dénonce l'inutilité, les coûts et les risques.

4 **L'Union européenne, un acteur majeur**

5 **Trop d'acteurs qui entraînent une confusion?**

Dessin de Laurent Salles paru dans le magazine de la région Alsace n°71, septembre 2014.

Notion

- **Acteurs spatiaux** : Personnes ou structures qui agissent sur l'espace selon leurs stratégies propres et leurs moyens : individu, entreprise, collectivité territoriale, État, UE, ...

ACTEURS SPATIAUX
Union européenne,
État,
collectivités territoriales,
firmes transnationales,
individus,...

↓ agissent sur

ESPACE
Aménagement et gestion
Développement économique

Questions

1. Pourquoi les entreprises étrangères sont-elles des acteurs spatiaux en France ? (carte 3 p. 211, doc. 2)
2. Quelles catégories d'acteurs interviennent dans la localisation des activités en France ? (doc. 1, 2, 3, 4)
3. Pourquoi la multiplicité des acteurs spatiaux peut-elle être un handicap dans la localisation des activités ? (doc. 1, 5)

QUESTION BAC

À l'aide des documents, montrez que les acteurs spatiaux qui interviennent dans la localisation des activités sont nombreux et variés.

> cours p. 221

Dossier 4 Flux et dynamique des systèmes productifs

La France est parcourue de flux d'intensités et de natures différentes, internes au pays ou en lien avec des pays étrangers.
En 2013, la France réalisait 3,2% des exportations mondiales (6e rang) et 3,7 % des importations mondiales (5e rang). Tous ces flux génèrent des activités, expliquent l'implantation d'usines ou de centres de recherche. Leur dynamisme est signe de bonne santé économique.

➥ **Quel(s) rôle(s) jouent les flux sur la localisation des activités en France ?**

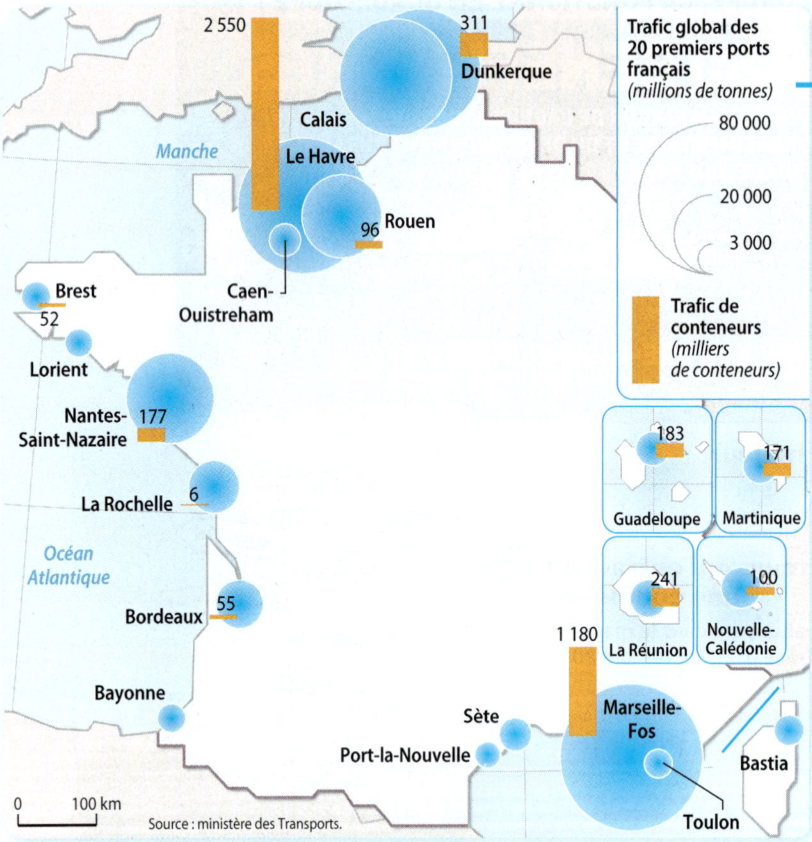

1 Les ports : lieux privilégiés des flux de marchandises

2 La France : pays d'accueil des IDE

Les États-Unis restent les premiers investisseurs dans l'Hexagone. Si les activités de production restent majoritaires, les créations de centres de recherche et développement montent en puissance. [...] 1 014 décisions d'investissement ont eu lieu dans le pays, ce qui a permis la création ou le maintien de 26 535 emplois. « *La France continue d'attirer des investissements dans les fonctions à forte valeur ajoutée, notamment celles de la production et de la recherche,* a expliqué la directrice générale de Business France. *La France est, depuis quatre ans, le premier pays d'accueil des implantations industrielles en Europe.* » [...]

En France, l'enjeu des investissements étrangers est capital pour l'économie nationale. Plus de 20 000 entreprises étrangères sont implantées en France et emploient plus de 2 millions de personnes. Selon l'Insee*, ces entreprises comptent pour 12 % de l'effectif salarié du pays, elles assurent 31 % de ses exportations et 19 % de son chiffre d'affaires.

« Les investissements étrangers en France ont rebondi en 2014, www.leparisien.fr, 16 mars 2015.

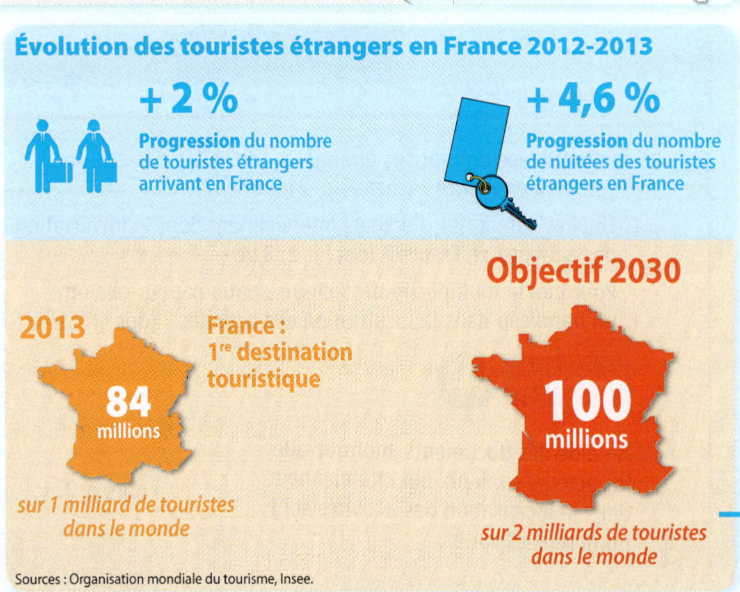

3 Les flux touristiques vers la France

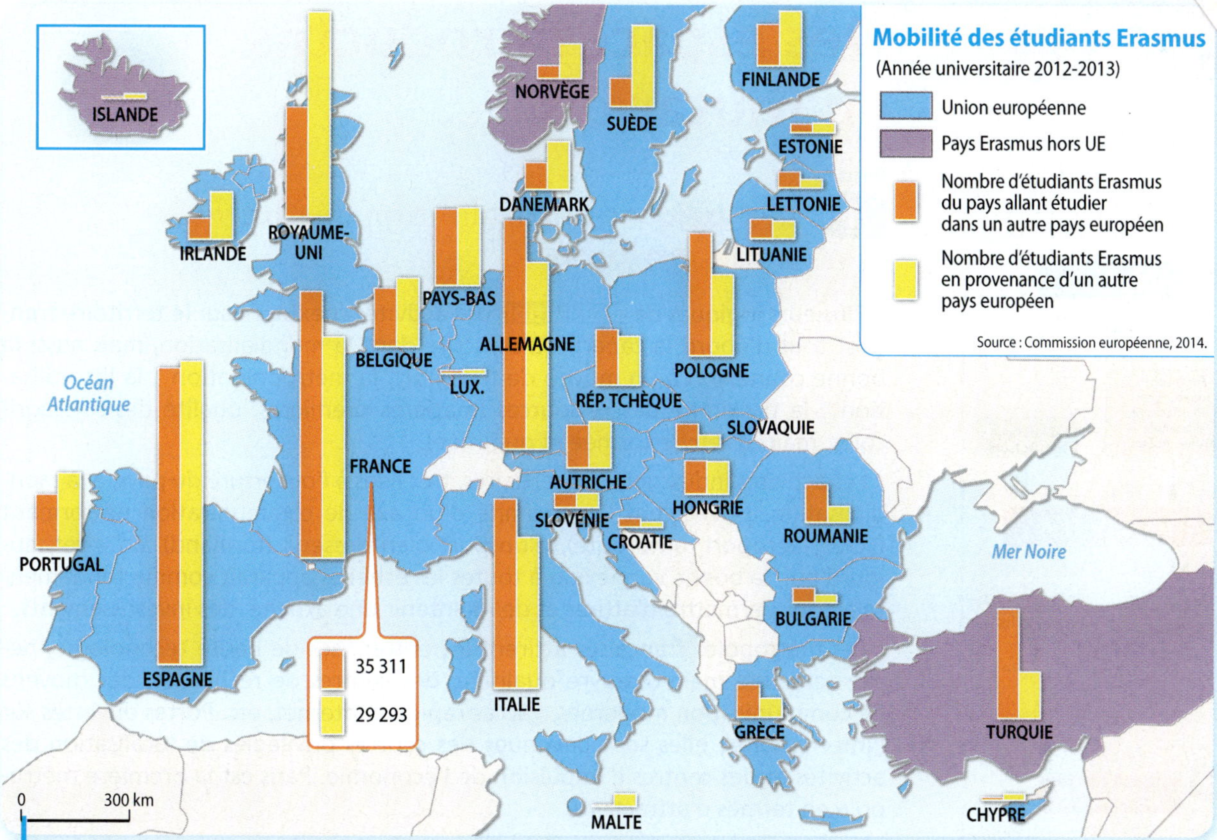

4 Des flux massifs d'étudiants (programme Erasmus)

5 Les flux transfrontaliers et la mobilité périurbaine

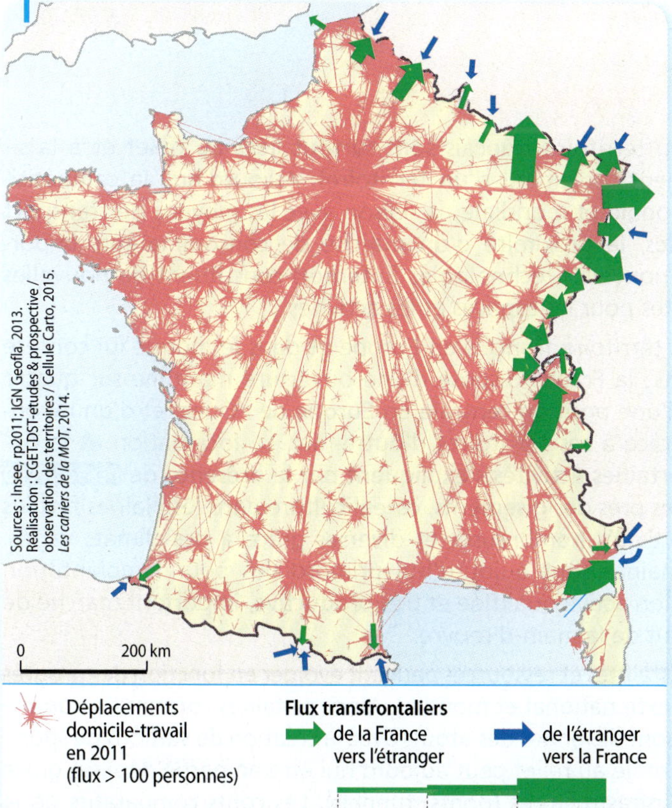

Notion

Flux : Échange de nature variée (marchandises, hommes, argent, etc.) entre un pôle émetteur et un pôle récepteur.

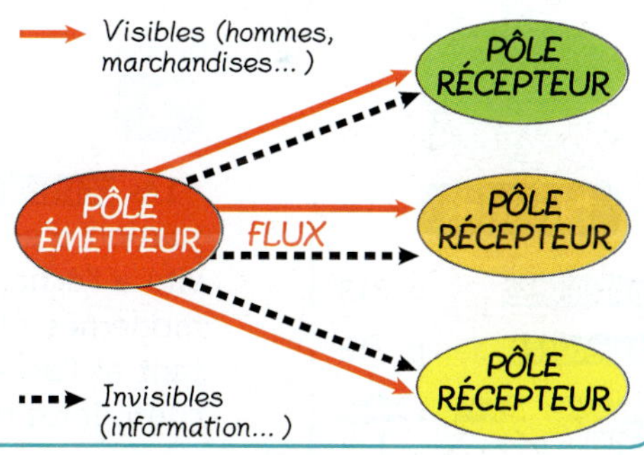

Questions

1. Quels sont les différents types de flux sur le territoire français ? (doc. 1 à 5)
2. Comment les flux ouvrent-ils le territoire français sur l'étranger ? (doc. 1, 2, 3, 4)
3. À quelles échelles peut-on étudier les flux sur le territoire ? Justifiez votre réponse (doc. 1 à 5)

QUESTION BAC

À l'aide des documents, montrez que les différents types de flux dynamisent le territoire français.

cours p. 221

Cours

Des espaces productifs en mutation

Dossier

1 Les logiques de localisation des activités sur le territoire

Notion

- Localisation p. 213

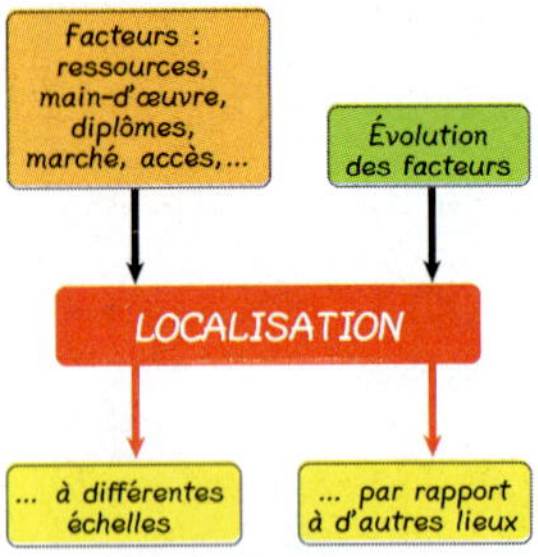

• Plusieurs logiques de localisation des activités coexistent sur le territoire français: tout d'abord la capacité à s'inscrire dans la mondialisation, mais aussi la bonne connexion à un moyen de transport, la métropolisation*, la littoralisation*, la proximité des ressources (matières premières, qualité des sols agricoles, main-d'œuvre formée et qualifiée).

• Les activités industrielles et tertiaires, très liées à l'ouverture du pays, à la mondialisation, privilégient la proximité d'un axe de communication performant (LGV*, aéroport, autoroute), d'un port bien desservi (foreland). En effet, aujourd'hui, la bonne connexion à toutes les échelles apparaît comme fondamentale pour permettre d'attirer et de maintenir une activité, des investissements.

• Les métropoles françaises attirent les entreprises de haute technologie, nécessitant une main-d'œuvre qualifiée, des centres de recherche, des moyens de communication modernes, l'accès rapide à internet, etc. Portes ouvertes sur l'international, elles sont devenues des centres privilégiés de localisation des activités et des centres d'impulsion de l'économie. Paris est la première métropole en termes d'attractivité.

Lexique

- Métropolisation
- Littoralisation
- LGV

* Voir lexique p. 248

• La littoralisation correspond à une autre logique de localisation des activités en France. Des activités secondaires et tertiaires se développent de plus en plus sur les littoraux. Elles bénéficient de la présence de grandes villes, de ports (portes d'entrée/de sortie de marchandises, lieux de la mondialisation), de paysages variés, d'une bonne desserte et de l'« effet Sun Belt ».

Dossier

2 Contraintes et ressources du territoire français

Notions

- Contraintes p. 213
- Ressources p. 213

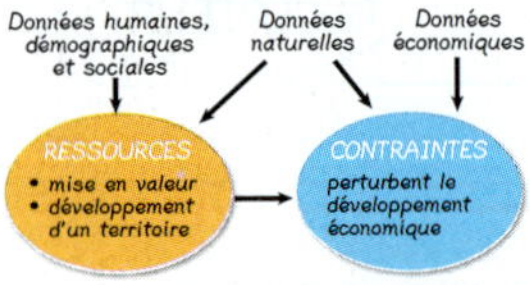

• Les contraintes du territoire français sont surtout liées au relief et à la situation d'enclavement (isolement d'un territoire). Aujourd'hui, la compétitivité à l'échelle nationale et mondiale, la liaison avec les moyens de transport modernes et rapides, la proximité d'un marché de consommateurs important et l'accès aux nouvelles technologies (internet) constituent de nouvelles contraintes très fortes pour les espaces et les activités.

• La localisation du territoire français en Europe et dans le monde lui confère de nombreux atouts: la France dispose d'une ouverture maritime sur quatre façades littorales, d'une position centrale en Europe de l'Ouest et d'un rayonnement mondial grâce à ses territoires d'outre-mer. La localisation et le développement de certaines activités s'expliquent par la présence de ressources naturelles: industries près des gisements, céréaliculture dans les plaines fertiles (Bassin parisien), activités nombreuses et diverses grâce à des climats variés. Les ressources humaines sont aujourd'hui primordiales pour l'implantation d'activités: population active qualifiée et très productive, important marché de consommateurs, coût de la main-d'œuvre.

• Ces notions de contraintes et ressources peuvent évoluer en fonction des progrès techniques, du contexte national et mondial. Ainsi, certaines contraintes comme la pente ou le froid sont devenues des atouts avec la création de stations de sports d'hiver. L'enclavement lié au relief peut aujourd'hui être en partie dépassé grâce à la construction d'infrastructures (ponts, tunnels). Les coûts comparatifs de la main-d'œuvre peuvent vite s'inverser dans le contexte de mondialisation.

Dossier

3 Variété des acteurs et dynamiques territoriales

• Des acteurs spatiaux institutionnels nombreux (État, collectivités territoriales, Union européenne) interviennent sur le territoire français. Ils peuvent avoir un rôle d'accompagnement dans l'implantation d'activités ou dans le soutien des régions dynamiques. Ces acteurs cherchent aussi à corriger les déséquilibres spatiaux nés de la mondialisation: déprise agricole (Cévennes), désindustrialisation (Nord, Lorraine). Parfois l'État, l'Union européenne cherchent à inciter l'implantation d'activités grâce à des aides financières. Par exemple, l'État verse une prime pour des entreprises s'installant dans certaines zones et créant au minimum vingt emplois permanents via la DATAR*.

• Dans un pays largement ouvert à la mondialisation, des FTN (firmes transnationales) jouent un rôle majeur dans les dynamiques territoriales. Ces grandes entreprises peuvent choisir d'investir dans certains secteurs (par des investissements directs à l'étranger, IDE), ou de délocaliser des activités vers des pays à faible coût de main-d'œuvre. Rester attractive à l'échelle mondiale constitue donc un enjeu important pour l'économie française.

• La population civile, les associations de consommateurs, de riverains, ... constituent aujourd'hui des acteurs de plus en plus actifs et influents dans la localisation des activités. Ces nouveaux acteurs cherchent à défendre leurs droits, leurs territoires soit en empêchant des implantations, soit en les favorisant. Ils sont notamment sensibles aux questions environnementales et de développement durable.

Notion

• Acteurs spatiaux p. 217

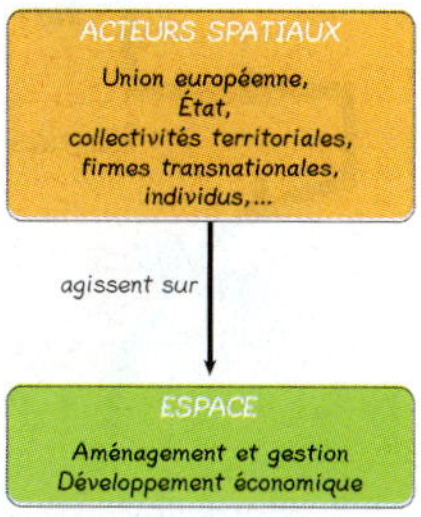

Lexique

• DATAR

* Voir lexique p. 248

Dossier

4 Flux et dynamique des systèmes productifs

• La France est au centre de très nombreux flux: elle se place ainsi au 6e rang pour les exportations et au 5e rang pour les importations en 2013. Les grands ports comme le port du Havre sont des portes d'entrée/de sortie des marchandises. Mais, soumise à une concurrence de plus en plus sévère, la France ne représente qu'environ 3 % des échanges mondiaux. Les flux financiers, via les investissements directs à l'étranger (IDE) entrants et sortants, sont déterminants pour l'activité économique et l'emploi. Ainsi, la France se situe au 5e rang des stocks d'IDE sortants en 2012 et au 4e rang pour les IDE entrants. Plus de 2 500 groupes français possèdent au moins une filiale à l'étranger.

• Le territoire français est parcouru par les flux de personnes à toutes les échelles. La France accueille ainsi chaque année des millions de touristes étrangers (84 millions en 2012, dont plus de 12 millions d'Allemands). Les littoraux et les villes restent les destinations privilégiées des touristes.

• Dans le cadre du programme ERASMUS, offrant la possibilité aux étudiants européens de poursuivre leurs études à l'étranger, la France est à la fois un important pôle émetteur d'étudiants (plus de 35 000 en 2012-2013) et un pôle récepteur (plus de 29 000 en 2012-2013).

• À l'échelle locale, des flux de personnes très nombreux se multiplient dans les zones frontalières (surtout du Nord et de l'Est de la France) et à l'intérieur des agglomérations. Le développement de l'habitat périurbain explique en effet les migrations pendulaires* depuis les villages périurbains vers le centre des métropoles.

Notion

• Flux p. 219

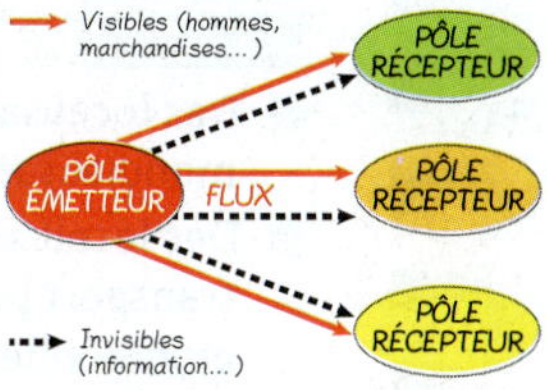

Lexique

• Migrations pendulaires

* Voir lexique p. 248

BAC Réviser

la question obligatoire

Des espaces productifs en mutation

Schéma-bilan

www.lienmini.fr/magnard-hg1-321

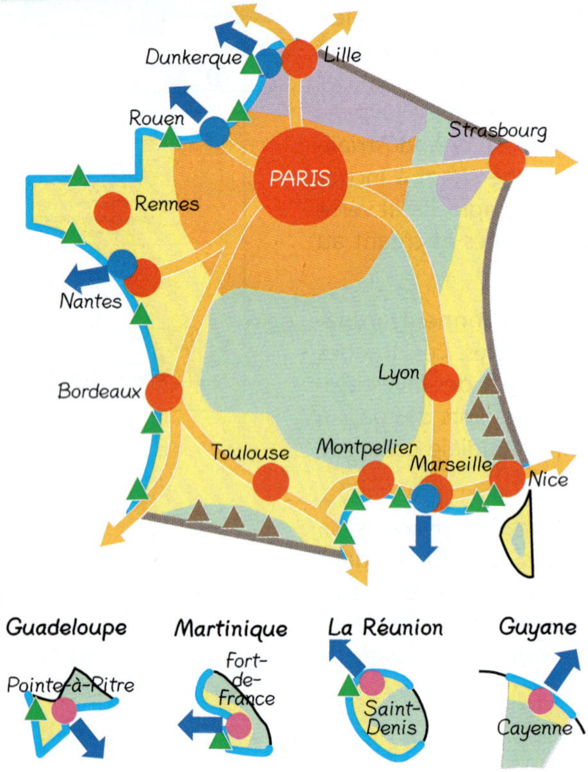

1. Une localisation de l'activité contrastée
- Un centre dominant
- Des espaces périphériques :
  - dynamiques
  - à dominante rurale et montagnarde
- Des espaces en reconversion industrielle

2. Une métropolisation croissante du territoire
- Paris, ville mondiale
- Métropoles régionales principales et ultramarines
- Ports et ZIP
- Axes de communication principaux

3. De nouvelles dynamiques et localisations
- Une littoralisation de l'activité
- Ouverture sur l'Europe
- Des interfaces continentales
- Des flux dans le cadre de la mondialisation
- Des pôles touristiques montagnards et littoraux

Idées clés

Les logiques de localisation des activités sur le territoire
- Des localisations liées à l'ouverture du pays : mondialisation et littoralisation.
- Des localisations liées à des réseaux de transport performants et à la proximité d'une grande ville : métropolisation croissante.
- Difficultés de développement pour les régions enclavées, rurales.

Contraintes et ressources du territoire français
- Contraintes et ressources doivent être prises en compte pour expliquer les dynamiques de localisation.
- Influence du relief, de l'altitude, de la proximité d'un littoral, de la connexion par un axe de communication sur le développement des activités.
- Certaines contraintes transformées en ressources grâce aux progrès techniques.

Variété des acteurs et dynamiques territoriales en France
- Des acteurs multiples : institutionnels, grandes firmes transnationales, associations, population civile…
- Chacun a ses logiques propres et ses moyens d'actions.
- L'équilibre de dotations et de dynamique entre les territoires doit être concilié avec la recherche de l'efficacité économique.

Flux et dynamique des systèmes productifs
- Un point fondamental : la bonne connexion d'un territoire aux flux.
- Ces flux traduisent l'ouverture du territoire et sa capacité d'attraction financière, humaine ou de marchandises.
- Nouvelle organisation des territoires liée à la multiplication des flux, aux niveaux urbains et périurbains.

Questions à réponse courte

SUJET **Répondre aux six questions suivantes.**

Questions

1. Justifiez l'affirmation suivante : « Le territoire français offre de nombreuses ressources pour l'implantation d'activités. »

Aide *Relever dans le manuel les différentes ressources qu'offre le territoire français. Chercher la ou les activité(s) favorisée(s) par chaque ressource.*

2. Localisez sur la carte :

- **La ZIP du Havre**
- **Une métropole**
- **Un littoral touristique**
- **Un espace où se trouvent des stations de sports d'hiver**

3. Expliquez quels sont les différents acteurs qui interviennent dans la localisation des activités en France.

Aide *Utiliser les différentes échelles territoriales. Penser aux acteurs publics et privés.*

4. Définissez « flux transfrontaliers ».

Aide *Définir séparément chaque mot, puis chercher une définition regroupant les deux mots. Donner un exemple précis.*

5. À partir de l'exemple de la montagne, construisez un diagramme fléché expliquant comment une contrainte peut devenir une ressource.

Aide *Utiliser le manuel pour retrouver cet exemple. Placer les mots « contrainte » et « ressource » aux deux extrémités du diagramme. Chercher quel élément permet de passer de l'un à l'autre.*

6. Faites la liste des différentes logiques expliquant la localisation des activités sur le territoire français.

Aide *Repérer quels types d'espaces sont aujourd'hui très attractifs. Penser aux différentes échelles.*

Compétences à mobiliser

- Rédiger un exposé construit et argumenté.
- Repérer un lieu/un espace sur une carte.
- Nommer et localiser un lieu dans un espace terrestre.
- Citer des acteurs.
- Proposer une définition pour une notion.
- Réaliser un diagramme fléché.
- Comprendre un processus géographique.

Sujet d'étude 1

Roissy, une plateforme multimodale et un hub mondial

INTRODUCTION

Situé à 25 km au nord-est de Paris, l'aéroport de Roissy s'étend sur plus de 3 000 km². Avec ses 63,8 millions de passagers accueillis en 2014, il est le 1er aéroport français, le 2e européen et le 8e mondial. Ses très bonnes liaisons avec le rail et la route ainsi que ses larges possibilités d'interconnexions* aériennes en font une plateforme multimodale* de premier plan. Il est par ailleurs le hub* mondial de la compagnie Air France-KLM et le 2e hub mondial de fret pour l'entreprise FedEx.

CHIFFRES CLÉS

- **63,8 millions de passagers** en 2014
- **319 villes** desservies.
- **1re plateforme de fret** en Europe (2,2 millions de tonnes de marchandises en 2013).
- **1,2 % du PIB français** en 2012 : volume de l'activité générée.
- **2e pôle d'emplois** d'Île-de-France (après la Défense).
- **120 000 actifs employés** dans la zone aéroportuaire.

A Atouts et nuisances du premier aéroport français

1 Un aéroport en constante évolution pour accueillir toujours plus de passagers

Terminaux :
1. 2A inauguré en 1982
2. 2B inauguré en 1982
3. 2D inauguré en 1989
4. 2C créé en 1993
5. 2F créé en 1999
6. 2E créé en 2003
7. Hall M inauguré en 2012

L'aéroport est en constante évolution depuis 1982 : aux terminaux 2A et 2B ont été ajoutés quatre autres terminaux. Le hall d'embarquement M du terminal 2E est l'élément le plus récent.

2 Des passagers et du fret du monde entier

63,8 millions de passagers accueillis en 2014

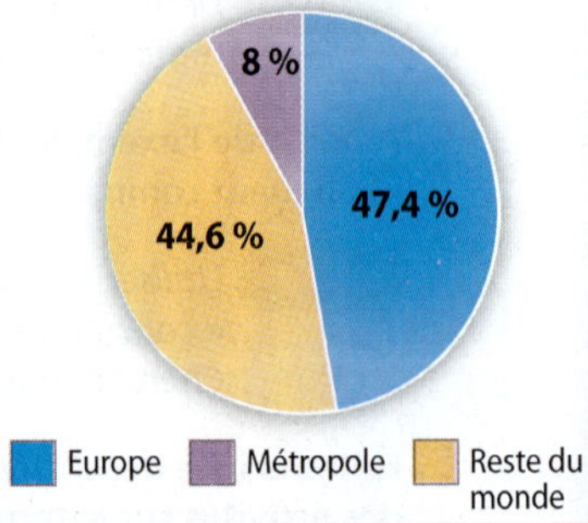

2,2 millions de tonnes de fret et poste traités en 2013

Source : Aéroports de Paris, 2014.

3 L'aéroport de Roissy au cœur d'un bassin d'emplois et de projets dynamiques

En 2004, Aéroports de Paris a lancé un appel d'offres pour la création d'un centre de shopping afin de pallier le manque d'offre de commerces et de services sur la plateforme aéroportuaire de Roissy-Charles-de-Gaulle. [...]

84 000 m² de commerces, restaurants, loisirs et services sont réunis dans le centre. [...]

Aéroville prévoit d'accueillir 12 millions de visiteurs par an, ces visiteurs sont de trois types :

– Les habitants de la zone de chalandise classique : [...] près de 1,8 million d'habitants vivant à moins de 30 minutes du centre, avec 58 % de moins de 39 ans.

– Les actifs de la zone aéroportuaire : premier pôle d'emploi en Île-de-France après La Défense, la zone aéroportuaire de Roissy-Charles-de-Gaulle compte 120 000 actifs, 10 parcs d'activités, de nombreuses zones tertiaires et des parcs d'exposition de premier rang. Il s'agit d'un bassin d'emploi en pleine croissance avec 150 000 créations d'emplois prévues d'ici cinq ans.

– La clientèle de tourisme d'affaires : plus de 2 millions de nuitées sont comptabilisées chaque année dans les hôtels de la zone aéroportuaire. [...]

Aéroville, accueille ses visiteurs depuis le 17 octobre 2013.

Le public peut profiter de 200 boutiques et découvre, pour la première fois en France, la Dining ExperienceTM, nouveau concept autour de la gastronomie, ainsi que EuropaCorp Cinemas, le premier multiplexe développé par Luc Besson (12 salles).

Site de Roissy Développement, « Aéroville », 2016, www.roissy-developpement.com.

4 Manifestation d'associations de riverains et d'élus contre les nuisances de l'aéroport

Lors de la manifestation du 1er février 2014, les associations dénoncent les nuisances (bruit, pollution) générées par le trafic aérien. Elles estiment que les mesures récentes sont insuffisantes (limitation des vols nocturnes, nouvelles trajectoires des avions).

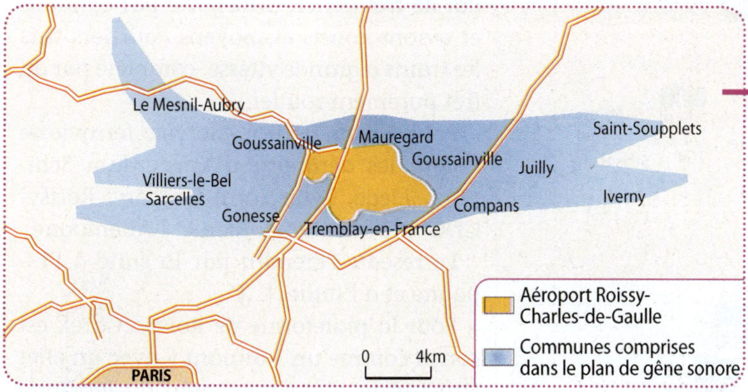

5 Le Plan de gêne sonore de l'aéroport de Roissy

La loi a confié à Aéroports de Paris la mission de gérer les aides financières aux riverains pour l'insonorisation des logements situés dans le Plan de gêne sonore. Ce dispositif est financé par une taxe que versent les compagnies aériennes à l'occasion de chaque décollage d'avion de plus de deux tonnes.

Questions

1. Relevez ce qui permet de dire que Roissy est le principal aéroport français. (doc. 1, 2 et chiffres clés)
2. Démontrez que l'aéroport de Roissy crée des emplois. (doc. 3)
3. Identifiez les nuisances générées par l'aéroport. Expliquez quelles mesures sont prises pour les limiter (doc. 4, 5)

SUJET BAC

À l'aide du doc. 3, expliquez comment Roissy cherche à développer son dynamisme et son attractivité.

B La plateforme de Roissy, le défi de l'interconnexion

6 L'organisation spatiale de la plateforme multimodale

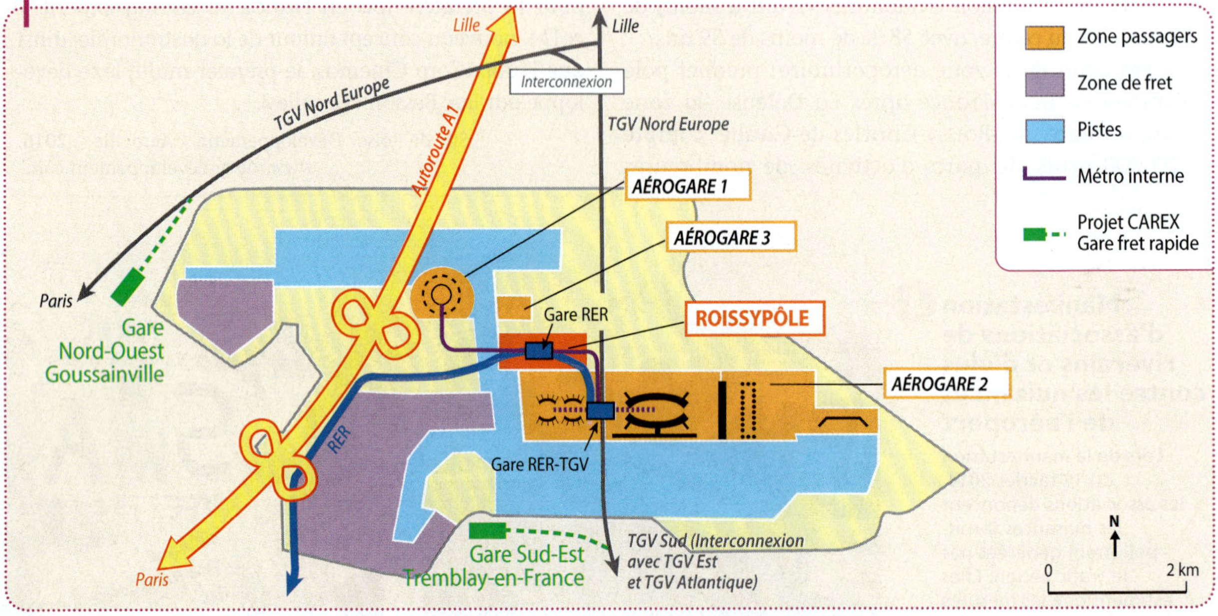

7 L'interconnexion air-rail avec TGV Air

TGV Air est un partenariat entre la SNCF et plusieurs compagnies aériennes. Il permet de combiner un trajet en TGV et un vol international.

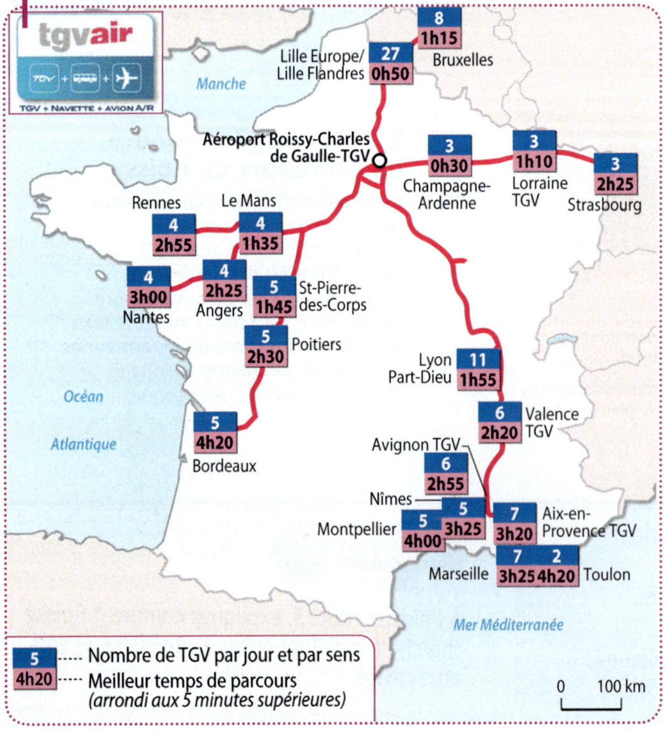

8 Le projet Carex : un projet de développement durable

Le projet Carex propose un report modal de fret aérien transporté par camions et avions courts et moyens courriers vers les trains à grande vitesse, complété par du fret purement routier.

À l'horizon 2020, ce service ferroviaire reliera les aéroports d'Amsterdam Schiphol, Liège, Lyon Saint-Exupéry, Roissy-CDG, le bassin londonien et l'Allemagne.

Le réseau s'étendra par la suite à l'Espagne et à l'Italie. [...]

Pour la plateforme de Roissy, Carex est conçu comme un « aimant » avec un effet structurant d'aménagement du territoire qui intéresse tous les élus, les chefs d'entreprises et les habitants.

Ce nouveau service est donc une véritable opportunité de développement d'un nouveau mode de transport avec un impact positif sur l'économie, l'emploi et l'environnement.

http://www.roissycarex.com

9 **La plateforme multimodale de Roissy au service du fret : l'exemple de FedEx**
L'entreprise FedEx est à l'origine du concept de distribution express de colis et courrier. Elle est devenue le leader mondial du secteur. FedEx a choisi Roissy en 1999 pour le transit et la redistribution des colis à travers l'Europe, l'Afrique, le Moyen-Orient et l'Asie. Profitant de la plateforme multimodale de Roissy-CDG et de l'une de ses 6 zones de fret, FedEx peut livrer des colis par avion vers 45 aéroports, par train vers 198 gares, par la route via sa flotte de véhicules. Elle dessert 127 pays ou territoires.

10 Améliorer la liaison de Roissy avec le centre de Paris : le CDG Express

Le CDG Express est un projet ayant vocation à relier directement la Gare de l'Est à la plateforme aéroportuaire Paris-Charles-de-Gaulle par voie ferrée, à l'image des autres grandes métropoles mondiales. L'idée est d'en faire une liaison rapide et directe de la capitale vers l'aéroport, sans arrêt intermédiaire. La durée du trajet sera de 20 minutes avec une fréquence de passage tous les quarts d'heure. Le projet [...] sera réalisé par Réseau Ferré de France (RFF) et Aéroports de Paris (ADP). [...] Les travaux devraient débuter en 2017, pour une mise en service prévue à partir de 2023.

Le coût de la réalisation du projet est évalué à 1,7 milliard d'euros. Il sera financé par les recettes de la vente des billets, dont le prix serait de 23 euros. ADP et RFF se sont également engagés à investir des fonds propres, le reste du financement proviendra d'emprunts. Il n'y aura pas de subventions de l'État ni des collectivités territoriales.

http://www.grand-paris.jll.fr/id/176

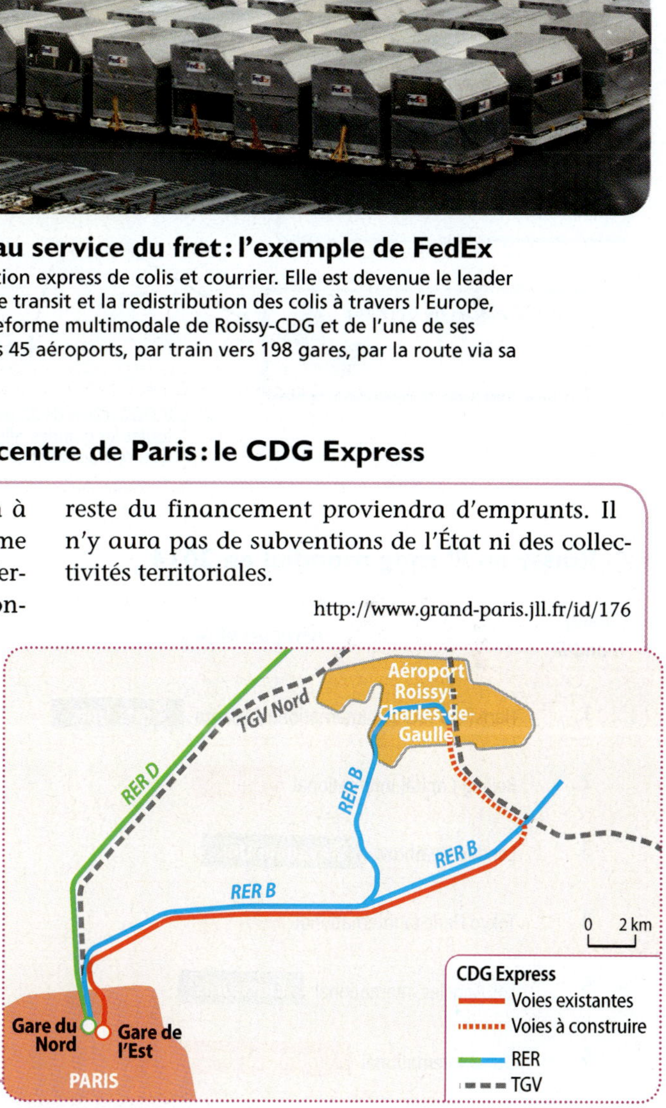

Questions

1. Identifiez les différentes possibilités d'interconnexions sur la plateforme de Roissy. (doc. 6, 7, 9, 10)
2. Expliquez le projet Carex. (doc. 8)
3. Montrez que la plateforme de Roissy propose des interconnexions à différentes échelles. (docs 7, 8, 9 10)

SUJET BAC

À l'aide du doc. 9, expliquez le fonctionnement d'une plateforme multimodale au niveau du fret.

C Roissy, un hub européen et mondial

11 Un aéroport aux capacités impressionnantes

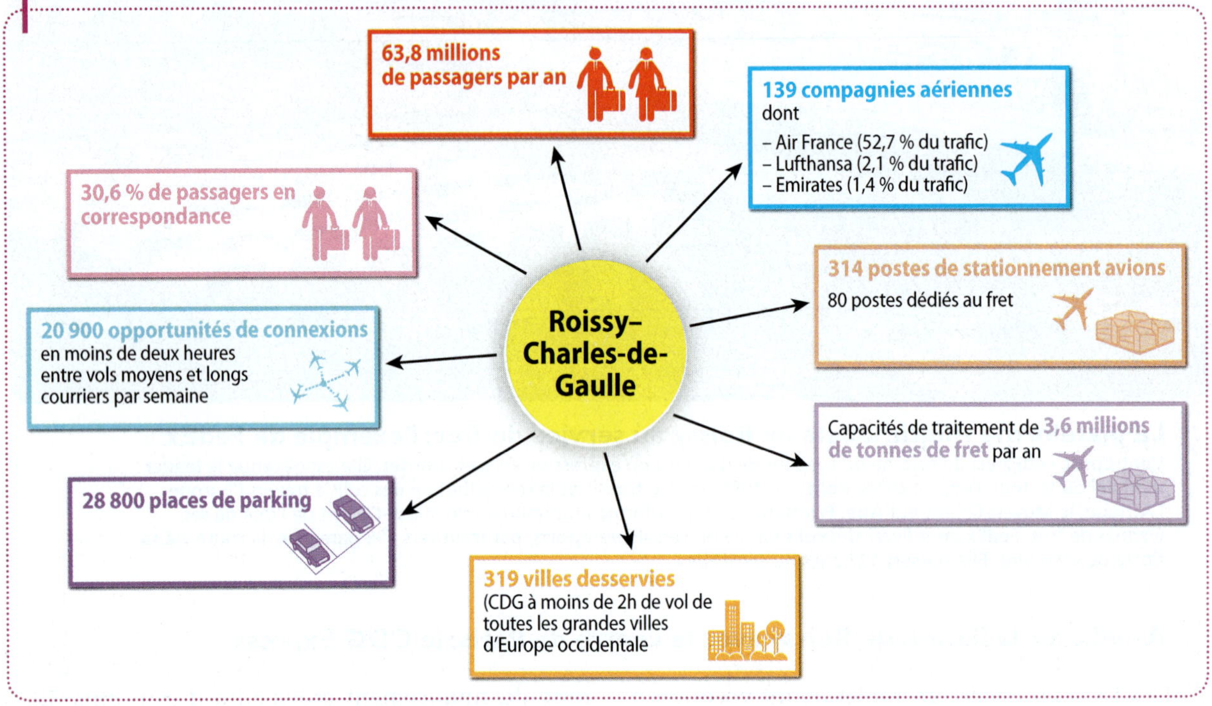

12 Roissy au 8e rang mondial en 2014

Rang mondial	Aéroport et pays	Nombre de passagers (en millions)	Évolution 2013-2014
1	Hartsfield-Jackson International, Atlanta États-Unis	96,2	+ 1,9 %
2	Beijing Capital International Chine	86,1	+ 2,9 %
3	London Heathrow Royaume-Uni	73,4	+ 1,4 %
4	Tokyo Haneda International Japon	72,8	+ 5,7 %
5	Los Angeles International États-Unis	70,7	+ 6 %
6	Dubaï International Émirats arabes unis	70,5	+ 6,1 %
7	Chicago O'Hare International États-Unis	70	+ 4,5 %
8	Roissy-Charles-de-Gaulle France	63, 8	+ 2,8 %
9	Dallas-Fort Worth International États-Unis	63,6	+ 5,1 %
10	Hong Kong International Chine	63,1	+ 5,9 %

Source : Airports Council International (ACI), août 2014.

13 Le fonctionnement d'un hub

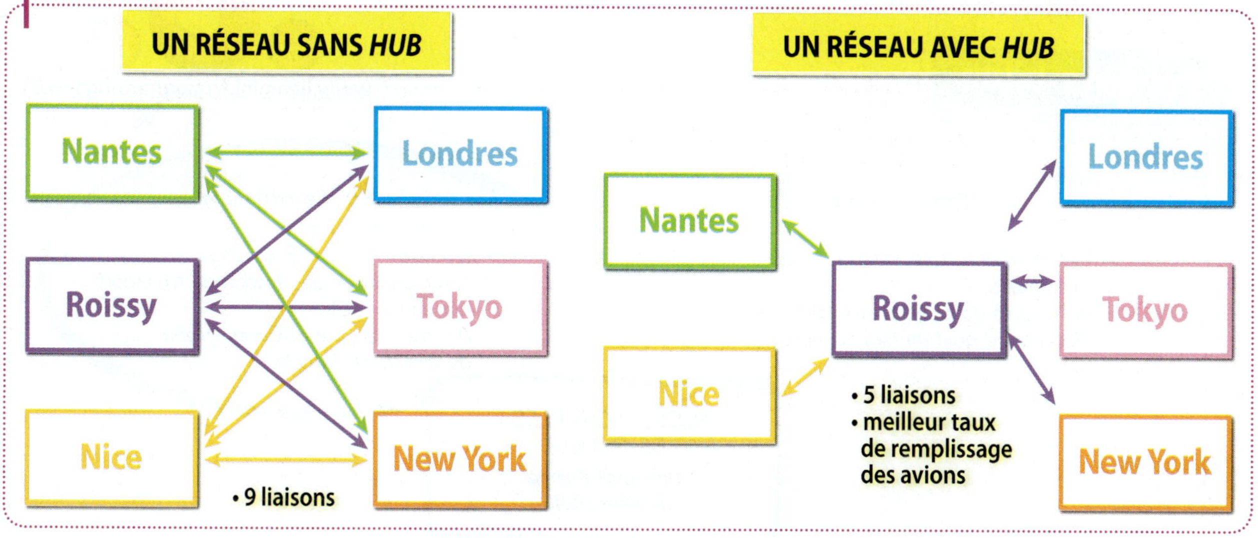

14 Un objectif pour Roissy : devenir le premier hub européen en 2020

Faire de Roissy-CDG le premier aéroport international d'Europe, devant Londres-Heathrow et Francfort, tout en continuant à développer Orly, [...] : telle est l'ambition du 3e Contrat de régulation économique (2016-2020) d'Aéroports de Paris (ADP). [...] Avec d'un côté, un effort d'investissement sans précédent de 3,1 milliards d'euros sur cinq ans et de l'autre, une hausse des redevances de 1,75 % par an en moyenne [...]. Selon ADP, c'est le prix à payer pour faire face à la hausse du trafic – estimée à 2,5 % par an en moyenne–, et porter la capacité de Roissy de 63,8 millions de passagers en 2014 à 78,5 millions en 2020 [...]. Et ce, sans nouvel aérogare, grâce à l'optimisation et l'extension des infrastructures actuelles.

De quoi permettre à ADP de passer devant Londres-Heathrow et ses 73 millions de passagers. Mais aussi de résister à la concurrence des grands hubs du Proche-Orient. [...]

D'où la volonté d'ADP de réagir, en favorisant le trafic long-courrier et de correspondance, à travers des investissements et une tarification adaptée.

Bruno Trévidic, « ADP veut faire de Roissy le premier aéroport international d'Europe », *Les Échos*, 19 janvier 2015.

15 Un aéroport international qui doit consolider son image

Selon le classement dévoilé par le cabinet spécialisé britannique Skytrax, [...], la plateforme de correspondance aéroportuaire a remporté le *« World's most improved airport »*. Ce prix, qui s'appuie sur un vote des passagers du monde entier, distingue l'aéroport ayant obtenu la plus importante progression en matière de qualité de service et de satisfaction clients. [...] Pour la première fois, Roissy fait son entrée dans le Top 5 des meilleurs aéroports pour le shopping. Il est devancé par ceux de Heathrow (Londres), Changi (Singapour), Hong Kong et Dubaï [...]. Et le hall M du terminal 2E arrive directement à la 6e position dans la catégorie des meilleurs terminaux dans le monde.

[...] Aéroports de Paris affirme que 89,8 % des passagers de l'aéroport Roissy-CDG étaient satisfaits, fin 2014, notamment grâce à l'amélioration du confort en salle d'embarquement, ainsi que la gratuité du Wifi.

Aude Godfryd, »Paris-CDG entre dans le Top 5 des meilleurs aéroports pour le shopping », *Le Figaro*, 17 mars 2015.

Questions

1. Identifiez les capacités qui permettent à l'aéroport Roissy-Charles-de-Gaulle d'atteindre le haut du palmarès européen et mondial. (doc. 1, 2)
2. Montrez que l'aéroport de Roissy-CDG a encore des possibilités d'évolution. (doc. 2, 4, 5)
3. Expliquez comment Roissy-CDG espère devenir le premier aéroport européen. (doc. 4)

SUJET BAC

À l'aide des doc. 11 et 13, expliquez pourquoi l'aéroport Roissy-CGD est un hub.

BAC **Réviser** le sujet d'étude

Roissy, une plateforme multimodale et un hub mondial

www.lienmini.fr/magnard-hg1-322

Schéma-bilan

ROISSY-CHARLES-DE-GAULLE une plateforme multimodale

Échelle locale
- Bassin d'emplois important
- CDG Express : une liaison rapide avec Paris
- À l'origine de projets innovants (Aéroville)
- Nécessaire gestion des nuisances

Échelle nationale
- 1er aéroport français
- plus de 1 % du PIB du pays
- Interconnexion des modes de transport aérien-fer-route
- Au cœur du projet Carex (mode de transport durable

Échelles européenne et mondiale
- 2e aéroport européen
- 1re plateforme de fret en Europe
- 8e aéroport mondial
- 44 % de passagers internationaux
- Objectif de devenir le 1er aéroport européen
- Une image à améliorer

L'essentiel à retenir

A Atouts et nuisances du 1er aéroport français

En 1974, le 1er vol commercial se posait à l'aéroport de Roissy. Aujourd'hui, avec ses trois aérogares et ses 7 terminaux, Roissy-CDG est devenu le 1er aéroport français. Il assure plus de 1 300 vols par jour en moyenne, surtout des vols longs et moyens courriers.

Roissy joue le rôle de véritable levier économique à l'échelle locale et nationale. La plateforme aéroportuaire représente aujourd'hui 248 000 emplois directs ou indirects et 4,1 % du PIB de l'Île-de-France. C'est un espace dynamique et en perpétuels changements.

Les riverains luttent contre les nuisances liées à l'aéroport. Des mesures ont été prises pour les limiter, ainsi que des mesures de compensation financière.

B La plateforme de Roissy, le défi de l'interconnexion

Roissy est une plateforme multimodale à toutes les échelles grâce à ses liaisons avec les autoroutes, à la présence de gares (TGV, RER, et routière) ainsi qu'à la liaison rapide entre les trois aérogares et la présence de parcs de stationnement.

Roissy est au 1er rang européen du fret avec une capacité de 3,6 millions de tonnes par an. Elle est leader dans le fret express grâce à la présence de FedEx. Le projet Carex à l'échelle européenne doit renforcer encore cette plateforme de fret.

L'aéroport souffre d'une connexion assez lente et vieillie avec Paris. La création du CDG Express à l'horizon 2023 modernisera cette liaison, complétant l'offre d'interconnexion.

C Roissy, un hub européen et mondial

Roissy est un hub puissant à l'échelle européenne et mondiale. Il accueille plus de 50 % du trafic d'Air France et il est le principal hub de Skyteam, une alliance internationale de 20 grandes compagnies aériennes. Il offre plus de 20 000 opportunités de connexions vers des centaines de destinations.

L'aéroport pourrait recevoir jusqu'à 80 millions de passagers par an. Des avions très gros-porteurs comme l'A 380 peuvent y atterrir.

Grâce à sa position centrale en Europe à moins de 2 heures de vol des capitales européennes, Roissy veut devenir le 1er hub européen.

Pour améliorer son image et son attractivité internationale Roissy cherche à améliorer les différents terminaux.

Analyse d'un document

SUJET

Roissy, une plateforme multimodale

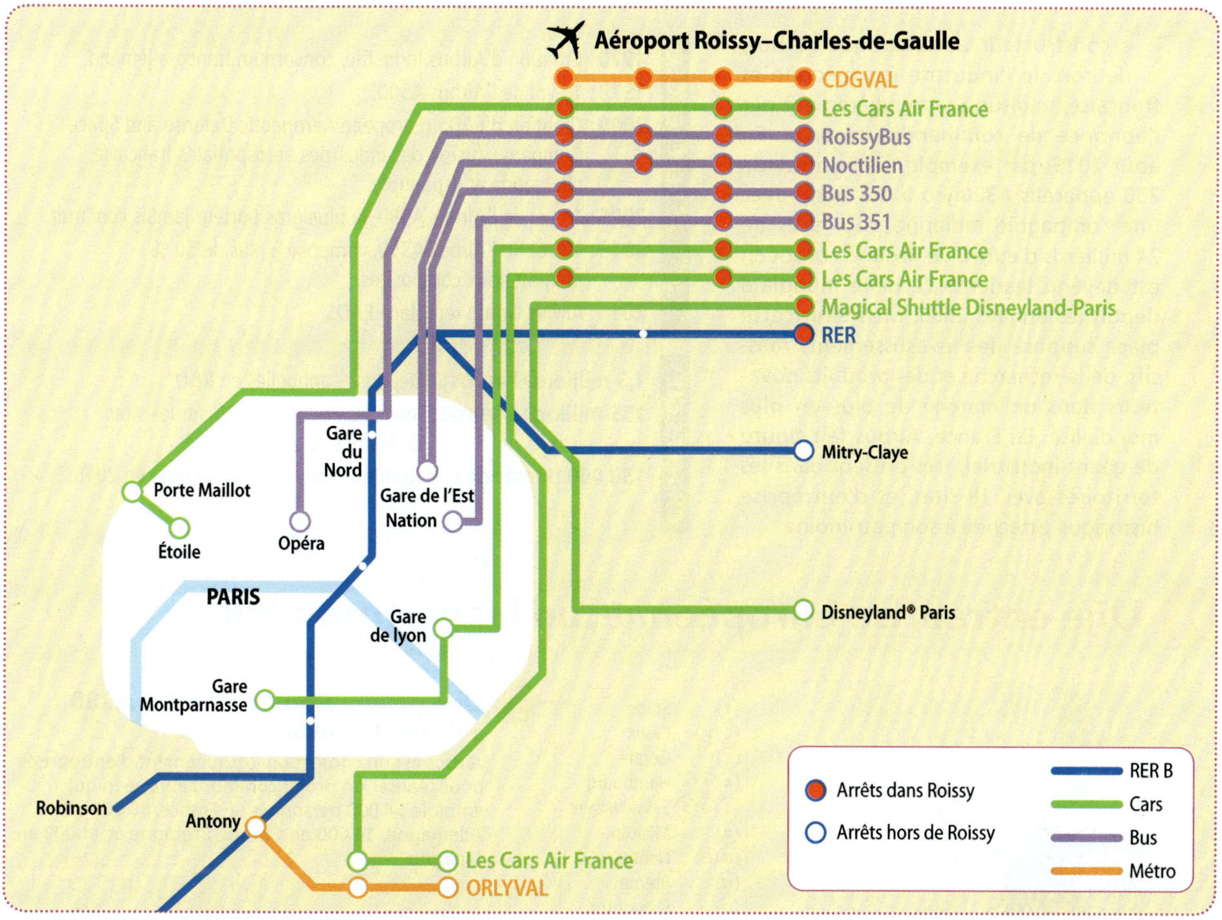

Questions

1. Présentez le document et localisez l'aéroport de Roissy par rapport à Paris.
2. Quels sont les différents moyens de transport qui relient Roissy à Paris ?
3. Quels sont les autres espaces hors de Paris également reliés à Roissy ?
4. Pourquoi peut-on dire que Roissy est une plateforme multimodale ?
5. Quelles sont les limites de la connexion de Roissy à Paris dans un contexte de recherche d'efficacité et de gain de temps ?

Compétences à mobiliser

- Identifier le document.
- Repérer un lieu ou un espace sur des cartes à échelles ou systèmes de projection différents.
- Prélever, hiérarchiser et confronter des informations.
- Cerner le sens général d'un document et le mettre en relation avec la situation géographique étudiée.
- Utiliser le manuel comme outil de lecture complémentaire du cours.

Sujet d'étude 2

Une entreprise du domaine industriel : Airbus

INTRODUCTION

Le constructeur aéronautique Airbus, fleuron de l'industrie européenne et française, se distingue régulièrement par l'annonce de commandes records. En août 2015, par exemple, un contrat de 250 appareils A320neo a été signé avec une compagnie indienne pour près de 24 milliards d'euros. Ce groupe européen est devenu leader à l'échelle mondiale depuis les années 2000. Maintenir cette place suppose des investissements massifs, de la recherche et des produits novateurs dans un marché de plus en plus mondialisé. En France, Airbus fait figure de géant industriel, très présent dans les territoires avec 18 sites, et d'entreprise historique attachée à son patrimoine.

REPÈRES CLÉS

1970 : Création d'Airbus Industrie, consortium franco-allemand.
1972 : 1er vol de l'Airbus A300.
2000 : Création d'EADS (European Aeronautic Defense and Space Company), fusion des industries aérospatiales française, allemande et espagnole.
2005 : 1er vol de l'Airbus A380, le plus gros porteur jamais construit.
2013 : 1er vol de l'Airbus A350, composé à plus de 50 % de matériaux composites.
2014 : Airbus Group remplace EADS.

CHIFFRES CLÉS

1,3 milliard d'euros : Dépenses annuelles en R&D*.
155 millions d'euros : Investissement en 2015 sur les sites de Nantes et Saint-Nazaire.
130 000 personnes : Nombre d'employés en Europe en 2015.

A Une entreprise européenne, un leader mondial

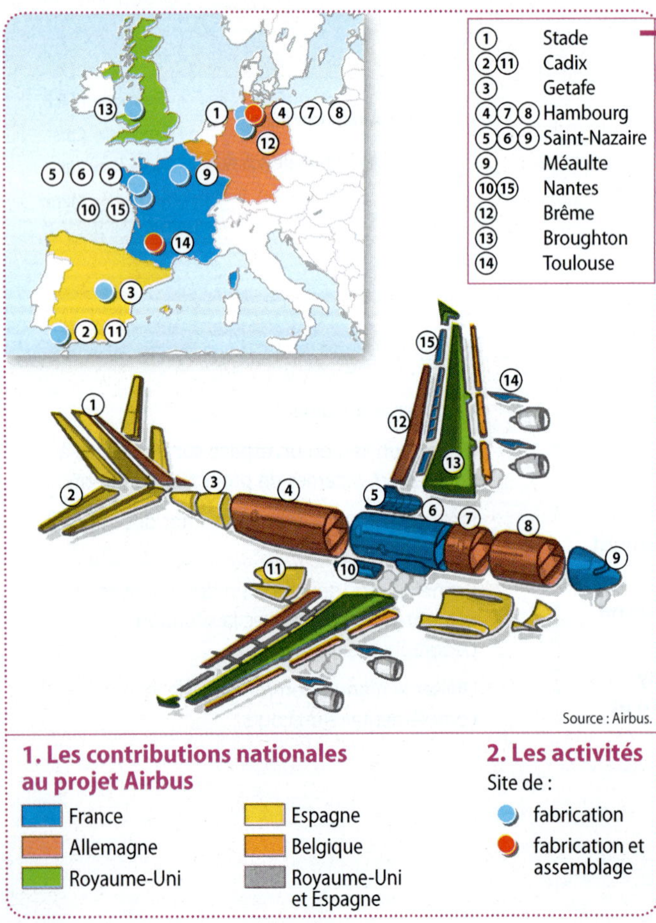

1 Une production de l'Airbus A380 à l'échelle européenne

Airbus est un consortium (groupement d'entreprises pour réaliser un projet commun) européen qui emploie 54 000 personnes en France, 50 000 en Allemagne, 14 600 en Grande-Bretagne et 11 000 en Espagne.

2 L'entreprise Airbus se réorganise en 2014 afin de gagner en visibilité

Le 2 janvier 2014, le groupe européen d'aéronautique et de défense EADS est devenu Airbus Group. À cette occasion, la firme s'est réorganisée en trois nouvelles divisions déclinées sous l'appellation *Airbus*, sa marque phare : Airbus (avions commerciaux), Airbus Defence & Space (Cassidian, Airbus Military et Astrium) et Airbus Helicopters (Eurocopter). Une restructuration dans le but « *d'optimiser l'accès au marché, de réduire les coûts et globalement d'améliorer la compétitivité du groupe* », a justifié la direction. Avec une nouvelle organisation qui ressemble à celle de son principal concurrent Boeing, Airbus Group espère acquérir une meilleure visibilité au niveau mondial.

« EADS devient Airbus Group », www.usinenouvelle.com, 2 janvier 2014.

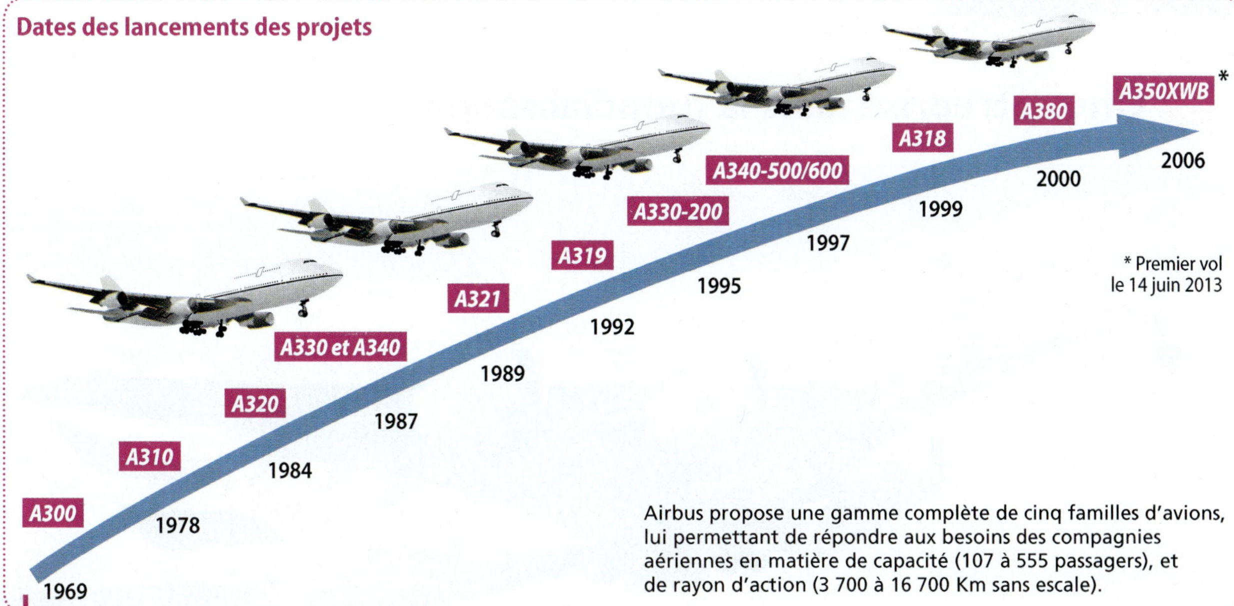

Airbus propose une gamme complète de cinq familles d'avions, lui permettant de répondre aux besoins des compagnies aériennes en matière de capacité (107 à 555 passagers), et de rayon d'action (3 700 à 16 700 Km sans escale).

3 Une succession de produits innovants

4 Le 2e géant mondial de l'aéronautique

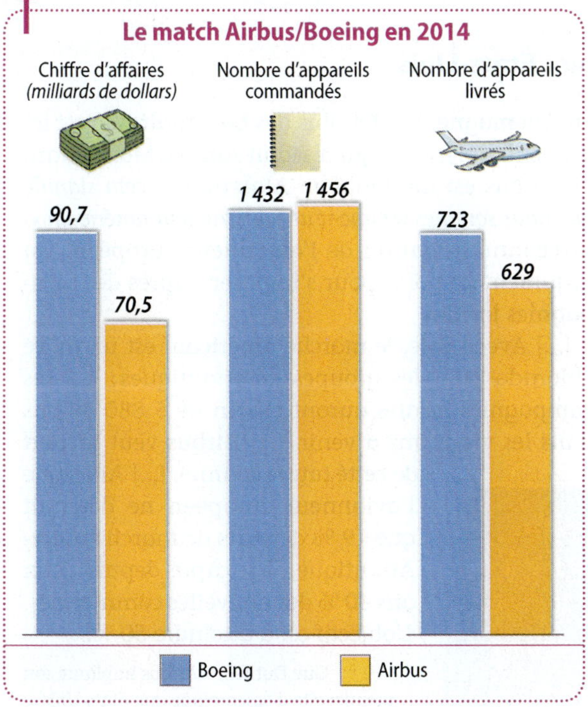

5 Airbus Group : des activités diversifiées

Un contrat a été signé par l'Agence spatiale européenne avec Airbus Defence & Space pour la réalisation du petit observatoire Cheops (*Characterising Exoplanet Satellite*) qui sera mis en orbite en décembre 2017. Sa mission sera d'observer les planètes situées hors du système solaire (exoplanètes). Ici, l'assemblage du satellite.

Questions

1. Montrez qu'Airbus est un groupe industriel leader au plan mondial. (doc. 1, 2, 3, 4)
2. Montrez qu'Airbus est une entreprise européenne. (doc. 1, 2)
3. Expliquez la stratégie commerciale et industrielle d'Airbus qui a conduit l'entreprise à devenir une entreprise de rang mondial. (doc. 2, 3, 4, 5)

SUJET BAC

À l'aide des doc. 3 et 5, expliquez en quoi Airbus est un groupe du futur doté d'une riche histoire industrielle.

B Une entreprise dans la mondialisation

6 Des avions vendus dans le monde entier

La compagnie aérienne des Émirats arabes unis, Emirates, possède la plus grosse flotte d'Airbus A380 au monde avec 140 appareils. En 2015, Airbus a vendu 317 exemplaires de ce très gros porteur.

7 L'implantation d'une usine Airbus à Mobile aux États-Unis

L'avionneur européen inaugure [...] sa première usine d'assemblage aux États-Unis [...]. Le long de l'aéroport de Mobile (Alabama), la toute nouvelle usine devrait assembler quatre Airbus A320 par mois dès 2018. [...] Pour le groupe européen, les atouts de l'Alabama sont nombreux : [...] un site historique de l'aéronautique, [...] un port capable de réceptionner les tronçons d'avions venus par bateau. Mais plus que les infrastructures, c'est la faiblesse des charges qui a emporté la décision : en Alabama, elles sont inférieures de 30 % à celles pratiquées en France ou en Allemagne. [...] En plus des bas salaires, c'est le drapeau américain qui a séduit Airbus. Maintenant qu'Airbus est implanté en Alabama, « *cela signifie que nous sommes vraiment un constructeur américain* », a reconnu le patron de l'avionneur européen. Un argument de poids pour s'imposer auprès des compagnies locales.

[...] Avec l'Asie, le marché américain est un autre eldorado pour les groupes aéronautiques : [...] les compagnies locales auront besoin de 5 880 avions dans les vingt ans à venir. [...] Airbus veut sa part de cette future manne. [...] Alors que l'avionneur européen ne détenait que 19 % de parts de marché outre-Atlantique, il y capte depuis deux ans 40 % des nouvelles commandes. L'objectif est d'atteindre 50 %.

Guy Dutheil, « Airbus implante son premier site d'assemblage aux États-Unis », *Le Monde*, 14 septembre 2015.

8 Une concurrence mondiale acharnée

a. Une véritable guerre de concurrence

Février 2011 : EADS prend un coup de massue en apprenant que, contrairement aux pronostics des experts, le Pentagone vient d'attribuer un marché de 179 avions ravitailleurs à son rival Boeing. Les généraux américains ont dédaigné les performances supérieures de l'Airbus A330 modifié, présenté par l'avionneur européen, et privilégié le prix moins élevé du B767 modifié de Boeing. [...] Aussitôt, les dirigeants d'Airbus relativisent leur défaite.[...] Boeing va concentrer d'énormes ressources techniques, humaines et financières à la mise au point du ravitailleur, leur laissant les coudées franches dans la bataille sur le marché civil. Pour enfoncer le clou, ils avancent de six mois la sortie de l'Airbus A320neo. Cet avion peu gourmand en carburant fait engranger des commandes astronomiques. [...] Fin août 2011, Boeing est forcé d'annoncer la conception d'une nouvelle version de son B737 pour ne pas voir son modèle concurrençant l'Airbus A320 éliminé du marché.

Entre infos et intox, coups d'éclat et coups fourrés, la guerre Boeing-Airbus est devenue aussi célèbre que celle opposant Coca à Pepsi. Pour tenter de la gagner, les deux constructeurs utilisent toutes les armes à leur disposition : la technologie, le marketing, le lobbying politique et les procès. Mais depuis quinze ans, ce duel n'a ni vainqueur ni vaincu.

Frédéric Brillet, « Airbus-Boeing : 35 ans de guerre effrénée », www.capital.fr, 12 juin 2015.

b. Airbus et Boeing sur le marché du transport civil

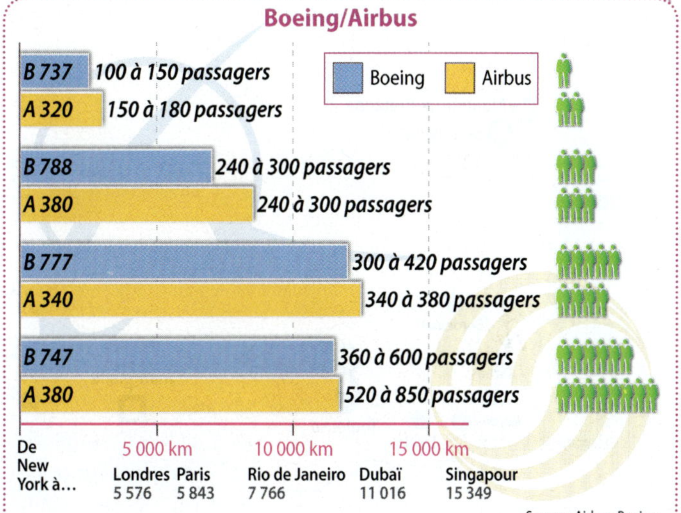

Source : Airbus, Boeing.

Sortie d'usine du C919 le 2 novembre 2015 (pour une mise en service en 2019 ou 2020). Ce moyen-courrier conçu par l'avionneur chinois Comac marque la fin de la domination des deux géants Airbus et Boeing. La Chine concurrence les deux moyen-courriers majeurs, le Boeing 737 et l'Airbus A320.

9 L'émergence d'un nouvel avionneur sur la scène mondiale : le chinois Comac

Questions

1. Dégagez les caractéristiques qui font de l'industrie aéronautique un secteur clé de la mondialisation de l'économie. (doc. 6, 7, 9)
2. Montrez qu'Airbus est bien intégré dans la mondialisation. (doc. 6, 7)
3. Montrez qu'Airbus est confronté à une concurrence mondiale de plus en plus importante. (doc. 8, 9)

SUJET BAC

À l'aide du doc. 7, expliquez comment Airbus espère conquérir le marché aéronautique américain.

C Une entreprise ancrée dans les territoires et le patrimoine français

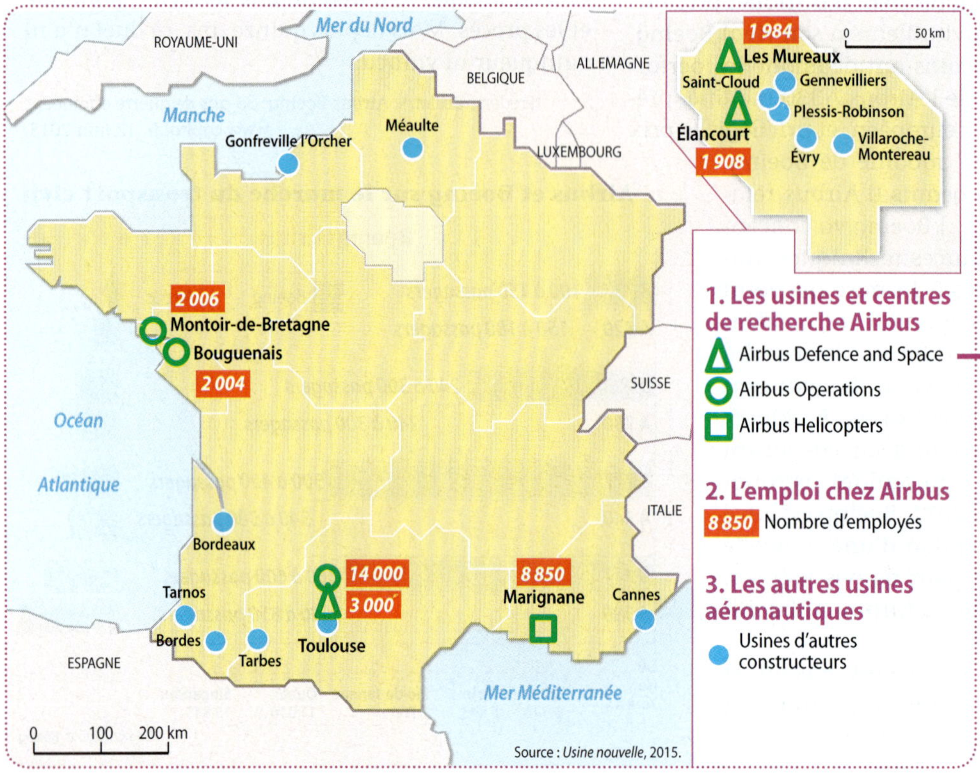

10 La France : un pays de l'aéronautique

11 Les usines Airbus à Saint-Nazaire

C'est dans les années 1920 que l'aéronautique voit le jour à Saint-Nazaire à l'initiative d'ingénieurs des chantiers navals. Le site fabrique tout d'abord des hydravions, puis des avions civils et militaires au lendemain de la Seconde Guerre mondiale.

À partir de 1970, le site commence à produire et assembler des parties d'avions Airbus, sur le site situé sur la commune de Montoir-de-Bretagne.

Aujourd'hui, Airbus Saint-Nazaire, avec plus de 2 800 salariés, est un des sites majeur d'Airbus. Pôle d'excellence spécialisé dans l'intégration et l'équipement des fuselages avant et centraux de toutes les familles d'Airbus (A320, A330, A350, A380 et A400M), il est tourné vers l'avenir grâce par exemple à son laboratoire d'innovations et à la création d'une plateforme de réalité virtuelle partagée de niveau régional.

Le site de Saint-Nazaire est également une plaque tournante pour la logistique Airbus grâce à la proximité immédiate de l'aéroport et du port de Montoir qui permettent le transport des fuselages [...].

Site Visitez nos entreprises en pays de Loire, 2015.

12 Le poids de la filière aéronautique et spatiale dans l'emploi marchand non agricole du grand Sud-Ouest

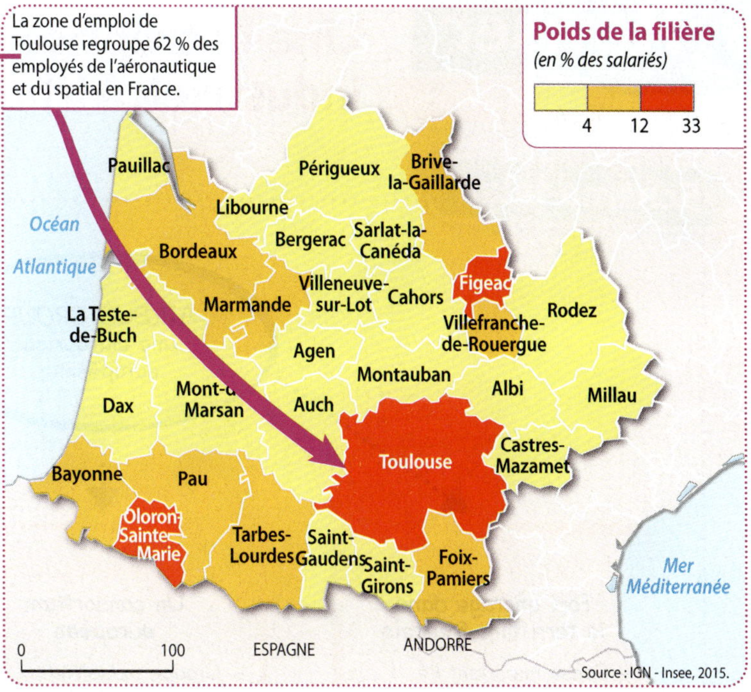

Inauguré en janvier 2015, Aéroscopia, le musée dédié à l'aéronautique, est déjà un véritable succès avec plus de 200 000 visiteurs la première année. Il expose notamment des avions mythiques comme la Caravelle, le Concorde, des maquettes retraçant la saga d'Airbus…

13 Le musée Aéroscopia à Toulouse-Blagnac : conserver et valoriser le patrimoine aéronautique

14 Les enjeux et les défis d'Airbus dans l'agglomération toulousaine

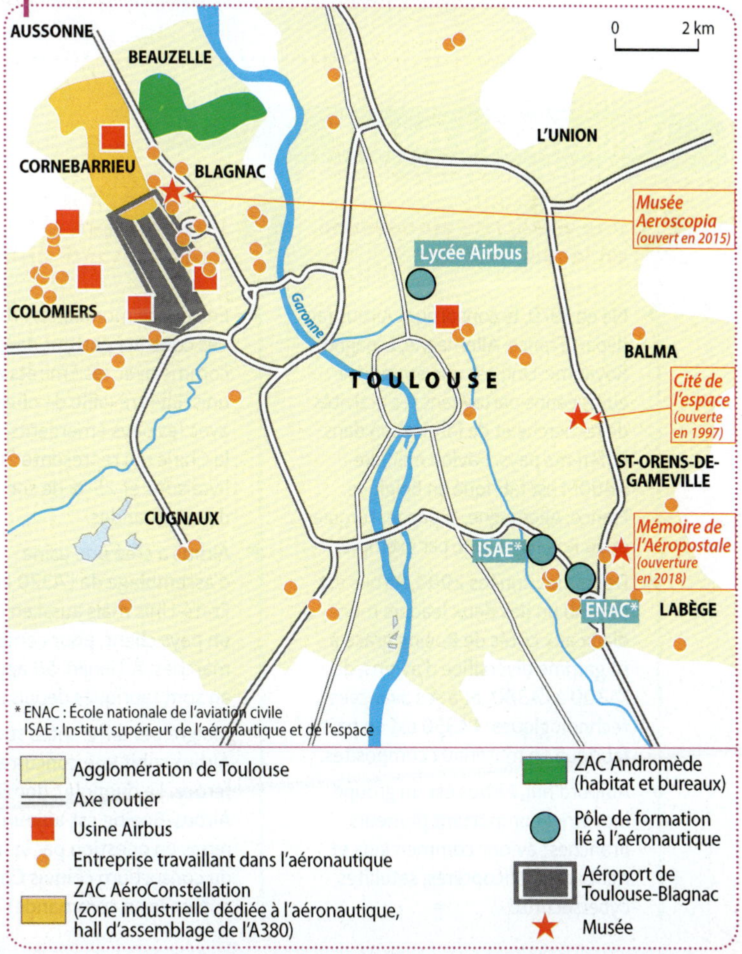

Questions

1. Montrez que l'aéronautique est une activité économique très présente sur le territoire français. (doc. 10, 11, 14)
2. Expliquez comment Saint-Nazaire et Toulouse sont particulièrement marquées par la présence des usines Airbus. (doc. 10 à 14)
3. Montrez qu'Airbus et l'aéronautique en général sont ancrés dans le patrimoine français. (doc. 11, 13)

SUJET BAC

À l'aide des doc. 12 et 14, montrez pourquoi Toulouse est souvent présentée comme la capitale de l'aéronautique en France.

BAC **Réviser** le sujet d'étude

Une entreprise du domaine industriel : Airbus

Schéma-bilan

www.lienmini.fr/magnard-hg1-323

AIRBUS GROUP
une entreprise européenne

Échelle française	Échelle européenne	Échelle mondiale
Fort ancrage dans le territoire français	**Un consortium européen**	**Le 2e géant mondial**
– Passé important lié à l'aéronautique (patrimoine) – Nombreuses usines en France – Importance de l'industrie au niveau local (Toulouse, Saint-Nazaire)	– Groupe industriel formé par plusieurs pays – Activités : fabrication, assemblage	– Concurrence mondiale ancienne avec Boeing – Implantation d'usines dans différents pays (ex. : États-Unis, Chine) – Nouvelle concurrence de la Chine (Comac)

L'essentiel à retenir

A Une entreprise européenne, un leader mondial

- Né en 1970, le consortium Airbus (au départ France, Allemagne, Espagne, Royaume-Uni) est une entreprise européenne partageant ses activités de recherche et de fabrication dans différents pays. L'avion militaire A400M est fabriqué en Belgique, France, Allemagne, Espagne, Turquie et au Royaume-Uni, par exemple.
- Depuis les années 2000, Airbus est devenu un des deux leaders mondiaux aux côtés de Boeing grâce à sa gamme diversifiée d'avions, de l'A300 à l'A380, et à ses avancées technologiques : l'A350 est en partie fabriqué en matériaux composites.
- Aujourd'hui, Airbus est un groupe industriel comportant plusieurs branches : avions commerciaux et militaires, hélicoptères, satellites, cybersécurité…

B Une entreprise dans la mondialisation

- Entreprise mondiale, Airbus signe des contrats partout dans le monde comme avec les Émirats arabes unis. Elle travaille de plus en plus avec les pays émergents, comme la Chine qui représente 20 % de ses livraisons et 25 % de son carnet de commandes.
- Airbus a créé une usine d'assemblage de l'A320 aux États-Unis mais aussi en Chine, un pays client, pour conquérir leurs marchés. À Tianjin, 50 appareils par an sont fabriqués depuis 2008.
- Malgré ces différentes stratégies, Airbus subit une concurrence féroce. Le duopole* dominant Airbus-Boeing est aujourd'hui remis en question par la naissance du consortium chinois Comac (571 appareils en commande)

C Une entreprise ancrée dans les territoires et le patrimoine français

- Selon un classement de 2014, Airbus serait aujourd'hui la 1re entreprise en France avec plus de 54 000 salariés répartis sur divers sites : Toulouse, Bordeaux, Saint-Nazaire… Ses usines marquent le paysage : le hall Lagardère d'assemblage de l'A380 à Toulouse est immense (490 m x 250 m x 46 m).
- Airbus a créé 5 400 emplois en France entre 2008 et 2013, il stimule la création d'écoles, de lycées. À Toulouse, 13 000 salariés sont employés par le groupe.
- Cette activité de pointe est aujourd'hui souvent considérée comme faisant partie du patrimoine français, les usines se visitent, des musées de l'aéronautique sont créés (Aéroscopia à Toulouse).

BAC 2e partie de l'épreuve

Analyse de documents

SUJET

1 Airbus aux États-Unis

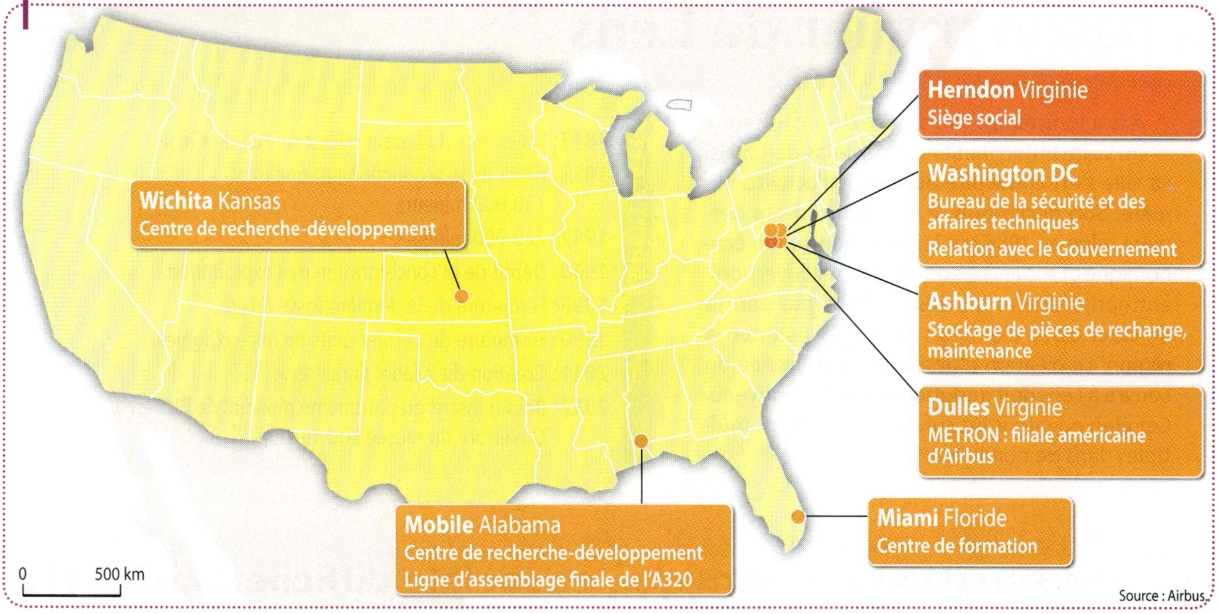

Source : Airbus.

2 L'usine Airbus à Mobile

Avec l'inauguration officielle aujourd'hui de son usine de Mobile (Alabama), Airbus joue la carte de l'américanisation pour tenter de détrôner Boeing à domicile. Premier objectif : le marché en forte croissance des avions monocouloirs que Boeing domine toujours sur ses terres avec son légendaire B737.

Le concurrent européen de cet avion le plus vendu dans le monde est l'A320. Le premier de ce modèle à être assemblé dans l'usine Brookley au bord du Golfe du Mexique sera livré à un client nord-américain au début de l'année prochaine. Airbus a commencé à construire cette nouvelle usine en 2013. Le complexe qui a coûté 600 millions de dollars a commencé de recevoir par bateau les plus gros éléments d'A320 fabriqués dans ses usines européennes, comme à Saint-Nazaire. Les autres arrivent par avion ou en camion, suivant qu'ils proviennent d'Europe ou de fournisseurs américains. [...]

Les prix des avions civils sont en dollars. Tout ce qui augmente la part des coûts en dollars d'Airbus réduit aussi son risque de change. Lorsque l'euro grimpera à nouveau, la compétitivité de l'usine de Mobile sera encore plus forte.

Pierre-Yves Dugua, « Airbus assemble désormais des avions aux États-Unis », www.lefigaro.fr, 14 septembre 2015.

Questions

1. **Présentez les deux documents en insistant sur le contexte mondial du marché de l'aéronautique.**
2. **Quelle est l'idée principale de chaque document ?**
3. **À l'aide des deux documents, faites la liste des différentes activités d'Airbus aux États-Unis.**
4. **Quelles sont les raisons de l'implantation d'Airbus aux États-Unis d'après le texte ?**
5. **Pourquoi peut-on dire que la stratégie d'Airbus pour l'assemblage des avions aux États-Unis se rapproche de celle de l'A380 et s'inscrit dans la mondialisation ?**

Compétences à mobiliser

- Identifier des documents.
- Cerner le sens général d'un corpus documentaire, et le mettre en relation avec la situation géographique étudiée.
- Lire un document et en exprimer oralement ou par écrit les idées-clés, les parties ou composantes essentielles
- Prélever, hiérarchiser et confronter des informations.

Sujet d'étude 3

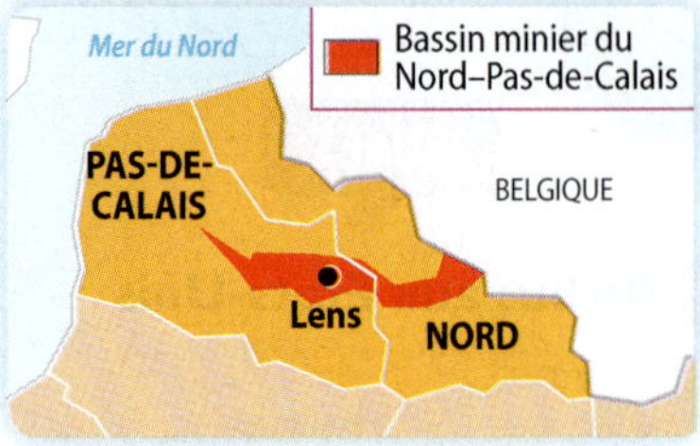

Un espace en reconversion : le bassin minier de Lens

INTRODUCTION

Lens a longtemps fait figure de « capitale » du vaste bassin minier du Nord-Pas-de-Calais. La ville s'est construite autour de l'activité minière. Son déclin puis la fermeture de sa dernière mine en 1986 ont laissé une situation économique et sociale très difficile. La reconversion* entreprise dès les années 1970 n'a pas permis de créer assez d'emplois ni de redynamiser la région. La création d'une annexe du musée du Louvre à Lens doit impulser un souffle nouveau. Cet élan novateur est suivi par des projets multiples dans de nombreux secteurs.

REPÈRES CLÉS

- **1847 :** Naissance du bassin minier du Pas-de-Calais.
- **1913 :** 67 % de la production nationale ; 130 000 mineurs.
- **1947 :** 220 000 mineurs.
- **1948 :** Début de la concentration de l'exploitation.
- **1986 :** Fermeture de la dernière fosse à Lens.
- **1990 :** Fermeture du dernier puits de mine (Oignies).
- **2011 :** Création du « label Euralens ».
- **2012 :** Bassin inscrit au patrimoine mondial de l'Unesco. Ouverture du musée Louvre-Lens.

A Une situation économique et sociale difficile avant 2012

1 L'héritage du bassin minier de Lens

1. Un passé industriel et minier ancré dans le paysage
- ★ Anciennes fosses (mines)
- Fosse 9
- Industries, usines
- Cités ouvrières

2. Des atouts importants pour une reconversion
- Fortes densités
- Autoroutes
- Voies ferrées

▼ Vue de la fosse 9 de Lens en activité, dans les années 1930.

Un paysage marqué par le passé minier

Vue de la ville de Lens et de la fosse 9 (en forme de triangle en bas de l'image).

L'activité minière de Lens a duré environ 150 ans. La ville s'est développée ainsi que des infrastructures : voies ferrées, habitat, écoles, dispensaires… Cette activité a durablement marqué les paysages : terrils, cités ouvrières, fosses.

3 Un territoire en grande difficulté socio-économique avant 2012

En euros et en %	Territoire	Nord-Pas-de-Calais	France
Revenu net imposable par foyer fiscal	16 700	20 157	23 433
Part de la population vivant avec un bas revenu	32,4	25,6	17,4
Part des chômeurs dans la population des 20 à 59 ans	13,2	11,2	9
Taux de chômage des jeunes de 15 à 24 ans	39,4	32,3	22,6
Part des jeunes de 18-24 ans non insérés (ni étudiants ni employés)	32,9	24,5	18,2
Part du chômage de longue durée (> 1 an)	50,2	47,6	41,6

Source : www.insee.fr/fr/themes (Pages de Profils n°110, septembre 2012).

4 Des marqueurs sociaux très défavorables

La zone d'emploi de Lens-Hénin […] est située au cœur de l'arc minier au carrefour des grands axes de communication Nord-Sud, Est-Ouest, entre Lille et Arras. […] Parmi les cinq territoires régionaux en déclin démographique, c'est celui qui connaît la plus forte baisse. […] Cette trajectoire négative s'est engagée à partir de la fin des années1960. […]

Le niveau de formation mesuré par le diplôme le plus élevé détenu reste le plus faible de la région. […]. Les principaux facteurs d'explication sont la très forte proportion de non-diplômés (25 % contre 20 % en moyenne) et le très fort déficit de personnes diplômées du supérieur court ou long (14 % contre 21 %). […] Le territoire reste particulièrement marqué sur le plan social par son passé minier ainsi qu'en témoigne son classement parmi les deux zones d'emploi métropolitaines présentant les situations les plus dégradées selon l'indicateur de développement humain (IDH4).

Trajectoire socio-économique de la zone d'emploi de Lens-Hénin, Les Synthèses de la Direccte n°41, décembre 2014.

5 Une région qui réoriente son économie vers le tertiaire

Le territoire s'est engagé dès les années 1970 dans la diversification de son économie du fait de la disparition des activités du charbonnage.

Il bénéficie d'un rythme soutenu de créations d'emplois dans le tertiaire (+ 36 % contre + 30 % en région) et plus particulièrement dans les services marchands aux particuliers et les services non-marchands (prévoyance, action sociale, santé,…). L'industrie de l'habillement installe de nombreux établissements qui feront que ce secteur sera plus développé qu'en moyenne régionale. Malgré ces gains, le solde d'emplois est négatif, – 11 000 pour un total de 90 000. […]

Hormis l'industrie qui continue de perdre des emplois, tous les autres secteurs affichent des résultats positifs, la construction, le commerce, les services marchands (plus particulièrement l'intérim, la logistique, la restauration) et non-marchands.

Trajectoire socio-économique de la zone d'emploi de Lens-Hénin, op. cit.

Questions

1. Montrez que l'activité minière est durablement ancrée dans les territoires et le paysage. (doc. 1, 2)
2. Expliquez pourquoi une reconversion de cette région était vraiment nécessaire. (doc. 1 à 5)
3. Dégagez les principales orientations de la reconversion économique de la région. (doc. 2, 5)

SUJET BAC

À l'aide des doc. 3 et 4, montrez que la région de Lens connaît d'importantes difficultés sociales avant 2012.

B Le projet Louvre-Lens : un exemple de projet de reconversion

6 Un site, un musée, une œuvre d'art

Créé sur une ancienne fosse de mine (les puits 9 et 9 bis : voir doc. 1 p. 240) en plein cœur de Lens, le musée Louvre-Lens a ouvert ses portes au public le 4 décembre 2012. Ce musée est une véritable œuvre d'art et un musée-parc grâce à la grande complémentarité des bâtiments et des jardins. Ses architectes ont reçu la récompense de l'Équerre d'argent en 2013.

7 Une localisation au cœur de la ville et d'un territoire densément peuplé

100 millions d'habitants dans un rayon de 350 kilomètres

Source : AFP.

1. **Grand auditorium**, « La Scène » (950 m²)
2. **Galerie des expos temporaires** (1 800 m²)
3. **Hall d'accueil** (4 000 m²)
4. **Galerie du temps** (4 000 m²)
5. **Pavillon de verre**
6. Restaurant
7. Administration

Un musée au cœur de la ville

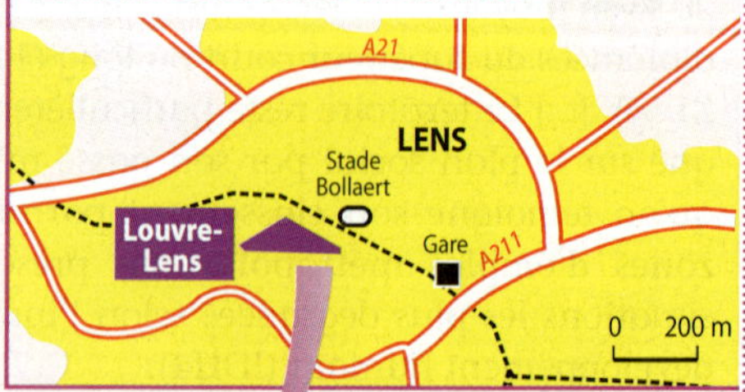

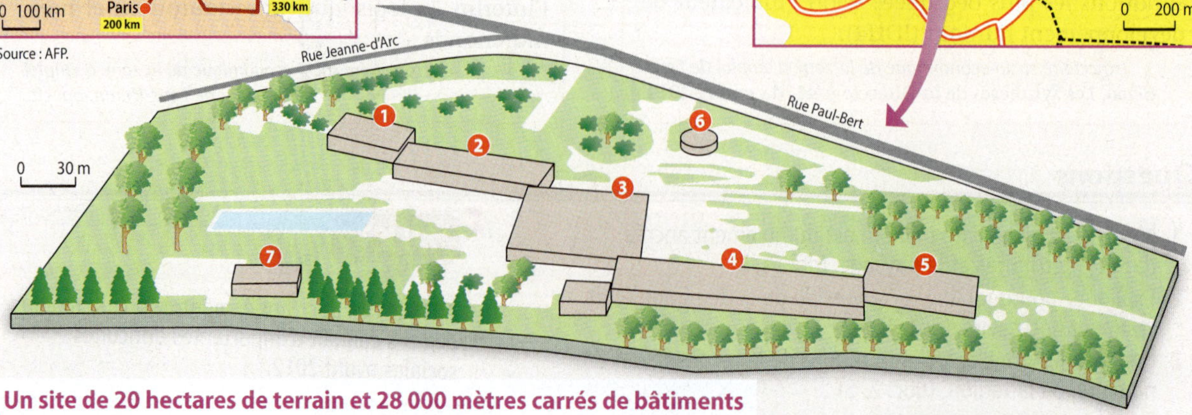

Un site de 20 hectares de terrain et 28 000 mètres carrés de bâtiments

8 Le triple succès du musée Louvre-Lens

Un an après son ouverture, le Louvre-Lens peut se féliciter d'un triple succès. Succès public, avec près de 900 000 visiteurs quand les plus optimistes misaient sur 700 000. Médiatique, avec une reconnaissance de Lens hors des frontières : le *New York Times* ne l'a-t-il pas hissé au 26e rang des 50 *« top destinations »* de 2013 [...] ? Et probablement économique, même s'il est encore tôt pour en juger. Que la cité du Nord attire son premier hôtel quatre étoiles est déjà tout un symbole et on estime à ce jour que plus de 400 emplois directs et indirects ont été créés. Dans les trois années à venir, le secteur touristique devrait générer plus de 300 nouveaux emplois, liés à l'ouverture d'hôtels et de commerces, mais également aux commémorations de la Première Guerre mondiale. [...]

Pour Daniel Percheron, président du Conseil régional Nord-Pas-de-Calais, le Louvre-Lens est une véritable *« turbine culturelle »* dans ce territoire qui compte une quarantaine d'institutions labellisées « musées de France ». La construction du futur centre de réserves du Louvre sur le site du bassin minier permettra de bâtir un véritable pôle culturel et muséal à l'horizon 2017-2018 et d'abriter 220 000 œuvres.

Martine Robert, « Avec Le Louvre, Lens semble rééditer l'exploit de Bilbao », *Les Échos*, 2 décembre 2013.

9 Une exposition temporaire de portée internationale

La troisième grande exposition temporaire, « Les Étrusques et la Méditerranée », a accueilli près de 100 000 visiteurs (une exposition en province est un succès quand elle atteint 60 000 entrées).

10 La Galerie du Temps, une grande innovation du Louvre-Lens

La Galerie du Temps propose plus de deux cents œuvres de tous les départements du Louvre. Elles seront renouvelées en partie au bout de cinq ans pour attirer régulièrement le public. C'est un parcours dans le temps (de la naissance de l'écriture au milieu du XIXe siècle).

Questions

1. Montrez que le musée s'inscrit dans un territoire : le Nord de la France ; une ville : Lens ; un paysage. (doc. 6, 7)
2. Montrez que ce musée est une réussite. (doc. 8, 9, 10)
3. Expliquez comment cet aménagement du Louvre-Lens est une étape dans la reconversion de la ville. (doc. 6, 8)

SUJET BAC

À l'aide des doc. 6 et 8, montrez comment ce projet modifie en profondeur l'image traditionnelle du bassin minier de la région de Lens.

C Accompagner la reconversion, des projets multiples

BASSIN MINIER NORD - PAS DE CALAIS PATRIMOINE MONDIAL

11 L'Unesco reconnaît le caractère exceptionnel du bassin minier du Nord-Pas-de-Calais

En juillet 2012, le bassin minier du Nord-Pas-de-Calais est inscrit sur la liste du Patrimoine mondial de l'Unesco au titre de « paysage culturel ». Ce terme désigne une œuvre conjuguée de l'homme et de la nature. 87 communes, 17 fosses, 21 chevalements, 51 terrils, 3 gares, 124 cités ouvrières, 38 écoles, 26 édifices religieux, des salles des fêtes ainsi que 4 000 hectares de paysage sont désormais protégés.

12 Euralens : une association pour profiter du dynamisme du Louvre-Lens et le diffuser

En 2009, les collectivités et acteurs économiques concernés par l'implantation du musée du Louvre à Lens prennent l'initiative de créer l'association Euralens. Sa fonction est avant tout d'être un forum, un lieu de débat où sont discutées, lors des assemblées générales, les grandes orientations favorables au développement de l'ancien bassin minier.

Créé en 2011, le « label Euralens » vise à faire émerger des projets de qualité, à les mettre en réseau et à les valoriser, de façon à accroître l'attractivité du territoire. Euralens suit, accompagne voire impulse des initiatives territoriales de grande envergure : la transformation paysagère et urbanistique des abords du Louvre-Lens, la candidature du bassin minier à l'Unesco…

http://www.euralens.org/qui-sommes-nous.html

Euralens

13 La création du cluster* senior pour participer à la « Silver économie »

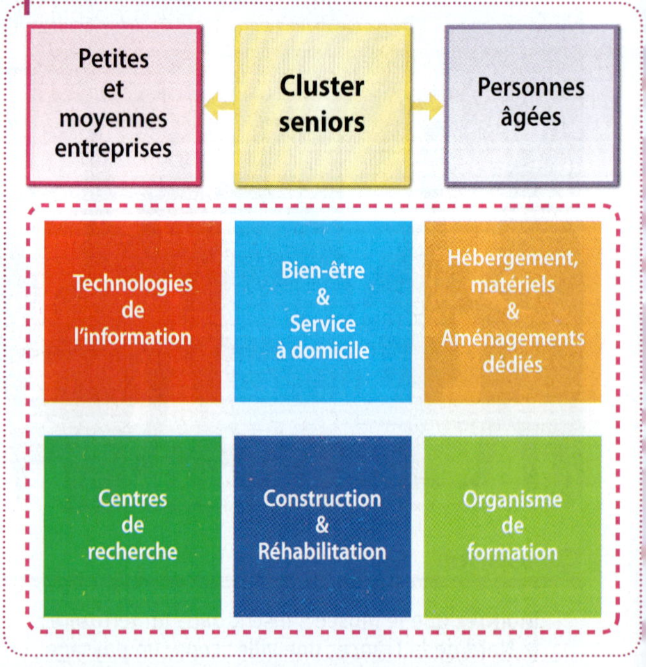

La chambre de commerce et d'industrie d'Artois a créé un « cluster seniors » avec le soutien de l'État et de la Région. Il s'agit d'un ensemble de petites et moyennes entreprises industrielles et de services innovantes qui travaillent sur le marché des personnes âgées (Silver économie). Les secteurs d'activités générés sont multiples.

14 Louvre-Lens Vallée : un pôle numérique culturel

L'économie du numérique culturel fait partie de ces secteurs d'activités qui n'auraient pu émerger sur le territoire sans l'arrivée du Louvre-Lens. Le cluster permet de faire converger la dynamique culturelle initiée par l'arrivée du musée et le développement des technologies numériques, au bénéfice de nouvelles opportunités économiques.

Une mission orientée vers quatre axes :

– La médiation culturelle : permettre l'accès numérique aux ressources culturelles (musées, bibliothèques, lieux de patrimoine, patrimoine immatériel...). [...]

– La connaissance et le savoir : il s'agit du développement d'outils pédagogiques destinés à l'éducation (e-éducation) et de l'enrichissement des technologies relatives au livre numérique [...] en inventant le livre numérique de nouvelle génération.

– La numérisation et la conservation des œuvres d'art et des patrimoines. [...]

– L'e-tourisme : [...] comment enrichir le regard des visiteurs par les outils numériques mobiles et leur faciliter l'accès à l'information ?

http://www.euralens.org/clusters-durables/numerique-culturel.html

15 Une étape dans les « Chemins de mémoire » du Nord de la France

Les « Chemins de mémoire » ont été créés pour développer le tourisme de mémoire autour des deux guerres mondiales. Le but est de valoriser le patrimoine militaire et civil, de faire la promotion touristique de ces sites.
À 10 minutes de Lens, le Parc mémorial canadien de Vimy rend hommage aux Canadiens venus combattre lors de la Première Guerre mondiale. On peut visiter les souterrains et les tranchées.

Questions

1. Montrez que ce territoire s'oriente vers des activités innovantes. (doc. 12, 13)
2. Montrez que la reconversion passe par une ouverture européenne voire mondiale. (doc. 11, 15)
3. Expliquez que la reconversion de ce bassin minier se fait par des activités très diverses. (doc. 11 à 15)

SUJET BAC

À l'aide du doc. 13, expliquez les principes de la Silver économie et son intérêt dans la région lensoise.

BAC **Réviser** le sujet d'étude

Un espace en reconversion : le bassin minier de Lens

Schéma-bilan

www.lienmini.fr/magnard-hg1-324

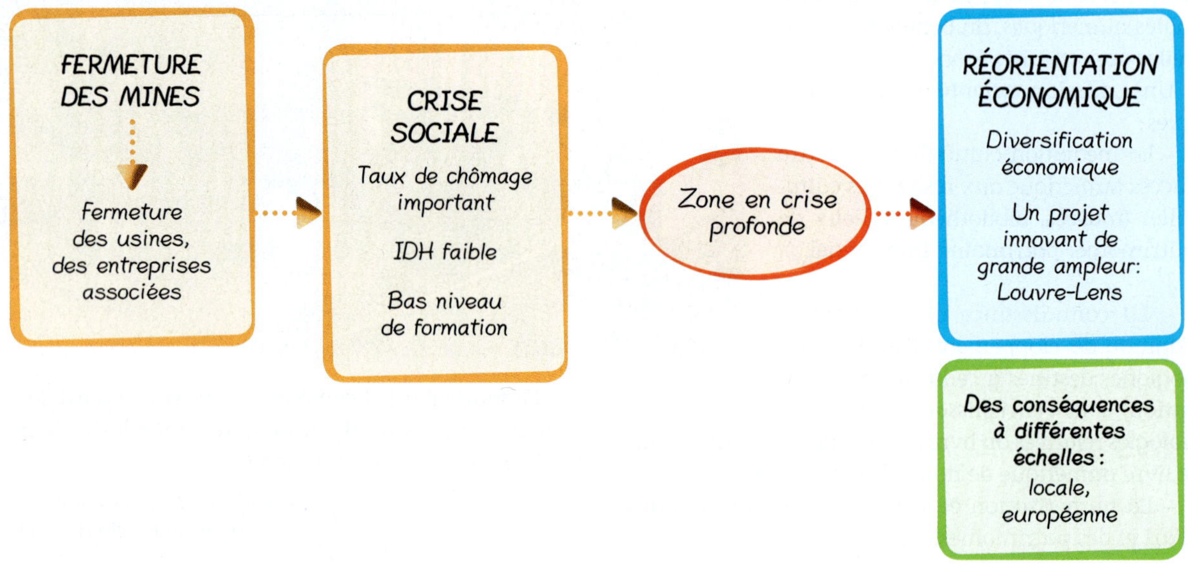

L'essentiel à retenir

A Une situation économique et sociale difficile avant 2012

- Durant 150 ans, la région de Lens s'est développée autour de l'activité minière, qui a profondément marqué son histoire et ses paysages. Terrils, carreaux de mine, cités ouvrières forgent son identité, et offrent une réserve foncière importante.
- La disparition de l'extraction minière et la fermeture de la dernière fosse à Lens en 1986 ont laissé place à une crise économique et sociale profonde. De forts taux de chômage et une grande précarité de la population caractérisent la région.
- Une réorientation de l'économie locale est engagée dès les années 1970 dans le secteur tertiaire (logistique, transports, secteur marchand). Elle a permis la création d'emplois (+ 25 % d'emplois entre 1990 et 2010).

B Le projet Louvre-Lens : un exemple de projet de reconversion

- Dans ce contexte de reconversion, le projet de créer une annexe du Louvre à Lens est lancé. Sa localisation dans une zone densément peuplée, facilement accessible depuis plusieurs villes françaises et européennes est un atout majeur.
- C'est au cœur de Lens, sur le site d'une ancienne mine que le musée Louvre-Lens ouvre ses portes en 2012. Véritable musée-parc, il accueille des collections permanentes et des expositions temporaires.
- Le bilan de l'activité du musée est très positif en fréquentation (900 000 visiteurs la 1re année) et par son impact économique. Il a impulsé une réelle dynamique et a contribué à changer l'image de la ville et de toute la région.

C Accompagner la reconversion, des projets multiples

- La reconversion du bassin minier passe par des activités et des initiatives très variées axées sur les séniors, le sport et bien-être, la logistique…
- S'appuyant sur la dynamique du Louvre-Lens, l'association Euralens a été créée pour promouvoir des projets innovants et porteurs. Ainsi la Silver économie ou le numérique attirent PME et étudiants et renforcent l'emploi tertiaire dans la région.
- La reconversion passe aussi par le tourisme. L'inscription du bassin minier au patrimoine mondial de l'Unesco lui donne une ouverture internationale. Les Chemins de mémoire des guerres mondiales attirent des touristes français et étrangers.

BAC

2e partie de l'épreuve — Analyse d'un document

SUJET

L'IMAP : un projet de reconversion innovant du bassin minier de Lens

L'IMAP : l'institut des métiers d'art et du patrimoine

Le projet, centré sur la formation, constitue l'un des clusters d'Euralens, celui consacré aux Métiers d'art. Il contribue à la structuration d'une filière à forte valeur ajoutée pour le territoire et sa population.

LENS CAPITALE EUROPÉENNE DES MÉTIERS D'ART

S'il est un projet directement lié à l'implantation du Louvre à Lens et à la dynamique Euralens, c'est bien l'Institut des Métiers d'art et du Patrimoine. L'IMAP a pour but de dynamiser, fédérer et accompagner les professionnels de la filière dans les différents volets de leur activité. Il vise en particulier le rapprochement des acteurs de la recherche, des enseignants et des entreprises, pour développer un cluster attractif et générateur d'emplois. [...] Démarche d'excellence unique en France, ce cluster s'appuie sur des initiatives labellisées Euralens [...] pour progressivement installer Lens comme capitale des métiers d'art.

La construction de locaux pour l'IMAP à proximité du Louvre-Lens, devrait faciliter sa collaboration avec le musée ainsi qu'avec d'autres projets innovants comme le Louvre-Lens Vallée, le Pôle numérique culturel.

[...] L'IMAP va [...] rendre plus accessibles des formations de tous niveaux dans cinq grandes familles de métier :

- la conception et la fabrication des œuvres et objets d'art
- la conservation, la restauration, l'exposition, l'archéologie
- le commerce des œuvres et objets d'art
- l'événementiel et la médiation
- l'administration publique et privée des œuvres d'art, du patrimoine et de la culture.

Source : http://www.euralens.org/projets/linstitut-des-metiers-dart-et-du-patrimoine.html

Questions

1. **Présentez le document.**
2. **Quel est le contexte économique de l'ancien bassin minier de Lens ?**
3. **En quoi consiste le projet de l'IMAP ? (Expliquez quel domaine est concerné, quel but est recherché, qui sont les acteurs.)**
4. **Quelles caractéristiques font de ce projet un projet de reconversion innovant ?**
5. **Pourquoi ce projet est-il lié au Louvre Lens ? aux autres projets d'Euralens ?**

Compétences à mobiliser

- Identifier des documents (nature, auteur, date, conditions de production).
- Utiliser le manuel comme outil de lecture complémentaire du cours, pour préparer le cours ou en approfondir des aspects.
- Cerner le sens général d'un document et le mettre en relation avec la situation géographique étudiée.
- Mettre en relation des faits.
- Utiliser le manuel comme outil de lecture complémentaire du cours, pour préparer le cours ou en approfondir des aspects.

Lexique

➥ Les mots surlignés en bleu sont les notions du programme.

A

Action : Titre de propriété d'une partie du capital d'une société.

Acteurs spatiaux : Personnes ou structures qui agissent sur l'espace selon leurs stratégies propres et leurs moyens : individu, entreprise, collectivité territoriale, État, UE, ... (voir le schéma p. 217).

Âge industriel : Période historique, comprise entre le milieu du XIXe siècle et les années 1960, pendant laquelle l'industrie prend une place essentielle dans l'activité économique. L'économie entre dans un processus de croissance*. Plusieurs systèmes techniques se succèdent (charbon/vapeur/chemins de fer ; pétrole/électricité/moteur à explosion). Les sociétés et les modes de vie sont transformés.

Aménagement : Action d'une collectivité ou de plusieurs collectivités sur son (leur) territoire (voir le schéma p. 139).

Anarchisme : Courant de pensée qui prône l'absence d'État et, de façon générale, de tout contrôle de l'individu. Certains mouvements anarchistes du tournant du siècle ont recours à l'action terroriste.

Antisémitisme : Haine et rejet des Juifs.

Armistice : Convention par laquelle les belligérants cessent les combats. Elle se distingue de la paix, car elle ne met pas officiellement fin à l'état de guerre.

Association cultuelle : Association conforme à la loi de 1901 qui doit avoir obligatoirement pour objet l'exercice d'un culte.

C

Capitalisme : Système économique reposant sur la propriété privée, la loi du marché, la recherche du profit et l'accumulation de capitaux. Les moyens de production et les capitaux appartiennent à des particuliers, ils ne sont pas la propriété de l'État. Il existe néanmoins un capitalisme d'État dans certains pays (Russie par exemple).

Censure : Examen préalable fait par les autorités compétentes des publications et productions destinées au public ou les courriers personnels (Première Guerre mondiale). Elle autorise ou interdit leur diffusion en totalité ou en partie. De façon plus générale, limitation de la liberté d'expression de chacun.

Classe sociale : Groupe de personnes partageant un mode de vie, des comportements et des intérêts similaires. Son usage au XIXe siècle, marqué par l'idéologie socialiste, a suscité de nombreux débats.

Cluster : Regroupement d'entreprises et de centres de recherche appartenant à un même secteur d'activité à l'intérieur d'un même territoire.

CNR : Conseil national de la Résistance (voir p. 76).

Collaboration : Politique de collaboration du gouvernement de Vichy (gouvernement du maréchal Pétain) avec l'Allemagne pendant l'Occupation, à partir de la fin 1940.

Contraintes : Données naturelles, démographiques, économiques qui peuvent freiner le développement d'une activité (voir le schéma p. 215).

Conventions de Genève : voir « crimes de guerre ».

Crimes contre l'humanité : Ensemble d'actes commis avant ou pendant une guerre contre les droits fondamentaux d'individus ou groupes d'individus, pour des raisons diverses (religieuses, ethniques, politiques, ...), et visant à les détruire. Il n'y a pas de prescription pour ces crimes (voir le schéma p. 59).

Crimes de guerre : Crimes perpétrés contre des populations civiles, des prisonniers de guerres (exécutions, massacres, déportation...), et dévastations non justifiées par des objectifs militaires. Les « conventions de Genève » encadrent les règles de protection des civils en cas de conflit (voir le schéma p. 57).

Croissance : Augmentation sur le long terme de la production des richesses. Elle se traduit par la multiplication de produits et services disponibles pour des acheteurs de plus en plus nombreux. Le rythme de la croissance n'est pas constant. Il passe par des phases d'expansion (1850-1873, 1945-1973), des phases de ralentissement (1873-1896), des crises (1846-1848, 1873, 1882, 1890, 1929-1932), et des phases d'accélération (voir le schéma p. 95).

Culture de guerre : Ensemble d'attitudes, de pratiques, de productions littéraires et artistiques partagées et acceptées par la population durant la guerre.

Culture de masse : Culture produite en série pour un très large public et diffusée en grande partie par les médias.

D

DATAR : Délégation interministérielle à l'aménagement du territoire et à l'attractivité régionale (DATAR). C'est un service du Premier ministre, créé en 1963, dont la mission est d'impulser et de coordonner les politiques d'aménagement du territoire menées par l'État.

Débâcle : Effondrement de toutes les structures administratives, sociales, économiques et politiques du pays consécutif à l'offensive allemande de mai-juin 1940.

Démocratie : Régime politique qui repose sur la souveraineté du peuple (en grec, *demos*). C'est le pouvoir du peuple, par le peuple, pour le peuple. La démocratie libérale garantit les libertés individuelles fondamentales et le pluralisme politique définis par la Constitution (voir le schéma p. 19).

Développement : Accroissement de la quantité de richesses produites sur un territoire donné qui s'accompagne de l'amélioration du niveau de vie et d'une accumulation des ressources financières favorisant l'investissement.

DROM : Départements et Régions d'outre-mer, définis par l'article 73 de la Constitution : îles de la Guadeloupe, la Martinique, ainsi que la Guyane (Caraïbes), et l'île de la Réunion (océan Indien)

Duopole : Se dit de deux entreprises qui dominent un marché.

E

Écoquartier : Quartier conçu en fonction des critères du développement durable.

Empire colonial : territoire constitué de l'ensemble des conquêtes sur lequel une puissance appelée « métropole » exerce son influence, voire son autorité.

Exode : Déplacement massif de populations civiles pour échapper à un conflit, à une catastrophe naturelle…

Exode rural : Migration durable des populations rurales quittant les campagnes pour aller s'implanter dans les villes.

EPCI : Établissement public de coopération intercommunale. Organisme regroupant des communes pour gérer certaines compétences en commun.

État : Territoire délimité par des frontières à l'intérieur duquel vit une population et sur lequel s'exerce une autorité souveraine (voir le schéma p. 133).

Eurocities : Association de 130 villes européennes créée en 1986. Ce réseau permet aux villes membres d'échanger des visions stratégiques, des expertises, des expériences. C'est un outil de promotion des villes auprès des instances de l'UE.

F

Faisceaux de combat : Groupes paramilitaires dont les membres, les squadristes, portent la Chemise noire.

Fasciste : Partisan du fascisme, un mouvement politique qui promeut la dictature d'un parti unique, rassemblé autour d'un chef unique détenant un pouvoir autoritaire, nationaliste et anticommuniste.

FEDER : Fonds européen de développement régional. Il finance des programmes de développement dans le cadre de l'UE pour réduire les disparités régionales.

Féminisme : Mouvement pour la défense des droits des femmes et leur émancipation.

Flux : Déplacement dans l'espace d'hommes, de marchandises ou d'informations. Chaque flux met en relation un pôle émetteur avec un ou plusieurs pôles récepteurs (voir le schéma p. 219).

Fordisme : Mode d'organisation de la production et du travail mis en place dans les usines automobiles Ford aux États-Unis au début du XXe siècle.

Front populaire : Rassemblement de partis de gauche au pouvoir en France de 1936 à 1938. Il est à l'origine de réformes sociales importantes qui ont institué les congés payés, la semaine de 40 heures et mis en place les conventions collectives.

Frontière : Limites territoriales à l'intérieur desquelles un État exerce sa souveraineté.

Futurisme : Mouvement né au début du XXe siècle, inspiré du cubisme et voulant souligner la vitalité, l'énergie, le culte de la modernité et de la vitesse.

G

Génocide : Destruction physique (extermination) programmée et systématique de tout un groupe humain.

Ghetto : Quartier réservé et imposé aux Juifs. Par extension, désigne la ségrégation spatiale d'une même catégorie sociale dans les villes.

Gouvernance : Fait de prendre des décisions dans un grand ensemble de pays ou d'institutions en fixant des règles communes. Le mode de décision est la concertation entre les parties.

Guerre totale : Guerre qui mobilise toutes les ressources de la nation (voir le schéma p. 53).

H

Hub : Nœud d'un réseau de transports qui concentre et redistribue les voyageurs et le fret (marchandises) vers de nombreuses destinations.

I

Impérialisme : Doctrine d'expansion d'un pays au-delà de ses frontières traditionnelles. Pour cela, il peut employer la force ou ses capacités d'influence (voir le schéma p. 99).

Industrialisation : Processus d'extension et d'intensification des activités de production. On distingue généralement la 1re phase d'industrialisation liée à l'industrie sidérurgique et textile (1750-1850), la 2e phase associée à l'automobile et au pétrole (1850-1970) et la 3e phase fondée sur l'électronique et l'informatique.

Innovation : Nouveauté qui permet de transformer et d'améliorer un secteur d'activité.

Insee : Institut national de la statistique et des études économiques. Organisme qui analyse et diffuse des informations sur l'économie et la société françaises.

Intégration territoriale : Regroupement de territoires dans un ensemble plus grand. Il existe plusieurs degrés d'intégration entre les différents territoires (voir le schéma p. 137).

Intercommunalité : Regroupement de communes qui s'associent pour gérer en commun des activités ou des services.

Interconnexion : Liaison entre différents modes de transport ou différents réseaux qui favorise une circulation sans rupture de charge.

Interface : Zone de contact entre deux espaces, souvent lieu d'échanges (ex : une frontière, une interface maritime).

Interreg : Programme européen de coopération territoriale destiné à favoriser le développement par la coopération transfrontalière (de part et d'autre d'une frontière) ou transnationale (entre États).

Interventionnisme : Politique menée par les pouvoirs publics visant à intervenir dans l'économie du pays.

Inventaire des biens de l'Église : Selon la loi de 1905, dénombrement des objets du culte et du mobilier des églises, avant de les transmettre aux établissements publics du culte.

L

Laïcisation : Fait de rendre laïque, soustraire à l'influence religieuse.

Laïcité : Principe selon lequel l'État reste neutre en matière religieuse tout en protégeant la liberté de conscience. C'est un des principaux acquis de la IIIe République (voir le schéma p. 17).

LGV : Ligne à grande vitesse construite spécialement pour la circulation des trains à grande vitesse.

Libéralisme : Courant de pensée qui repose sur la défense des libertés fondamentales des individus. Il concerne aussi bien le domaine politique que le domaine économique (libre-échange*).

Libertés fondamentales : Libertés et droits reconnus par la Constitution et la Déclaration des droits de l'homme et du citoyen. Ce sont des droits inhérents à la personne humaine (égalité, liberté, propriété, sûreté et résistance à l'oppression) et des droits qui en sont la conséquence (suffrage universel).

Libre échange : Système économique basé sur la libre circulation des marchandises favorisée par l'abaissement ou la suppression des taxes aux frontières (voir le schéma p. 93).

Ligue: Association dont le but est de défendre des intérêts politiques ou religieux. Dans l'entre-deux-guerres en France, des ligues antiparlementaires ou paramilitaires s'opposent à la démocratie.

Littoralisation: Déplacement et concentration des activités vers les littoraux et les grands ports.

Localisation: Situation d'un phénomène dans l'espace en fonction de nombreux facteurs. Désigne aussi l'action de choisir un lieu pour s'y installer (voir le schéma p. 213). Elle est déterminée par des facteurs qui évoluent (accessibilité d'un lieu, présence d'un bassin d'emploi...)

M

Mégalopole: Vaste région urbaine formée de plusieurs métropoles s'étendant sur des centaines de kilomètres et regroupant des dizaines de millions d'habitants. Les réseaux de transport mettent en relation les différents pôles de cet espace..

Métropole: Statut des EPCI* de plus de 400 000 habitants dans une aire urbaine de plus de 650 000 habitants. Elle est dotée de compétences particulières.

Métropolisation: Mouvement de concentration des hommes, des activités et des centres de décision dans les métropoles (voir le schéma p. 175).

Migrations pendulaires: Migrations quotidiennes pour se rendre sur son lieu de travail et en revenir.

Mobilité: Déplacement temporaire et de courte durée d'individus depuis leur lieu de résidence pour le travail (migrations pendulaires), les loisirs, les études.

Mouvement boulangiste (1886-1889): Le général Boulanger réclame une révision de la Constitution pour un pouvoir fort. Mais il refuse l'appel de ses partisans au coup d'État. Le mouvement s'étiole ensuite rapidement.

Multimodal: Qui combine plusieurs modes de transport: maritime, fluvial, terrestre, aérien.

N

Nation: Communauté de personnes qui partagent une histoire et une culture communes et vivent sur un même territoire. En France, l'idée moderne de nation se propage avec la Révolution française: elle sous-tend l'idée que cette communauté exerce une souveraineté sur un territoire et organise l'expression politique de ce territoire (voir le schéma p. 15).

Nationalisation: Transfert de la propriété à l'État.

Nationalisme: Doctrine qui exalte sa propre nation dans toutes ses caractéristiques (politiques, économiques, culturelles) par opposition aux autres nations.

New Deal: Nom donné à la politique économique et sociale menée par le président des États-Unis F. D. Roosevelt en réponse à la crise économique de 1929. Elle se distingue notamment par un fort interventionnisme de l'État pour stimuler la consommation, éviter la surproduction et protéger les citoyens du chômage par une politique de planification et de grands travaux.

Nœud de communication: Carrefour où s'interconnectent les axes d'un réseau de communication.

NUTS: Nomenclature des unités territoriales statistiques. Découpage territorial destiné à permettre les comparaisons entre pays ou entre régions à l'intérieur de l'Union européenne.

O

ONU: Organisation des Nations unies, créée en 1945 (voir p. 80).

Organisation scientifique du travail: voir Taylorisme.

P

Pacifisme: Opinion qui prône la défense de la paix dans les relations internationales. La Première Guerre mondiale a fait naître un fort courant pacifiste (voir le schéma p. 55).

Peuplement: Mode d'occupation d'un territoire par une population (en particulier, répartition des habitants sur un territoire, étudiée notamment à travers les densités) (voir le schéma p. 173).

PIB: Produit intérieur brut. Total des richesses produites pendant un an sur un territoire national.

PLUM: Plan local d'urbanisme métropolitain.

Population: L'ensemble des individus habitant sur un territoire. On peut l'étudier à travers sa composition démographique, ses caractéristiques socio-économiques, ses déplacements.

Productivité: Rapport entre la quantité de biens produite et les facteurs de production mis en œuvre pour l'obtenir (travail, machines, ...).

Propagande: Influence exercée sur les pensées et les actes d'une population par des moyens de pressions spécifiques qui utilisent en particulier les médias: affichage, contrôle de la presse, de la radio, du cinéma, etc.

Protectionnisme: Politique et pratiques d'un État qui intervient dans l'économie afin de défendre ses intérêts et ceux de ses entreprises face à la concurrence étrangère.

R

Radicalisme: Mouvement politique majeur de la fin du XIXe siècle. Il se caractérise par son attachement à la République parlementaire et sa méfiance envers le poids de l'Église catholique dans la société française. Il défend la laïcité, l'instruction, les libertés et la propriété privée. Il amorce son déclin avec le Front populaire*.

R & D: Recherche et développement.

Récession: Période durant laquelle la production de richesse diminue pendant plusieurs mois consécutifs.

Reconversion: Adaptation de l'économie d'un pays ou d'une région à de nouvelles conditions économiques.

Régime de Vichy: Régime mis en place par le maréchal Pétain de 1940 à 1944, caractérisé notamment par l'idéologie de la Révolution nationale*.

Région: Découpage de l'espace selon des critères variables: les conditions naturelles, les caractéristiques sociales des populations, des limites administratives. Dans l'UE, la région est l'échelle de base pour accompagner les politiques de développement territorial.

Régionaliste: À l'intérieur d'un État, mouvement qui défend l'affirmation de l'identité d'une région avec ses particularités culturelles, linguistiques et institutionnelles.

Réparations: Paiements et compensations matérielles (biens, équipements, usines...) auxquels l'Allemagne fut contrainte par les traités de paix après les deux guerres mondiales, en réparation des pertes et dommages subis par les pays alliés.

République parlementaire : Régime dans lequel le Parlement, institution représentative des citoyens, détient le pouvoir législatif et contrôle le pouvoir exécutif (gouvernement) (voir le schéma p. 13).

Réseau : Mise en relation de différents éléments géographique de façon hiérarchisée. On parle de réseau urbain (voir le schéma p. 177), de réseau de transport, de communication pour désigner des ensembles qui permettent d'organiser le territoire.

Résistance : Toutes les formes d'opposition contre les forces de l'Axe pendant la Seconde Guerre mondiale (actions, activités, organisations...). En France, la Résistance « **intérieure** » se forme à l'origine sur le sol français et la Résistance dite « **extérieure** » à Londres, autour du général de Gaulle.

Ressources : Données naturelles ou humaines qu'une population peut mettre en valeur pour aménager et développer le territoire : matières premières, littoral, formation de la main-d'œuvre, ouverture internationale...

Révolution industrielle : Ensemble des techniques de production et des moyens de communication qui ont permis le développement du capitalisme.

Révolution nationale : Idéologie officielle du gouvernement de Vichy. Elle s'oppose à l'idéologie de la République.

RUP : Région ultra périphérique définie par l'UE. Région d'outre-mer (ou ultramarine) intégrée à l'UE et bénéficiant de mesures spécifiques pour assurer son développement.

S

Salarié : Personne qui reçoit une somme d'argent en contrepartie d'un travail effectué sous l'autorité de son employeur. Le **salariat** s'oppose aux statuts des artisans et commerçants ou encore des professions libérales, qui travaillent pour leur propre compte.

SDN : Société des Nations, créée en 1919 (voir p. 78).

Shoah : En hébreu, « catastrophe ». Extermination systématique des Juifs durant la Seconde Guerre mondiale.

Socialisme : Doctrine philosophique, politique et économique théorisée par Karl Marx visant à mettre fin à la propriété privée des moyens de production (usines, machines, etc.). Il s'oppose donc au capitalisme (voir le schéma p. 97).

Solde migratoire : Différence entre les arrivées et les départs d'habitants pour un territoire donné. Il peut être positif si les arrivées dépassent les départs ou, à l'inverse, négatif.

Solde naturel : Différence entre le nombre de naissances et le nombre de décès enregistrés sur un territoire par an.

Standardisation : Production des marchandises selon des normes standards.

Suffragisme : Mouvement en faveur du droit de vote des femmes. Il naît à la fin du XIXe siècle en France et se développe surtout dans l'entre-deux-guerres.

Suffragistes : Personne dont le but est l'obtention du droit de vote pour les femmes. Les suffragettes sont les militantes.

Supranational : Qui dépasse le cadre national. Une autorité supranationale s'impose aux pays concernés par cette institution.

T

Taylorisme : Organisation scientifique du travail. Méthode d'organisation du travail reposant sur la division et la spécialisation des tâches. La conception et la production sont séparées.

Territoire : 1) Espace limité par des frontières et administré par un pouvoir central. 2) Espace de taille variable, socialisé et aménagé dans lequel les habitants se reconnaissent une appartenance commune (voir le schéma p. 135).

Totalitaire (État ou régime) : Régime politique à parti unique qui contrôle tous les aspects de la vie des individus et n'admet pas d'opposition. Les États totalitaires présentent des traits communs : contrôle et encadrement de la population, détention du monopole de la vie politique par un parti unique, culte plus ou moins affirmé de la personnalité des dirigeants, répression des opposants et mise en place d'un système concentrationnaire.

Transition démographique : Passage d'un régime démographique traditionnel où la fécondité et la mortalité sont fortes à un régime où la natalité et la mortalité sont faibles. Ce passage est souvent marqué par un fort accroissement naturel de la population.

U

Unesco : Organisation des Nations unies pour l'éducation, la science et la culture créée en 1945. Sion siège est à Paris.

Union sacrée : En 1914, rassemblement de toutes les forces politiques et des forces de la société derrière le gouvernement pour soutenir l'effort de guerre.

Urbanisation : Transformation progressive d'un espace rural en espace urbain sous l'effet d'une diffusion des paysages et modes de vie urbains (voir le schéma p. 179). L'urbanisation peut-être spontanée et accompagner les évolutions économiques et sociales ou planifiée (par exemple, les villes nouvelles en Île-de-France).

V

Vote de confiance : Sous la IIIe République, vote par lequel les députés accordent ou non leur confiance au gouvernement.

Z

ZIP : Zone industrialo-portuaire. Zone d'activités portuaires et industrielles aménagée à proximité d'un port.

Zone franche : Zone où les entreprises bénéficient d'avantages juridiques et fiscaux.

ZUS : Zone urbaine sensible. Zone en difficulté socio-économique bénéficiant de politiques spécifiques de soutien.

PROGRAMME

Bulletin officiel de l'Éducation nationale n°9 du 1er mars 2012

PROGRAMME D'HISTOIRE

LA FRANCE EN RÉPUBLIQUE 1880-1945 *(10-12 H)*

	Notions	Commentaire
A - Question obligatoire: **Moments et actes fondateurs (1880-1945)**	Démocratie Laïcité Nation Radicalisme République parlementaire	La République, forme française de la démocratie libérale, est le produit d'une construction. Elle est fondée sur trois piliers, ce que l'on montre en s'arrêtant sur quelques moments décisifs: – les années 1880-1914 font triompher une conscience nationale unitaire qui passe par l'acquisition de références collectives (Déclaration des droits de l'homme et du citoyen, symboles, mémoire). Elles élargissent les modes d'accès à la nationalité (1889, droit du sol). La colonisation est alors justifiée au nom d'une mission civilisatrice; – la construction de la démocratie est réalisée par des lois qui établissent les grandes libertés et favorisent la fondation de partis, de syndicats, d'associations (1880-1914). Elle est consolidée grâce à l'extension des droits sociaux et à l'égalité politique entre les sexes (Front populaire, Libération). Elle peut être remise en cause (Vichy); – la loi de 1905, préparée par la laïcisation de l'école, décide la séparation entre État et religions, garantit la liberté de pensée et de culte pour chaque citoyen, crée les conditions d'une pacification sociale
B - Sujet d'étude au choix:	-	
• **L'affaire Dreyfus**		L'affaire Dreyfus est retenue comme événement décisif dans la vie politique française et la lutte pour les droits de l'homme.
• **L'année 1940**		L'attitude face à la guerre et à l'armistice, le choix entre acceptation, collaboration et résistance mettent en jeu les valeurs qui fondent la démocratie.
• **Le vote des femmes**		Le droit de vote des femmes – accordé, assez tardivement, en 1944 et effectif pour la première fois en 1945 – est le résultat d'une conquête. Il constitue un élément essentiel dans la refondation de la République.

GUERRES ET PAIX, 1914-1945 *(10-12 H)*

	Notions	Commentaire
A - Question obligatoire: **L'Europe, un espace marqué par deux conflits mondiaux**	Crime contre l'humanité Crime de guerre Génocide Guerre totale Nationalisme Pacifisme Résistance	La guerre marque profondément l'Europe du premier XXe siècle et ses peuples. Une double étude permet de le comprendre: – celle des dimensions géopolitiques des deux conflits mondiaux, de leurs caractères spécifiques, de la violence vécue par les combattants et par les civils; – celle des génocides perpétrés durant la Première et la Seconde Guerre mondiale. Cette étude inclut un travail sur le complexe de camps d'Auschwitz: il constituait un élément de la politique concentrationnaire nazie et surtout un instrument majeur de la politique d'extermination des juifs d'Europe; il est devenu un lieu de mémoire. Cette double analyse amène à présenter la question du consentement des opinions.
B - Sujet d'étude au choix:		
• **Vivre dans l'Italie mussolinienne**		L'Italie, ébranlée par la Première Guerre mondiale, devient un pays totalitaire. On étudie la réalité de la vie quotidienne sous le fascisme.
• **Combattre pour la République: Jean Moulin**		La figure de Jean Moulin a valeur exemplaire. Elle permet de mieux comprendre les motivations de ceux qui défendirent la République à un moment où celle-ci était menacée de l'extérieur et de l'intérieur, et la nature de leur combat.
• **Les espoirs d'un ordre mondial au lendemain des conflits: de la SDN à l'Onu**		La création de la SDN en 1919 constitue la première tentative de mise en place effective d'un ordre international fondé sur le droit. Son échec éclaire la mise en place de l'Onu, son organisation, ses buts et ses moyens.

DIFFUSION ET MUTATIONS DU MODÈLE INDUSTRIEL *(10-12 H)*

	Notions	Commentaire
A - Question obligatoire: **Capitalisme et société industrielle à la conquête du monde (du milieu du XIXe au milieu du XXe siècle)**	Âge industriel Croissance Classe sociale Impérialisme Libre échange Socialisme	Le capitalisme industriel invente de nouveaux modes de production. Il constitue le moteur de la croissance, phénomène majeur de la période. Il se diffuse à l'échelle du monde, quoique de manière très inégale. La croissance n'est pas linéaire: elle connaît des cycles. Mais elle transforme en profondeur les sociétés et s'articule étroitement à l'impérialisme des puissances industrielles.
B - Sujet d'étude au choix:		
• **Le 1er mai**		On montre que, à partir des événements fondateurs de la décennie 1880, la journée du 1er mai devient un symbole des luttes sociales et de l'identité ouvrière.
• **Les mutations d'une filière économique**		Durant l'étude, les transformations techniques sont mises en relation avec leurs conséquences sociales et culturelles.
• **L'immigration et la société française de l'entre-deux-guerres**		L'étude articule la présentation des flux migratoires (de la fin du XIXe siècle aux années 1930) et des immigrants, et l'analyse des attitudes de la société française des années 1920-1930 à leur égard, en y incluant des représentations artistiques (cinématographiques, littéraires, etc.).

PROGRAMME DE GÉOGRAPHIE

LES TERRITOIRES EUROPÉENS *(10-12 H)*

	Notions	Commentaire
A - Question obligatoire: **Europe, Europes: un continent entre unité et diversité**	Aménagement Développement État Frontière Intégration territoriale Région Territoire	La lecture des cartes à différentes échelles (spatiales et temporelles) permet de caractériser les territoires européens, sous les différents aspects de leur différenciation physique, du maillage politique, de la diversité culturelle et des disparités de développement. Cette approche géographique permet de cerner la nature de l'objet géographique « Europe » et pose la question de ses limites.
B - Sujet d'étude au choix:		*Des sites internet proposent de nombreuses données pour étudier les réalités territoriales locales: les sujets d'étude proposés permettent de sensibiliser les lycéens à ces outils de l'aménagement et du développement et de leur donner une occasion de les utiliser.*
• **Une politique européenne d'aménagement et de développement du territoire**		L'Union européenne contribue à la réduction des disparités par ses multiples actions et politiques de développement. On le montre en présentant et en analysant l'une des réalisations concrètes à laquelle le Fonds européen de développement régional apporte sa contribution.
• **Une région en Europe: la région du lycée**		On présente cette région. À cette échelle, on rend concrets l'extension des compétences régionales depuis les différentes lois de décentralisation, les principaux choix de développement et d'aménagement, les efforts de construction d'une identité régionale.
• **Une région en Europe: une région d'un autre État européen**		Les différences de structures politiques et de compétences entre régions de l'Union européenne (région française, Land allemand, etc.) sont réelles. Elles n'excluent pas des politiques de coopération entre elles. Dans la mesure du possible, on choisit pour cette étude la région partenaire.

LA FRANCE : POPULATION, MOBILITÉS ET TERRITOIRES *(10-12 H)*

	Notions	Commentaire
A - Question obligatoire : **Les hommes et leurs territoires**	Métropolisation Population/peuplement Réseau Urbanisation	L'examen de cartes de densité fait apparaître à la fois les « vides » et les « pleins » du territoire et l'accentuation du phénomène de métropolisation. Ces trames de peuplement ne sont pas statiques (à titre d'exemples, les migrations interrégionales favorisent désormais le Sud et l'Ouest). Le territoire est parcouru par de multiples mobilités temporaires (notamment de travail ou de loisirs), qui jouent à diverses échelles de temps et d'espace. La répartition de la population et les mobilités sont étroitement articulées à l'organisation des réseaux de transports à toutes les échelles.
B - Sujet d'étude au choix :		*Des sites internet proposent de nombreuses données pour étudier les réalités territoriales locales : les sujets d'étude proposés permettent de sensibiliser les lycéens à ces outils de l'aménagement et du développement et de leur donner une occasion de les utiliser*
• **Le réseau TGV**		Le réseau des trains à grande vitesse a modifié et modifie profondément la relation espace/temps sur le territoire de la France. Appelé à s'étendre dans sa dimension nationale et européenne, il est générateur de nouvelles dynamiques d'organisation du territoire à différentes échelles.
• **Les mobilités à l'échelle d'une agglomération urbaine ou d'une région**		Les mobilités profitent essentiellement à la ville. Elles rapprochent, mettent en relation, mais aussi hiérarchisent (par l'inégalité d'accès aux réseaux de communication). Elles conduisent à dissocier de plus en plus des lieux spécialisés de résidence, de travail et de loisirs ; mais cette dissociation est en partie mise en cause par des éléments nouveaux (prix de l'énergie, souci du développement durable, etc.).
• **Un territoire de proximité : la communauté urbaine, d'agglomération ou de communes**		On étudie une communauté urbaine, d'agglomération ou de communes, en montrant que les lois de décentralisation et les progrès de l'intercommunalité ont débouché sur ce nouveau territoire de gestion. On insiste sur le jeu des acteurs et les choix opérés en étudiant son périmètre géographique, son mode d'organisation, ses compétences et ses modes de financement. On souligne l'importance progressive acquise par cette communauté face au pavage communal ancien.

LA FRANCE : DYNAMIQUES DE LOCALISATION DES ACTIVITÉS *(10 -12H)*

	Notions	Commentaire
A - Question obligatoire : **Des espaces productifs en mutation**	Acteurs spatiaux Contraintes Flux Localisation Ressources	Il convient de s'interroger sur la localisation des activités et les facteurs qui la déterminent : pourquoi ici et pas ailleurs ? Les facteurs d'attraction ou de répulsion sont variables dans l'espace et le temps, en fonction des données propres du lieu (ressources et contraintes, parmi lesquelles les données naturelles) et des types d'activités. L'insertion de l'économie française dans la mondialisation confirme certaines implantations mais aboutit aussi à de nouvelles logiques dans la localisation des activités
B - Sujet d'étude au choix :		
• **Roissy, une plate-forme multimodale et un hub mondial**		- Le pôle de Roissy constitue un équipement majeur dans l'économie et dans l'organisation de l'espace à toutes les échelles. Son étude passe par la lecture de l'organisation spatiale de la plate-forme multimodale et de ses effets économique.
• **Une entreprise du domaine agricole, industriel ou touristique**		- En lien avec la formation économique, ce sujet d'étude permet de placer l'entreprise dans son contexte territorial, de montrer le jeu des acteurs, leurs stratégies d'implantation et de production aux différentes échelles (depuis celle de l'activité ou de l'unité de production jusqu'aux échelles européenne ou mondiale). L'analyse intègre des enjeux de développement durable.
• **Un espace en reconversion**		- En utilisant un certain nombre d'indicateurs (recul des activités, baisse démographique, vieillissement, etc.), on fait le point sur ce qui a rendu obligatoire une reconversion. On souligne les contraintes et les atouts – réels ou potentiels – de cet espace dans le cadre de l'évolution des demandes sociales et des politiques d'aménagement du territoire. On analyse les stratégies et les initiatives déployées afin de renouveler son attractivité.

ÉPREUVE D'HISTOIRE-GÉOGRAPHIE DANS LA SÉRIE STMG À COMPTER DE LA SESSION 2014

Note de service n° 2013-205 du 30 décembre 2012

ÉPREUVE ÉCRITE

Durée : 2 heures 30
Coefficient : 2

Objectifs de l'épreuve :

– mobiliser des connaissances fondamentales ;
– exploiter, organiser et confronter des informations ;
– rédiger des réponses construites, mises au service d'une réflexion historique et géographique et montrant une maîtrise correcte de la langue.

Structure et notation de l'épreuve

L'épreuve comporte deux parties, chacune notée sur 10 points. La note attribuée au candidat, sur 20 points, est la somme des notes attribuées à chaque partie.

Première partie

La première partie porte sur les « questions obligatoires » du programme d'histoire et du programme de géographie.
Elle consiste en une série de cinq à sept questions à réponse courte.
Dans cette première partie de l'épreuve, le candidat peut être conduit à :
– caractériser un espace, une période, un événement, une situation ou un personnage ;
– citer des acteurs ;
– justifier une affirmation en proposant ou choisissant des arguments ;
– localiser ou compléter un croquis ;
– proposer ou choisir les dates-clefs ou les périodes-clefs d'une évolution ;
– proposer ou choisir une définition pour une notion.

Seconde partie

La seconde partie porte sur les « sujets d'étude au choix » du programme d'histoire et du programme de géographie.
Elle consiste en un exercice qui porte sur un ou deux documents. Des notes explicatives peuvent éclairer le ou les documents. Des questions guident le candidat.
Quatre exercices sont proposés au choix du candidat, qui en traite un seul.
Les quatre exercices proposés relèvent des quatre « sujets d'étude au choix » correspondant à deux « thèmes généraux » du programme d'histoire et/ou du programme de géographie ; il est rappelé, à cet égard, qu'à chaque « thème général » du programme sont associés deux « sujets d'étude au choix ».
Cette partie de l'épreuve conduit le candidat :
– à dégager l'apport d'un document à la connaissance d'une question figurant dans les programmes ou à la compréhension d'une notion ;
– ou à mettre en relation deux documents, pour en dégager les points communs, les différences, les oppositions ou les complémentarités.

ÉPREUVE ORALE DE CONTRÔLE

Durée : 20 minutes
Temps de préparation : 20 minutes
Coefficient : 2

L'épreuve porte sur les « questions obligatoires » des programmes d'histoire et de géographie de la classe terminale.
Au début du temps de préparation, le candidat choisit un sujet parmi les deux qui lui sont proposés par l'examinateur. Ces deux sujets peuvent porter sur l'histoire uniquement, sur la géographie uniquement, ou sur l'histoire et la géographie. Ils portent sur des points majeurs des programmes. Ils peuvent être accompagnés d'un ou deux documents.
L'épreuve débute par un exposé du candidat, qui dispose de 10 minutes au maximum. Elle se poursuit par un entretien avec l'examinateur, qui peut déborder le cadre strict du sujet préparé par le candidat pour traiter de la compréhension d'ensemble de la question obligatoire concernée.
L'examinateur évalue la maîtrise des connaissances, l'exploitation des documents ayant éventuellement accompagné le sujet et la clarté de l'exposé. La notation doit utiliser tout l'éventail des notes de 0 à 20.

Crédits

Couverture : Mathieu Colin/hemis.fr ; architecte Rudy Ricciotti ; Keystone-France/Gamma-Rapho ; Bridgeman Images ; Guignard/air-images.net

4 et **8** : Archives Charmet/Bridgeman Images **10 :** (a) Photo Josse/Leemage ; (b) Musée national de l'éducation à Rouen **11 :** (a) Karine Gregoire/Béziers Méditerranée ; (b) David Seymour/Magnum **12 :** Photo Josse/Leemage **13 :** (3) Jean-Paul Cousin Photo L'Adresse Musée de La Poste, Paris/La Poste ; (4) Archives départementales d'Ille-et-Vilaine – 10M13 ; **14 :** (1) Photo © Paris - Musée de l'Armée, Dist. RMN-Grand Palais/Hubert Josse ; (2a) Droits réservés ; (2b) AKG Images ; **15 :** Photo © RMN-Grand Palais (Château de Versailles)/ Jean Popovitch **16 :** Musée national de l'éducation, Rouen **17 :** (3a) Ville de Castres, Musée Jean Jaurès ; (3b) Bianchetti/Leemage ; (4) Histoire de la grande guerre - Henry Bidou – Gallimard **18 :** (1) Kharbine-Tapabor ; (2) Bibliothèque municipale de Besançon, Petit Comtois ; **19 :** Albert Harlingue/Roger-Viollet **24 :** Imagno ; (1) Kharbine-Tapabor ; **25 :** (4) Gusman/Leemage ; (5) Bridgeman Art Library **26 :** Bridgeman Art Library **27 :** (9a) Centre historique des Archives nationales ; (9b) Centre historique des Archives nationales ; **28 :** Selva/Leemage **29 :** Collection Kharbine-Tapabor **31 :** (1) Kharbine-Tapabor ; (2) coll. Dixmier/Kharbine-Tapabor **32 :** (1) Gamma-Rapho ; (2) Berliner Verlag Archiv/Afp **34 :** (6) Centre historique des Archives Nationales ; (7) Kharbine-Tapabor **35 :** (8) Coll. Klarsfeld ; (9) AKG Images **36 :** (10) Keystone-France/Gamma-Rapho ; (11) AFP **37 :** (12) BDIC ; (13) Archives départementales des Yvelines, 300W51 **39 :** Département de la Savoie, Archives départementales, 1382W36 **40 :** Photo Josse/Leemage **41 :** (3a) BnF ; (3b) Henri Manuel/Bibliothèque Marguerite Durand/Roger-Viollet (3b) ; (4) Bibliothèque Forney/Roger-Viollet **42 :** Collection Bibliothèque de documentation internationale contemporaine ; **43 :** (7) Albert Harlingue/Bibliothèque Marguerite Durand/Roger-Viollet ; (9) Bibliothèque Marguerite Durand/Roger Viollet **44 :** Bibliothèque Forney/Roger-Viollet **45 :** (13) Collection Bibliothèque de documentation internationale contemporaine ; (14a) AFP (bg), ; (14b) DR **47 :** Bibliothèque Marguerite Durand/Roger-Viollet **48 :** Fred Ramage/Keystone/ Getty Images **5** et **50 :** (a) Collection Roger-Viollet/Roger-Viollet ; (b) Lee/Leemage **51 :** (a) akg-images ; (b) akg-images **52 :** (1) CCI/Bridgeman Images ; (2) ECPAD/France/1915/ TOURNASSOUS, Jean-Baptiste **53 :** (4) SZ Photo/Scherl/Bridgeman Images ; (5) Photo © RMN-Grand Palais (Château de Blérancourt)/Gérard Blot **54 :** (1) Adoc-photos ; (3) Armenian Genocide Museum Institute/AFP/AGMI/STR **55 :** Photo © BPK, Berlin, Dist. RMN-Grand Palais/Dietmar Katz, Adagp, Paris, 2016 **56 :** Le Mémorial de Caen ; **57 :** (3) Jürgen Wittenstein/akg-images ; (4) Archives nationales ; (5) Heritage Images/Leemage **58 :** (1) Archive of the Auschwitz-Birkenau State Museum, Oswiecim ; (2) Coll. Galerie Bilderwelt/ Getty Images **59 :** (4) Gift of the Olere family. Museum of Jewish Heritage/A Living Memorial to the Holocaust, New York ; (5) Ed Clark/Time & Life Pictures/Getty Images **64 :** Delius/ Leemage ; **65 :** (3) Alinari/Roger-Viollet ; (4) Fototeca/Leemage, Adagp, Paris, 2016 **66 :** Roger Viollet **67 :** (8) Fototeca/Leemage ; (9) Fototeca/Leemage **68 :** (11) DeAgostini/ Leemage ; (12) Farabola/Leemage ; (13) Costa/Leemage ; (14) Fototeca/Leemage **71 :** Fototeca/Leemage **72 :** La Poste 1957 René Cottet, tous droits réservés ; (1) Bridgeman Art Library **73 :** (3) Musée du général Leclerc de Hautecloque et de la libération de Paris - Musée Jean Moulin, Paris-Musées. Don Suzanne Escoffier ; (5) Musée des beaux-arts de Chartres **74 :** Musée du général Leclerc de Hautecloque et de la libération de Paris - Musée Jean Moulin, Paris-Musées. Coll. Antoinette Sasse **75 :** Affiche de Knopf. Photo © Paris - Musée de l'Armée, Dist. RMN-Grand Palais/image musée de l'Armée **76 :** AFP Photo/Philippe Merle ; **77 :** (4) AFP Photo/C. Ruther/S Kalrsfeld ; (5) Christiane Guillaubey, photo Jean Bono **79 :** Usis-Dite/Leemage **80 :** Collection IM/Kharbine-Tapabor **81 :** (4) akg-images ; (5) Keystone-France/Gamma-Rapho **82 :** Coll. Jonas/Kharbine-Tapabor **83 :** Corbis **84 :** (12) Paul Slade/PARISMATCH/SCOOP ; (13) Haywood Magee/Getty Images **85 :** (14) Keystone-France/Gamma-Rapho ; (15a) Unesco, Adagp, Paris, 2016 ; (15b) Coll. C. et J. Camus, Fonds A. Camus, Bibl. Méjanes, DR **5** et **88 :** Private Collection/Archives Charmet/Bridgeman Images **90 :** (a) Royal Collection Trust/Her Majesty Quenn Elizabeth II/ Bridgeman Images ; (b) AKG Images ; (Mill) Rue des Archives/Everett/CSU, (Marx) DR ; (G Eiffel) Rue des Archives/Tallandier **91 :** (a) Costa/Leemage (hg), (b) Coll. Dixmier/Kharbine Tapabor, Paris 2016 ; (Taylor) Wikipédia ; (Keynes) Bridgeman Art Library ; (Ford) MP/Leemage , (Roosevelt) A. Harlingue/Roger-Viollet **92 :** (1a) Granger NYC/Rue des Archives, (1b) L'Illustration **93 :** (3) AKG Images ; (4) Citroën Communication/DR **94 :** (1a) Marcel Schauer/Fotolia.com ; (1b) Photo by Markus Matzel/Ullstein Bild via Getty Images ; (1c) Typhoonski/iStock.com **95 :** (3) Roger Viollet ; (5) Courtesy of the Franklin D. Roosevelt Presidential Library & Museum, Hyde Park, New York **96 :** IAM/AKG Images **97 :** Roger-Viollet **99 :** © Private Collection/Courtesy of Swann Auction Galleries/Bridgeman Images. **104 :** North Wid Pictures/Leemage **105 :** BnF **106 :** (5) Collection IM/Kharbine Tapabor ; (7) Kharbine Tapabor **107 :** (8) Collection Dupondt/AKG Images ; (9) Coll. Dixmier/Kharbine Tapabor **108 :** (10) © Multimedia Art Museum, Moscow ; (11) © Deutsches Historisches Museum, Berlin ; **109 :** Archives municipales de Nîmes **111 :** (a) Kharbine Tapabor/ADAGP, 2016 ; (b) Coll. Dixmier/Kharbine Tapabor **112 :** Roger Henrard/Musée Carnavalet/Roger-Viollet **113 :** (2) Jacques Boyer/Roger-Viollet ; (4a) © By Charles01 via Wikimedia Commons ; (4b) LAPI/Roger-Viollet **114 :** (5a) Wikimedia Commons; (5b) MP/Leemage ; © Wikimedia Commons **115 :** IHS CGT Montreuil **116 :** (9a) © Maurice-Louis Branger/Roger-Viollet ; (9b) Collection IM/Kharbine Tapabor ; (10a) © Collection Dupondt/akg-images ; (10b) © L'Illustration ; **117 :** (11a) Coll. Perrin/ Kharbine Tapabor ; (11b) Collection IM/Kharbine Tapabor ; (12) Michelin ; (13) RMN-Grand Palais (domaine de Compiègne)/ Gérard Blot(bd) ; **119 :** BnF **120 :** Collection Roger-Viollet/Roger-Viollet **123 :** (8) Photothèque Centre Historique Minier du Nord Pas-de-Calais, Lewarde ; (9) Fonds ARAM **124 :** Roger-Viollet **125 :** (13) Collection Kharbine-Tapabor ; (14a) Pierre Béquet, d'après Raymond Juskowiak ; (14b) Fonds iconographique Centre historique minier Lewarde ; (15) BETC « Le Liberté, en provenance d'Alger », Jacques WINDENBERGER, SAIF, 2016 **127 :** Lee/Leemage **6** et **128 :** Atelier Marc Barani - Cyrille Thomas **132 :** Communiqué de presse du Conseil de l'Europe, 9 décembre 2015, © Conseil de l'Europe, http://www.coe.int/fr/web/portal/-/protect-refugees-and-migrants-respect-their-human-rights?redirect=http://www.coe.int/fr/web/portal/home?p_p_id=101_INSTANCE_DibKFqnpE518&p_p_lifecycle=0&p_p_state=normal&p_p_mode=view&p_p_col_id=column-1&p_p_col_count=2 **133 :** Terriana **134 :** (3) Afp photo/Raymond Roig **137 :** (3) European Union 2016 ; (5) Vasily Maximov/AFP **138 :** (1) DR ; (2) GECT Eurorégion Aquitaine-Euskadi **145 :** (3) BRGM JM Mompelat ; (5) Interreg **147 :** (8) Brgm – Connexités ; (10) M.E.N.E.S.R. **149 :** (14) Projet Géothermie Caraïbe Phase 2 **151 :** Programme interreg caraïbes ; **152 :** DR **153 :** (3) Région Île-de-France **157 :** Région Île-de-France **159 :** Antoine Grumbach **161 :** (3) Hemis/Afp **162 :** Matthias Oesterle/ZUMA/REA **163 :** (9a) Rondeau/ Presse sports ; (9b) Avec l'aimable autorisation de RCD Espanyol ; (9c) Rondeau/Presse sports ; (9d) DR ; (10) © Toni Albir/epa/Corbis **165 :** (14a) REUTERS/Gustau Nacarino ; (14b) FSG/Getty Images ; (14c) Imagebroker/Leemage **167 :** (1) © Assemblea.cat ; (2) DR **7** et **168 :** Guillaume Bonnefont : (1a) L. Ghesquière www.JeConnaisUnPhotographe.com ; (1b) Mairie de Lherm ; (1c) Jérôme Morel **175 :** (5) Frank Montaugé **177 :** (4a) Jean Isenmann/Only France/Afp ; (4b) DR ; (5a) Afp photo/François Guillot ; (5b) Wingz **178 :** (2a) Ville de Toulouse. F. Maligne ; (2b) www.leuropevueduciel.com ; (2c) photo-aerienne-france.fr/C.Picci ; (2d) Ph.Guignard/air-images.net **179 :** (4) photo-aerienne-France/P.Graindorge ; (5) DR ; **186 :** (5a) www.leuropevueduciel.com ; (5b) G. owater/Tendance floue **187 :** (7) photo-aerienne-France.fr/P.Frutier ; (8) DELFINO Dominique/hemis.fr ; (9) Attratemps **188 :** (10a) CCI Pau Béarn ; (10b) Pierre Andrieu/Afp **189 :** (4) photo-aerienne-France.fr/P. Blot **191 :** vigilance-lgv.fr **192 :** Stéphane Audras/Réa **195 :** (7) Konrad K./SIPA ; (9) TCL-SYTRAL/Bonne Pioche/Janvier 2016 **196 :** Hemis **197 :** (12) www.leuropevueduciel.com ; (13) Christophe Urbain/Citiz ; (14) JACQUES Pierre/hemis.fr **200 :** (1a) Nantes Métropole ; (1b) Dan Shannon/Onlyfrance.fr ; (1c) Patrick Garçon - Nantes Métropole ; (1d) Patrick Garçon - Nantes Métropole ; (1e) Ville de Vertou **202 :** Nantes Métropole ; **203 :** (8) Nantes Métropole ; (9a) Nantes Métropole ; (9b) Nantes Métropole **205 :** (12a) Olivier Lanrivain/PhotoPQR/Presse Ocean/Maxppp ; (12b) Affiche : Gilles Bourgeois, Photo : Sébastien Julienne www.jsphoto.fr **207 :** (2) Nantes Métropole **7** et **208 :** Afp photo/ESA - Stephane Corvaja **213 :** Bonduelle **214 :** (1) Faré voyages ; (2) photo-aerienne-France.fr/P. Blot **215 :** Sébastien Mérion **216 :** pays.rochetais.alert.com **217 :** (4) préfecture de la Guadeloupe ; (5) Laurent Salles **224 :** ph. Guignard/air-images.net **225 :** PHOTOPQR/Le Parisien/A. Journois/Maxppp **227 :** Nicolas Tavernier/Réa **233 :** ESA - C. Carreau **234 :** (6) AIRBUS S.A.S 2008 – photo Michael Lindner ; (7) REUTERS/Michael Spooneybarger ; (9) ChinaFotoPress/Getty Images **236 :** Airbus **237 :** « Aéroscopia seven » par Jean-Pierre Condat www.descollagesdusud.fr **240** :Collections centre Historique Minier du Nord-Pas de calais, Lewarde **241 :** Photos aériennes Bocquet **242 :** (6a) Philippe Frutier - Altimage, paysagiste : Catherine Mosbach, Adagp, Paris 2016 ; (6b) Philippe Huguen/Afp **243 :** (9) Photo RMN – Hervé Lewandowski/René Gabriel Ohéda/Shutterstock/Agencemixte.com ; (10) AFP Photo/Philippe Hughen **244 :** (11) Mission Bassin Minier Nord-Pas de Calais ; (12a) Euralens ; (12b) Sébastien Jarry **245 :** (14) Belouti architecte; (15) Laurent Bouvier.

Responsable d'édition : Aurélie Joubert-Mérandat
Édition : Nathalie Azéma-Meyer
Couverture : Nadia Ouddane (conception), Yves Tremblay (réalisation)
Maquette intérieure : Line Lebrun, Yves Tremblay
Mise en page : Yves Tremblay
Iconographie : Aude Laporte, Anne-Sophie Hedan, Virginie Dauvet
Cartographie Magnard :
– coordination : Gwendal Fossois
– réalisation : Valérie Goncalves, Christel Parolini

PEFC

Achevé d'imprimer par Bona Août 2016 - Dépôt légal : Avril 2016 - N° éditeur : 2016_1143

IMPRIM'VERT